丛书主编 杨向东

大夏书系·『核心素养与21世纪技能』译丛

21世纪技能的教学与评价

ASSESSMENT AND TEACHING OF 21ST CENTURY SKILLS

[澳]
帕特里克·格里芬
Patrick Griffin

巴里·麦克高
Barry McGaw

埃斯特·凯尔
Esther Care

主编

张紫屏 译

华东师范大学出版社
全国百佳图书出版单位
·上海·

Translation from the English language edition:

Assessment and Teaching of 21st Century Skills

edited by Patrick Griffin, Barry Mcgaw and Esther Care

Copyright © Springer Science+Business Media B.V. 2012

This Springer imprint is published by Springer Nature

The registered company Springer Science+Business Media B.V.

All Rights Reserved

Simplified Chinese Translation Copyright © 2020 by East China Normal University Press Ltd.

All Rights Reserved

上海市版权局著作权合同登记 图字：09-2017-645 号

华东师范大学"幸福之花"基金先导项目(人文社会科学)"复杂学习情境下核心素养测评范式及其培养机制研究"(2019ECNUXFZH015)的成果。

"核心素养与21世纪技能"译丛编委会

主　编：杨向东

副主编：安桂清

编辑委员会（按姓氏拼音排序）：

　　安桂清　窦卫霖　高振宇　杨向东

　　张晓蕾　张紫屏

目录

"核心素养与21世纪技能"译丛译者序	1
前　言	7

第1章　教育与学校的角色转变　1
　　ATC21S项目　4
　　白皮书　6
　　评价发展　6
　　评价技能　7
　　对教学的意义　8
　　对评价的意义　9
　　评价的政策意义　11
　　ATC21S项目过程　12
　　存在的问题　14

第2章　21世纪技能的界定　17
　　促进学习的标准及其评价的作用　19
　　质量评价系统的本质　22
　　利用技术转变评价与学习　26
　　形成21世纪技能框架与评价模型　34
　　挑　战　59

第3章	基于方法论视角	71
	推论、证据和有效性	73
	评价设计方法	74
	界定结构	75
	设计任务	87
	评价反应	96
	交付任务与收集反应	101
	反应建模	103
	有效证据	110
	21世纪技能评价的问题	115
	测量类型例证	122
	结　论	128
	致　谢	129
	附录：评价设计方法	130
第4章	计算机评价的技术问题	153
	技术导向评价的概念化	155
	设计技术评价	201
	深入研究和发展的必要性	219

第5章 知识建构的新环境及其评价　251
　　知识社会和教育改革的必要性　251
　　支持新技能生成的新目标和方法　259
　　知识创造型组织的特征　263
　　知识建构型环境的特征　267
　　知识建构与学习理论　274
　　对评价改革的启示　284
　　必要的研究　300
　　　附录：知识建构分析框架　308

第6章 新评价的政策框架　329
　　澳大利亚　337
　　芬　兰　353
　　新加坡　356
　　英　国　362
　　结　论　367

译后记　371

"核心素养与 21 世纪技能"译丛译者序

1997 年，世界经济合作与发展组织（OECD）启动了"素养的界定和选择"（Definition and Selection of Competencies，DeSeCo）项目（OECD，2005）。该项目旨在研究面向 21 世纪的个体应该具备的核心素养，提供界定和选择这些核心素养的理论依据，以回应日益复杂的时代变化和加速度的科技革新给个人生活与社会发展所提出的种种挑战。

自 DeSeCo 项目发起之后，核心素养迅速成为世界各个国家、地区和国际组织界定和思考 21 世纪学校教育与学生学习质量的基本概念。培养学生具有适应 21 世纪社会需求、促进终身学习和发展的核心素养，成为基础教育改革和发展的国际最新趋势。根据全球化和信息化时代生存和发展的要求，许多发达国家和国际组织纷纷提出了各自的核心素养框架，其中比较有影响力的包括欧盟提出的终身学习核心素养共同框架（European Commission，2006，2012），美国 21 世纪技能联盟提出的 21 世纪学生学习结果及其支持系统（US partnership for 21st century skills，2014），以及思科（Cisco）、英特尔（Intel）和微软（Microsoft）三大信息技术公司发起的 21 世纪技能教学和测评项目（Griffin et al.，2012）。

这些框架无一例外都关注创新、批判性思维、沟通交流和团队合作能力，强调个体的核心素养需要在数字化和信息化环境下展开，重视在全球化条件下和多元异质社会中培养主动参与和积极贡献的意识、能力和责任感。这种相似性并非偶然，集中反映了全球化和数字化时代对公民素养的共同要求。自上世纪 60 年代以来，数字化技术的迅猛发展导致全球经济模式、产业结构和社会生活持续发生根本性的变化。新的世纪进入人工智能时代，经济模式以创新为主要驱动力。越来越多的工作类型要求参与者适应充斥着高新技术的工作环境，能够对复杂陌生的问题做出灵活反应，能够有效沟通和使用各种资源、技术和工具，能够在团队中创新，持续生成新信息、知识或产品。现代社会变化加速，工作和生活流动性增加，需要人们能够学会学习和终身学习，尽快适应新的环境和不断变化的生活节奏及性质。

显然，滥觞于本世纪初的这场运动从一开始就带有浓浓的社会适应的味道，虽然这种适应不可避免地带有促进个体发展的意蕴。所谓的核心素养，就是个体适应日益复杂多变的 21 世纪社会需求所需要的关键性和根本性的品质。在这个意义上，核心素养与 21 世纪技能在内涵上是互通的，指向新世纪个体的可持续发展与社会的良好运作。按照 OECD 的说法，21 世纪的核心素养需要满足三个条件：（1）要产生对社会和个体有价值的结果；（2）帮助个体在多样化情境中满足重要需要；（3）不仅对具体领域的专家而言是重要的，对所有人都是重要的（OECD，2005）。在内涵上，核心素养超越了对具体（学科）领域知识或技能的理解与掌握，更强调整合性、现实性和可迁移性。按照 OECD 的说法，素养"不仅仅是知识与技能，它包括在特定情境中个体调动和利用种种心理社会资源，以满足复杂需要的能力"。所调动和利用的心理社会资源"包含各种知识、技能、态度和价值观（OECD，2005，p. 4）"。它是个体整合上述资源，应对或解决各种复杂陌生的现实问题的综合性品质。

这对既有的教育理念和方式提出了巨大的挑战，也产生了深远的影响。以 21 世纪的核心素养为育人目标，让教育者更加关注如何搭建学校教育、儿童生活与未来社会的桥梁，而不仅仅将视野局限在学科内容、教学要求和考试大纲等方面。利用核心素养模型来阐述教育总体目标，不仅使育人形象更为清晰，也对学校教育提出了超越学科知识和技能的育人要求，强调对高阶、整合和可迁移的综合品质的培养。素养导向的学校教育指向更为广义的课程观，蕴含了一种以人为本的泛在育人环境的构建。以学生的核心素养发展为主轴，通过各种整合性的现实情境和真实性任务，实现各教育阶段的螺旋上升和各学科课程之间的统整。在学习方式上，通过问题式或项目式学习，让学生体验解决复杂的、不确定的真实性问题，模仿或参与各种真实的社会实践，发展批判性和创造性思维，学会沟通交流和团队协作，在经历对知识和理解的社会性建构过程中实现自我成长与社会适应的统一。毋庸置疑，这样一种教育模式对学校的教学管理、资源配置、考试评估及教师专业发展等方面都提出了诸多挑战和要求。学校需要从素养培养的现实需求出发进行资源配置，按照新型学习方式开展日常教学管理，构建以核心素养为实质内涵的质量话语体系和评价机制，赋予教师更加充分的专业自主权和灵活性。这一过程显然是长期而艰巨的。正如那句英语谚语所说的，"It takes a village to raise a child"（养孩子需要全村协力），没有整个教育系统的转型，素养导向的教育变革难以真正实现。

与国际教育改革和发展的趋势相一致，我国以普通高中课程标准的修订为契机，开启了以核心素养为纲的基础教育课程改革。2018年1月，历时四年修订的普通高中课程标准正式颁布。以核心素养的培养为主线，新修订的课程标准在教育目标、课程育人价值、课程结构、内容组织、学业质量标准、学习和教学方式、考试评价等一系列领域均取得了重要突破，为我国基础教育课程改革的进一步深化提供了理论基础和政策前提。如何在此基础上，系统反思我国原有教育教学观念和体系的弊端与不足，结合我国教育实际开展系统深入的素养教育理论和实践研究，开发促进学生核心素养发展的课程体系、学习方式和评价机制，实现学校育人模式和管理机制的转型，是摆在我国教育理论工作者和实践人员面前的迫切任务。

出于以上思考，我们选编、翻译和出版了这套"核心素养与21世纪技能"译丛。考虑到国内推进基础教育课程改革的现实需求，本套丛书聚焦于以核心素养或21世纪技能为指向的理论、研究和实践的整合，关注当前基础教育的重大议题。所选书目在主题和内容上包括：（1）基于国情构建核心素养体系的探索；（2）21世纪学习机制和理论框架的研究；（3）核心素养理念指导下课程与教学改革的可行路径；（4）21世纪技能测评的方法与技术;（5）促进学生核心素养发展的学校和社区教育环境的建设等。对相关主题的阐述既有理论的视角，也有便于参考和借鉴的思维框架、研究或实施路径，以及源于教育现实的真实案例或课堂实录。本套书适合致力于推进我国基于核心素养的课程、教学、评价以及学校管理的广大教育研究人员和实践工作者阅读和使用。我们希望这套丛书为大家提供有用的资源，改善大家对核心素养的理解，促进课程、教学和评价等领域的转型，为推进我国基础教育课程改革提供富有价值的支持。

本套译丛是集体合作的成果。参与译丛翻译工作的大都是从事我国基础教育研究工作的中青年学者，具有良好的教育背景和科研素养。为了统一不同书中的专业术语，保障译丛翻译稿件质量，每本书的译者先对附录中的专业词汇进行了翻译，然后在整套译丛层面上进行了汇总，并在讨论基础上尽可能进行了统一处理。翻译是一项既有很强专业性，又富有艺术性的工作。翻译过程既细致而又漫长。在此向参与译丛翻译的各位译者的辛勤付出表示衷心的感谢。译丛中不同原著已然风格不一，不同译者又有着自己的理解和语言风格，希望读者能够理解并给以谅解。华东师范大学出版社的龚海燕副社长对本套译丛非常关心，在译丛版权方面做了大量富有成效的工作，在此一并表示衷心的感谢。

杨向东

参考文献

European Commission. (2006). *Key Competences for Lifelong Learning, OJ L 394, 30.12.2006* [online]. Available: *Http: //europa.eu/legislation_summaries/ education_training_youth/lifelong_learning/c11090_en.htm.*

European Commission. (2012). *Developing Key Competences at School in Europe: Challenges and Opportunities for Policy [online]. Available: http: //eacea. ec.europa.eu/education/eurydice/documents/thematic_reports/145EN.pdf.*

Griffin, P., McGaw, B., & Care, E. (2012). *Assessment and teaching of 21st century skills.* Dordrecht, NE: Springer.

Organization for Economic Cooperation and Development (2005). *The definition and selection of key competencies, Executive summary.* Paris, France: OECD.

Partnership for 21st Century Skills (2014). *Framework for 21st Century Learning* [online]. Available: *http://www.p21.org/about-us/p21-framework.*

前　言

　　无处不在的技术改变了现代社会人们的工作、生活及娱乐方式，人们使用信息通信技术（ICT）来搜索信息、购物、申请工作、分享观点以及保持与朋友和亲人的联系。人们通过技术实现团队合作、提出新观点、创造新产品与提供新服务。但与此同时，现代社会也遇到了无数亟待解决的问题：持续贫困、艾滋病、食品安全、能源短缺、全球气候改变以及环境污染等。在这种背景下，对复杂问题做出灵活反应、有效沟通、动态化管理信息、团队工作以及合作创建解决方案、有效使用技术、生产新知识等，就成为了人们生活在21世纪所需要的技能。

　　技术已经使21世纪的商业与日常生活发生了巨大变化，但是许多教育系统依然像20世纪初那样在运作。尽管现代商业与社会实践需要人们努力通过协作去解决复杂问题，创造和分享新观点，但教学和评价却要求学生独立工作，因为在对局限于学校学科狭隘范围之内的那些预先设置好的问题做出回答时，只需要他们回忆事实或进行简单的程序性操作，根本不需要图书、电脑、社会网络以及其他资源的帮助。学校工作只供老师共享并做出判断，根本不向学生提供反馈，学生也不能获得改进机会。因此，全世界的教育都必须在学习什么、如何学习、如何教学、学校如何组织等方面做出巨大改变，其中，教育评价的改革尤其需要，因为它直接影响教学——教育和社会的进步，测量素养、技能以及具有创造性的工人与公民所需要的经验等，都需要首先回答如何评价的问题。

　　在调动学生的学习动机、帮助教师改善教学实践和发展教学技能，以及帮助教育系统提升教育质量等方面，评价发挥着重要作用。评价还能证明学生的学习成绩，评估教育项目的产出，测量教育系统的进步，并跨系统进行比较。在大多数情况下，这些工作都由国家评价完成。但是像PISA（Programme for International Student Assessment，国际学生评价项目）和TIMSS（Trends in Mathematics and Science Study，国际数学和科学评测趋势）等国际评价项目，可以对世界上各个国家的学生表现进行比较，以此推动各国反思和改善他们的教育体系。

然而，评价只有在对正确事物进行测量时才能发挥作用。显然，传统的评价方法不能测量高阶思维、知识、态度、自主性以及协作学习等这些对于适应经济全球化与快速变化的世界至关重要的技能。这些技能很难描述和测量，但是却比任何时候都重要。传统评价通常通过纸笔测试来完成，这种方法既容易管理又方便计分，通常是什么容易测量就测什么，而不是什么重要就测量什么。所有的测量结果都针对个体，而不是团队，这种测量对于需要发展所有学生潜能的经济与社会而言是远远不够的。

相对于现代经济社会的需要，这些评价的不足还表现为，它们是课堂实践最重要的决定因素，对于高风险问责更是如此，如果评价成绩不佳，教师可能被解雇，学校将面临关闭的风险。然而，这些评价常常会产生意想不到的后果，它们加强传统做法，抵制学校创新。教师会聚焦于为学生评价做准备，常采用讲授式教学、重复训练与大量练习等方法，使学生能够熟练回忆事实和进行简单的程序性操作。许多以前认为完美的教育改革尝试都遭受了阻碍，因为它们不能提高上世纪沿袭至今的标准化考试成绩，教师不愿意实施教育改革，否则他们的学生将会在评价中表现不佳。

就评价改革自身而言，其最大的挑战不仅在于要求政府做出努力、提供资源以及专业鉴定，还需要工业、学术以及政府机构的共同努力。基于此，美国思科（Cisco）、英特尔（Intel）和微软（Microsoft）三家企业联合起来，共同研究和促进世界教育的发展与提升，它们拥有共同的信念：高质量教育对于世界经济社会十分重要。每个公司对教育改善的支持都有详细的记录。同时，这些公司与联合国教科文组织（UNESCO）和世界经济论坛以及其他一些合作伙伴联合起来，共同支持UNESCO组织的教师ICT素养标准发展和全球教育计划。

2008年夏天，三家公司成立了联合教育工作小组，在获得政府和学术机构的支持后，共同讨论关于教育的系列问题、主题以及发展机会。最后，工作组选择将评价作为改革核心，并由此拉开世界教育体制改革的序幕。工作组成员有来自三家公司的教育专家领导：思科公司的比尔·福勒（Bill Fowler）和安德鲁·汤普森（Andrew Thompson）；英特尔公司的玛蒂娜·罗斯（Martina Roth）、乔恩．K．普莱斯（Jon K Price）以及劳拉·吉尔马尼斯（Lara Tilmanis）；微软公司的格雷格·巴特勒（Greg Butler）、史蒂芬·科勒（Stephen Coller）以及拉内·约翰逊（Rane Johnson）。罗伯特·柯兹马（Robert Kozma）博士被委托制定行动纲领和支持评价改革的最初计划。工作组认为，评价改革是一项艰巨的综合性挑战，因为没有哪个教育社区或社会能够依靠某些方面自行解决，而是需要专业的测量、政治承诺、学术专家、技术能力、财经资源以及相关机构的协作。所以，工作组咨询了政策制定者、权威专家、评价组织，包括经济合作与发展的 PISA 项目与国际教育成就促进协会的相关专家，由此制定了 21 世纪技能的教学与评价（ATC21S），墨尔本大学的巴里·麦克高（Barry McGaw）博士主持项目并担任执行主席。成立之初，整个项目由五个工作组组成，具体包括：21 世纪技能，由森塔·雷普（Senta Raizen）和 WestEd 博士主持；21 世纪方法，由加利福尼亚大学伯克利分校马克·威尔逊（Mark Wilson）博士主持；21 世纪技术，由匈牙利赛格德大学贝诺·凯泽普（Beno Czapo）博士主持；21 世纪学习环境，由华盛顿大学的约翰·布朗斯福特（John Bransford）博士与多伦多大学的玛琳·斯卡德玛丽亚（Marlene Scardamalia）博士共同主持；21 世纪教育政策，由斯坦福大学的达琳-哈蒙德·琳达（Linda Darling-Hammond）博士主持。每个工作组主要负责分析本领域内阻碍评价改革的一系列问题，并提出能够推动评价改革的具体方案。超过 250 个来自世界各地的研究人员投入到了工作组的审议工作，除了确定好的六个试点国家，还有计划执行董事会的相关政府代表。同时，工作组还成立了咨询小组（advisory pabel），包括 PISA 的项目总监和由国际教育成就评价协会（IEA）发起和组织的国际数学和科学评测趋势（TIMSS）项目主席，思科、英特尔和微软三家公司的教育与企业事务部副主席公布了主持 21

世纪技能教学与评价（ATC21S）执行委员会的领导及其承诺（Michael Stephenson, Cisco Corp 2009; Anthony Salcito, Microsoft Corp 2010; Shelly Esque, Intel 2011）。

2010年年初，墨尔本大学帕特里克·格里芬（Patrick Griffin）教授被任命为项目执行主席，项目由此正式进入研发阶段。墨尔本大学埃斯特·凯尔（Esther Care）副教授被任命为国际研究协调员（International Research Coordinator，IRC）。

这本书是ATC21S整个项目第一阶段的研究成果，白皮书为制定和发展21世纪技能评价的后续工作奠定了基础，项目的后续阶段尝试着通过促进国际共同体围绕以下几个方面来确定研究的机会、挑战、问题以及障碍，以此增加研究价值：

· 所有人共同面临；
· 具有最高优先权；
· 任何单个项目都无法单独解决。

所以，本项目并不指向项目本身的评价，而是为国际社会提供一个可以借鉴的评价结构，共享已有知识，开发与辨别技能相关的问题、主题与障碍的有效解决方案，以此促进评价改革的广泛运用。项目的所有成果都将公开发表。

我们提供这些论文集旨在邀请您与我们共同推进这项事业，如果有兴趣，请访问项目网站http://www.atc21s.org。

罗伯特·柯兹马

玛蒂娜·罗斯

教育与学校的角色转变

帕特里克·格里芬,埃斯特·凯尔,巴里·麦克高

[摘要]

人们逐渐开始意识到,越来越多的国家正在从工业经济转向信息经济,教育系统必须为此做出相应的改变。2009年1月,学习与技术世界论坛在伦敦启动21世纪技能的教学与评价。这个项目得到了世界上最大的三家科技公司(思科、英特尔和微软)的赞助。澳大利亚、芬兰、葡萄牙、新加坡和英国五个国家率先启动该项目,美国于2010年加入,项目的学术合作伙伴是墨尔本大学,研究与发展计划委员会设在墨尔本大学的评价研究中心,主要研究教学与评价没有关注过的数字化网络学习与协作式问题解决。项目采取大规模评价方法,对所有相关国家该领域的进展进行评价,并运用数字化技术来收集相关数据,这些数据反过来又可为发展学生参与21世纪技能建构的学习项目提供服务,项目对未来的教育政策与教学都具有重要意义。

在发达国家的劳动力市场,许多工作的技能要求发生了巨大改变,人们需要适应高度技术化的工作环境,处理持续不断的不确定性问题,以及参与团队工作,特别是跨学科团队合作,但很多企业的新雇员都缺少这些技能。由此,思科、英特尔和微软等公司联合启动了一项国际化的跨年度项目,试图对21世纪所需的技能进行可操作性界定,以解决信息通信技术评价的方法与技术障碍问题,要实现这一目标,必须将评价的范围从课堂实践延伸至国内与国际学生的学业成绩,并将所有评价结果予以公开。

从历史角度看,教育总是对不同形式的社会权力做出回应并奠定基础。在

西方发达国家，从农业社会到工业社会再到信息社会，不同的社会经济形态成就了不一样的教育发展。比如，工业化带来了社会财富的快速增长，由此实现了"大众教育"。当然，大众教育政策通常也只能在工业化国家被采纳。发展中国家试图复制这些过程与方法，然而，越来越多的国家意识到，对于发展中国家而言，历史发展路径与未来发展路径可能不一样。

随着技术先进国家从工业经济向信息与知识经济的转变，世界上出现了各种经济体系，农业经济依然存在，但数量正在减少，工业经济虽逐步被替代，但依然很重要，信息经济正飞速发展。当前，在许多发展中国家，我们看到了多种经济基础的组合。

从农业生产转向工业生产，一线工人和工厂管理者都需要拥有特殊技能，这种变化伴随着人们生活方式、工作方式、思维方式以及工作工具种类的改变，而新技能和新的思维、生活与工作方式一旦被确认，就要求有新的教育形式来适应它们。同样，随着数字化技术与数字化产品的发展，人们越来越关注数字化素养、计算能力以及新的思维方式，这是一套全新的管理与生产技能，它们越来越多地被确定为是21世纪工作和生活必不可少的，这对教育系统也提出了挑战，教育要为人们获得这些新技能承担责任。随着工业经济向信息经济的转变，我们的生活正在发生各种变化：我们的工作方式、思维方式以及在工作中所使用的工具，相比于50年前，几乎是面目全非了。在另一个50年，我们可以预见更多的改变将会发生。随着全球经济向信息与通讯贸易的转移，教育也需要从农业时代向工业时代转型。

随着信息技术时代的到来，信息在社会中的作用发生了巨大变化，它们正改变着劳动力结构。技术型劳动力依然很重要，但与此同时也出现了许多新的职业。许多依赖于直接使用劳动力的职业已经消失，进而出现了许多依靠信息技能的新职业，就像工业经济依赖的职业主要在于产品的生产、分配与消费一样，信息时代和知识经济依赖的职业则主要在于信息的生产、分配与消费。

教育面临的新挑战是：为人们提供信息社会所需要的信息技能。教育系统必须进行调整，需要更加关注信息技术能力，而不是生产某个产品。

在21世纪，即便是操作技能仍然不可或缺，但如果不能拥有信息生产、分配和消费等技能，那么依然没有竞争优势。不论是成为管理者还是获得咨询者的身份，都依赖于信息技能，因此，能够在数字信息环境下学习、协作与解决问题对于每个人都十分重要。奥特尔（Autor，2003）等人的研究发现，从上世纪60年代到今天，劳动力结构发生了巨大改变（如图1.1所示），抽象性工作的持续增加伴随着程序性的手工操作工作数量的不断减少。

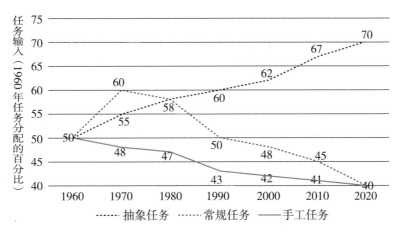

图 1.1　工作任务趋势（改编自：Autor et al., 2003）

尽管关于教育本质及其作用的认识正在发生变化，但对于教育的测量与监控方式还需要进一步反思。经济合作与发展组织目前正依据技能获得来审视教育收益，而不再以正规教育的完成年限作为评价标准；其已经组织实施的国际学生评价项目、国际成人素养调查，以及计划实施的国际成人素养评价项目（PIAAC）和高等教育学习结果评价（AHELO）都是这一评价取向的产物。

这一改变说明了资本运营的意义在信息与知识经济时代已经发生了根本变化。在工业时代拥有实力与影响力主要依靠物质资本，通过有形资产直接计算公司、国家和社会组织的价值；而在信息时代，人力资本已成为一种估值方式，因为资本不仅包括资产的当下收益，还包含其他一些长期有用的产出（Becker，1993）。如此，教育与健康的支出也是一种人力资本投资，因为它们提高了收入、改善了健康并提升了人们的生活质量；教育投资的价值在于它可以提高生产率。最初，由于没有评价教育结果的质量标准与具体指标，人们通过完成正规教育的年限来测量人力资本。现在，OECD的国际测量以及国际教育成就评价协会的一些项目为我们提供了质量测量的参考框架。在许多国家，政府正通过监控学校在识字（literacy）、算术以及其他方面的一些教育结果来测量人力资本，最初通过接受正规教育的年限来测量的方法将被取消，取而代之的是将个人素养发展水平作为重要测量内容，能够获得、处理、评价以及使用信息来解决问题将成为主要评价指标。

仅仅通过改变教育体制与课程以迎合信息与知识经济时代的要求是不够的，每一个雇员在工作中也需要不断学习和参与培训。不论具体工作任务对受教育程度或技能发展水平提出了哪些要求，雇员在他们接受完正规教育时都没有为工作做好充分准备，中等教育如此，高等教育亦如此。工人经常需要接受正式或非正式培训才能完成工作任务，并成为劳动力的一部分。学习将成为持续终身的过程，在知识经济时代，这一认知将对我们的学习方式、思维方式以及工作方式的转变产生重要影响。随着越来越多的家庭与工作场所对技术的使用，对新技能的需求会进一步加快。

贝克尔（Becker，1993）提到，如果一个国家对于技术的使用仅限于一些熟练操作工，那么新技术的进步对于他们基本没有价值，因为经济增长依赖于新知识与人力资本的协同发展。因此，那些在经济上获得持续增长的国家，一定会大力促进教育与培训的发展，并由此实现知识的进步。所以，在信息经济或知识经济背景下发展21世纪技能，教育需信息化，这已成为不争的事实。

◇ ATC21S 项目

什么是21世纪技能？那些引领21世纪的任何关键技能都可归类为21世纪技能。事实上，在21世纪技能的教学与评价项目中，所谓的技能分类也必须解决必要的信息操作与使用问题，这是项目的主要聚焦主题。ATC21S视角下界定的技能不一定很新颖，更确切地说，21世纪技能是在21世纪需要使用的技能，这些技能中有些是人们熟悉的，可以规范化地进行教学与评价，但是也包含了很多新出现的重要技能。

在工业时代，职业分类取决于开发、分配与消费产品的能力；在信息时代，职业分类则主要聚焦于信息的生产、分配与消费。这对教育结果产生了一定影响，每个人都需要拥有一定的技能以应对新的工作、生活、学习和思维方式，特别是随着职业场所信息化程度的不断提高，人们需要发展新的技能以迎合新的挑战。比如，当人们在工作中需要获得和处理信息时，分析信息的信度与效度、评价信息的适宜性以及理智地运用信息等技能就显得尤为重要。

劳动力市场的上述变化改变了许多新工作的技能要求，特别是在发达国家，许多企业都会实施信息化生产外包，不过很多企业主还是会抱怨他们新招聘的职员在工作中缺乏相关技能。

为了解决这些问题，思科、英特尔及微软等科技公司联合启动了一项为期多年的国际项目，并对他们所需要的技能进行了可操作性界定，希望能够解决基于ICT评价在方法和技术上遭遇的困难，要实现这一目标，评价需要从课堂实践延伸至国内和国际学生的表现研究。三家公司共同发布了"行动纲领"，目的在于鼓励教育和政策制定者积极应对瞬息万变的技术对就业、生活以及社会互动带来的诸多影响。

一个由三家公司组建的工作组设计的项目，最初源自一个行动纲领性文件，它由英特尔公司的玛蒂娜·罗斯博士领导，罗伯特·柯兹马博士也加入了工作组，他们负责起草行动纲领并制定详细建议，公司采纳了最终设计，并于2009年1月在伦敦学习与技术世界论坛上启动该项目。

三家启动公司与澳大利亚、芬兰、葡萄牙、新加坡以及英国等国家的政府谈判，鼓励他们作为创始国加入这个项目，2010年，美国加入该项目。澳大利亚墨尔本大学是该项目的学术合作伙伴，研究与发展计划委员会设在该学校的评价研究中心，六个创始国形成了研究团队，由其中四个国家任命国家项目经理并为其制定角色定位，同时成立执行委员会，成员包括执行董事、国际研究协调员、三家公司的副总裁以及来自创始国家的政府代表。此外，项目还成立了顾问团，包括经济合作与发展组织、国际教育成就评价协会、联合国教科文组织、世界银行、美洲开发银行、美国国家科学院以及国际考试委员会等全球组织，那些在第二年或第三年加入项目的国家都将成为顾问团的代表。

项目第一年主要是制定相关文件，并形成白皮书。白皮书回顾了以前的工作，并确定了当前研究和发展中遇到的问题。项目的预期成果是要制定新的评价策略，并将在一些国家的某些领域进行测试与验证，由此形成支持这一评价策略的学习的发展型模式。项目评价与教学成果将公开发布。评价策略以及任务蓝本都将是开放的，在确保版权原创性的情况下可以公开获得。

◇ 白皮书

2009年是项目启动的第一年，其主要任务是界定工作范围，发布一系列白皮书并汇集成册；主要着手将信息与知识经济转变中固有的变化概念化，探讨这种转变如何改变人们的生活和学习方式、思维与工作方式，以及工作工具与工作程序。项目的概念结构都围绕21世纪所需技能以及教育的改变来组织。

思维方式的概念内涵包括创造与创新、批判性思维、问题解决能力、学会学习以及元认知发展。工作方式的概念内涵包括交流、协作与团队工作。工作工具关涉到信息与ICT素养。在世界生存则包括改变对地方公民和全球公民在生活、职业发展以及个人和社会责任等方面的关注焦点，上述所有内容都可归类为KSAVE，即知识、技能、态度、价值与伦理。于教育而言，必须聚焦于这些技能来发展评价策略，并据此来选择教学方式与学习方式。

项目的预算经费大部分由思科、英特尔和微软三家公司承担，创始国以及其他一些参与国家也承担了部分经费。成立的五个工作小组主要解决如下问题：

- 识别和界定21世纪技能；
- 选择合适的评价方法；
- 论述技术对教育的影响；
- 改变课堂实践；
- 评价范围以及政策发展问题。

除了工作组的领导，很多研究者也参与了该项目研究。2009年4月，项目组在圣地亚哥召开了初步规划会议，有60多名研究者参加，还有很多未能参加会议的人员通过对会后工作的关注表达了他们对该项目的研究兴趣。经济合作与发展组织与国际教育成就评价协会也正在开展与项目相关的各项工作。联合国教科文组织、世界银行以及美洲开发银行的员工也加入了咨询小组，并持续探索参与项目的可行方式。其他一些组织也通过各种渠道加入了咨询小组，比如，有些会针对一些与项目相关的具体工作提出专业性建议，有些则直接为某项具体工作提供资金支持。

◇ 评价发展

ATC21S项目是一个持续多年的跨国性公私合作项目，旨在运用当前技术使评价走向数字化,并形成与21世纪技能这一概念相匹配的评价方式,以及采用大规模的技术化创新方法进行评价。因此,它需要特定的项目结构、管理方式、专家团队以及工作人员,要明确阐述当前经济、社会和教育变革需关注的两大类技能(协作式问题解决与数字化网络学习),着力探索技术化背景下新兴评价方法的新框架,明晰对这些潜在变化的评价会对教育的未来产生重要影响。评价思维的转变始终处于项目的核心位置,在以前的评价与教学目标中很少涉及协作式问题解决与数字化网络学习这两种技能,ATC21S项目中会评价模糊的、不确定性问题的解决以及被评价对象之间的互动,鼓励教师参与学生的评价活动;评价任务主要针对11~15岁学生这一目标群体,在数据的收集过程中会监测学生与同伴共同工作的方式,以及他们在自我评价与同伴评价中的反思经验。

◇ **评价技能**

协作式问题解决这个概念包括五个要素,即:一个人有能力认识小组中其他成员的观点;能够以小组成员的身份建设性地贡献自己的知识、经验与意见;知道贡献的必要性以及如何管理它们;在参与解决问题的过程中能够识别问题结构以及解决过程;作为协作小组的成员,能建构与发展知识并获得理解。在开发和现场测试协作式问题情境的过程中,对各种情境和任务类型都进行了试验。(见图1.2)

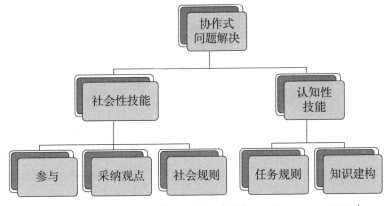

图1.2 协作式问题解决的概念框架(源自 Griffin et al., 2010)

数字化网络学习的内涵包括如下几部分：作为信息消费者来学习、作为信息生产者来学习、在社会资本发展中学习以及在智力资本发展中学习。此外，开发一些具有广泛意义的情境，一次有四个学生同时识别促进学习与发展的协作工具与程序。（见图1.3）

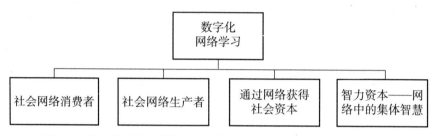

图1.3 数字化网络中的学习概念框架（源自：Griffin et al., 2010）

针对上述两个技能领域所设置的任务必须经过教师审查，确保这些都是学生熟悉的、能够胜任的真实任务，它们可以区分学生的能力高低，完成任务所需的技能是可以教授的。为了生成学生任务表现的自动编码与评分基础，在以学生为代表的目标人群小规模实验（认知实验）中使用了有声思维。此外，为了确定评价实施的技术与管理要求，这种小规模试点研究也在一些班级展开，这些小实验相当于在六个国家进行的大规模实验的前期预演。实验采用矩阵抽样法进行数据收集，并确定一个全球统一的学生样本，以最大限度地提高标定精度。

这一实验过程在芬兰、新加坡、澳大利亚、美国以及荷兰和哥斯达黎加等参与国的教师和学生中实施，具体内容将在第二章详述。

◇ 对教学的意义

ATC21S项目中，关于21世纪技能教学最重要的方面是出现了学习的发展型模式（developmental model of learning）。学习的发展型方法（developmental learning approach）与缺陷型方法（deficit learning approach）存在显著差异，这种差异是21世纪教学模式的核心。缺陷型方法基于原子"修复"视角，主要关注人们不能做的事情；发展型方法基于每个学生当前的知识基础，为每个学生进入深度高阶学习搭建脚手架，发展模式也以证据为基础，十分关注学生的学习现状，遵循学生发展的一般规律，发展成为应对学校课程中知识激增的一种重要方法。这一方法要求人们努力发展高阶思维和问题解决等技能，通过团队合作来解决问题，在解决问题的过程中发展高阶思维、学会推理、学会协作。这一学习方式的转变对技能评价与教学都产生了重要影响。为了成为发展型学习的专家，教师需要拥有运用数据去制定教学干预策略的技能，需要拥有发展性评价与协作式教学方法等方面的专业知识，并对发展型学习模式有清楚的认识与理解。

在一个发展型框架中，有必要打破班级授课制和教学干预之间千丝万缕的内在联系。教师要更加关注每个学生的个体发展以及个性化学习，要协作式工作而不是单独工作，基于学生做了什么、说了什么、写了什么等证据来建立干预策略和优化资源使用，而不是根据学生知道什么、理解了什么或者感觉到什么进行推论。因此，当教师采纳了发展模式后，他们的思维、行动理论和教学心理学与那些促进发展性评价与学习并赋予其实质内涵的理论家们是一致的。教师必须理解维果茨基（1978）的最近发展区理论，这是促进在每个学生学习过程中都能够在恰当的时候进行恰当干预的基础。为了实现这一目标和发展21世纪技能，必须开发发展进阶，这是ATC21S项目的主要目的。教师必须在维果茨基的最近发展区内或发展性方法内认识和使用证据去实施与监测学生的发展进阶。支撑ATC21S项目的发展性理论是可以多样化的，但如果要在所有技能领域都要采用能最大化促进学生个体发展学习的教学，那么，选择一个恰当的理论基础对于所有形式的教师教育都至关重要，不论是职前教师还是在职教师。

当使用学习的发展型模式时，教师必须重新组织课堂，操纵学习环境，以满足每个学生的个性化需求。学习环境的操纵是一种重要技能，也是教师长期以来面临的挑战，它要求教师在课堂管理、干预策略以及资源利用之间建立关联，以此促进学生学习。这一教学策略应当受学生学习的发展框架指导。

◇ 对评价的意义

许多案例和研究都表明了教师对标准化测试的高风险问责制十分重视，这些评价方案有助于学校和更高层次的机构制定变革政策与实践。但是，当教师试图通过使用这些标准化测试的评价数据来改善课堂教学时，常常陷入迷茫。这些数据对形成性评价的价值一般很难体现，因为教师获得的相关数据在时间上是滞后的，它们对于教师改善教学基本没有作用，由此导致评价会偏离测试本身，并无法发挥其对教学的意义。ATC21S 项目采用不同的方法来进行大规模评价，评价报告中尽可能向教师和学生直接反馈每个学生的数据；同时，也会通知学校和教育系统使用综合数据。因此，为了教学目标而使用评价数据，对于教师的职前和在职专业教育来说，会增加直接教学的压力。

然而，这些改变都要求进一步拓展教师职业教育与教师教育的范围。我们很少看到关于职前教师评价或教育测量的正规课程，"评价"这一话题仍然会让人情不自禁地联想到多项选择题考试。"考试"要么就与识字与算术的标准化测试相关，要么就是基于课堂管理的、课程本位的那些"易测"学科的测试。标准化测试经常会引发标准解释、贴标签、排名以及差距等讨论。人们相信，便于测量的那些学科总是会成为被评价对象，而"难以测量"的学科却完全被忽略了。由此，人们反过来认为，是评价和测量将学习和课程内容减少到那些容易测量的小部分。事实上，没有什么会因为太难而不能测量。正如瑟斯顿（Thurstone, 1959）所言，"如果一件事物的存在是因为它能被测量；那么，如果它不能被测量，它就不存在"。所有的一切都取决于我们如何定义测量以及如何组织那些我们认为非常难的学习概念的证据。当然，阅读、数学和科学这些核心学科几乎被测量了一个世纪，那些被认为重要的内容与通过何种技能来测量它们之间的关联是一个统一体。当政府与教育系统认为那些技能很重要时，很多资源和心理测量技能都会被分配到这些领域中，用以评价学生的表现。ATC21S 正在增加学习结果列表，这也意味着他们一定会考虑到哪些结果对他们更重要。许多说服政府和教育者的工作依然在展开，研究者们认为，很多新技能应该获得大规模评价资源，并成为教师专业发展的重要内容。

教育测量要求技术性技能，其专业人员经常会参加系统内、国家乃至国际等不同水平的大规模测试项目；评价与测量相比，在技能要求方面虽有不同但依然存在诸多交叉要素，评价经常与教学和干预有关。然而，就概念而言，测量一定是评价的基础。在学校层面或者在教师教育领域，测量或评价的技术方面应被视为渗入学科领域的课程，测量与评价逐渐开始重新关注发展性框架中的兴趣结构。威尔逊（Wilson et al., 2011）等人也强调了这一点。他们也认为，评价是课程的一部分，但它又是独立的，必须具体对待，教育者必须发展相关的技能基础。教师需要依据相关数据做出适当干预决策，如果他们要帮助学生发展 21 世纪技能的专业知识，还需要有能力解释这些数据的意义。如此，教师必须能清楚地识别学生学习进阶的具体位置，反过来，为了识别这些学习进阶，ATC21S 项目需要承担与此相关的各类研究（Wilson et al., 2011），教师必须坚信评价技能与沿着学习进阶发展学生的重要意义，这是 ATC21S 项目的出发点。

◇ 评价的政策意义

当教学过程聚焦于在恰当的时间采取恰当的方法对学生进行干预以促进其技能发展时，必然需要相关资源以及班级组织等配套策略，在对这些策略做进一步协调之后再开始实施，并对其有效性做出评价。确定了影响因素，还需审查规模与政策等问题。这样一个完整的过程可以被视为班级、学校以及教育体系等不同层次的政策决策过程。图 1.4 所描述的五个步骤中，每一步的决策都需了解时间、人员、材料和空间分配等要素所发挥的作用。

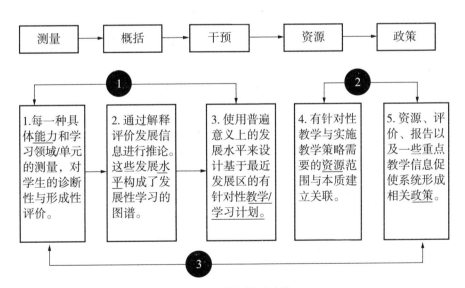

图 1.4　从评价到政策

图1.4包含了评价的三个环路五个步骤。第一个环路直接将测量与干预联系在一起，第二个环路将资源与政策联系在一起，第三个环路建立了测量与政策的联系。五个步骤包括测量、概括、干预、资源分配与政策发展，当第二步在第一个环路中被忽略时，教师会通过评价来确定教学中的一些零散信息。如果测试没有第二步，就不可避免地会导致学生无法完成教学——阻碍模型（the deficit model）；如果第二（推论）包含在测试中，那么干预就会直接以发展的方法将教学发展为建构过程。

数字的右边显示了资源与政策的关联，这是一种典型的教育与管理方法。资源是政策形成的关键。第三环将测量与政策联系在一起。最后，上述三个环路经由"发展"被联系在一起，这种发展是个连续过程，通过连接学习与政策形成的五个步骤获得，首先必须在一个发展性框架中对学习进行评价，进而确定一般意义上的发展水平，然后将资源与发展水平和干预策略联系起来，再进一步加大政策制定力度。

在运用这些形成性评价方法的过程中，教师必须发展相关的技能才能将评价数据运用到他们的教学实践中，以满足学生的发展需要。许多研究表明，这是改善教学的一种有效实践（Black & Wiliam，1998；Pressley，2002；Snow et al.，1998；Taylor et al.，2005；Griffin et al.，2010）。不过，评价数据必须建基于技能发展上，而不是分数；应能够反映学习的准备状态，而不是成绩或不足。这是ATC21S项目的目的：将评价与21世纪技能的教学联系起来。

◇ ATC21S 项目过程

ATC21S是一个研究与发展项目，它将评价与教学引入一个全新领域。项目旨在探索新的评价理念、评价技能以及评价方法。技能评价的新方法以及将评价与教学干预联系起来，目的在于促进深度学习，帮助学生发展高阶思维，具有高阶表现。项目计划包括五个阶段（图1.5）。

第一阶段，概念化。该研究已于2009年完成，形成了KSAVE（知识、技能、态度、价值与道德）框架与五个白皮书，这个阶段的工作于2010年1月正式结束，其标志是在伦敦召开的会议上确定了一个需要进一步发展的广泛意义上的技能领域，主要包括数字化背景下的协作式问题解决与社会性学习两大类。

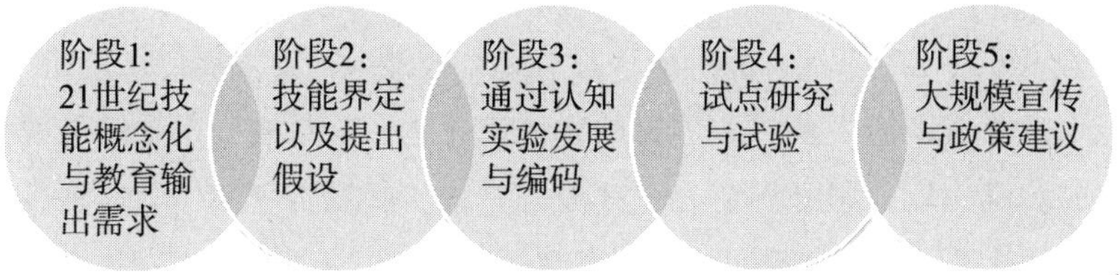

阶段1：21世纪技能概念化与教育输出需求
阶段2：技能界定以及提出假设
阶段3：通过认知实验发展与编码
阶段4：试点研究与试验
阶段5：大规模宣传与政策建议

图1.5　ATC21S项目的各个阶段（资源：Griffin et al., 2010）

第二阶段，形成假设。来自世界各地的研究人员组成第二专家小组，制定"协作式解决问题"和"数字化网络学习"可预见性发展假设。形成假设的过程中，专家小组主要关注以下一些问题以引导他们工作的开展。

1. 建构什么样的理论框架？
2. 评价这些技能组合的目的是什么？
3. 这些技能有什么作用？
4. 这些技能可以教吗？
5. 这些技能有助于形成发展性（非单一）进阶吗？
6. 在课程领域嵌入这些技能有何意义与可能性？

第三阶段，发展反映上述问题答案的评价任务原型。在这个发展阶段要完成概念审查与认知实验两项工作。

概念审查的目的是检查在参与国的课程领域内，教师是否考虑到了能与关键学习领域相联系的任务初稿。这项重要的检查一般要在重大任务开始之前完成。参与认知实验的每个学生和教师都通过"有声思维"和小组讨论协商完成任务。认知实验的目的是识别有利于自动评分与数据检索的潜在编码类别。

第四阶段是评价的试点测验与大规模试验，以确定评价框架的心理测量特性与标准。试点测验的主要目的在于确定所需要的资源、平台、管理程序、时间分配以及参与学生的最佳表现。现场测试的目的在于确定评价任务的心理测量特性与标准化，以验证发展性学习的一般模式。为了在教学环境中检验这种学习模式的应用效果，对于每一个具体学生，都应该向教师提出如下问题：

1. 有什么证据可以让老师相信他们已经了解学生最近发展区的位置？
2. 学生的学习目标是什么，有什么证据可以让团队相信这是一个正确的目标？
3. 使用什么样的教学策略或教学方法能够使学生达成目标？

4.需要什么资料和资源？

5.为了推动学生发展，教师应该拥有什么技能或需要发展什么技能？

项目的第五阶段主要关注评价的宣传。总之，项目的产出和结果要想规模化并形成政策建议，需要特别关注宣传与实施。这一阶段的任务还涉及开发能帮助其他人改进结果和过程的一系列资源。

◇ 存在的问题

除了任务及其概念框架的开发，ATC21S项目还会面临策略、技术以及视角等问题。针对学生能力的大规模评价相对来说比较普遍，但本项目关注的是没有清晰界定也不是很好理解的那些技能，这种研究对教师如何理解技能的基本结构具有一定意义，当然，对教师提高技能也有一定帮助。但是这个项目并没有现成的标准来评价这些技能，只能依靠任务的界定与验证来证明它们的重要性。与许多创新项目一样，参与者所花费的经费与可能产生的效益之间永远存在一种张力。这些任务除了有助于教与学的过程之外，是否能够成为大规模评价模型将是项目成功与否的一个重要标准。

评价也许有助于推动改革——但只有这一个切入口、一种驱动力是远远不够的。基于技术的大规模评价将成为"更多重大教育变革的催化剂"（Beller，2011）这种观点还需进一步探究。为了改变的评价与识别现状的评价之间存在张力，前者旨在促进教和学，后者则服务于政策制定与调整，指向不同目的的评价数据，其使用价值也具有本质差异。我们将试图使用一种评价方法来实现上述两种功能，这种方法是否有助于评价的两种功能达成协调还有待进一步确定。ATC21S的一个重要使命是为使用它们的教师提供前瞻性信息，为总结性的系统分析提供背景性信息。

这个项目的假设是21世纪技能评价将会导致人们对这些技能的关注，并由此推动它们融入学校课程体系。我们从国家考试实践可以看到，评价可以以并不促进学生学习的方式促进教学，对"生活技能"的评价是否也会遭受类似的命运我们不得而知，还需进一步研究才能确定。我们都知道高风险大规模考试项目会扭曲教学实践，比如为了考试的教学会取代为了意义建构的教学，无形之中，教师会被鼓励去提升考试分数而不是提升自身教学技能。我们又该如何确保我们的评价体系不会驱动此类实践呢？我们又该如何确保教师在他们的实践中正确使用评价项目的相关数据呢？其中最关键的一点是教师必须熟悉21世纪技能的概念，如果他们想以建构性的方式参与学习和教学，还必须像识字和算术那样理解这些"实现性"（enabling）技能，这些要求对于ATC21S项目的每一项工作都非常重要，是发展性学习需要关注的内容，也是构成学习工具的评价任务和教师参与整个发展过程必不可少的。

尽管，越来越多的国家和国际评价活动将ICT与真实任务进行了结合，但都只能视为传统评价方法的延续，其张力与缺陷依然存在。尽管越来越多的干预都会利用评价数据，但在大规模评价活动中，评价的本质并未发生根本上的改变。人们似乎仍然认为，传统的评价方法是可以满足多元化需求的。我们需要认真考虑新的评价工具的价值。重新思考你的教育——是什么造就了如此大的差异？是你读过的一本教科书还是教过你的一个老师？教科书和评价都是工具。我们需要工人，但我们需要的工人不仅要知道怎么使用工具，还要了解工作的实质，也要了解21世纪的学习者要处理的各种材料内容。

当我们试图从提供个别反馈的大规模评价走向学习圈时，其涉及的许多内容都是ATC21S项目要参与研究的问题，为进一步探索21世纪技能的教学意义，项目正在与教师、教育系统、政府以及代表项目委员会的全球组织和顾问小组紧密合作，试图建立21世纪技能与新的课程领域之间的关联，同时也将建立21世纪技能与已有学科核心学习领域之间的联系。这是评价领域中一项非常浩大且复杂的创新性工作，就教学而言，教师需要新的、以前尚未被界定过的教学技能方能胜任。

参考文献

Autor, D., Levy, F., & Murnane, R. (2003). The skill content of recent technological change: An empirical exploration. *The Quarterly Journal of Economics, 118*(4), 1279–1333.

Becker, G. (1993). Nobel lecture: The economic way of looking at behavior. *The Journal of Political Economy, 101*(3), 385–409.

Beller, M. (2011). *Technologies in large-scale assessments: New directions, challenges, and opportunities.* International Large Scale Assessment Conference, ETS, Princeton.

Black, P., & Wiliam, D. (1998). Inside the black box: Raising standards through classroom assessment. *Phi Delta Kappan, 80,* 139−148.

Griffin, P., Murray, L., Care, E., Thomas, A., & Perri, P. (2010). Developmental assessment: Lifting literacy through professional learning teams. *Assessment in Education: Principles, Policy and Practice, 17*(4), 383−397.

Pressley, M. (2002). Comprehension strategies instruction: A turn-of-the-century status report. In C. C. Block & M. Pressley (Eds.), *Comprehension instruction: Research-based best practices* (pp. 11−27). New York: Guilford.

Snow, C. E., Burns, M. S., & Griffin, P. (Eds.). (1998). *Preventing reading difficulties in young children.* Washington, DC: National Academy Press.

Taylor, B. M., Pearson, P. D., Peterson, D. S., & Rodriguez, M. C. (2005). The CIERA school change fFramework: An evidenced-based approach to professional development and school reading improvement. *Reading Research Quarterly, 40*(1), 40−69.

Thurstone, L. L. (1959). *The measurement of values.* Chicago: The University of Chicago Press.

Vygotsky, L. (1978). *Mind and society: The development of higher psychological processes.* Cambridge: Harvard University Press.

第 2 章

21 世纪技能的界定

玛丽莲·宾克利，奥拉·埃斯泰德，琼·赫尔曼，森塔·雷曾，
马丁·雷普利，梅·米勒-里奇，迈克·朗布尔

[摘要]

如前章所述，从制造业到信息与知识服务，发达国家已经发生了根本转变。知识变得越来越专业化并成倍增长。信息与通讯技术的发展正在加快改变工作的本质与社会关系的意义。分散决策、信息共享、团队合作、创新能力等，这些都是当今时代事业发展的核心。在体力劳动或常规技能工作领域，学生获得中产阶级成功的可能性不大，因为这些工作在不久的未来将完全被机器取代。相反，无论是技术人员还是专业人员，他们要想取得成功，必须能够通过沟通、共享和使用信息去解决复杂问题，能够适应新要求并进行创新，能够改变环境，能够组织和扩大信息的力量去创造新知识，并不断拓展人类的能力与生产力。

过去 20 年的研究已经证实了新的数字化技术的广泛运用是如何导致社会实践演变的，特别是在年轻人当中（Buckingham & Willett，2006）。这些实践带来了核心素养与核心技能的重构，人们将不再从系统层级上来界定这些概念，而是从日常生活出发。对电脑游戏和在线社区的研究就是一个例子（Gee，2007），在这里，问题解决被认为是这种实践中的核心能力。年轻人的问题解决经验影响到我们设计评价任务和界定核心素养的方式，因此，学生应该能做什么的新标准必须取代过去的基本技能与基本知识。为了应对这种挑战，学校教育必须转变方式，帮助学生获得能够成功适应未来工作和生活的复杂思维，以及灵活性问题解决、协作与交流等技能。本章的主题是：教育标准与评价的新概念是完成转换的核心策略。这种标准和评价不仅关注必要性能力，还为评价系统的调

节与改变提供数据。当然，技术也为这种改变发挥着驱动力与调解员的作用。

接下来，我们将：

- 对标准与评价在促进学习方面的作用进行综合研究；
- 描述能够支持实践改变的评价系统的本质，运用它们为下一代评价的设计制定指导原则；
- 详细阐述如何使用技术改变评价体系与学习；
- 提出评价21世纪技能的模型。

我们建构的未来教育标准与评价建基于过去的研究经验之上，特别是许多国家已有的研究成果。我们选择了12个关于21世纪技能研究的相关框架进行了分析，了解这些框架是如何思考21世纪技能评价的，并由此提出了21世纪技能列表。如教育者借鉴和思考我们提出的模式，我希望他们在为学校和学生设计评价时能够根据自身的情境做出适当调整。

我们提出了10种技能，并将它们归为四大类：

思维方式（ways of thinking）：

1. 创新与创造；

2. 批判性思维、问题解决与决策；

3. 学会学习与元认知。

工作方式（ways of working）：

1. 交流；

2. 协作（团队合作）。

工作工具（tools for Working）：

1. 信息素养；

2. ICT素养。

在世界生存（living in the World）：

1. 地方公民与全球公民；

2. 生活与职业；

3. 个人与社会责任——包括文化意识与文化素养。

◇ 促进学习的标准及其评价的作用

促进学习的标准及其意义

世界各国的研究都在确立新的课程标准和评价，期待能够在塑造学习新期望方面发挥重要作用。在美国，尽管标准化改革术语最初可能与问责和改进举措有关（比如，1998年的"国家教育经济中心"，2001年的《不让一个孩子掉队》法案），但这种方法在英国、德国、挪威、新加坡和澳大利亚等不同的教育体系中也广泛流行。这些问责制遵循着相同的基本思路，学校改进系统坚持三个基本原则：

· 通过建立标准来明确期望值；

· 基于标准发展高可见度（有时称为高风险）的评价；

· 使用评价报告传达相关利益者应当承担的责任，并通过公布数据对决策的进一步调整施加影响。

这种标准化评价为判断表现提供了经验证据，也可以为各种决策服务（问责、选择、安置、评价、诊断或改进），但是，这些评价的存在和它们所引起的关注还具有重要的社会、动机和政治后果。

关于此类评价的影响，世界各国研究人员基本可达成共识，我们可以举一些例子：美国有十几个州都在进行问责制评价研究，英国的A或者GCSE或者关键阶段考试，澳大利亚、中国、以色列、日本、新西兰、斯里兰卡以及中欧和东欧一些地区实施的语言以及高等教育入学考试项目（详见Cheng et al., 2004；Herman 2008；Wall 2005）。总而言之：

· 评价暗示了课程与教学的重点，高能见度测试进一步强化教学内容的聚焦。学校管理者和教师关注的是考试考什么，分析考试结果，并采用与此相适应的课程与教学。

· 教师倾向于那些能够应对高能见度测试的模式化教学方法。当高能见度评价由多选题构成时，教师在课堂教学中就会布置大量多项选择题，并重点关注低水平认知技能。然而，当评价的内容变成写作或表现性评价时，教师在课堂中就会实施类似的活动。

· 课程开发者，特别是以商业利益为目的时，会通过修改现有教材和其他教学材料，或开发和销售新教材来迎合测试需要。他们的产品反过来又会成为影响教学实践的主要资源，并影响教师对测试期望的理解。同时，文献研究也会产生一定的影响，它们甚至能推动实践中的生产力变革。因此，文献研究也存在带来消极结果的潜在可能性。

• 学校和教师往往把重点放在测试内容上，而不是关注基本标准或学习目标，并时常忽略那些未测试的内容。不论是测试科目中超越考试内容的那些领域，还是没有被列为考试科目的重点学科，都有可能遭受冷遇而被忽略。在美国、英国以及其他一些国家，考试总是会聚焦于低水平学习，对复杂思维和问题解决则相对关注较少，这会在课堂教学实践中产生类似的关注倾向。

• 关注考试而不是深度学习，这可能会鼓励一次性表现与传输式教学。当以考试中获得高分而不是学习为目标时，学校可能会不知不觉地促进学生的表现取向，进而影响学生在学习、元认知与自我调控等方面的参与积极性与持久性。特别是对于高能见度的多项选择题测试，教师可能会更加关注帮助学生获得应对考试的具体内容，而不是帮助学生建构概念理解和发展问题解决能力。

• 教学时间沦为针对特定测试的准备活动。学校通过商业化考试准备包、特殊班级和家庭作业为学生提供考试中可能会出现的具体任务类型与题型的练习，这些练习活动的主要目的是帮助学生顺利应付考试，而不是促进学生的学习；当学校对提升考试分数施加各种压力时，这种练习时间会占用几周甚至更多的教学时间。

这些结果与警告提醒我们，使用评价来促进 21 世纪技能发展具有重大挑战。研究清楚地表明，不论测量什么，教育者总是会在课堂和教学中将高能见度评价的内容和格式模式化，并进行模拟考试，大量课堂教学时间都用来为特定考试做准备。然而，在有些国家，测试已经被常规的、高度可预测性项目主导，这些项目为测试提供了短而高的脚手架，进而降低了测试中学生运用知识、技能和其他能力的要求与期望，而这些要素恰恰又是当今世界所需要的。比如，美国每年标准测试的年度分析报告显示，考试中出现的大量满足低水平认知需求的题目严重影响了复杂思维与问题解决能力的运用（参阅 Webb，1999）。但其他一些国家却提供了许多值得借鉴的例子，例如，针对中学毕业或大学入学考试、学士学位、结业证以及毕业会考等，都要对学生期望掌握的内容和获得的技能进行深入调查，并要求学生通过口试、笔试和项目工作，以展示他们的知识和技能。在北欧有些国家，这里一直坚持着将项目工作融合到学校课程的传统，目前已经有越来越多的地方适应了这项工作，并制定了一般评价标准。这些例子中，学生会参与重要的、真实性表现。不过即便如此，这些例子中的评价标准依然没有及时更新以反映信息与创新时代的能力需求，也没有充分利用 21 世纪技术。正如学生需要拥有新媒体素养来驾驭他们的权力一样，技术也可以为新的、成本效益高的新一代评价的设计和使用开创可能性。

促进学习的评价系统

美国式问责考试与那些前景不错的中学和大学入学考试之间形成的鲜明对比是值得关注的，因为后者被嵌入课程之中，而不是在课程之外，它们是教学过程不可分割的一部分；考试建立了有意义目标，成为课程设计与评价的基本依据，是影响和评价学生进步的常用方式。研究表明，持续评价，即所谓的形成性评价，对学生学习会产生巨大影响，特别是对于低能力学生（Black and Wiliam，1998；OECD，2005）。

评价信息的使用是这种思想的关键：评价要被认为是形成性的，必须采取行动使其证据能够影响后续教学。形成性评价不是把重点放在已经学到的东西上，而是通过识别和提供信息来填补学习者当前状态和学习目标之间的任何差距，从而帮助学生设计未来学习之路。此外，评价信息不只是影响后续教和学的一种证据来源，精心编制的形成性评价可以结合学习和认知原则直接支持学习过程（Herman & Baker，2009；Bennett & Gitomer，2009）。比如，通过要求学生说出他们的想法使思维可视化，形成性探究能够提供帮助学生面对错误想法的脚手架，进而改进和深化他们的理解，并向更复杂的专业水平发展（Shepard et al.，2005；Herman & Baker，2005）。通过要求学生解释和提供多个真实情境的实践，评价任务能够帮助学生建立新知识与已有知识结构之间的关联，促进迁移能力的发展（参阅 Sweller，2003；Holyoak，2005；Ericsson，2002；Gick & Holyoak，1983）。通过明确学习目标，让学生参与自我评价，形成性评价也能促进学生成为他们自己学习的代理人，由此提高学生的学习积极性、自主性与元认知（Black et al.，2006；Shepard，2007；Harlen，2006；Gardner，2006），这些特征同样也可以纳入问责制评价中，由此增加评价对于学习的价值。

◇ 质量评价系统的本质

基于学习的评价系统

评价设计与开发必须结合有关学生学习的现有研究来考虑如何利用心理测量学的最前沿发展理论来发展新一代评价，正如美国最著名的专家小组所言：

> 任何评价……都依赖于三大支柱：某个学科领域学生表征知识与发展能力的模型；观察学生表现的任务或情境；从表现证据中得出结论的解释方法（Pellegrino et al.，2001，p. 2）。

图 2.1 采用的是评价的一般模型，它清楚揭示了质量评价如何开始，通常以具体清晰的有意义目标结束学生学习（还可参阅 Baker，2007；Forster & Masters，2004；Wilson & Sloane，2000）。评价的任务顶点显示，任何基于学习的评价必须能够清楚回应对学生理解质量的揭示，或者能够体现包含了预期学习目标的知识和技能发展情况。这种解释链接强化了此种观念：对于评价任务的回应必须具体分析和研究，以揭示和支持与评价预期用途相联系的有效推论。使用任务顶点强调的是评价结果必须用于与初始目标有关的学生学习。如此，评价质量就体现在三个顶点之间及其相互关系的本质上，比如学习目标和用于评价其发展的任务之间的关系，分析评分方案如何更好地捕捉到预期理解与技能的重要维度，评价如何才能支持学习改进以及它们自身是如何被使用才能改善学习。在这里，评价依然包含着解释学生学习的有效性、准确性以及公平性等根深蒂固的传统维度，而且试图证明解释和推论都是合理的，特别是外部高风险测试（详见第三章）。

正如图 2.1 所示，该评价系统会收集不同层次的数据，服务于各种决策目的，持续性数据的收集主要用来影响和丰富课堂教学（详见第五章），而周期性数据则主要用于支持教育系统较高层次的政策调整与决策实践，比如学校、地区、州以及国家等。更重要的是，大规模国际、国家、州级评价可能为政策制定者在判断学校在促进学生学习方面的进展、资源分配以及确定需要帮助的地区等方面提供一个一般晴雨表。学校和教师可能会使用相同的数据评价他们自己的教学计划，完善他们的课程，实施框架的改进计划，并确认需要特别关注的个别学生。但是要持续做出优化教与学的决策，教师需要更多连续性信息流。图 2.1 是一套评价系统，它们建基于一个共同的、明确设置好的学习目标，其设计目的在于有针对性地满足整个教育事业所有行动者的决策需要。整个系统必须与有助于学生在未来取得成功的 21 世纪技能保持一致，大规模评价在沟通和传递 21 世纪技能是什么方面将发挥重要作用，同时也为如何评价 21 世纪技能提供重要模型。

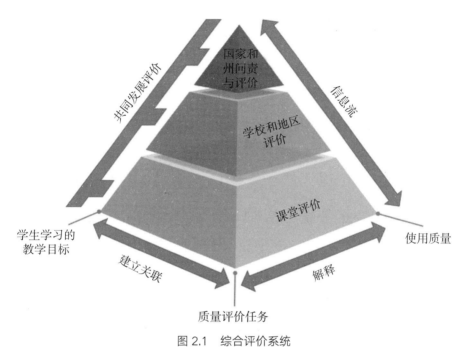

图 2.1　综合评价系统

提高评价系统的质量

　　系统性观点也需要寻找不同的优势点来思考评价质量。我们不是仅仅关注某种测试，我们需要考虑整个评价系统的质量，如此才能为教育系统内不同层次的决策需要提供有效证据支撑。平衡性评价似乎是压倒一切的标准（Bell et al., 1992），比如，佩雷戈里诺（Pellegrino, 2001）等人认为，平衡性评价体系的发展不仅可以为问责与政策服务，也可以改善课堂教学；在他们看来，一个平衡性系统至少融合了三个关键原则：连贯性（coherence）、综合性

（comprehensiveness）与连续性（continuity）。

- 一个连贯性的评价系统总是建立在结构良好的概念基础上——一个理想的学习进阶，它是大规模评价与课堂评价的基础；该基础在教育系统的各级行政部门或官僚机构之间应保持一致和互补。
- 一个综合性评价系统会使用一系列评价方法来确保对预期结构的适当测量，并测量不同粒度，以满足教育系统不同层次的决策需要。就本质而言，一个综合性评级系统在恰当细节提供的生产性反馈也是有价值的，它可以在多个层面上加强问责和决策改进。
- 连续性坚持的原则是所有层次的评价都被认为是持续证据流的一部分，通过它们不仅可以追踪每个学生的发展，还能及时了解教育项目的进展；但这种情况只有在从始至终结构定义都保持一致的情况下才有可能发生，比如，从年初到年尾，从低年级到高年级。

与此同时，除了上述构想中提到的三个原则，评价系统的基本原则还应包括公平（fairness）。所有的评价都应该设计成可以让尽可能多的学生展示他们所学到的，不能受与评价内容不相关的个人特征的不公平影响。比如，那些并不擅长语言测试的学生，在语言考试题目中可能很难展示他们的数学能力；来自一种文化背景的学生在处理与他们并不熟悉的情境有关的阅读文章时，可能会缺乏相应的背景知识；残疾或低能学生可能会处于测试所依据的学习阈值之下。一个公平的评价系统必须为有需要的学生提供空间，对学生的能力范围和评价人群的可能发展水平具有敏感性。

21世纪技能标准与评价的原则

尽管大规模的州、国家、区域或国际评价都只是作为支撑学生学习系统的一部分，但是每一个层级的评价都提供了一个了解什么是重要学习目标的契机，它们不仅仅应该为政策和实践提供有价值的、可操作的数据，还应该成为更广泛的系统目标。此外，经过精心构思的评价系统通过设计和使用，还可以建立能够支持学习的下一代评价模型。回顾至此，我们认为21世纪的标准和评价应该：

- 与21世纪重要目标的发展保持一致。支持学习的评价必须明确地传达理想学习的本质，标准和评价必须明确提出学生需要理解和运用的21世纪知识与技能的范围。此外，标准和评价还应该表明从新手到专家，这些知识和技能是如何发展的。

· 融合适应性和不可预测性。满足 21 世纪要求的一个重要标志是能够适应不断变化的环境；同时，当先前行动导致了不可预测的结果，这些结果又进一步影响了后续战略和选择时，要能够在这种情境中做出决策并采取行动。处理这种不确定性是至关重要的，但对课程和评价也提出了新挑战。

· 以表现为依据。21 世纪技能的关键是需要在新情境中整合、综合和创造性地运用内容知识。因此，21 世纪评价必须系统地要求学生在他们整个教育过程中都能够运用内容知识进行批判思维、学会问题解决以及分析学习任务。如此，我们就要帮助学生发展这些能力，并认识到，对于成功的学习而言，过程与学会了事实是什么和数字一样重要。

· 增加教与学的价值。如果评价任务的设计融合了学习与认知原则，对评价的反应过程就会提升学生的学习能力。比如，评价任务要能够融合迁移与真实性运用，要能为学生提供解释和多元表征的机会来促进组织和深化理解。

· 使学生思维可视化。评价应该为学生理解和使用概念策略来解决问题打开一扇窗。此外，通过学生思维可视化，评价还可以为高质量实践提供一个模型。

· 公平。公平的评价能够使所有学生都能展示他们所知道的，要为因测试目标以外的原因难以胜任和适应测试题目的学生提供保护。

· 高度技术性。评价必须为决策者使用数据提供准确、可靠的信息，在没有合理的测量精确度的情况下，对结果的推论，以及基于此的各项决策很可能是错误的。对预定目标的精确要求意味着必须明确指定预期用途和用户，还必须为每个预期目标建立技术质量证明。为评价 21 世纪技能的创新方法提供质量证明很可能需要新的心理测量方法。

· 目的的有效性。在某种程度上，一项评价总是被作为学校成功帮助学生获得 21 世纪技能的一个指标，技能和测试结果必须具有教学上的敏感性与概括性。换言之，具有教学意义的敏感性测试会受到教学质量的影响。接受了高质量教学的学生应该比那些没有接受过的学生表现更出色。另一种观点是那些不受学校控制和决定的基本能力或一般智力决定着学生的表现水平。一个高度概括化的结论可以迁移到其他真实的生活情境中予以运用。

· 生成可以采取行动的信息并为所有目的用户提供生产性的有用反馈。教师要能够理解学生的思维评价，学校管理者、政策制定者和教师要能使用这些评价信息来决定如何才能为学生的学习创造更好的机会。

·为所有目的用户提供生产性的可用反馈。如果教师、管理者、学生、父母以及公众等利益相关者想要使用一项评价的结果，这似乎是不证自明的，他们必须能够获得准确、可理解和可用的报告。

·建构教师和学生的能力。从评价获得的反馈能帮助学生、教师、管理者和其他人员理解学生表现的本质和可能会阻碍进步的学习问题，教师和学生应该能够从这个过程中学习。

·作为全面而完善的评价体系的一部分，当以支持不同层次的教育机构支持学习改进为设计宗旨。

◇ 利用技术转变评价与学习

本章的以下内容主要论述大规模评价，第五章将具体阐释课堂评价。

评价的优先性因信息通信技术而成为可能

信息通信技术的发展已经极大增强了评价21世纪技能的潜在可能性，这一节我们将着重关注该领域三个方面的内容。ICT不仅可以被认为是传统评价的工具，也为评价以前难以测量的技能提供了新的可能性，同时还发展了21世纪的一些重要技能。正如我们需要明确提出21世纪所需的技能一样，我们也需要明确提出可以测量学生在何种程度上获得这些技能的方法。过去十年，好些项目已经探索了如何在不同的学科领域以不同的方式使用信息通信技术进行评价。下文将以对这一领域相关研究的回顾为基础做进一步论述。

尽管教育评价是个重要的研究领域，但也只是在过去十年，基于信息通信技术的评价作为一个研究领域才开始不断增长（McFarlane，2003）。部分原因是学校的信息通信技术的基础设施快速发展，学生和教师有更多的机会使用各类硬件、软件和宽带互联网。现有研究已经验证了ICT对传统评价方法的影响，以及ICT如何提出新的评价和技能问题。例如，有研究分析了第二届国际教育技术研究的部分内容（Kozma，2003），ICT支持下的创新性教学实践。有些国家的实践已经证明，当引入ICT时，教学中会更多地使用形成性评价方法（Voogt & Pelgrum，2003）。然而，在大多数实践中，常常是新旧评价方法并存，因为学校一方面必须与他们无法控制的国家标准与体制建立联系，同时也要为自身的目的开发其他评价方法。

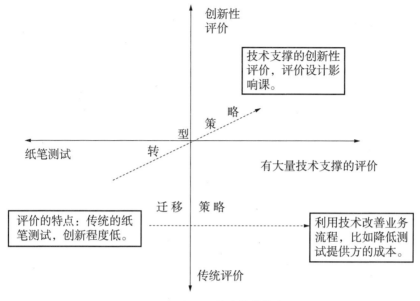

图 2.2　电子评价改革的维度

最近几年，人们已经普遍接受了电子评价这个术语，其倡导者经常会指出一些现实的效益和收益。这些收益可能体现在诸多方面，比如降低测试成本、大范围重复使用的项目、制定权力适应性测试、对考试管理体制进行系统改进等，而且还能够为任何时候想参与评价的学生提供测试机会。然而，在《电子评价的有效性实践》这篇报告中（Whitelock et al., 2007），作者得出的结论是，电子评价"不仅仅是我们已有评价方式的另一种方法"，通过实证与案例研究，该报告提供了利用电子评价拓展知识与技能评价范围的例子，研究还提供了史无前例的诊断性信息以支持个性化评价（Ripley, 2007）。由此，我们认为，电子评价具有运用科技支持教育创新的潜在可能性，能够促进复杂问题解决、交流、团队合作、创造与创新等21世纪技能的发展。

图 2.2 呈现了两种驱动的对比情况：运作效率提升与教育转型收益。左下象限代表传统评价，其典型形态是年年相似的纸笔测试。大部分学校和学院的评价都是这种形式。从左下角到右下象限的移动表示一种迁移策略，其中纸笔

评价正在被以电子屏幕为载体的评价取代,这种评价方式大大提高了信息的传递效率,但评价的本质并未改变。相比之下,右上象限则代表了一种转型策略,在这里,技术被用来支持创新性评价设计,以影响(或最低程度反映)课程设计与学习创新为评价目的。

利用 ICT 的迁移策略

21 世纪技能这个概念包含了许多我们熟悉的技能,这些技能多年来都是学校的学习核心,比如信息处理、推理、探究、批判思维和问题解决等。问题是:ICT 在多大程度上能够提升或改变这些技能及其测量?确实,过去十年的许多研究都证明,使用 ICT 进行评价能够改进传统技能评价——ICT 对于大规模测试的任务交付与评分程序具有潜在改进意义,更容易对学习者的表现提供可接受性反馈。例如,许多学科领域的多项选择题测试现在都在网上进行,但其重点关注的还是传统测试中学生的推理能力、信息处理能力,以及记忆力和事实与信息的再现能力,使用在线测试使评价更具有成本效益,能节约更多时间。然而,在网络环境下对传统技能进行评价,也有许多问题需要特别引起关注,诸如安全性、诚实性、有效性与可靠性等。

许多国家和州都采用计算机测试与纸笔测试相结合的双重程序。雷克斯和哈丁(Raikes & Harding, 2003)指出,在美国的一些州采用了这种双重程序,学生可以不断切换计算机测试与纸笔测试之间的答题。在这种评价环境下,评价必须确保公平,不论学生所在学校的技术能力如何,还必须确保评价的连续性,不能因技术问题而被迫中断。这样,学生的表现才能随着时间的推移而进行纵向比较。这可能需要一个过渡期,这期间,计算机评价与纸质版的传统外部考试要同步运行。他们还描述了传统考试被计算机取代之前必须解决的一些问题,譬如成本、考试形式的等价性、安全、学校文化与环境的多样性、技术可靠性。关于美国不同州所倡导的元评价,班尼特(Bennett, 2002)认为,这些州绝大部分已经开始利用一些简单的评价任务从纸笔测试过渡到计算机测试。然而,他也提到,"如果只是将多选题放在计算机上,我们所做的工作还完全不能使评价与技术在课堂教学中实现结合"(p. 14-15)。

评价实践的最新进展更直接反映了运用 ICT 进行评价的潜在可能性。荷兰是这一发展趋势的典型代表,该国在标准化国家考试中已经开始使用计算机,考试题目已经不再局限于多项选择题；其中在科学学科中，考试包含了40%的物理学科内容，必须运用建模、数据视频、数据处理和自动控制技术等计算机工具才能解决（Boeijen & Uijlings，2004）。

关于纸笔测试与计算机测试的一些比较研究清楚地显示，后者存在的问题非常多，特别是测试效度问题（Russell et al.，2003）。然而，这些研究也发现，尽管两种测试中个别问题的表现水平存在明显差异（Johnson & Green，2004），但学生的成绩几乎没有什么差异（Poggio et al.，2005）。每个学生的电脑使用经验存在差异，不同学科内容的题目可以通过多种方式在计算机上呈现与作答，这些都会对测试成绩的有效性带来不同影响（Russell et al.，2003）。虽然有些研究提供了两种测试模式得分相等的证据，但就同一种测试而言，计算机评价比纸笔评价更困难。波梅里希（Pommerich，2004）的研究结论显示，将纸笔测试呈现于计算机的难度越大，两种模式所产生的效果的相似性则越高。已有文献（Russell，1999；Pommerich，2004）似乎表明，从某种程度上讲，模式差异通常由不同模式的考试呈现方式及其考试过程造成，而不是考试内容。这可能意味着有必要缩小考试模式之间的差异。另外一个需要关注的问题是计算机测试是否能满足所有学生的需求，该方法是否对有些人有利而对另外一些人不利。

英国教育技术杂志关于电子评价的特刊中，有几项研究运用不同的方式对学生的传统技能进行了评价（Williams and Wong，2009；Draper，2009；Shephard，2009）。

ICT进一步引起了人们以形成性方式监控与评价学生进步的兴趣，档案管理以及使用多种表述方式的可能性进一步支持了人们对项目工作等方法的兴趣（Kozma，2003），这些都可以被用来进行形成性评价。越来越多的国家开始使用数字化档案袋，这是形成性评价越来越受到重视的一个例子。尽管档案袋评价并不是新概念，而且在没有ICT的情况下已经使用了一段时间（参见《教育评价》特刊1998，成绩记录与档案袋，Koretz et al.，1998），数字化工具的使用似乎进一步发展了这种评价方式，因为它带来了诸多评价的质性维度，比如电子发送档案的可能性，与其他文档链接的超文档、书面文本、动画、模拟、移动图像等综合形态。作为形成性评价的一种工具，与纸质档案袋相比，数字化档案袋给教师带来了诸多方便，他们更容易对学生表现的各种文件资料进行跟踪，也更方便批改学生作业。此外，数字化档案袋也可运用于总结性评价，以记录学生已经开发的产品以及他们的发展情况。如此，便可以更加有选择地多样化地呈现报告和学生的学习情况（Woodward & Nanlohy，2004）。本研究提出了要加强协作（团队合作）与自主学习技能的发展，相关研究还涉及批判性思维技能（critical thinking skills），在许多国家，这是课程中强调学生能力发展的一个领域。运用ICT进行评价，需要寻找可靠有效的新方法，使学生成就可视化（Gipps and Stobart，2003；参见泰国学校项目，批判性思维技能 Rumpagaporn & Darmawan，2007）。

简而言之，就更多传统技能测量来说，其发展方向是在不同教育阶段提供与知识水平相当的大规模信息处理和制图测试。在这个意义上，信息素养本身就成为素养的一个重要领域，互联网上的信息资源就更是如此。运用传统方式测量所需技能，ICT可以作为提升评价效益和效率的一种工具。

利用ICT的变革策略

尽管列举了一些关于电子评价的变革实例，而且有些项目确实引起了我们的研究和探讨兴趣，其中不乏一些运用ICT改变评价和学习的例子，这些案例有效且令人兴奋。电子评价领域正在发生的改变是适用性。以前的评价中，大部分准备工作必须由第三方或其他技术专家人员完成，各种项目越来越多地为终端用户提供实施电子评价的工具。新技术引起了人们对被描述为"遥不可及的评价"（assessing the inaccessible）的兴趣（Nunes et al.，2003），比如，元认知、创造力、沟通、学习和终身学习技能（Anderson，2009；Deakin Crick et al.，2004）。下面，我们将回顾关于那些在传统测试中很难评价或根本无法评价的复杂技能的相关研究。

先进的电子评价技术项目回顾——该项目由英国信息系统联合委员会（JISC）委托完成——始于对什么是先进技术的思考。"先进"（advanced）是指在那些已经成功运用技术创造了评价工具的独立或受限领域中使用的技术。"先进"并不一定意味着新鲜。该项目整理了100多个"先进"电子评价项目。让人惊喜的是，以前很少有人知道的一些先进电子评价项目通过拉网式信息搜索而被发现，由于目前使用电子评价的专家团队的规模并不大，信息技术的介入将对电子评价规模的扩大产生持续影响，并不断刺激其他创新方法的生长。图2.3简单介绍了英国电子评价的开发。

> 被评价的四种ICT技能：
> 1. 发现新东西——通过选择合适的资源获得与目的相匹配的信息；或者，对信息的合理性与价值提出质疑。
> 2. 生成观点并采取行动——利用ICT测量、记录、回应和控制事件。
> 3. 交流与共享信息——利用ICT共享和交流信息，如网络发布和视频会议。
> 4. 回顾、调整和评价工作进展情况——批判地反思自己和他人对ICT的使用。
>
> 具体设计包括学生完成测试的一个模拟情境；为学生提供有相关软件和工具的桌面环境；基于问题解决时运用ICT的过程而不是结果对学生进行评分；为所有学生提供参与测试的新方法。以其中一个具体案例为例，来自当地新闻网站编辑的一封普通邮件，有可能要求学生研究当地空缺职位，并为网站准备一个空缺页。要完成这项任务，学生需要进行网络搜索，并向虚拟公司发送电子邮件寻求关于空缺职位的更多信息。在信息搜索的过程中，获得反映真实网络信息的范围和质量可能存在差异。当学生完成这项任务时，会受到编辑的进一步要求，有可能是改变最后期限，或者增加职位要求。整个任务过程，学生的表现会被自动评分。
>
> 该项目提供了概念证明并提出了发展21世纪技能模拟评价将会遇到的主要障碍和挑战。
> - 发展心理测量方法来测量和拓展学生反应。因为评价的目的是收集学生使用ICT过程的相关信息，需要有种方法可以收集这些数据，并创建这些过程信息的总结性评价和分析。
> - 调整学校技术基础设施以支持大规模、高风险、基于计算机的测试。
> - 在测试中引入与专家、教师、学生、家长和政治家有效沟通的新方法，所有人都有他们自己关于评价性测试的心理模式（mental models）和经典方法。

图2.3 英国14岁儿童ICT技能的创新性评价

关于电子评价进展的一个重要内容是ICT带来了要测量什么的新维度，例如关注多模态，也就是冈特·克雷斯（Gunter Kress，2003）所言的多模态素养（multimodal literacy）。如何运用ICT提供的不同模式和方式以不同方法来表达创新、问题解决和批判思维等不同技能？可视化与模拟的大量运用被认为是ICT对不同技能测量产生影响的例子，尽管到目前为止这项研究还没有形成最终定论（Wegerif & Dawes，2004）。

作为一种思维技能，创造力在21世纪尤其得到重视（Wegerif & Dawes，2004，p.57）。譬如，Web 2.0技术能使用户运用新方式生产和共享信息内容：用户生成内容再"重新合成"（remixing）内容（Lessig，2008）正成为一种创造性实践，这会在提供学习内容和学习信息等方面给传统师生关系带来挑战，也会挑战"学校用书"(school book)的作用和地位。新的数字化媒介在教育中的使用,使创造性思维的评价有了不同的分析思维(Ridgway et al.,2004)。数码相机和不同的软件工具使学生更容易地展示他们的作品并进行反思。然而,围绕创造力讨论的其中一个问题是创造力经常被简化,对这个技能领域可能需要什么并没有明确说明,而是将其理解为创造个体的新奇观念和浪漫概念(Banaji & Burn,2007)。因此,事实证明,学生的创造力是很难评价的。通过系统回顾使用 ICT 评价创造性思维和批判性思维对学生和教师的影响,哈伦和迪肯·克里克(Harlen & Deakin Crick,2003)发现,评价方法对创造性思维与批判性思维的忽略是令人担忧的,因为这些技能对于终身学习至关重要,也是一个人能够在快速变化的社会为生活做好准备的必备技能。他们认为这些文献对于这些问题缺乏持续关注和研究,主张实施更多战略性研究。

第二个引起人们极大兴趣的领域是数字化工具以何种方式支持问题解决、创新性实践和沟通交流中的协作。许多研究案例都探讨了基于计算机学习的协作环境是如何激发学生学习和参与探究的(Wasson et al.,2003;Laurillard,2009)。协作式问题解决技能被认为是当前这个时代工作和学校成功的必要条件。当个人和团队正在做什么的信息沿着认知维度被合成时,在线协作式问题解决任务为其提供了新的测量机会。通过这种方式,学生可以相互发送文献和文件,并共同完成任务。当然,这里还需要考虑能够支持在线测量的界面设计特点,以及在线环境下如何对协作式问题解决的过程进行评价(O'Neil et al.,2003)。有一些研究在关注基于网络的同伴评价策略(Lee et al.,2006)。同伴评价被一些人定义为一种创新评价方法,因为学生不仅是学习者也是评价者(Lin et al.,2001)。这种评价方式已经成功运用到许多领域,比如写作、商业、科学、工程和医学。

ICT 如何挑战高阶思维技能的评价是第三个重要的研究领域。里奇维和麦卡斯克盖尔(Ridgway & McCusker,2003)认为,计算机如何才能为评价做出独特贡献,从某种意义上讲,就是它们能够提出新的任务类型,并能随着时间的变化动态地显示几个变量的变化情况。他们引用了世界数学测试(www.worldclassarena.org)中的一个例子证明这些任务和工具是如何支持不同年龄群体的复杂问题解决的。为了发现隐藏的规律或关系,他们还展示了计算机是如何帮助学生利用微观世界的创造来进行探索,譬如通过在虚拟实验室做实验或做游戏探索问题解决策略。计算机允许学生运用一系列复杂数据集进行工作，如果以书面形式，这些工作就很难开展。通过这种方式，类似于计算机模拟这种工具与传统方法相比，能够更加细致入微地了解学生知道什么和能做什么（Bennett et al.，2003）。恰如里奇维和麦卡斯克盖尔（2003）所言，学生对基于计算机的学习任务的看法是积极的，在这种学习环境下，他们会更加出色地表现自己。然而，他们也发现，学生在调整决策和技能时会遇到一些问题，因为评价结果显示，当遇到困难时，他们仍然以正确答案进入旧的测试情境，而不是运用解释和推理技能。

与以上内容相关的一个有趣研究领域是由斯卡达玛亚和贝赖特（Scardamalia & Bereiter，2006；也可参见第五章）提出的知识建构视角。他们通过开发知识论坛（Knowledge Forum）技术平台，测量到了传统方法很难测量的学生学习过程，这个平台能够为学生集体推理提供可能性，问题解决建基于每个人的笔记和注释，通常也作为不同地区和不同国家之间的协作平台。关于这些技能及其在线测量工具的一些关键主题包括：

- 知识进步是集体成就而不是个体成就；
- 知识进步是观念的改进，而不是真实可靠信念的进展；
- 是什么的知识不同于关于什么的知识；
- 讨论的目的在于促成协作式问题解决而非辩论；
- 建构性使用权威信息；
- 生成性理解。

英国学者默瑟与他的同事在研究"协作思维"（thinking together）时也提出过类似的观点（Mercer, Littleton, 2007），即我们该如何建构思维语言，也就是他们所称的"探索性对话"（exploratory talk）。为实现这一目的，研究者开发了包括计算机软件在内的一系列资源。维格里夫和道斯（Wegerif & Dawes，2004，p.59）总结了"协作思维"的四种方法，每一种方法都假设了教师的重要性：

- 课堂中关于对话技能的直接教学应能促进思维发展；
- 计算机既可以引导孩子们使用这些技能，又能帮助他们在不同课程领域建立联系；
- 导入与结束语不仅要回顾教学进展，还要以促进对话与思考为目的；
- 小组合作中的教师干预是用来提供探索性对话模式的。

上述例子已经显示了ICT是如何通过提供变革性策略来推动评价发展，特别是形成性评价，以及这些复杂工具如何才能用于评价那些纸笔测试很难评价的技能。就像麦克法兰（McFarlane，2001）提到的那样，"看来，ICT的使用能对有效学习者需要的那些特质产生积极影响：问题解决能力、批判性思维技能、信息处理能力"（p.230）。可以说，这些技能更多地是为了满足信息社会的需要，强调终身学习，而不是传统测试和纸笔评价总是要测量的那些技能。

◇ 形成21世纪技能框架与评价模型

这一部分，我们将提供一个框架，作为开发21世纪技能大规模评价的模型。为了形成这个模型框架，我们比较了世界各地关于21世纪技能和其他一些技能的现有课程与评价框架，并对其进行了分析，不仅确定了这些框架之间的差异程度，而且确定了这些框架在何种程度上以可测量的形式描述了21世纪的学习结果。基于分析结果，最终确定了我们认为在21世纪必须具备的十种重要技能。我们对每一种技能都进行了研究，并分析所确定的框架在多大程度上能对每种技能进行可测量描述，每种技能必须包含知识、技能、态度、价值与伦理等要素。也正如此，这个框架也被称为KSAVE框架，下面将对其具体内容做进一步详述。

现有的21世纪技能框架

世界各地的许多组织已经对21世纪技能展开研究，并独立开发了一系列框架。基于分析目的，我们研究过的框架在下面图表中已经呈现出来。为了探索目前已经开始运用的21世纪课程的数量和范围，我们广泛搜索了将KSAVE技能整合到国家课程体系的国家教育系统。围绕国家课程展开搜索，提到了"21世纪学习""技能"和"素养"标准等概念。少数国家详细界定了国家课程，大部分国家有国家层面的教育系统目标或目的。越来越多的国家正在对本国课程进行系统回顾与审查，少数以前没有国家课程的国家已经开始开发国家课程，满足"21世纪学习需要"经常包含在这些新修订过的课程文件中。表2.1详细列出了不同地区的文件资源。

表 2.1　21 世纪技能的文件资源

国家 / 地区	文件
欧盟	终身学习的核心素养——欧洲参考框架，2004 年 11 月； 2006 年 12 月 18 日欧洲议会与理事会关于终生学习的核心素养的建议； "2010 教育与培训"工作的实施计划； http: //eur-lex.europa.eu/LexUriServ/LexUriServ.do?uri=OJ: L: 2006: 394: 0010: 0018: en: PDF。
经济合作与发展组织	新千年学习者项目：挑战我们对 ICT 与学习的认识（OECD）； www.oecd.org/document/10/0,3343,en_2649_35845581_38358154_1_1_1_1,00.html。
美国 （21 世纪技能伙伴协会）	P21 框架定义； P21 框架宣传册； http: //www.p21.org/documents/P21_Framework_Definitions.pdf。
日本	教育考试研究中心（CRET）； www.cret.or.jp/e。
澳大利亚	年轻人的墨尔本教育目的宣言； www.mceecdya.edu.au/verve/_resources/National_Declaration_on_the_Educational_Goals_for_Young_Australians.pdf。
苏格兰	卓越课程——四种能力； www.ltscotland.org.uk/curriculumforexcellence/index.asp。
英国	学习之旅； 个人学习与思维技能——英国的国家课程； http: //curriculum.qcda.gov.uk/uploads/PLTS_framework_tcm8-1811.pdf。
北爱尔兰	跨学科技能的评价； http: //www.nicurriculum.org.uk/key_stages_1_and_2/assessment/assessing_crosscurricular_skills/index.asp。
国际教育技术协会	国家教育技术学生标准，第二版，数字化时代的全球学习； http: //www.iste.org/standards.aspx。
美国 21 世纪国家科学学院	探索 21 世纪技能发展与科学教育的融合发展； http: //www7.nationalacademies.org/bota/Assessment_of_21st_Century_Skills_Homepage.html。

续表

国家/地区	文件
美国劳工部	素养模型; 文献综述; 就业与培训管理的作用(ETA),(Michelle R. Ennis)。

大多数地区提到的21世纪知识、技能或者个人态度以及学习者特质都包含在总体目标或教育目标的陈述之中,只有极少数地区例外。尽管都只是一般的简短陈述,但却能通过证明改变的合理性而被支持。比如,这些框架都提到:新工业、新商业、新技术和新经济结构的教育需求;新的社会互动和交往技能的需求;想象力、创造力与首创精神的需求;学习以及在职业过程中继续学习的需要;保持民族文化价值的需求;在日益国际化和全球化的环境中开展各种业务的需求。

我们研究过的框架和国家课程体系中,几乎没有具体描述或清楚解释课程标准的。同样,如果要实现其框架的更广泛目的,对于学习者要学习的课程实际应该是什么样子,也很少进行具体描述。

所有审查过的课程都保持着严密的学科结构。这种结构构成了课程设计的基础。每个国家的各学科科目之下的学习名称和学习群会略有不同,但是核心课程(母语、数学与科学)学习的一般原则是相同的。在许多国家的课程体系中,与ICT相关的技能被提升到了核心位置,但历史学科,特别是国家历史和本土文化,通常包括宗教,在课程体系中常常处于次要地位。像"艺术"或"人文"等学科一般进行单独或综合描述。因此,至今为止,21世纪技能的教学都是被嵌入学校课程的各学科之中。目前还不清楚批判性思维或创造性在数学和科学等相关学科中是否具有相同特征,更不用说STEM、艺术以及人文等学科领域了。然而,人们对其他一些更容易迁移的技能的争论更加频繁,比如信息和ICT素养,这些技能的普遍性与迁移性等问题依然面临着严峻的研究挑战。

我们研究的框架中所描述的21世纪学习目标与目的,一般被认为通过学科或跨学科是可以被教导的,但关于如何实现目的或达成目标并没有具体细节,也没有详细阐述每门学科在其中应该承担的责任是什么。如果没有这些具体内容，国家对 21 世纪目的与目标的陈述不可能反映在学生的实际学习经验与评价管理中。没有 21 世纪教学目的或目标的高价值评价，很难看出教育系统何时或如何对大多数学习者产生重大变化。

KSAVE 模式

为了建构 21 世纪技能分析框架，有必要制定一个综合性的概念图（conceptual diagram），这个图表将十种技能群定义为四种类型。

思维方式：

1. 创造与创新；
2. 批判思维、问题解决与决策；
3. 学会学习、元认知。

工作方式：

1. 交往；
2. 协作（团队）。

工作工具：

1. 信息素养（包括研究信息、证据与偏见等）；
2. 信息通讯素养。

在世界生存：

1. 公民——地方与全球；
2. 生活与职业；
3. 个人与社会责任——包括文化意识与素养。

尽管不同的框架对这些技能的分类与描述各不相同，但我们认为，上面列出来的十种技能具有全面性和广泛性，适用于所有方法。

我们发现，在早期阶段，这些 21 世纪技能框架在内容性质上具有明显差异。有些框架致力于界定学生的行为表现，比如，创造力可能就包括"对新思想的开放性与反应能力"。其他框架也都提及这些技能，比如，创造力可能是指有能力"提出创新性与创造性的观点"。有些框架使用了第三种分类法，主要指向具体知识，比如，创造力可能是指"各种技术创新观念的知识"。有些框架涵盖了两种或更多的分类，很少有框架全面涵盖三种分类。为了适应和反映这些方法的差异，我们在 KSAVE 模型之内设计了三种分类。值得注意的是，这个模型并不解决学科中嵌入的知识、技能和态度等问题，而是探讨它们跨学科的普遍性。

知识：包括十种技能中每一种技能所需要的具体知识或理解。

技能：包括课程框架设计中需要发展的学生能力、技能和过程，它们都是学习的重点。

态度、价值与伦理：这里的分类是指学生表现出来的与十种技能相关的行为与态度。

分析 21 世纪技能框架所使用的方法是提取每个框架指标来填充 KSAVE 网格，并尽可能合理地保留原文。同时，决定对不同框架中意思相近概念的措辞进行细化或合并，并确定是否需要将一些指标分配到知识、技能、或态度/价值/伦理等要素上。对于有些指标，决定是否要将它们分配到态度/价值/伦理等看似边缘化的内容之内。

在下面几页中，我们将具体介绍每一组技能，并讨论分组原因。此外，为了帮助大家了解这些技能可能是什么，我们还提供了如何测量这些技能的一些例子。这些例子仅仅触及到 21 世纪技能需要测量内容的表层。

思维方式

"思维方式"中的三类技能推动了思维概念化，这些技能更加关注高阶思维技能，也包含了回忆与推论等简单技能，这些技能的一个主要特点是需要更多关注与思考。

创新与创造性

表 2.2 呈现了创新与创造性的可操作性定义。尽管创新与创造性在逻辑上可以放在一起，但二者起源于不同的传统学校教学。

创造性经常被认知心理学家关注，而创新则与以提升、发展和实施新产品和新观念为目的的经济领域有关。不论是创造性还是创新，二者的测量都面临巨大挑战。任务本身就必须处于互动环境中，但大规模评价中的时间分配往往很短，创造性与创新难以表现，加之，对于那些能够评价的结果也没有好的参考标准。

表 2.2 思维方式——创新与创造性

知识	技能	态度/价值/伦理
创造性地与他人一起思考与工作 · 了解各种不同的观念创造技能（比如头脑风暴）； · 意识到不同国家和文化过去的各种发明、创造和创新； · 知道真实世界的限制，会采用新的观念，清楚怎样以更合适的方式呈现观念； · 知道如何面对失败，并能识别终端失败与可克服的困难。 实施创新 · 意识和理解哪里以及如何创新将会产生影响，创新将发生在哪些领域； · 能够意识到创新与创造的历史与文化障碍。	创造性思维 · 创造新的有价值观念（渐进式与激进式概念）； · 为了提高和激发创造力，要能够解释、提炼分析和评价自己的观念。 与他人创造性地工作 · 与其他人有效地发展、实施和交流新观念； · 能够敏锐意识到创新与创造的历史与文化障碍。 实施创新 · 将创新性和创造性观念转化为已经产生影响并能被采用的形式。	创造性思维 · 对新的有价值的观念保持开放（渐进式与激进式）。 与他人创造性地工作 · 对新的多样化观点保持开放并做出反应，小组合作并提出反馈； · 将失败视为一种学习机会；理解创造与创新是小成功与频繁错误的长期循环过程。 实施创新 · 能够坚持提出和促进新观念的产生。

创新经常被描述为可以培养的一种思维技能或至少是思维能力的一个重要方面（Wegerif & Dawes，2004，p. 57）。罗夫莱斯（Loveless，2007）通过回顾技术、学习和创新的关联，提到了技术是如何通过为孩子提供创新机会，使他们能够运用多媒体快速而容易地生产高质量作品的。罗夫莱斯认为，在课堂中培养学生的创新能力，老师需要创造一个高度社会化的氛围，在这里，孩子们要有足够的安全感发挥创意和承担风险。

如上所述，尽管评价创新能力被认为是困难的，但是新数字化媒介的使用已经与思维评价建立了关联，这一思维模式与分析思维具有本质差异（Ridgway et al.，2004）。数码相机和种类繁多的软件工具可以使学生更加容易地展现和反思他们的工作。学校课程中有许多学科都会要求学生创造各种不同的作品（Sefton-Green & Sinker，2000）。它们可能包括绘画艺术课，英语创意写作，戏剧表演，录制音乐，视频媒体研究，以及在各个学科中的多媒体"数字化创新"。到目前为止，这些项目的学习还没有任何关于ICT如何影响学生产品评价的例子（Sefton-Green & Sinker，2000）。

eSCAPE

eSCAPE项目并不测试创造与创新，但它测试了这些能力的某些方面。特别是它让我们看到了如何测试将创新与创造性观念转变成具体形式的能力，且这种形式能产生一定影响，并具有展示和推广新观念的持久性。

多年来，英国16岁学生的在校考试就包括设计与科学这项可选择性评价科目。传统上，这些考试要求学生连续超过100个小时去设计一个项目，并撰写项目报告，教师再对项目报告进行评分。

2001年，课程与资格考试委员会（Qualifications and Curriculum Authority）委托伦敦金匠学院的技术教育研究中心（TERU）发展以技术为导向的评价体系，从而取代传统的纸笔评价。研究结果是，在一个设计任务内，学生分成三个或四个小组开始工作，在6个小时之内就可以完成评价工作。在6个小时的工作过程中，通过个人便携式设备为每个学生提供分级评价指导与信息反馈，这个手提式设备也是作为一种获取评价证据的工具——通过视频、拍照、录音、速记和录入。在这6个小时中，运用手提式设备提供的发展、互动与自我反思记录等信息，以此开发每个学生的设计模型。

最后，所有的评价证据被整理成一个简短的多媒体文件夹。评委再通过观察这个文件夹对每个学生的表现进行打分。eSCAPE的董事们又回到了瑟斯顿（1927）的工作，致力于发展一个分级匹配（graded-pairs）记分机制为学生的工作提供整体判断。这个机制为评委对学生工作做出匹配性判断提供了支撑。结果显示，这个评价的可信度与多选题测试中的可信度基本一致。

批判性思维、问题解决与决策

表2.3呈现了批判性思维与问题解决的可操作性概念界定。世界上许多国家，都将批判性思维与问题解决作为越来越重要的课程属性。在英国的高中，有着很受欢迎的批判性思维资格证书。在美国，美国哲学协会发布了关于批判性思维的德尔福（Delphi）报告。报告提出了六种认知性思维技能：阐明、分析、评价、推理、解说和自律。这个框架进一步阐释了包括基于态度和价值的标准：学生应该充满好奇心、见多识广、公正、灵活和诚实。德尔福报告的后续研究显示，"理性地相信"（德尔福报告的核心发现）在判断什么是批判性思维中发

挥着重要作用。

表 2.3　思维方式——批判性思维、问题解决和决策

知识	技能	态度 / 价值 / 伦理
有效推理，学会系统思考与使用评价证据 · 了解不熟悉问题的处理体系与策略； · 了解证据在信念形成中的重要性，当证据产生冲突时，能重新评价信念。 问题解决 · 识别知识差距； · 能提出有助于澄清各种观点的问题，推动更好方案的产生。 清晰表达 · 流利表达探究结果。	有效推理 · 使用各种适合不同情境的推理方式（归纳、演绎等）。 使用系统思维 · 在一个复杂系统中，作为整体的各个部分是如何相互作用而产生一个整体结果的，验证观念、识别和分析论点； · 综合并建立信息与论点之间的联系； · 解释信息，并基于最佳分析得出结论，对信息进行分类、编码与澄清； · 有效分析和评价证据、论点、声明和信念； · 分析和评价重要的替代性观点； · 评价，对观点和论点做出评估； · 推论，质疑证据、反驳替代性观点并得出结论； · 解释，表述结果，证明过程和提出观点； · 自律，自我检查与自我纠正。	做出合理的判断和决策 · 思考和评价重要的可选择性观点； · 批判性反思学习经验与过程； · 能将上述反思整合至决策过程。 解决问题 · 对不熟悉、非常规、创新性问题解决方案和解决方式保持开放； · 能够提出澄清各种观点和有助于形成更好方案的有意义的问题。 态度倾向性 · 理性地相信； · 见多识广并充满好奇心； · 开放且处事公正； · 灵活又诚实； · 善于寻找机会使用ICT； · 相信和信任理性； · 在思考可选择性观点时保持开放、公正与灵活； · 诚实地评价自己的偏见； · 愿意重新思考或修正已经被证明过的观点。

相对于创造性与创新，批判性思维、问题解决与决策作为大规模评价的一部分已经有一段时间了。批判性思维经常出现在阅读、数学和科学评价中，也是美国全国教育进步评价的内容和OECD的国际学生能力评价项目内容。

作为一个重点研究领域，问题解决已经被研究了近20年，也产生了一系列概念界定与分析框架。此外，问题解决也经常以各种形式出现在许多大规模国际评价中，比如PISA和成人素养与终身学习技能（Adult Literacy and Lifelong Learning Skills，ALL）。这些评价的题目设计旨在测量学生如何评价证据、论点、

主张和辩解；建立信息与论点之间的关联并综合分析；分析和评价其他一些替代性观点。2003 年的 ALL 项目主要关注问题解决任务，这些任务都以项目为导向，非常类似于分析推理。PISA 自 2000 年成立以来，数学和科学中的问题解决就一直是其评价的一部分。2003 年 PISA 测试中，问题解决的测量内容包括决策、系统分析和提出设计方案（故障排除）。2012 年，PISA 超越了 2003 年的测量内容，还包含了一些更加开放的动态题目（Dynamic items），这些题目与 2011 年 OECD 的国际成人素养评价项目具有一定的关联，都是在技术化环境中测量问题解决能力。

下面的例子将具体解释 21 世纪评价的方向。第一个例子是美国自动化诊断评价（Primum）阐释的可以机器记分的真实性开放任务。第二个例子是，世界数学测试解释了数学、科学、设计与技术中涉及的具有高度创新性的问题解决，这些问题并不聚焦于学生的兴趣、动机、心理挑战能力（这些大部分都是当前考试的常规测试项目），而是关注在数学/科学/设计情境中问题解决的一些具体维度，比如最优化与可视化。这些任务预示着，在屏幕测试中，设计 5～10 秒的现场互动以及学生解决复杂问题都是可能的。第三个例子，美国的虚拟表现评价（Virtual Performance Assessment，VPA）项目借助模拟技术，使测量科学探究知识和技能的虚拟表现评价成为可能，上述概念由美国国家科学教育标准（NRC，1996）界定。

1. 自动化诊断评价。

一些电子评价的倡导者指出，计算机具有支持模拟评价与情境评价的潜在可能性。在一些非高风险测试的背景下，这类评价已经开发了一些成功案例。致力于在各种具体情境中评价决策能力的自动化诊断评价另当别论，仅仅通过诊断有一系列症状的虚拟病人，它便可以评价实习医生的各种诊断能力。这种自动评价可以提供真实的可信性评价，比起在病人床边进行记分的人评价，这种评价在价格上也拥有一定优势。

2. 世界水平测试。

2000 年，英国教育部在数学、科学、设计与科学等领域开始实施新的关于问题解决的计算机测试。这些测试被设计成能够创造性使用计算机技术，目的是在全球范围内应用。此外，他们也想为评价学生思维和评价学生运用各种技术解决新奇的非预期问题能力设置一套新的标准。这些测试就是著名的世界水平测试（World Class Tests），它们被用来测试 8～14 岁的儿童，目前在东亚，这些测试已经被商业化运作，需要获得许可才能使用。

3. VPA 项目。

虚拟表现评价项目利用创新性技术和评价，试图解决测量学生运用科学探究解决问题的能力这一难题。这个项目正在开发一种评价，它可以作为学校问责项目的标准化构成要素，其目的是在生命科学中发展三种评价，它们表面上看起来都不一样，但是它们都测量同样的探究过程技能。每一种评价都会发生在不同的生态系统，学生在参与探究的过程中将会探索真实的生态问题。

学会学习与元认知

表 2.4 呈现了学会学习和元认知的可操作性定义。学会学习和元认知经常会通过一对一的有声思维进行测量。显然，这种方法不一定适合大规模评价。然而，技术可能可以用来支持和评价学会学习，主要包括自我评价和自主学习。与此有关的一个有意思的例子是英国超级实验室（Ultralab）开发的 eVIVA。

表 2.4　思维方式——学会学习与元认知

知识	技能	态度 / 价值 / 伦理
·了解并理解一个人以前的学习方法，以及一个人能力和特质的优势与劣势。 ·了解可获得的教育与培训机会，并知道不同职业需求的教育与培训课程的学习策略。	·对于一般的学习与职业能有效地自我管理。在学习过程中，具有自主性、原则性，有毅力，能够进行信息管理。 ·既有短时注意力，又有长时注意力。 ·能批判性地反思学习目标和目的。 ·能够将交流作为学习的一部分，能使用合适的方式（语调、手势和模仿等）去支撑口头表达，顺利与他人交流；也能理解和生产多元化信息（写作或语言表达、声音、音乐等）。	·除了拥有获得动机、自信等有助于成功的能力，还有愿意改变和进一步发展素养的自我概念。 ·将对学习的积极欣赏作为一种丰富多彩的人生活动，一种主动学习的感受。 ·适应性与灵活性。 ·能够识别个人的偏见。

1. eVIVA。

eVIVA 的目的在于充分利用移动电话、基于互联网的形成性评价工具等新技术提供的一切可能性，创造一种更加灵活的评价方法。通过使用这种工具，该项目的创始者超级实验室除了提倡师生对话外，还倡导自我评价与同伴评价。

在这个项目中，学生能够进入 eVIVA 网站设置系统预置的个人简介，并且可以在他们的移动电话或固定电话上记录一个介绍性有声文档。然后，学生通过选择诸如"我可以"等一系列简单的表述就可以开始思考他们通过 ICT 能够做的事情，进而实施简单的自我评价活动。网站里有一个题库，在可以选择的时间内，学生必须为他们的电话测验或课程结束后的评价选四个或五个问题，系统和老师将引导学生进入所选择的题目中。每个学生都有自己的电子档案网络空间，在这里，要求他们记录下重要的具有里程碑意义的学习瞬间，并下载支持性文件作为证据。对于每一个学习转折点，学生都要做出注释或进行描述，阐释他们学到了什么，或者为什么会因某个具体的工作内容感到自豪。一旦这种转折点或重要的学习事件公开发布了，教师和学生就可以使用注释和信息围绕学习展开对话了，并鼓励学生评论自己和同伴的工作。这些注释也常通过使用 SMS 进行电话发送或利用其他有声信息进行发送。当准备就绪后，学生应该进入 eVIVA 并记录下他们所选择问题的答案。这为学生提供了解释他们做了什么与进一步反思自己工作的机会。他们的答案将被记录并分别作为有声文件被发送到网站上。老师基于这些关键的学习事件对学生的 ICT 能力进行综合评价，提交的电子档案包括学生的反思和语调，eVIVA 答案的记录，以及任何与问题相关的书面答案，还有课堂观察记录等（详见 Walton，2005）。

2. Cascade。

由卢森堡大学和亨利都铎公共研究中心发起的 Cascade 是一项创新性项目，非常适合限定测试时间的大规模评价。

Cascade 项目的考试题目都是经过精心设计的，以便使参与测试者在回答完一系列问题后，能够对每个题目答案的正确性进行确定，再提供参与者接触多元化信息的机会，让他们去证明自己答案的正确性。此时，一旦参与者再次回答了一系列相同的问题，并再次确认了他们的答案，那么，记分将以比较两次反应为基本依据，并会跟踪他/她在获取额外信息的信息路径。

工作方式

在商业领域，我们见证了人们工作方式的快速变化。跨越国家与洲边界的外包服务只是其中一个例子。另外一个例子是围绕一个共同项目工作的团队成员之间的远程办公。比如，一个小型软件咨询团队会有三大洲的成员，他们通过电话会议和电子邮件致力于开发产品模型,偶尔会在某个固定地点碰头召开"冲刺性"会议,可以说,他们每天 24 小时都在开发产品。同样,像 PISA、TIMSS 和 PIAAC 这种大规模国际评价项目,研究和开发团队跨越了洲与洲的界限,在世界不同的地方一起工作研究评价。为了支持这些走向全球化的例子,交流和协作技能必须更加娴熟与精练,做到快速、简洁,并能认识到文化差异。

交　流

表 2.5 呈现了交流的可操作性概念界定。交流已经成为评价阅读、写作、绘画、听和说的主要内容。然而,评价尚未全面考虑各种可能性。PowerPoint 演示文稿现在无处不在,它们经常被用来呈现图表,并结合语言描述,达到更简洁地传递信息的目的。各种视频演示还需要以前所未有的方式将交流形式结合在一起。迄今为止,新交流方式还很少出现在大规模评价中。然而,鉴于下文所述发展,我们必须考虑这些变化。

表 2.5　工作方式——交流

知识	技能	态度/价值/伦理
母语语言能力 · 掌握扎实的基本词汇和功能语法知识,了解语言功能与风格; · 意识到各种语言互动方式(互动、访谈、辩论等),意识到不同互动方式与口语表达的风格; · 理解写作语言的主要特点(正式的、非正式的、学科的、新闻的、口语化的,等等)。	*母语语言与其他语言能力* · 能通过书面与口头形式进行交流,自己能理解也能让别人理解不同情境中指向不同目的的信息; · 有能力去听和理解各种交流情境中说话者的信息,还能简单而清楚地表达; · 能阅读和理解不同文本,采取不同策略应对不同阅读目的(为搜索信息而阅读,为研究而阅读,快乐阅读)和文本类型; · 能够写不同风格的文本以满足不同目的,能够监控写作过程(从起草到校对); · 写作或谈话中,在充分考虑别人观点的基础上,以令人信服的方式形成自己的论点,并进行书面或口头表达;	*母语语言能力* · 形成对母语的积极态度,能够认识到它们是个人发展与文化理解的潜在资源; · 以开放的心态对待他人的意见和论点,进行建设性和批判性对话; · 公开演讲时充满了自信; · 超越词/短语的技术正确性,适当表达追求审美品质的意愿; · 发展爱的素养;

续表

知识	技能	态度/价值/伦理
其他语言能力 · 掌握扎实的基本词汇和功能语法知识，了解语言功能与风格。	· 具有运用书面或口头方式（演讲、对话、讲授、访谈、辩论）来使用辅助工具（注释、计划、图表）提出、呈现或理解复杂文本所需要的技能。	· 以积极态度对待跨文化交流。 其他语言能力 · 文化差异具有敏锐性，抵制墨守成规。

回想一下短信使用的过程。第一条商业短信的发送时间是1992年11月。今天，每天接收和发送的短信数量超过了地球的总人口。脸书（Facebook）作为大学生的一种交流工具，在短短两年时间内，就拥有5000万用户。2010年，Facebook有超过7亿5000万的活跃用户，超过3亿7500万的用户每天至少登录一次。如今，Facebook已经进入商业化运作，一些商业与利益群里也拥有它们的网页，使用Facebook作为组织和主持会议的场所也变得越来越普遍。

为什么这些创新交流方式变得如此重要？就短信来说，完全改变了语法、句法和拼写的形式。再看看油管（YouTube）上的大量视频的发布，就会明白运用不同的方式有效呈现相同的信息是如何实现的。同样，随着混合式注册的出现，Facebook面临了更大的挑战，在这里，专业化交流与个性化交流可以同时存在。

将新技术运用到交往测量的一个典型例子是2009年PISA测试。PISA的电子阅读评价模拟了网络环境中的阅读。在许多方面，发展到这一步不仅意味着新技术开始迁移到新的创新性评价项目，也是将评价转化为真实任务的重要一步。

协作与团队合作

表2.6呈现了协作的可操作性概念界定。协作给大规模评价带来了各种挑战。从最基本的情况看，学校评价的主要目的在于获得个人表现的测量标准。因此，当面对协作式任务时，最重要的问题是如何分配给小组中每个成员的学分，以及如何解释可能影响学生表现的群体间的差异。这在跨越文化边界的国际评价中成为一个更大的问题。比如，ALL研究了测量团队的潜能。尽管设计者可以设计团队任务，但是在评价实施时，文化差异成为一个不可逾越的障碍。

表 2.6　工作方式——协作与团队工作

知识	技能	态度/价值/伦理
与他人有效互动 · 知道何时该听何时该说。 在不同团队中有效工作 · 了解并认识到成功的团队合作中每个个体的价值，了解自己的优点和缺点，彼此认识与接受。 管理项目 · 知道如何计划、设置和实现目的，能够鉴于不可预测的发展进行监控，必要时重新设计。	与他人有效互动 · 清楚表达并能了解受众和目的。仔细、认真而诚实地倾听； · 以受人尊重的专业化方式引导自己在不同团队中有效工作； · 利用社会和文化差异创造新观念，增加工作质量与创新性。 管理项目 · 优先排序、计划和管理工作以获得预设小组合作结果。 指导和引导其他人 · 使用人际关系和问题解决技能影响和引导其他人实现目标； · 利用其他人的优点去实现共同目标； · 通过例子与忘我激励，让其他人达到最佳状态； · 利用影响力和权力展示诚信而道德的行为。	与他人有效互动 · 知道什么时候应该倾听，什么时候应该发言； · 以受人尊重的专业化方式引导自己在不同团队中有效工作； · 尊重文化差异，准备好与来自不同文化和社会背景的人有效工作； · 以开放的思维对不同观点和价值做出反应。 管理项目 · 坚持达到目的，即便遇到了障碍以及面临竞争压力。 对他人负责 · 始终考虑到更大共同体的利益，从而负责任地行动。

还有好些研究项目也在致力于获得个人表现的评价标准，试图解决协作及其测量的核心要素（Laurillard, 2009）。比如，查克尔（Çakir, 2009）等人的研究显示，在类似于数学模式的小组讨论中，为了有效协作，小组参与者必须运用可以分享他们的言论、词句和行为意义的方式组织他们的活动。他们的研究分析了一种方法，通过这种方法，小组成员在协作环境的互动空间内共同建构有意义的献词，他们通过图形、叙事和象征符号的整合促进共同问题的解决。它也需要小组成员调用和操作多元化数学工具去解决问题，这是深度数学学习的主要特征。其他一些研究也显示，在互动中参与反思活动，例如解释、辩护以及评价问题方案，协作可能有助于提高学习效率（Baker & Lund, 1997）。还有几项研究也显示，如何通过参与协作式探究达成共享知识的目的，可以作为一种促进元技能发展的手段。

另外两条研究路线是关于大规模评价中的协作工作。其中，第一条研究路线始于模拟这一观念，在这里，受访者与预编程的虚拟伙伴进行互动。目前，这一研究的缺陷是缺乏在这种环境中协作者如何互动的理论支撑。第二条研究路线关注小组任务，最好的小组任务是那些可以获得互动模式与自我反思证据的任务。如何评价这些互动的研究可能导致标准的产生，这个标准可能是标准参照，也可能是按照国家、民族、经济社会地位或不同群体特征制定的规范。它们与分数进行结合后，这种研究可能会制造协作规模。

据雇主的观察，我们经常把人员招聘的决策依据放在获取正式学校和学院资格基础上，并以此作为判断应聘者可能会在我们的单位顺利工作的基本标准。然而，我们要基于他们的团队合作技能、协作方式，以及工作方法来做出解雇决策。这些是雇主最为关注的技能，他们也一直在寻找职业心理学家对这个领域的支持。目前已经有大量的心理分析的测量工具，其中大部分都在追求提供适用于工作并有可能被每个个体接受的人际风格概述。例如，这些分析方法试图对一个人寻求帮助的程度进行记分，当然也有可能是使用讨论和对话推动工作发展的程度，或者是作为一个开放性、弱结构问题的解决者的有效程度。SHL提供了 OPQ 和 16PF 这两种评价，这两种评价都通过互联网实施，目前被雇主广泛采纳。OPQ 评价致力于三个领域的行为测量：人际关系、思维方式、感觉与情感。比如，在测量感觉与情感时，OPQ 测量了一个人放松、担忧、坚强、乐观、信任与情感控制的程度。同样，OPQ 也测量所谓的影响维度，具体测量一个人的说服力、控制力、坦率程度以及独立思维能力。这些内容加上贝尔宾（Belbin）的团队风格，与 21 世纪教育工作者感兴趣的技能在很多要素上都是相同的，它们很有可能提供一些有用的例子来说明如何评价学生的工作方式。

工作工具

最新的技能都包含在工作工具这个类别里。这些技能包括信息素养以及 ICT 素养，它们的意义可能与印刷机的发明一样重要。弗里德曼（Friedman，2007）描述了促使 ICT 重要性日益增加的四个关键要素：

· 计算机的普及使每个人都可以以数字化形式创造、操纵与发布个人内容。

· 美国网景（Netscape）公司发明的浏览器，将互联网带入了人们的生活，导致了各类网站的泛滥；过度投资的光纤电缆进一步将整个世界连接起来。日本的NTT已经成功测试了每秒14万亿比特的光线电缆，这大概相当于每秒2000万部手机和2660CDs的速度。

- 传输协议的开发可以使每个人的计算机和软件相互操作。因此，每个人都可以成为协作者。
- 传输协议的发展使每个人既是下载者又是上传者。比如，当世界是圆的，一个人可以很容易下载大量可以操作利用的数字化信息。但是，当世界是平的，关键能力则体现为能够上传。由此产生了诸如博客、维基百科等一些开源课件。

我们需要描绘一下真正精通这些信息工具是多么重要。在信息化时代，《纽约时报》一周的信息有可能比一个人在整个18世纪获得的信息还要多。此外，在2010年，整个互联网产生了4安百特（4.0×10^{19}）各具特点的信息，超过了前5000年的信息总量。鉴于信息爆炸时代的到来，下一代必须有能力接触与有效评价新信息，如此才能有效利用所有可用的，与自己手头任务有关的信息。其中，管理这些爆炸性信息最重要的方法是使用ICT的技能。即便到了现在，ICT的使用还在持续增长。据报道，谷歌每个月的搜索量为310亿次，高于2006年的27亿。使用谷歌，必须有效地利用互联网。为了适应互联网的应用，我们已经看到了互联网设备数量的激增。1984年是1000，1992年是100万，到了2008年则达到了10亿。

信息素养

信息素养包括对资源、证据、偏见等方面的研究。表2.7呈现了信息素养的可操作性定义。它们正成为21世纪越来越重要的技能。

表2.7 工作工具——信息素养

知识	技能	态度/价值/伦理
信息获取与评价 ·有效（资源）且高效（时间）地获取信息； ·恰当而批判性地评价信息。	信息获取与评价 ·能研究、收集和处理（比如创造、组织、区分相关性和不相关性、区分主观和客观、区分真实和虚拟）电子信息、数据、概念，并能以系统方式使用它们。	信息获取与评价 ·有利用信息在团队自主工作的习惯；对可用信息的评价持批判与反思态度。

续表

知识	技能	态度/价值/伦理
使用和管理信息 ·在解决问题与主题探索中准确而创造性地使用信息； ·理解信息获取与使用的基本道德与法律问题； ·基本理解可获得（可接近的/可接受的）信息的信度和效度，能意识到需要尊重IST互动使用的道德原则。 有效运用技术 ·将技术作为一种工具，去研究、组织、评价和交流信息； ·能恰当使用数字化技术（计算机、媒体播放器、PDAs与GPS等）、交流/网络工具和社交网络获取、管理、整合、评价和创造信息，使其在知识经济时代成功运作。	使用和管理信息 ·能使用合适的辅助设备、演示、曲线图、图表和地图产生、呈现或理解复杂信息； ·能接近和研究系列信息媒介，包括印刷体、视频、网页，能够使用讨论论坛与电子邮件等互联网设备； ·能使用信息进行批判性思维，能够在家里、职场与休闲时进行创造与创新； ·能够研究、收集、处理文字信息、数据和概念，并能以系统方式组织它们，在研究中使用它们；能够在听说读写中区分相关与不相关信息。	使用和管理信息 ·对安全负责任地使用互联网具有敏锐而积极的态度，包括私人问题与文化差异； ·有兴趣参与文化、社会与职业目的的社会网络活动，并通过信息使用来拓展视野。

由于全球化、网络化（Castells，1996）以及ICT的影响，我们目前的社会发展会对未来产生重要影响，这会催生大量新的研究。赫尔和舒尔茨（Hull & Schultz，2002）以及布勒斯和西尔伯曼－凯勒（Burbules & Silberman-Keller，2006）都指出了这种发展是如何改变正式和非正式学习概念，以及如何改变一些术语分布和网络专业化知识（Hakkarainen et al.，2004）的。不过更多关于这些未来技能的测量程序与指标仍未清晰。例如，英国ImpaCT2的概念图数据明显表明，重点关注预先指定知识和概念的传统国家考试已经不能适应学生在家运用ICT从事的各种活动，这些活动可以使学生获得的知识范围越来越广（Somekh & Mavers，2003）。在每天的生活环境中，孩子们通过使用概念地图（concept maps）和在电脑上绘图，很快拥有了丰富的技术概念，并能将这些概念充分运用到他们的日常交流、娱乐和信息获取中。研究显示，很多孩子在使用计算机的过程中掌握了实践技能，但这些能力并不是学校教育评价的一部分。有些研究也显示，长期活跃于计算机使用的学生在纸笔测试中表现不佳（Russell

& Haney，2000）。

ICT 素养

许多欧盟国家（包括区域层面和国家层面）和世界上其他国家都在制定相关框架和指标，以便更好地理解技术对教育的影响，理解我们在评价学生使用 ICT 进行学习时应该追求什么。挪威（http://europa.eu/rapid/pressReleasesAction.do?reference=IP/09/1244）和澳大利亚（Ainley et al.，2006）正在开发相关框架。根据 2002 年在柏林召开的 21 世纪素养峰会的观点，新方法将特别强调使用知识和信息的能力，这些远远超越了传统的基础阅读、写作和数学能力，它们被称为数字化素养或 ICT 素养。表 2.8 提供了信息素养的可操作性界定。

表 2.8 工作工具——ICT 素养

知识	技能	态度／价值／伦理
获取与评价信息通信技术 ·了解计算机的基本运用，包括文字处理、电脑制图、数据库、信息储存与管理； ·认识到利用互联网和电子媒介（电子邮件、视频会议、其他网络）交流创造的各种机会，并能区分现实与虚拟世界。 分析媒介 ·知道媒介信息是如何和为何建构的，也了解建构目的； ·能够审查每个人对信息的不同解释，包含和排除了哪些价值与观点，以及媒介是如何影响信仰与行为的； ·知道媒介获取与使用的道德与法律。	获取与评价信息通信技术 ·有效（资源）且高效（时间）地获取 ICT； ·恰当而批判性地评价信息和 ICT 工具。 使用和管理信息 ·为了解决手头上的问题或完成某个任务，可以准确而创造性地使用 ICT； ·管理各种来源的信息流； ·在接触和使用 ICT 与多媒体时，对相关法律与道德问题有基本理解； ·能够使用 ICT 和多媒体知识与技能去交流、询问、陈述与建模创造媒介产品； ·在多元化文化环境中，会利用最合适的多媒体创新工具、特性与习俗、表述与解释。 有效运用技术 ·将技术作为一种工具去研究、组织、评价和交流信息；	获取与评价信息通信技术 ·对新的思想、信息、工具和新的工作方式保持开放态度，但是能恰当地对信息进行批判性评价。 使用和管理信息 ·准确而创造性地使用信息解决问题，尊重隐私权、保密权和知识产权； ·管理各种来源的信息，对文化和社会差异保持敏锐与开放； ·审查个人对信息的不同解释，包含和排除了哪些价值与观点，以及媒介是如何影响信仰与行为的。

续表

知识	技能	态度/价值/伦理
创造媒介产品 · 了解和知道怎么利用最合适的媒介创新工具、特性与习俗； · 了解和知道如何在多元化环境中运用最有效的表达与解释。	· 能恰当使用数字化技术（计算机、媒体播放器、PDAs 与 GPS 等）、交流/网络工具和社交网络获取、管理、整合、评价和创造信息，使其在知识经济时代成功运作； · 对信息技术的获取和使用所涉及的道德和法律问题有基本了解。	诚信地使用和利用信息 · 诚信地使用技术作为一种工具来研究、组织、评价和交流信息，尊重信息来源与信息对象； · 对信息技术获取和使用的道德与法律问题有基本了解。

2001年，美国教育考试服务中心（Educational Testing Service，ETS）成立了一个工作小组，目的是为ICT素养制定一个可行性框架，最终他们形成了一个研究报告《数字化转换：ICT素养框架》（国际ICT素养小组，2002）。基于这个框架，如表2.9所示，我们可以将ICT素养界定为"一个人有能力恰当地使用ICT去获取、管理和评价信息，并发展新的理解与他人进行交流，由此有效地进行社会参与"（Ainley et al.，2005）。此后，又有研究提出了数字化/ICT素养的不同指标（Erstad，2010）。

表 2.9 基于 ETS 框架的 ICT 素养核心概念的阐释

类别	技能
基本素养	能够使用计算机打开软件，能整理和保存计算机里面的信息，拥有其他一些简单技能。
下载	能够从互联网上下载不同形式的信息。
搜索	了解如何获取信息。
导航	会在数字化网络上将自己定位，使用互联网学习策略。
分类	能够根据一些分类计划或类型组织信息。
整合	能够将多语态文本的不同信息放在一起进行比较。
评价	能够审查和评价一个人从互联网上获得的信息，能够判断可获得信息的质量、相关性、客观性与有用性，批判性评价各种资源。
交流	能够交流信息，通过各种不同方式表达自己。

续表

类别	技能
合作	能够参与网络学习互动,充分利用数字化技术参与网络合作。
创造	能够生产和创造不同形式的信息作为多模态文本,能制作网页等,通过使用特定的工具和软件开发新的东西,混合现有的不同文本,再创造出新的文本。

基于这个观点,一些机构开发"ICT素养"的表现性评价任务,并指出,ICT正在改变我们对应该评价什么和如何使用不同的数字化工具发展评价任务的认识。比如,国际教育技术协会(ISTE)开发的任务,又称《国家教育技术标准》(http://www.iste.org/standards.aspx),就可以评价学生、教师和管理者使用ICT的精通程度。

2000年,英国教育部委托开发了14岁学生ICT技能的创新性考试。当时的英国教育大臣戴维·布伦基特(David Blunkett)描述了他对21世纪教育与成就的愿景。他谈到了提高学生能力的期望,还宣布要开发新的ICT在线测试来评价学生在21世纪需要的ICT技能。已经开发的这些评价将在图2.3做进一步概述。

针对14岁学生ICT能力的测试开发活动始于2001年,最初计划全面实施的日期是2009年5月。由于种种原因,ICT测试的最初设想并没有实现。已经设计好的测试活动被重新设计为独立的技能评价,被认证的学校教师才能非正式地下载和使用这些测试来支持他们的教师评价。

澳大利亚开发了一套以6年级和10年级为样本的工具,用来证实和细化确认ICT素养发展进展的发展图谱。该ICT素养结构由三部分组成:运用信息工作、创造和分享信息、负责任地使用ICT。

学生在真实情境执行真实任务被认为是澳大利亚国家ICT素养评价工具的基础(Ainley et al.,2005)。这个工具评价六个关键过程:获取信息(识别信息要求,知道如何发现和检索信息);管理信息(为了检索和再使用组织与储存信息);评价(反思设计过程,建构ICT方案,判断信息的完整性、相关性与有用性);形成新的理解(通过综合、采纳、运用、设计、发明或创作,创造信息与知识);交流(通过共享知识交流信息,创造信息产品满足观众、情境与媒介的需求);恰当使用 ICT(批判、反思、战略性的 ICT 决策、全面考虑社会性、合法性与道德性问题)(Ainley et al., 2005)。该工具使用的初步结果显示,它们对 ICT 能力的评价具有较高的可信度。

有时候,ICT 评价框架也会与学校学科具体框架建立关联。美国有一份关于协作性 ICT 评价框架的初始报告,在该报告中,凯尔马尔茨和柯兹马(Quellmalz & Kozma, 2003)发展了一种研究 ICT 技能的工具,它们被作为科学和数学的组成部分,其目的在于设计创新性 ICT 表现性评价,以便可以收集数学和科学领域中 ICT 使用策略的证据。

在世界生存

借用鲍勃·迪伦(Bob Dylan)的歌曲题目,"时间总在变化中",当一个人考虑到世界上的生活和工作将会多么不同时,这个题目只是一个轻描淡写的说法。

比如,美国劳工部估计,今天的学习者到 38 岁时将会经历 10～14 个工作岗位。这反映了迅速增长的工作流动性,有 1/4 的工人在当前的雇主那工作不到一年,1/2 的人不会超过 5 年。人们可能会问,随着制造业和服务业迁移到那些受过教育的大量廉价劳动力市场,这些人将会去哪里。从本质上讲,人们不仅要学会在自己的家乡和国家生存,也要学会在整个世界生存。随着越来越多的个体进入 21 世纪的竞争、联系与协作,理解每个公民的各个方面变得尤为重要。仅仅假定你自己的国家在这个世界上是什么样或应该是什么样是不够的。因此,我们已经确定将公民、生命与职业、个人与社会责任共同作为 21 世纪技能。

公民身份,全球化与地方化

以公民培养作为教育目的不是新鲜话题,它们一直是课程的一部分,特别是社会研究的一个重要目的。其核心关注点一直是关于民主化过程的一些基本知识。然而,公民作为一种素养正变得越来越重要,当然也隐含着测量挑战。表 2.10 呈现了公民素养的可操作性定义。

表2.10 在世界生存——公民身份，地方化与全球化

知识	技能	态度/价值/伦理
·了解公民权利、本国宪法和政府的管理范围。 ·了解当地、区域、国家和国际等不同层次政策制定机构的作用和责任。 ·了解地方和国家关键人物、政党及其政策。 ·了解民主、公民等概念，知道表达它们的国际宣言。 ·了解国家和世界历史变化的主要事件、倾向与动因。 ·了解世界各地的民族和文化运动。	·除了参与国家和国际决策，也要积极参与社区/邻居活动，投票选举。 ·有兴趣帮助解决影响本地或更多社区的问题，由此展现自己的凝聚力。 ·能与公共机构有效衔接。 ·能充分利用国家和国际项目给予的机会，并有盈利能力。	·意识到自己属于一个地区、国家和全世界的一员。 ·参与所有层次的民主决策。 ·自愿参与志愿活动，参加公民活动，支持社会多样性与社会凝聚力。 ·会尊敬他人价值观与隐私，能对反社会行为做出反抗。 ·接受平等与人权概念；接受男女平等。 ·欣赏与尊重不同宗教或族裔群体的价值体系及其差异性。 ·批判性地接受大众媒体的信息。

霍尼（Honey）领导了一个21世纪评价的全球调研，对全球意识等关键领域的评价现状与质量进行了调查，结果显示，"目前还不存在一个测量可以解决学生对全球和国际问题理解这个问题的评价工具"（Ripley，2007，p.5）。

国际教育成就评价协会指导的国际公民教育研究实施大规模公民技能评价。这项研究从1999年到2000年，一共测试和调查了来自28个国家的90000名14岁学生和来自16个国家的50000名17～19岁学生的代表样本。

评价工具所涵盖的内容领域是通过1996—1997年国家案例研究确定的，包括民主、国家认同、社会凝聚力与多样性。年轻人参与社会生活也是关注重点。托尼—皮塔（Torney-Purta）等人（2001）从以下几个方面报道了这些研究成果：

·大多数国家的学生对民主价值与宪法有基本了解，但深度理解还是问题。

·年轻人认为合格公民有投票选举的义务。

·具有最多公民知识的学生最有可能参加公民活动。

·那些模仿民主实践的学校最能有效促进公民知识的掌握和公民参与。

·除了投票，学生对传统政府参与形式持怀疑态度，但许多人对其他公民参与活动的形式保持开放态度。

·学生将电视视为新闻资源。

- 不同国家的学生对本国政府机关信任模式差异特别大。
- 在公民知识方面,性别差异是最小的,但在某些态度方面却存在实质性的不同。
- 老师意识到教育在培养年轻人公民身份方面的重要性。

主要调查已经被纳入国际公民教育研究,这些数据在 2008 年和 2009 年已经收集完毕,这份国际报告于 2010 年 6 月正式发布(Schulz et al.,2010)。

将公民这一概念理解为素养,互联网和 Web 2.0 技术的发展具有重要意义。詹金斯(Jenkins,2006)认为这些发展创造了一个"参与式的未来"。这种挑战不仅是地方式的,也是全球化的,对公民、权利和参与的理解是教育的优先事项。当前,尽管近几年关于"在线年轻公民"的研究文献不断增加,但没有哪项测量可以在互联网环境中评价这些技能(Loader,2007)。

关于这些技能是如何通过新方式建立联系的,在线社区的"青年峰会"可作为案例予以阐述。这个组织包括来自 139 个国家的 3062 名青少年,并选举产生 100 名代表在网上举办论坛。有研究指出,"青年在线的领导并不遵循成年人的领导风格,比如,强调自己做出何种贡献,紧紧围绕某项任务,并总是使用权力语言。相反,这群年轻人选出的代表尽管也做出了很多贡献,但他们的语言形式更有可能围绕群体目标与需要,总是会提到群体而不是他们自己,一直在分析其他人在职位上所做的贡献而不仅仅贡献他们自己的观点。此外,他们的领导不论是男孩还是女孩,都会遵循这一人际互动的语言使用模式。这些结果使我们相信,年轻人能做到谦逊地参与群体活动,并具备共同体意识。当然,结果也表明,通过与下一代的交往与接触,这些概念本身是可以变化的"(Cassell et al.,2006)。从这个意义上讲,它们还可以与德国的一个术语"教化"(Bildung)建立关联,阐释了我们该如何利用知识在社区和我们生活的世界中行动。换言之,一个有文化的人在社会中应该是什么样的,或者,怎样做才能被称为有文化素养,这些是广泛意义上的个人和社会责任的一部分。

生活和职业

在世界生存所需要的技能包括生活和职业管理能力。作为职业指导的一部分,职业偏好测量由来已久,但它们并没有为生活和职业管理技能的测量打下坚实基础。表 2.11 提供了建构这些技能可操作性定义的一些建议。

表 2.11 在世界生存——生活与职业

知识	技能	态度/价值/伦理
适应改变 · 意识到 21 世纪是一个就业、机会和预期优先顺序会时刻变化的时期； · 理解多样化观点和信仰，特别是在多元化的环境中。 目标与时间管理 · 理解长期、中期和短期计划模式，平衡战术（短期）和战略（长期）目标。 自主学习者 · 能够确定和计划个人职业发展，能对变化和机会做出反应。 项目管理 · 设置目标，即便遇到了障碍和面临竞争压力，也能实现目标； · 能够分清轻重缓急，有序计划和管理工作，以获得预期结果。	适应改变 · 能扮演各种角色，承担各种工作责任，适应各种工作安排和工作环境。 灵活性 · 有效吸收和利用反馈； · 协商和平衡各种不同的观点和信仰以达成可行的问题解决方案。 目标与时间管理 · 基于确定的和不确定的成功标准设置目标； · 平衡战术（短期）和战略（长期）目标； · 有效利用时间和管理工作量 独立工作 · 在没有直接监督下能够监控、明确、有序地完成工作任务。 与他人有效互动 · 知道什么时候该听，什么时候该说。 在不同团队中有效工作 · 利用社会和文化差异创造新的观念，增加工作质量与创新性管理项目； · 设置目标，即便遇到了障碍和面临竞争的压力，也能实现目标。 指导和领导其他人 · 使用人际关系和问题解决技能去影响和引导其他人朝着共同目标努力； · 利用别人的优点去实现共同目标；	适应改变 · 能够承担各种责任、适应各种工作安排和工作环境；认识和接受他人的优点； · 能发现机会和不确定，及时改变优先顺序。 灵活性 · 吸收和利用反馈，能够有效处理表扬、挫折和批评； · 愿意协商和平衡不同观点以获得可信性问题解决方案。 目标与时间管理 · 接受不确定，承担责任并能自我管理。 自主学习者 · 超越基本的掌握，不断扩展自己的学习； · 积极推进专业水平发展； · 将学习视为终身的过程； · 为了发展和进步，对过去经验进行批判性反思。 在不同团队中有效工作 · 以体面的、专业的方式做好自己； · 尊重文化差异，与来自不同背景的人有效工作； · 开放地对不同观点和价值做出反应。 产生结果 · 展示出有能力： ——积极道德地工作； ——有效管理时间和项目； ——从事多项工作； ——准时可信； ——专业且有理有节地自我推荐；

续表

知识	技能	态度/价值/伦理
	·通过先进榜样和自我的无私奉献激励别人达到最佳状态； ·利用影响力和权力展示诚实与道德的行为。	——与团队成员有效地协作与合作； ——对结果负责。 对其他人负责 ·考虑到更大的共同体利益，采取负责任的行动。

个人和社会责任

个人和社会责任也包含在在世界上生存所需要的技能里。这些技能还表现在团队协作等方面，是工作方式中包含的技能之一。个人和社会责任包括文化意识与文化素养。关于这些技能的测量，目前还没有一个可供参考的文献，不过测量范围已经设置好，表2.12对这些测量要素做了可操作性界定。

表2.12 在世界生存——个人与社会责任

知识	技能	态度/价值/伦理
·了解不同社会环境普遍接受和提倡的行为准则与规矩。 ·认识个人、群体、社会和文化观念，了解这些观念的历史演变。 ·知道如何保持自己和家人的身体健康与卫生营养。 ·了解自己的和其他社会中的跨文化维度。	·在不同的社会情境中可以开展建设性交流［容忍别人的观点和行为；意识到个体和集体责任（collective responsibility）］。 ·能够发展其他人的自信与同理心。 ·以建设性的方式表达自己的沮丧（控制暴力行为、攻击行为和自我堕落行为）。 ·能够在职业与个人生活领域保持一定的分离，拒绝将职业冲突迁移到生活领域。 ·认识并理解国家文化认同与世界其他国家的文化认同之间是相互影响的；能够看到和理解这种多样性带来的不同观点，并建设性地贡献自己的观点。 ·有能力协商。	·表现出对他人的兴趣与尊重。 ·愿意克服习惯定势与偏见。 ·愿意妥协。 ·诚实。 ·自信。

◇ 挑 战

上述讨论已经制定了 21 世纪技能评价的原则，共提出了十种技能，告诉人们这十种技能是什么，以及与它们相关的评价应该是什么。也就是说，关于 21 世纪技能的教学与评价还有很长的路要走，因为评价中的任务不可能永远保持不变。相反，想象力要通过竞争、联系与合作反映出来，因此，创造形成性评价至关重要。但如果不通过解决一些非常关键的挑战性任务，这些又不可能发生。

本部分总结了通过真正探索学生技能为改进教学与评价提供可操作性数据来评价 21 世纪技能可能面临的诸多关键挑战。

基于认知研究使用技能发展模式

关于 21 世纪技能获得和发展的认知是有限的，评价开发者甚至还不知道如何有效利用已有认识进行实际评价（Bennett & Gitomer，2009）。

从心理测量转向新的评价类型

心理测量学的进一步发展还需要学会处理动态情境中的不同任务，比如嵌入虚拟情境中的可视化任务，这会产生许多可接受性（和预料之外）的反应。但传统评价的设计都只是为了得出一个正确或最好的答案，不过形成性评价可以解释不同的反应，同时可以测量学生的表现，这种方式可以确保测量的可信度。

使学生的思维可见

评价应该揭示学生在解决一个问题时使用的概念策略种类。这不仅涉及考虑学生的反应，还要解释导致这些反应的行为。学生每一次敲击键盘，计算机都能记录下来，可以积累大量行为数据。当前面临的主要挑战是如何解释这些数据的意义，并建立行为模式与反应能力的关联。当学生对各种任务做出反应时，这些要素联合起来应该可以阐明学生的思维。

也就是说，计算机可以对学生对某个问题的反应进行及时有效的记分，特别是对于只有一个正确答案的选择题，是完全可能的。也很容易将分部计分模型（Partial-credit model）运用到那些完全没有正确答案干扰，以适应理论学习为设计指向的选择题。但主观作答又对自动评分提出了一定挑战。

OECD 的 PIAAC 项目提供了一个运用机器对短暂反应进行评分的不错案例。PIAAC 的有些评价任务来自 IALS 和 ALL 调查，在这些调查中，所有回答都用时不长，没有正确答案，各种反应都是基于任务建构的，然后人们再对其进行编码。通过将答问方式改变为拖放或标注重点，考试开发者又将这些题目转换成计算机评分题目。然而，在这些案例中，回答这些问题所需的全部信息都完全源于测试刺激。尽管这些回答可能与刺激测试的各部分信息建立关联，但并没有知识创造，当然，测试也不需要知识创造。

在正确答题之外，对建构性反应的机器记分还处于初始阶段。模式确实存在于单一语言中，并建基于反应中的语义网络认知。在实验中，这些机器记分模式不仅和人类记分一样可信，还比评委评分表现出更好的一致性（Ripley & Tafler, 2009）。目前，OECD 已经正式开始着手将这些模式拓展至不同语言区域，在不久的将来，可能会被运用到国际评价中。

理解辅助性表现

新的记分规则需要考虑一些学生可能需要的必要提示或脚手架。尽可能确保所有学生都能进入评价系统，并为有特殊需要的学生定制题目，这对于评价设计至关重要。

传统学科中 21 世纪技能的评价

在许多国家的框架中，一般认为 21 世纪学习的目的和目标是可以通过学科或跨学科教学实现的。然而，计算机能够促进微观世界的创造，让学生探索和发现隐藏的规律或关系。如此，这种计算机模拟的工具相对于传统测试方法，可以更详细地了解学生知道什么和学生能做什么。新方法强调使用信息和知识的能力，这远远超越了传统测试所关注的基础阅读、基础写作和基础数学。然而，研究也显示，学生遇到问题时，仍然习惯运用正确答案进入到传统测试情境中，并不会运用解释，而且在调整策略和技能时，推理能力也有问题。没有 21 世纪教学目标或目的的高价值评价，教育系统在一定的时间内为广大学生做出重大改变是很困难的。

新交流模式的阐释

到目前为止，新的交流模式很少体现在大规模评价中。对于学生而言，在学校之外的日常文化中获得的技能与他们在学校教学和评价中获得的技能是不匹配的。创新、问题解决、批判性思维这些技能能够运用 ICT 提供的不同形式和模式进行不同方式的表达。鉴于本章所述的发展现状，体现在 21 世纪大规模评价任务中的交流方式必须发生根本改变，包括可视化沟通方式和社会网络。新技术发展速度表明，评价学生是否有能力快速掌握新工具或新媒体比评价他们是否能使用现有技术更有意义。

协作与团队合作

传统评价聚焦于个人表现测量。因此，当需要完成一项协作式任务时，人们面临的一个重要问题是小组成员之间的功劳分配（assign credit），还有如何解释可能会影响某个学生表现的不同群体之间的差异。这些引发了另外一些问题，比如，学生是否被要求分配到预先设计好的可以互补的角色中，还是运用创新方式评价他们在一个不确定情境中的协作技能。这些关于个人表现与小组评定（group ratings）的问题在跨越文化边界的国际评价中更为突出。

地方与全球公民

不论是地方还是全球，针对公民意识、权利与参与意识等方面的评价都未得到充分发展。目前，还没有在线评价这些技能的相关测量，尽管近几年对"年轻公民在线"的研究文献越来越多。对于国际评价而言，文化差异与敏感性将增加开发有效跨国任务的挑战。让学生基于多个视角解决问题是解决文化差异挑战的一条路径。

确保有效性与易接受性

确保评价标准的有效性至关重要，还要考虑技能要求的可接受性，内容选择的前提条件，对媒体或技术的熟悉，以及任务内容和智力需求的平衡。

具备这些特质的任何评价都会给本文所设想的形成性评价带来异乎寻常的挑战。因此，需要精心开发创新任务并进行试点，包括开发复杂任务可比性的评分系统。对那些运用经验中的技术不能预测表现的任务，在任务设计时充分考虑流动性研究十分重要。此外，复杂任务的完成通常需要利用智力资源（比如，搜索引擎），这些需求必须作为设计复杂评价任务的一个重要考虑因素，就像形成性评价所设想的那样。

考虑成本与可行性

　　成本与可行性是实施任何评价都需要考虑的重要因素。为了解决本文讨论的 21 世纪技能评价问题，需要开发创新性的形成性评价，这会大大加剧评价的成本，也特别需要考虑评价的可行性。对于复杂性评价而言，要确保学校有相应的技术基础设施，要强制性控制数据收集的完整性。这些问题在第四章会做阐述。

参考文献

Ainley, J., Fraillon, J., & Freeman, C. (2005). *National Assessment Program: ICT literacy years 6 & 10 report.* Carlton South, Australia: The Ministerial Council on Education, Employment, Training and Youth Affairs (MCEETYA).

Ainley, J., Pratt, D., & Hansen, A. (2006). Connecting engagement and focus in pedagogic task design. *British Educational Research Journal, 32*(1), 23-38.

Anderson, R. (2009, April). A plea for '21st Century Skills' white paper to include social and civic values. Memorandum to Assessment and Teaching of 21st Century Skills Conference, San Diego, CA.

Baker, E. L. (2007). The end(s) of testing. *Educational Researcher, 36* (6), 309-317. Baker, M. J., & Lund, K. (1997). Promoting reflective interactions in a computer-supported collaborative learning environment. *Journal of Computer Assisted Learning, 13*, 175-193.

Banaji, S., & Burn, A. (2007). *Rhetorics of creativity.* Commissioned by Creative Partnerships. Retrieved November 30, 2009 www.creative-partnerships.com/literaturereviews.

Bell, A., Burkhardt, H., & Swan, M. (1992). Balanced assessment of mathematical performance. In R. Lesh & S. Lamon (Eds.), *Assessment of authentic performance in school mathematics.* Washington, DC: AAAS.

Bennett, R. E. (2002). Inexorable and inevitable: The continuing story of technology and assessment. *Journal of Technology, Learning, and Assessment, 1*(1), 14−15.

Bennett, R. E., & Gitomer, D. H. (2009). Transforming K-12 assessment. In C. Wyatt-Smith & J. Cumming (Eds.), *Assessment issues of the 21st Century*. New York: Springer Publishing Company.

Bennett, R. E., Jenkins, F., Persky, H., & Weiss, A. (2003). Assessing complex problem solving performances. *Assessment in Education: Principles, Policy & Practice, 10*, 347−360.

Black, P., McCormick, R., James, M., & Pedder, D. (2006). Learning how to learn and assessment for learning: A theoretical inquiry. *Research Papers in Education, 21*(2), 119−132.

Black, P., & Wiliam, D. (1998). Assessment and classroom learning. *Assessment in Education, 5*(1), 7−71.

Boeijen, G., & Uijlings, P. (2004, July). *Exams of tomorrow: Use of computers in Dutch national science exams*. Paper presented at the GIREP Conference, Teaching and learning physics in new contexts, Ostrava, Czech Republic.

Buckingham, D., & Willett, R. (Eds.). (2006). *Digital generations: Children, young people, and new media*. Mahwah: Lawrence Erlbaum.

Burbules, N. C., & Silberman-Keller, D. (2006). *Learning in places: The informal education reader*. New York: Peter Lang.

Çakir, M. P., Zemel, A., & Stahl, G. (2009). The joint organization of interaction within a multimodal CSCL medium. *International Journal of Computer-Supported Collaborative Learning, 4*(2), 115−149.

Cassell, J., Huffaker, D., Ferriman, K., & Tversky, D. (2006). The language of online leadership: Gender and youth engagement on the Internet. *Developmental Psychology, 42*(3), 436−449.

Castells, M. (1996). *The rise of the network society* (The information age: Economy, society and culture, Vol. 1). Cambridge: Blackwell.

Cheng, L., Watanabe, Y., & Curtis, A. (Eds.). (2004). *Washback in language testing: Research contexts and methods*. Mahwah: Lawrence Erlbaum Associates.

Clift, S. (2002). *21st literacy summit white paper*. Retrieved from www.mail-archive.com/ dowire@tc.umn.edu/msg00434.html.

Deakin Crick, R. D., Broadfoot, P., & Claxton, G. (2004). Developing an effective lifelong learning inventory: The ELLI project. *Assessment in Education: Principles, Policy & Practice, 11*, 247–318.

Draper, S. W. (2009). Catalytic assessment: Understanding how MCQs and EVS can foster deep learning. *British Journal of Educational Technology, 40*(2), 285–293.

Ericsson, K. A. (2002). Attaining excellence through deliberate practice: Insights from the study of expert performance. In M. Ferrari (Ed.), *The pursuit of excellence through education* (pp. 21–55). Mahwah: Lawrence Erlbaum Associates.

Erstad, O. (2006). A new direction? Digital literacy, student participation and curriculum reform in Norway. *Education and Information Technologies, 11*(3–4), 415–429.

Erstad, O. (2008). Trajectories of remixing: Digital literacies, media production and schooling. In C. Lankshear & M. Knobel (Eds.), *Digital literacies: Concepts, policies and practices* (pp. 177–202). New York: Peter Lang.

Erstad, O. (2010). Conceptions of technology literacy and fluency. In *International encyclopedia of education* (3rd ed.). Oxford: Elsevier.

Facione, P. A. (1990). *Critical thinking: A statement of expert consensus for purposes of educational assessment and instruction* (The Delphi Report). Millbrae: California Academic Press.

Forster, M., & Masters, G. (2004). Bridging the conceptual gap between classroom assessment and system accountability. In M. Wilson (Ed.), *Towards coherence between classroom assessment and accountability: 103rd Yearbook of the National Society for the Study of Education*. Chicago: University of Chicago Press.

Friedman, T. (2007). *The world is flat.* New York: Farrar, Straus and Giroux.

Gardner, J. (Ed.). (2006). *Assessment & learning.* London: Sage Publications.

Gee, J. P. (2007). *What video games have to teach us about learning and literacy* (2nd ed.). New York: Palgrave Macmillan.

Gick, M., & Holyoak, K. (1983). Scheme induction and analogical transfer. *Cognitive Psychology, 15*(1), 1–38.

Gipps, C., & Stobart, G. (2003). Alternative assessment. In T. Kellaghan & D. Stufflebeam (Eds.),

International handbook of educational evaluation (pp. 549−576). Dordrecht: Kluwer Academic Publishers.

Hakkarainen, K., Palonen, T., Paavola, S., & Lehtinen, E. (2004). *Communities of networked expertise: Professional and educational perspectives*. Amsterdam: Elsevier.

Harlen, W. (2006). The role of assessment in developing motivation for learning. In J. Gardner (Ed.), *Assessment & iearning* (pp. 61−80). London: Sage Publications.

Harlen, W., & Deakin Crick, R. (2003). Testing and motivation for learning. *Assessment in Education: Principles, Policy & Practice, 10*, 169−208.

Herman, J. L. (2008). Accountability and assessment in the service of learning: Is public interest in K-12 education being served? In L. Shepard & K. Ryan (Eds.), *The future of testbased accountability*. New York: Taylor & Francis.

Herman, J. L., & Baker, E. L. (2005). Making benchmark testing work. *Educational Leadership, 63*(3), 48−55.

Herman, J. L., & Baker, E. L. (2009). Assessment policy: Making sense of the babel. In D. Plank, G. Sykes, & B. Schneider (Eds.), *AERA handbook on education policy*. Newbury Park: Sage Publications.

Hof, R. D. (2007, August 20). Facebook's new wrinkles: The 35-and-older crowd is discovering its potential as a business tool. *Business Week*. Retrieved from http: //www.businessweek.com/ magazine/content/07_34/b4047050.htm.

Holyoak, K. J. (2005). Analogy. In K. J. Holyoak & R. G. Morrison (Eds.), *The Cambridge handbook of thinking and reasoning* (pp. 117−142). Cambridge: Cambridge University Press.

Hull, G., & Schultz, K. (2002). *School's out! Bridging out-of-school literacies with classroom practice*. New York: Teachers College Columbia University.

International ICT Literacy Panel. (2002). *Digital transformation: A framework for ICT literacy*. Princeton: Educational Testing Service.

Jenkins, H. (2006). *Convergence culture: Where old and new media collide*. New York: New York University Press.

Johnson, M., & Green, S. (2004). *Online assessment: The impact of mode on student performance*. Paper presented at the British Educational Research Association Annual

Conference, Manchester, UK.

Koretz, D., Broadfoot, P., & Wolf, A. (Eds.). (1998). *Assessment in Education: Principles, policy & practice* (Special issue: Portfolios and records of achievement). London: Taylor & Francis.

Kozma, R. B. (Ed.). (2003). *Technology, innovation, and educational change: A global perspective*. Eugene: International Society for the Evaluation of Educational Achievement.

Laurillard, D. (2009). The pedagogical challenges to collaborative technologies. *International Journal of Computer-Supported Collaborative Learning, 4*(1), 5–20.

Lee, E. Y. C., Chan, C. K. K., & van Aalst, J. (2006). Students assessing their own collaborative knowledge building. *International Journal of Computer-Supported Collaborative Learning, 1*(1).

Lessig, L. (2008). *Remix: Making art and commerce thrive in the hybrid economy*. New York: Penguin Press.

Lin, S. S. J., Liu, E. Z. F., & Yuan, S. M. (2001). Web-based peer assessment: Feedback for students with various thinking styles. *Journal of Computer Assisted Learning, 17*, 420–432.

Loader, B. (Ed.). (2007). *Young citizens in the digital age: Political engagement, young people and new media*. London: Routledge.

Loveless, A. (2007). *Creativity, technology and learning. (Update.)* Retrieved November 30, 2009 http: //www.futurelab.org.uk/resources/publications-reports-articles/literature-reviews/ Literature-Review382.

McFarlane, A. (2001). Perspectives on the relationships between ICT and assessment. *Journal of Computer Assisted Learning, 17*, 227–234.

McFarlane, A. (2003). Assessment for the digital age. *Assessment in Education: Principles, Policy & Practice, 10*, 261–266.

Mercer, N., & Littleton, K. (2007). *Dialogue and the development of children's thinking*. London: Routledge.

National Center on Education and the Economy. (1998). New standards: Performance standards and assessments for the schools. Retrieved at http: //www.ncee.org/store/products/index.jsp?se tProtocol=true & stSection=1.

National Research Council (NRC). (1996). *National science education standards*. Washington,

DC: National Academy Press.

No Child Left Behind Act of 2001, United States Public Law 107–110.

Nunes, C. A. A., Nunes, M. M. R., & Davis, C. (2003). Assessing the inaccessible: Metacognition and attitudes. *Assessment in Education: Principles, Policy & Practice, 10*, 375–388.

O'Neil, H. F., Chuang, S., & Chung, G. K. W. K. (2003). Issues in the computer-based assessment of collaborative problem solving. *Assessment in Education: Principles, Policy & Practice, 10*, 361–374.

OECD. (2005). *Formative assessment: Improving learning in secondary classrooms*. Paris: OECD Publishing.

Pellegrino, J. W., Chudowsky, N., & Glaser, R. (Eds.). (2001). *Knowing what students know*. Washington, DC: National Academy Press.

Poggio, J., Glasnapp, D. R., Yang, X., & Poggio, A. J. (2005). A comparative evaluation of score results from computerized and paper and pencil mathematics testing in a large scale state assessment program. *Journal of Technology, Learning, and Assessment, 3*(6). Available from. http: //www.jtla.org, 4–30.

Pommerich, M. (2004). Developing computerized versions of paper-and-pencil tests: Mode effects for passage-based tests. *Journal of Technology, Learning and Assessment, 2*(6).

Quellmalz, E. S., & Kozma, R. (2003). Designing assessments of learning with technology. *Assessment in Education: Principles, Policy & Practice, 10*, 389–408.

Quellmalz, E., Kreikemeier, P., DeBarger, A. H., & Haertel, G. (2007). A study of the alignment of the NAEP, TIMSS, and New Standards Science Assessments with the inquiry abilities in the National Science Education Standards. Presented at the Annual Meeting of the American Educational Research Association, April 9–13, Chicago, IL.

Raikes, N., & Harding, R. (2003). The horseless carriage stage: Replacing conventional measures. *Assessment in Education: Principles, Policy & Practice, 10*, 267–278.

Ridgway, J., & McCusker, S. (2003). Using computers to assess new educational goals. *Assessment in Education: Principles, Policy & Practice, 10*(3), 309–328.

Ridgway, J., McCusker, S., & Pead, D. (2004). *Literature review of e-assessment (report 10)*. Bristol: Futurelab.

Ripley, M. (2007). *E-assessment: An update on research, policy and practice*. Bristol: Futurelab. Retrieved November 30, 2009 http: //www.futurelab.org.uk/resources/publications-reports-articles/literature-reviews/Literature-Review204.

Ripley, M. (2009). JISC case study: Automatic scoring of foreign language textual and spoken responses. Available at http: //www.dur.ac.uk/smart.centre1/jiscdirectory/media/JISC%20Case%20Study%20-%20Languages%20-%20v2.0.pdf.

Ripley, M., & Tafler, J. (2009). JISC case study: Short answer marking engines. Available at http: // www.dur.ac.uk/smart.centre1/jiscdirectory/media/JISC%20Case%20Study%20-%20Short%20Text%20-%20v2.0.pdf.

Rumpagaporn, M. W., & Darmawan, I.N. (2007). Student's critical thinking skills in a Thai ICT schools pilot project. *International Education Journal, 8*(2), 125–132. Retrieved November 30, 2009 http: //digital.library.adelaide.edu.au/dspace/handle/2440/44551.

Russell, M. (1999). Testing on computers: A follow-up study comparing performance on computer and on paper. *Education Policy Analysis Archives, 7*(20). Retrieved from http: // epaa.asu.edu/ epaa/v7n20.

Russell, M., & Haney, W. (2000). Bridging the gap between testing and technology in schools. *Education Policy Analysis Archives, 8*(19). Retrieved from http: //epaa.asu.edu/epaa/v8n19.html Russell, M., Goldberg, A., & O'Connor, K. (2003). Computer-based testing and validity: A look into the future. *Assessment in Education: Principles, Policy & Practice, 10*, 279–294.

Scardamalia, M., & Bereiter, C. (2006). Knowledge building: Theory, pedagogy and technology. In R. K. Sawyer (Ed.), *The Cambridge handbook of the learning sciences*. New York: Cambridge University Press.

Schulz, W., Ainley, J., Fraillon, J., Kerr, D., & Losito, B. (2010). *Initial Findings from the IEA International Civic and Citizenship Education Study*. Amsterdam: IEA.

Sefton-Green, J., & Sinker, R. (Eds.). (2000). *Evaluating creativity: Making and learning by young people*. London: Routledge.

Shepard, L. (2007). Formative assessment: Caveat emptor. In C. Dwyer (Ed.), *The future of assessment: Shaping teaching and learning* (pp. 279–304). Mahwah: Lawrence Erlbaum Associates.

Shepard, L., Hammerness, K., Darling-Hammond, D., & Rust, R. (2005). Assessment. In L. Darling-Hammond & J. Bransford (Eds.), *Preparing teachers for a changing world: What teachers should learn and be able to do*. Washington, DC: National Academy of Education.

Shephard, K. (2009). E is for exploration: Assessing hard-to-measure learning outcomes. *British Journal of Educational Technology, 40*(2), 386-398.

Somekh, B., & Mavers, D. (2003). Mapping learning potential: Students' conceptions of ICT in their world. *Assessment in Education: Principles, Policy & Practice, 10*, 409-420.

Sweller, J. (2003). Evolution of human cognitive architecture. In B. Ross (Ed.), *The psychology of learning and motivation* (Vol. 43, pp. 215-266). San Diego: Academic.

Thurstone, L. L. (1927). A law of comparative judgment. *Psychological Review,* (34) 273-286.

Torney-Purta, J., Lehmann, R., Oswald, H., & Schulz, W. (2001). *Citizenship and education in twenty-eight countries: Civic knowledge and engagement at age fourteen*. Amsterdam: IEA.

Voogt, J., & Pelgrum, W. J. (2003). ICT and the curriculum. In R. B. (Ed.), *Technology, innovation, and educational change: A global perspective* (pp. 81-124). Eugene: International Society for Technology in Education.

Wall, D. (2005). *The impact of high-stakes examinations on classroom teaching* (*Studies in Language Testing*, Vol. 22). Cambridge: Cambridge University Press.

Walton, S. (2005). *The eVIVA project: Using e-portfolios in the classroom*. BETT. Retrieved June 7, 2007, from www.qca.org.uk/downloads/10359_eviva_bett_2005.pdf.

Wasson, B., Ludvigsen, S., & Hoppe, U. (Eds.). (2003). *Designing for change in networked learning environments: Proceedings of the International Conference on Computer Support for Collaborative Learning 2003* (Computer-Supported Collaborative Learning Series, Vol. 2). Dordrecht: Kluwer Academic Publishers.

Webb, N.L. (1999). *Alignment of science and mathematics standards and assessments in four states* (Research Monograph No. 18). Madison: National Institute for Science Education.

Wegerif, R., & Dawes, L. (2004). *Thinking and learning with ICT: Raising achievement in primary classrooms*. London: Routledge Falmer.

Whitelock, D., with contributions from Road, M., & Ripley, M. (2007). *Effective practice with e-Assessment*. The Joint Information Systems Committee (JISC), UK. Retrieved November

30, 2009 http: //www.jisc.ac.uk/publications/documents/pub_eassesspracticeguide.aspx.

Williams, J. B., & Wong, A. (2009). The efficacy of final examinations: A comparative study of closed-book, invigilated exams and open-book, open-web exams. *British Journal of Educational Technology, 40*(2), 227–236.

Wilson, M., & Sloane, K. (2000). From principles to practice: an embedded assessment system. *Applied Measurement in Education, 13*(2), 181–208.

Woodward, H., & Nanlohy, P. (2004). Digital portfolios in pre-service teacher education. *Assessment in Education: Principles, Policy & Practice, 11*, 167–178.

第3章

基于方法论视角

马克·威尔逊，艾萨克·贝哈尔，凯思琳·斯凯里塞，乔纳森·坦普林，
迪伦·威廉，戴维·伊维巴塔

［摘要］

　　本章作者研究了方法论问题，这被视为21世纪技能的重要内容。其中，有些问题指向21世纪技能，但大部分问题可广泛运用于心理和教育变量的测量。本文的叙述遵循评价发展的基本逻辑，首先定义评价结构，再设计可以生成学生信息反应的评价任务，再对这些反应进行编码/评价，然后交付任务并收集反应信息，最后根据评价结构对反应信息进行建模。本文还对有效性证据进行了调查，并讨论了与其相关的一些突出问题，例如一般性问题与情境特殊性问题；课堂与大规模评价的关系；以及技术发展在评价这些技能方面可能发挥的作用。本文还利用一小段篇幅讨论了与21世纪技能评价有关的变量及其具体类型；最后列出了论文撰写时遇到的一系列挑战。附录描述了有助于新评价发展的评价设计的具体方法。

　　评价中最重要但又时常被忽略的一个选择因素可能是如何向利益相关者提供结果，这是至关重要的，因为基于这些结果制定的决策可能会影响测试者的未来学习。反思我们要提供的评价报告，是开始考虑我们在设计评价结构时所面临的挑战以支持21世纪技能发展的一个很好方式。为了创建一个技能列表，人们已经做了很多努力——事实上，很多相关论文也提供了一系列的技能列表，①其中有一些例子提到这些技能：创造力和创新，协作（团队合作）和信息

---

①　第二章已经提供了一个全面的21世纪技能清单，这里我们不再具体提出。

素养。为什么评价报告是一个好的起点？因为它们鼓励我们思考我们要评价的主题，促使我们思考什么样的推论是我们想要向用户推广的，并引导我们思考哪一种证据最适合支撑这些推论。

我们期望提供的报告类型有助于提高指向评价技能的教学。在理想情况下，我们希望这些报告可以为更多的用户提供及时且易于解释的反馈意见，包括学生和老师，家长和校长，行政管理者和公众。最后，我们希望这份报告在评价发展与数据分析中坚持的高技术标准是有效和可靠的。

下面将简要介绍我们将要面临的几个问题：

- 评价结构的选择：这些技能是否能定义为一般性领域的技能，还是具体情境或学科密切相关？
- 技能的年龄跨度：评价的年龄限制会是 K-12、高等教育还是更高的？
- 我们要提供反馈的分析水平：个人、团队、班级或更大群体？
- 技能的普遍性或文化特异性的问题。

对这些问题和其他问题的回答将决定要评价结构的特征、要开发的评价工具以及要收集的信息水平。最终，这些决定将勾勒出可用的证据，也会因此限制可以支持和传达给用户的各种推论。

正是由于这个原因，确保我们的评价发展以我们想要的推论为指导显得尤为重要。

在本章中，我们将提供一个评价设计流程的基本框架。第一部分阐述证据推论作为理想评价起点的作用。第二部分运用六个小节分别回顾了评价发展过程中涉及的不同步骤：(a)界定待测量的结构；(b)创建用于引出反应和表现的任务；(c)为学生对这些任务的回应赋值（编码或分数）；(d)收集和传递反应信息；(e)对这些反应进行分析和建模。第七节总结与建构有效论据，以支持基于数据分析得出的结论。第八节讨论了 21 世纪技能评价设计中需要解决的三个一般性问题，即内容与过程的关系，课堂评价与大规模评价的相互作用，以及技术给课堂评价带来的机会。第九节回顾了有助于评价潜在形式可视化的测量例子。最后一节总结了前几节提出的问题和面临的一些开放性挑战。

◇ 推论、证据和有效性

正如密斯利维等人（Mislevy，2003a）指出的那样，评价是一种特殊的证据推理过程，这里的证据——被界定为增加或减少接受一个主张（claim）的可能性的数据或资料（Schum，1987）——常被用于支持特定类型的主张。

由于评价是为支持推论而设计的，所以以推论作为设计起点是合乎评价设计逻辑的，这是以证据为中心的教育评价设计方法的核心特征之一（Mislevy et al.，2003a）。

20 世纪上半叶早期的评价工作曾提出一个假设，对一个明确界定的内容领域应该做出推论，例如，从 2×2 到 10×10 的 81 次乘法运算题。在 81 个乘法事实中随机抽样来调查学生的运算能力，应该运用统计推论规律来预测每个人已经知道的事实比例，以及这些预测的精确度。然而，很明显，对于大部分推论而言，没有这样一个领域可能具有非常完整或十分准确的定义，这也不能适应学生理解力发展的现代思维。

当推论与标准建立了关系，譬如未来学科领域中有一些表现，那么，支撑推论有效性的证据应该来自预测指标与标准之间的相关性测量（Guilford，1946），这些研究在上世纪 50 年代和 60 年代成为主流，并在评价领域产生了诸多观点，预测效度（以及它的变异）成为有效证据最重要的形式。然而，这种方法仍然留下了大量没有充足理论依据的评价事件。

为了解决这个问题，克龙巴赫与米尔（Cronbach & Meehl，1955）提出，效度建构应该运用到案例中，这些案例有不容易界定的一般领域，预测与标准的关系也不是非常紧密。接下来的 30 年左右，结构推论应该是有效论证核心这一观点会逐步被接受，至少在测量界会这样。这就是为什么梅西克（Messick，1995）提出所有的评价都应该是建构参照（construct-referenced）。

因此，21 世纪技能评价的起点必须是一个适当的结构化定义，这意味着也要定义一个与此对应的任务，只有这样，成功的表现才会被视为结构存在的证据（至少在某种程度上是如此），而不成功的表现则会被归咎为缺乏结构的证据（至少在一定程度上如此）。

一旦结构被证实，后续步骤就可以用阿蒙得（Almond，2003）等人提出的四过程结构体系（参见图 3.1）来描述。其中，要提供给学生的任务是基于其与兴趣结构的相关性来选择的。通过参与任务，学习者产生与识别兴趣结构相关的证据，再积累不同来源（比如，不同任务）的证据，然后利用这些证据对兴趣结果做出推论。

图 3.1　四个流程架构（Almond et al., 2003）

正如梅西克（Messick，1989）所建议的那样，一个有效论据不仅包括展现了那些支持进一步推论的证据，也包括对手提出的那些不太可信的似是而非的推论。所以，对任务的详细描述至关重要，特别是在 21 世纪技能的背景下。提供给学生的任务群必须以一种全新的方式进行设计和汇总，这种方式包含了似是而非的、并不完全符合预期推理的一些反面解释——例如成功可能是由于熟悉特定情境而不是潜在技能这种例子。

◇ 评价设计方法

正如最后一节所指出的那样，开发一个完善的评价系统需植根于系统支持的推论——这些推论将构建和推动评价发展。成功的评价需要仔细考虑一系列要素，包括：(1) 界定和阐述想要评价内容的结构；(2) 那些被用来指导和选择评价结构任务或工具的定义的界定方式；(3) 对质性编码或量化编码进行赋值，并通过有意义的方式重新将编码方式、分类或量化学生反应与结构建立关联。

我们认为这些是所有评价的共同要素（以一种或另一种形式）；考虑到评价设计方法的多样化，例如以证据为中心的设计（ECD；Mislevy et al., 2003b）

和结构建模（CM；Wilson，2005；Wilson & Sloane，2000），都试图将评价开发过程系统化，并提供一个了解这些不同要素相互关系的模型。这两个模型的简单介绍可以在附录中找到。因为这些要素与评价发展具有一定关联，它们将引导接下来三部分内容的基本结构。

◇ 界定结构

对要评价的技能进行恰当的有意义界定是重要的，但这种重要性也不能过度夸大。想要成功评价这些技能依赖于概念界定，但也取决于在评价工具和评价活动设计与选择期间，这些概念如何随着理解的发展而变得更加详尽和具体。这些要求同样适用于评价产品的鉴定。

界定 21 世纪技能并不容易。如前所述，这些定义将需要解决诸多问题，比如分析单位（它们旨在反映个人、大群体或两者兼有）；技能的年龄跨度（评价年龄被限制在 K12，高等教育还是更高）；这些定义是具有普遍性还是易受文化差异的影响；以及这些技能是作为一般领域被界定，还是与具体情境或学科密切相关。

这些只是在每个技能界定过程中需要解决的一些问题，对这些问题的回答将对评价过程中得出的推论的界定起决定性作用。换言之，结构的定义将决定信息收集的种类，并限制和影响那些能够从评价过程中得出结论的不同利益者的推论。

考虑到每个定义中涉及的可能要素数量巨大，我们可以从哪里开始构建素养模型来作为评价的坚实基础呢？当前教育评价领域的一些文献强调，任何测量都应植根于强大的认知理论[①]，以及学习者模式，这样不仅可以让我们知道学习者证据掌握情况，还可以预示引出证据的任务（NRC，2001）。"证据使用"框架提供了一个认知理论如何作为评价框架基础的例子。本节结尾处我们将其描述为学生、教师和专业科学家在科学推理中使用证据的模型，并阐释了认知理

---

① 虽然认知的重点问题往往被认为是认知信息处理的同义词，但这不是绝对的。替代性理论框架，如社会文化观点（Valsiner & Veer，2000）或具体认知方法（Clark，1999），都可用于发展教育评价。

论将如何与本报告讨论的评价系统的不同要素建立关联。

这就引出了当前学习理论所强调的一个重要内容，我们需要对认知现象做发展性①理解。这一观点在 NRC 的报告《人是如何学习的》(NRC, 2000) 中被清楚阐释：

"发展"一词对于理解儿童概念增长的变化至关重要。认知变化不是信息增加所致，而是一个概念的重组过程。(p.234)

在描述和举证精通每项技能意味着什么时，根植于认知生长这一概念的定义阐释，可以赋予"改进"和"学习"这些观念以意义，还可以作为确定每种结构发展的基础。

值得注意的是，我们强调认知发展的一个主要目的是帮助教师建立一个一般的发展概念，作为协调教学实践和评价的基础。这可能需要对反增长与增长模式中的已有观点做出实质性转变。

构建一个发展定义

阐述技能的发展定义需要关注的主要问题仍然是这种定义应该具有什么特征——它需要最低限度解决哪些要素问题？继续教学改进中心（CCII）关于学习进阶发展（一种具体发展观）的最新报告总结了界定熟练发展模式所要的基本特征（CCII, 2009）：

- 学习目标；
- 进阶变量；
- 成就水平；
- 学习表现。

这四个要素可以作为构建每个技能发展定义的可能性指导。下面我们逐一探讨。

---

① 请注意，"发展"一词并不意味着发展过程的生物必然性，而是有一些可以引导更加负责学习的特定路径（不一定是唯一的）。

学习目标

描述掌握某项技能可能意味着什么是阐述发展目标的第一步。完全掌握某项技能的学生可以被视为在达到了上一发展进阶上限的一个目标点，并符合相应的表现水平描述。教学过程中的熟练目标可能与专家知识不同，但同时也向专家知识迈进。同样，通过对特定年纪学生成功的素养发展特征的描述，通过对技能结构的"成功标准"的界定，可以使熟练目标得以澄清。无论如何，这里最重要的一点是，清晰界定技能掌握意味着什么是最重要的。

在确定学习目标时，要确保这些目标状态存在于教学环境中，因此，在教学之外发生的不可避免的结果是不可描述的（Duncan & Hmelo-Silver, 2009）。在这个意义上，掌握一定技能的内容应该与课程目标相结合，并在经典教学条件下进行界定。

学习目标是如何推动发展定义的产生和描述进阶变量的，我们将在微软认证项目结构这一节做进一步讨论。在这一案例中，我们可以看到，定义不同熟练水平的学习目标可以传达课程目标的顺序。值得注意的是，在微软认证项目这个案例中，所描述的进阶变量处于很高的水平，这暗示着使用发展进阶有可能支持长期课程序列组织。同时，值得关注的是，这个例子中的每个学习目标都有一组子分层，用来对每个目标做更细微的描述。

学习目标：微软学习的一个例子

描绘熟练进阶的优点不仅仅体现在学校教育中，还可以作为一种强大而直观的方式，来组织与职业环境中不同角色相关的不同素养发展水平。微软的认证项目结构可以作为进阶开发例子。详见图 3.2（http://www.microsoft.com/learning/）。

建筑师认证
微软建筑师认证项目可以使 IT 建筑领域中最高成就的专业人士区分他们自己的专业知识

硕士认证
微软硕士认证系列产品可为经过专业培训的 IT 专业人员提供微软服务器技术专有的高级培训和认证

专业认证
专业认证包括充分运用微软技术执行任务的效率和胜任当前 IT 工作角色的能力

微软业务认证
微软业务认证项目可以帮助您获得 Office 和 Windows 中所需的有价值的专业知识

技术专家
技术专家认证目标指向具体技术，通常是迈向专业认证的第一步

技术助理
技术助理认证提供 Web 开发，数据库管理员，网络等方面的知识

数字化素养
数字化素养评价基本的计算机概念和技能，以发展新的社会和经济机会

图 3.2　微软的认证项目结构

值得注意的是，尽管在这个例子中，认证项目的结构可以很容易被理解为学习进阶，但与经典学术环境中的普遍水平还是存在微妙差异。在学校环境中，如果学生成功地掌握了这个概念，那么较低水平的熟练程度就代表必须克服误解或不完全的偏见。在认证项目的这个案例中，每个级别代表着与组织中不同角色相关的熟练程度的目标状态。这种差异性为创建进阶作为评价基础提供了可能性。也就是说，可以在一个大的层次框架内组织评价。这个问题的另一种思考方式是，图 3.2 的表格并不代表单个进阶的七个级别，而是七个小进阶相互叠加。这种对进阶的理解在专业发展的背景下似乎是直观的，也强化了这种观点，一个进阶的中级水平可以成为该进阶合理的熟练目标。进一步讲，根据聚合程度，中级水平的熟练程度可以对应进阶的全过程。

在微软认证的这个案例中，这种"嵌套"式理解契合了他们的课程结构。这七个级别中的每一个层级都通过胜任具体角色的一系列目标素养来界定，每一种角色又与促进这些素养发展的结构化的课程群建立关联。图 3.3 显示了 Web 开发人员的一个学习计划的具体内容。需要思考的另一个问题是，进阶如何作为连接课程结构及其评价的纽带，也就是说，课程要明确地建立目标熟练度与评价的关键阶段之间的关联（Microsoft，2009）。

Web 开发人员工作角色的学生学习计划

这个学习计划有助于你成为一个 ASP、NET 网站应用程序的开发者,并获得微软认证开发专家(MCOD):ASP、NET 开发人员 3.5 认证。

在你完成这项学习计划后,你可以展示你的专业技术专长、技能。通过获得微软认证技术专家证书和微软认证开发专家证书,就能掌握 ASP、NET、NET 框架 3.5、Microsoft 以及微软可视音频 2008。

ASP 的 NET 开发证书可以验证你的专家证书,你可以使用可视音频 2008 设计和开发在 ASP、NET、NET 框架 3.5 上可以运作的网站应用程序。

注意:这个学习计划中的有些步骤需要提供一个特殊的职业生涯,可以参见以下步骤的具体描述。

完成这个学习计划的估计时间:71 个小时。

参考学习资料:
显示细节 / 隐藏细节

图 3.3　与职业角色相关的学习计划案例

进阶变量

学习目标的细化将有助于凸显一个领域的核心主题；这些主题将成为每种技能建模所需要的中心概念结构（central conceptual structures）（Case & Griffin, 1990）或"大观念"（big idea）（Catley et al., 2005）。

这种中心概念结构或主题的观点与对专家、新手差异的研究是一致的，都突出了专家如何根据反映了深度理解的学科原理来组织他们的知识。（国家研究委员会 2000 年）。

与这些主题有关的每一次演变都可以表示为一个或多个进阶变量，它们描述了学习者进阶式地向更高级别的表现迈进，直到最终掌握某个领域的具体路径（CCII，2009）。它们还有助于解释不同学习者的学习方式可能会有所不同，实现这些目标取决于可用的理论支撑强度和支持这些发现的经验证据。

值得澄清的是，确定这些途径并不意味着这就是唯一"正确"的增长模式；更为重要的是，要认识到学生能够达到较高水平的各种不同方式。在一定程度上，我们对这种多样性的理解取决于我们认知模式的质量（用本质术语解释变化）和我们测量模式的本质。然而，需要牢记的最关键因素是，要对每一个人的发展路径中产生的变化细节做出推论，需要收集具体数据，这将涉及量化的具体要求。

因为这些进阶变量构成了每个技能的不同要素，所以它们也能揭示不同技能的具体维度。有些技能可能通过单个主题就可以被恰当界定，这样的话，也就只需要一个进阶变量来描述它们的发展特征。另一些则可能需要运用更多的主题来界定，这会增加多维度建模的需求。这种从多个维度描述学生反应特征的进阶变量的例子，在讨论布朗等人的证据框架使用时也会提到（Brown et al.,

2008，2010a，2010b）。评价学生科学推理的依据不仅在于学生陈述的正确性，还要充分考虑陈述的复杂性、有效性和精确性，要说明如何使用进阶变量来理解复杂过程的不同方面。当考虑到情境并不是由单一维度构成时，就会基于某个视角产生多种方法，并会描绘出每个技能日益增加的复杂性和精确性。

人们广泛认为，测量模型应该包括多维度潜变量模型、潜经典模型和其他可能涉及的线性/非线性回归模型、传递概率、时间序列模型、增长模型、认知过程模型或其他方法。应该鼓励运用多元方法论，由此才可能平衡不同技术的优势和劣势，并验证学习进阶领域这一复杂发现。

成就水平

如前所述，每个进阶变量都基于某种技能的具体理论描绘了一条路径（或多条路径），描述了学习者在变得更加熟练时通常可以遵循的步骤（CCII，2009）。这些不同步骤具体表现为成就水平，成就水平描述了学习者在某个领域的特定发展阶段的理解深度和广度（CCII，2009）。值得注意的是，对成就水平的描述必须"超越贴标签"，要对所描述的熟练程度的各个细节做具体阐释。

学习表现[①]

在 CCII 报告中，关于学习进阶和学习表现是这样表述的：

……在每个进阶阶段，儿童理解了什么，技能应该是什么，对这些内容的可操作界定……可以提供评价发展和评价活动的基本规范，以便确定学生发展的具体位置。（CCII，2009，p.15）

这些术语已被许多研究人员采用，例如赖泽（Reiser，2002）和帕金斯（Perkins，1998），以及 NRC 报告"国家科学评价系统"（NRC，2006）和"带着科学去上学"（NRC，2007）都曾使用过这些术语。这些研究的目的是通过描述标准中提到的知识与能被观察和评价的知识之间的关系，从而提供一种澄清什么是标准的方法。学习表现是一种拓展内容标准的方式，因为它通过阐明一

[①] 接下来的这些内容改编自威尔逊和伯腾斯尔编辑的 NRC 2006 年的报告《国家科学评价系统》。

个人要获得满足应该能做什么。例如，在科学教育背景下，学习表现展现了学生应该能够描述现象的方式，使用模型来解释数据模式的方式，构建科学解释或验证假设的方法。史密斯（Smith et al., 2006）总结了一系列可观察的表现，这些表现能够成为科学理解的指标（见图 3.4）[①]。

> 一些运用科学知识的重要实践：
>
> ·表征数据和解释表征。表征数据涉及使用表格和图表来定性和定量地组织和显示信息。解释性表征涉及能够使用传说和其他信息来推断什么代表了什么或特定模式意味着什么。例如，学生可以构建一个图表以显示不同材料的属性或将对象体积变化与对象重量相关联的图形。相反，学生可以解释一个图来推断什么大小的物体最重，或者是一个有正斜率的直线就意味着变量之间存在相称性。
>
> ·识别和分类。识别和分类都涉及将类别知识应用于特定样本。在识别中，学生可以只考虑一个样例（这个特定的对象是由蜡制成的？），而在分类时，学生要组织一系列样本。例如，他们可以通过物品是否重要来分类物品；它们是固体，液体还是气体；或物质的种类。
>
> ·测量。测量是一种简单的数学建模形式：将项目与标准单元进行比较，并将维度分析为涵盖测量空间的单位的迭代总和。
>
> ·沿维排序/比较。排序涉及超越简单的分类（例如，重与轻），要走向连续维度的概念化。例如，学生可以根据体重、体积、温度、硬度或密度对样品进行分类。
>
> ·设计和进行调查。设计调查包括识别和指定需要操纵、测量和控制的变量；构建指定变量之间关系的假设；构建/开发程序，让他们探索他们的假设；并确定将收集数据的频率以及将进行什么类型的观察。进行调查，包括一系列活动，收集设备，组装仪器，制作图表，遵循程序，定性或定量观察。
>
> ·构建以证据为基础的解释。构建解释涉及使用科学的理论、模式、原则以及证据来构建现象的解释；它也需要排除替代假设。
>
> ·分析和解释数据。在分析和解释数据时，学生可以通过回答以下问题来理解数据："我们收集的数据是什么意思？""这些数据如何帮助我回答我的问题？"解释和分析可以包括通过从数据表到图表，或通过计算其他因素并查找数据中的模式。
>
> ·评估/反思/提出论点。评估数据：这些数据是否支持此声明？这些数据是否可靠？评估测量：以下是测量好坏的例子？评估一个模型：这个模型可以代表某种趋势吗？修改模型：给出一个气体模型，如何修改它来表示一个固体？比较和评估模型：给定模型如何解释现象？这个模式是否"服从"理论的"公理"？

图 3.4 科学理解证据的例子（Smith et al., 2004）

[①] 注意，这些只是原始资料的一部分内容。

以下的这个具体例子所采取的标准改编自"科学素养的基准"（AAAS，1993，p. 124）中关于差异生存的一些观点：

学生将明白具有某些特征的生物个体比其他生物更有可能生存并繁衍后代。

这个标准提到了一个重要的进化过程，即"适者生存"，但它并没有说明可能需要哪些技能和知识去实现生存这一目标。相反，赖泽等人（Reiser et al.，2003，p. 10）将这种单一标准扩展至三个具有相关性的学习表现：

学生能从数学视角识别表征人口变化的特性。

学生能提出假设，某些特性的作用体现为服务和解释变化怎样才能在环境中变得有利。

学生能预测与使用证据，这些特性的变化是如何影响人群中每个个体在环境压力下生存的可能性。

赖泽等人（Reiser et al.，2003）提出了这样的观点，标准内容的拓展会使标准更有价值，因为它还需界定学生掌握这些标准所需要的知识和技能，如此一来，它也可以更好地界定包含了标准的结构（或学习进阶）。例如，通过解释，学生就会对变化进行数学描述，这种拓展清楚说明了特定数学概念（如分布）的重要性。如果没有这些拓展，对于测试开发人员来说，他们可能并不清楚这些细节要求，那么，这些内容很有可能在考试中被排斥。

进阶评价

上述四个要素：学习目标、进阶变量、成就水平和学习表现，有助于我们制定不同结构的学习进阶。学习进阶的概念可被视为认知与发展领域中一个熟悉概念的全新化身（NRC，2006），即在适当结构化的学习环境下，学生可以随着复杂程度的增加而更加精通某个领域。

邓肯和赫梅洛－西尔弗（Duncan & Hmelo-Silver，2009）在讨论学习进阶时指出，学习进阶的观点类似于聚焦知识发展与理解的早期理论发展，例如"素养范围"（bandwidths of competence）（Brown & Reeves，1987）和认知指导教学（CGI；Carpenter and Lehrer，1999）。

学习进阶描述了学习者理解某个领域可能遵循的路径并提供了模型，一方面允许对模型的有效性进行实证检验（CCII，2009），另一方面又为组织教学活动提供了实践工具。

值得注意的是，这些模型的教学意义取决于学生在学习进阶中的具体位置。因此，对于支持学习进阶的测量方法，其评价设计对于研究和使用特别重要。

国家研究委员会最近的报告（NRC, 2007），是这样界定学习进阶的：

……对一个重要知识和实践领域更为复杂的思考方式的描述，当孩子们在某个时间段学习和探索某个主题时，它们可以连续出现。而它们是否出现，则完全取决于教学实践。（p.219）

布朗等人（Brown et al., 2008, 2010a, 2010b）提出使用证据（UE）框架作为学生、教师和专业科学家进行科学推理的证据模型。该模型的主要目的是帮助研究人员和实践者识别学生工作和课堂讨论中科学论证的结构（Brown et al., 2008, 2010a）。

界定结构——示例：使用证据框架

UE 框架（Brown et al., 2008, 2010a, 2010b）提供了科学推理的理论观点，它们可以被视为包括书面作品或课堂讨论在内的各种评价工具的基础。图 3.5 提出了 UE 框架的示意图（Brown et al., 2010a）。

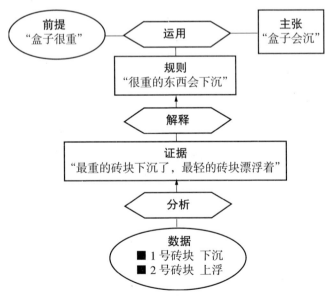

图 3.5　证据框架（Brown et al., 2010a）

布朗等人描述的 UE 框架的关键要素（Brown et al.，2010a）包括：

· 提出主张：以预测的形式陈述结果（例如"这个盒子将下沉"）、观察（例如"盒子下沉了"）或结论（例如"下沉的盒子"）。

· 前提：描述特定环境的陈述；在课堂环境中，前提通常被用来识别目标和相关特征（例如，"这个盒子很重"）。

· 规则：建立关联。通过说明一般关系，表明声明或主张是如何从前提中得出的，这些关系即使在以前的情境中没有观察到，也要一直保持下去（例如，"沉重的东西将沉没"）。

· 应用：这是一个建立规则与前提中描述的特定情境之间关系的过程，由此确定声明或主张的可能性与必要性。根据环境的复杂程度，它可以从非正式的演绎逻辑到复杂的分析系统（例如，"这个盒子很重，沉重的东西沉没，因此这个盒子会下沉"）。

布朗等人（Brown et al.，2010a）进一步指出，UE 框架"将科学推理的过程描述为两个步骤，其中收集和解释数据产生规则（理论、规律等）的独特科学方法可以在证明声明或主张合理的论据框架内应用"（p. 133）。

在这些框架中，规则在科学推理过程中发挥着核心作用，以下内容进一步支持了这一结论（Brown et al.，2010a）

· 证据：描述被观察关系的陈述。（例如，"最沉的砖块下沉，最轻的砖块上浮"，建立了重量与砖块特质的关系）。规则是证据解释的产物。

· 数据：观察报告（例如"1 号砖块沉没"）、回忆（例如"我的玩具船漂浮在我的浴缸里"），或思考实验（例如"如果我要在海洋中放轮胎，它应该会浮在海面上"）。证据陈述是收集和分析这些观察结果的产物。

这个框架将选择科学推理的不同方面作为评价和后续解释的重点，它是解释复杂认知模式和动态发展过程如何与评价学生反应的发展假设生成和理论创造建立关联的例子，这也是布朗等人在引导学生围绕浮力这个主题进行推理使用的例子（Brown et al.，2010a）。详见下例：

使用以下信息来回答问题 3a 和 3b：

这里有一些漂浮在水中的东西：

A. 厨房海绵

B. 塑料玩具船

C. 一个空的玻璃瓶

3a. 这些物体漂浮在水里的共同之处是什么?

3b. 科学家需要证据支持他们的观点。描述你所看到、听到或完成的一件具体的事情来支持你在 3a 中描述的物体漂浮的推论。

发展进阶的起点

基于发展视角，UE 框架最重要的要素是描述了高水平学生在教学结束时应该达到的熟练程度。在这个案例中，模型的作者认为，一个熟练的反应应包含该模型五个组成部分的所有要素（前提、声明、规则、证据和数据）。同时，该模型也可以用来组织和描述较低熟练水平的特征。从广义上说，这里的假设是低熟练水平，常表现为论据表述不完整（Brown et al., 2010a）。图 3.6 显示了一个进阶例子，它们是三种常见的不完整论据结构，它们之间构成一种递进关系。不过，需要注意的是，这不是一个完整的发展进阶，只是学生一般"水平"的简要说明。

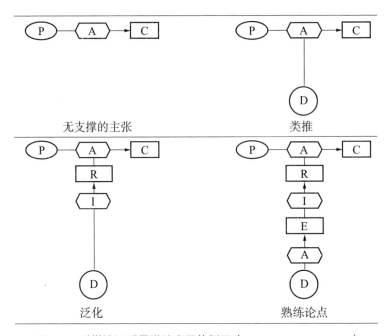

图 3.6 科学论证质量进阶水平的例子（Brown et al., 2010a）

UE 框架的另一个重要方面是，它可以对发展进阶进行多维度理解，包括陈述的"正确性"、结构的复杂性、反应的精确性以及有效性（Brown et al.，2010b）。比如，表 3.1 总结了解释和理解学生任务反应的两个结构的水平（Brown et al.，2010b）。

表 3.1 结果空间的有效性与精确性

论据的有效性		论据的精确性	
反应类别	描述	反应类别	描述
完全有效	整个结论来自假设	准确	清楚描述了各属性的精确值
部分有效	部分结论来自假设；其余结论得不到保证	不准确	隐含着属性的精确值
无效	得出基于假设的不正确结论	模糊	描述属性的大小
无关联	假设没有得出结论的可能性	不确定	不能描述属性

◇ 设计任务[①]

一旦我们界定了结构，就需要将那些观察者信任的、表明学生已经掌握了某些技能的表现具体化。当然，最后还需要解决效度（"我们从评价结果中得出预期结论是否合理"）和信度问题（"答案是否一致？"）。

本节包括四个主要内容：(1) 评价任务的设计及其在整体分类中的组织方式；(2) 任务反应和表现的评价，阐明反应与结构之间的关系；(3) 21 世纪技能提出的挑战和机遇；(4) 评价任务的不同传递方式。

在任何教学环境中，我们使用评价了解学生的能力取决于我们引出产品或行动的能力，这些产品或行动将提供有关兴趣结构的信息。那些用来引出进阶变量信息的任务质量非常重要，因为它将决定我们是否将这些观察到的反应视为学生熟练程度的有效证据。因此，提前界定可接受的证据类型十分重要。

任务的创造和选择在评价中具有重要意义。不仅是因为它们最终将构成评

---

① 以下部分的某些内容改编自 Wilson, 2005。

价，还因为在许多任务中，如果不开发大量任务供学生尝试，结构本身也无法清楚界定。简单地说，任务设计有助于正在测量的结构逐步清晰，它可以将任何模糊不定的或还没有被完全识别的要素集中起来。这个步骤并不意味着弱化清晰与原始结构界定的重要性，而是要认识到证据在初始设计修改阶段的作用，如果有必要，再重新定义。

显然，任务与结构具有密切关系。通常，所选择的任务只是可用于结构测量的诸多任务之一。如果人们希望一种工具可以表征多种情境，最好有更多的任务而不是更少，并且要平衡好与项目评价模型各种要求之间的关系，对于项目模型而言，要复杂到可以带来丰富的反应，如此才能支持测量者通过测量所作出的解释，不过满足这两方面要求都必须在测量的时间和成本限制之内。

任务可以通过不同的预先说明来表征——也就是工具在回答者使用之前，能在多大程度上建构可能的结果。预先设定的越多，收到反应后必须做得越少。

参与者观察

在预设说明水平较低的项目模型中，开发人员尚未构想出任何上述项目特征，甚至结构本身也尚未构想出来，但这恰恰是该工具的目的所在，需要观察者根据自己的简单意图灵活运用。对于某些人来说，这种模型甚至可能连这点要求都不符合，在这种情况下，该模型所包含的内容应被视为一种低端定义方式。这种非常分散式的方法最典型的例子是人类学研究中常见的参与者观察法（eg.Ball，1985）。另一个与此紧密相关的方法是巴顿（Patton，1980）所描述的"非正式会话访谈"：

……现象学访谈总是希望保持最大的灵活性，以便能够获取任何看起来似乎合理的信息，这些信息来源于对特定环境的观察，或在该环境中与一个或多个人的交谈（p.198-199）。

在这一方法中，不仅测量者（在这个例子中通常被称为"参与观察者"）可能不清楚观察目的，而且"被访谈者甚至都不能意识到他们正在被访谈"（Patton，1980，p.198）。表3.3的第一行已经显示了参与观察项目模式的预设程度，从参与观察到固定答案模式，预先设置的细节逐渐增多。人们并不清楚是否应该将参与观察这种技术视为"工具"的一个例子，但毋庸置疑，它是工具的一部分，因为这些技术对于工具设计是有价值的，它们也被视为思考项目模式形态的预先细则的一个有利的出发点。

表 3.2 项目模式中的预先细则（Levels of prespecification）

项目模式	想要测量的"X"结构	项目内容描述		具体项目		
		一般	特殊	没有评分指南	有评分指南	回答
参与式观察	之前或之后	之后	之后	之后	之后	之后
主题指导（a）：一般	之前	之前	之后	之后	之后	之后
主题指导（b）：特殊	之前	之前	之前	之后	之后	之后
开放式	之前	之前	之前	之前	之后	之后
开放式加评分指南	之前	之前	之前	之前	之前	之后
固定答案	之前	之前	之前	之前	之前	之前

主题指导

当预先将工具目的具体化，就可以运用初始结构作为一种评价工具——主题指导模式，就像表 3.2 第二行所提到的那样。如果是在访谈背景下，巴顿（Patton, 1980）认为这种方法可被称为"访谈指南"——具体内容包括：

在访谈开始之前，每个受访者将会探讨一系列问题。提纲中的问题不需要以任何特定的顺序进行，因为这些问题的实际答案没有提前确定。访谈指南仅仅是作为采访中的一个基本清单，以确保应该从每个被访谈者那里能获得一些共同的信息（p.198）。

这个模式区分了两种不同水平的细则。在一般水平层面，包含了结构定义的内容仅仅指向总结这个层面——这就是所谓的一般主题指导法。实践中，所有这些具体化内容都会出现在观察之后。在特殊水平层面，一个包含了结构定义的完整内容，在实施评价之前就可以获得——这就是所谓的特定主题指导法。就本质而言，两种水平层次的差异主要体现在程度上——你可以有一个模糊的概要或一个更详细的概要，但都是不完整的。

开放模式：

预先具体化之后的工作步骤是开放模式，包括开放式项目、访谈和问答题等常见形式。这里，项目是在工具被使用之前确定的，并且按预定顺序在标准条件下实施。巴顿（Patton，1980）将此称为访谈中的"标准化的开放式访谈"。与以前的项目模式一样，这类模式也明显包含两种水平类别。一种是反应类别尚未确定，教师在课堂上使用的大多数测试都在这个水平。另一种水平层次是，所有的反应分类都预先确定好——也就是所谓的评分指南（scoring guide）水平类别。

标准固定答案

最后一种具体化水平类别是标准固定答案（standardized fixed-response）模式，最典型的是多选题和必选题。在这种模式中，学生选择题目答案而不是生成答案。正如上文提到的那样，这可能是已有评价工具中使用最广泛的形式，多项选择题就是其中一个例子。

上述类型学不仅仅是研究和实践中对工具中的项目进行分类的方法，其优势还体现为，它本质上是作为项目生成过程的指导指南。人们认为，每种工具都应该经历一系列发展阶段，直到达到理想水平，这些发展阶段大致类似于表3.3纵列所示内容。如果工具开发没有遵循发展的水平顺序，跳过某些阶段，通常会在某些时候对项目设计内容做出或多或少的武断决定。例如，决定开发有固定答案的题目类型，如果不首先了解人们对开放式提示的反应，当人们批判固定答案模式会扭曲测量时，他们就无法进行辩驳。

在下一节中，我们将谈到任务讨论的各种关系与表现评价的需要，这通常被称为21世纪技能评价的典型特征。

21世纪技能的新任务

要清楚勾勒有效推论所需要的证据特征，21世纪技能的评价还面临许多挑战。正如第二章所指出的那样,这需要实施表现性评价。继传统评价论证的路径,可能会导致成本、人员评分、一致性信度、大量工作产品的物流管理等问题。

多年以来,人们已经以多种方式对表现性评价进行了定义。为了将上一节内容提到的任务观念与这部分内容将提到的表现性评价建立关联,我们借鉴帕蒙(Palm,2008)的如下引文:

> 表现性评价的大多数定义都可以被认为以反应为中心或以模拟为中心。以反应为中心的定义关注评价的反应模式,以模拟为中心的定义关注所观察的学生表现,这种表现的要求与兴趣表现相似。(p.4)

以上内容描述以模拟为中心的表现定义,这是评价21世纪技能所需要的——哪些模式有助于适当的反应类型出现?结构和任务设计之间的匹配程度可以解决以模拟为中心的定义的问题——哪些任务能恰当模仿那些有助于我们了解基本结构的条件?

技术媒介促生了新的方法,比如"评价对象"变成了专为证据收集、模拟、虚拟世界、传感器和其他虚拟功能设计的在线学习对象,这意味着在21世纪背景下,这些方法也扩大了我们的表现机会。当然,这些方法也一定会促使人们将更多的研究焦点聚集在他们的证据质量上。

越来越多的教育出版社设立了"数字"部门,开始在其产品中嵌入在线评价,这一做法也正被各学区接受,并被列入标准课程采购程序。所有这些举措意味着,如果实施跨越不同情境的数据共享计划,就有许多新的机会来测量复杂的结构并生成大数据。

由于计算机媒介的交互作用和其他一些技术平台的出现,新的表现类型很可能是可测的,它们可能需要新的可接受路径来界定证据,而且不会产生与纸笔表现性评价相同的大量本质性障碍。

总结性与形成性相结合

不断改进的数据处理工具和技术连接带来的一个重要发展是,人们逐步能够将总结性评价与形成性评价予以结合,以更全面地了解学生的学习。教师在课堂上已经可以运用大量与学生表现有关的评价数据来进行教学,如果可以确定课堂评价与大规模评价之间的信息传递路径，那么这一重要进展将极大提高运用表现性方法测量21世纪技能的可能性。

如果目标是测量21世纪技能，一开始就将可行方式与实践证据结合，这不仅不是奢求，而且几乎是必须这样做的。这里，获得非常密集的数据可能是有效实践的关键，尽管数据密度本身并不能解决本章提到的证据需要问题。然而，尚未被利用的那些来自课堂的潜在可用性证据，以及技术提供的效率和效益兼并的数据收集的大量机会，意味着我们可以获得更多的证据来了解学生学习。当然，这也提出了一个假设，即这些数据必须以能够作为证据使用的方式来收集，学校甚至家庭都可以获得足够的技术支持。

群体智慧

如前所述，基于"群体智慧"和相似观点的评价新形式也可能扩大证据范围。"询问客户"一直在评价中长期被实践，比如诊断、调查设计、反应过程（如离职面谈）以及小组讨论。群体智慧的概念进一步将这些方法拓展到了更宽的研究领域，提供更大的群数据库，不论是规范比较，还是跨情境评比，都能更好地结合和保留"历史"数据，因为数据密度和大容量数据储存/处理能力提高了。

任务分析

随着数据密度的增加，对复杂表现进行详细的认知任务分析成为可能（Lesgold，2009）。做中学可以被评价，完成复杂任务时表现出的坚持性与熟练性等问题也可以被评价。大规模任务可以为学习和评价提供有意义的机会，并且可能在相同任务中同时评价学科知识。如果是这种情况，那么，就不需要在学习之外再花费很多时间来测试了，并且反馈周期也可进一步合并和重新组合，如此，评价便直接带来量身定制的干预，在适当的时候，让测试成为学习过程的一部分。

以FREETEXT为例：情境中的法语[①]。这是一个数据驱动系统中，FREETEXT使用自然语言处理（natural language processing）和适应性超媒体在任务式活动

---

① ftp://ftp.cordis.europa.eu/pub/ist/docs/ka3/eat/FREETEXT.pdf。

中习得第二语言。这类自然语言处理系统可以帮助查找、过滤和格式化在适应性超媒体系统中显示的信息，它们既可以为教育服务，还可运用于其他活动中。有些项目已经有效汇总了从全语言交互中收集的数据，并将其用于适应性超媒体。奥伯兰德（Oberlander，2006）着重在他所描述的格式化或信息表征中阐释了上述工作何以可能。在这里，"自然语言生成系统可以使每个用户在语言、兴趣和经历等方面拥有相当详细的个性化信息"（Oberlander，2006，p. 20）。

嵌入式项目

这是一种在大量任务中可能有效获得评价结果的方法之一。雷斯格德（Lesgold）解释说，这种方法相比于其他方法，其"最大的变化是在项目内发现更丰富的认知表现"（Lesgold，2009，p. 20）。当然，这也可能需要各种更先进的测量模型。一个常见的例子是，在阅读中，当几个项目（不一定是测试中的所有项目）都基于一个共同刺激物时，会使在标准测量模型中未被控制的那些特定项目之间产生依赖关系。当所有的项目都与正在测试的具体任务有关时，同样的影响也会发生，有时我们也称其为捆绑依赖（因为这些项目形成"捆绑"），如此等等。描述实际要处理的模式不在本章的研究范围；读者可参阅罗森鲍姆（Rosenbaum，1988）、斯卡里塞和威尔逊（Scalise & Wilson，2006，2007）以及威尔逊和亚当斯（Wilson & Adams，1995）的相关论述。

在开发有效任务时，有人建议要看学生在完成项目和任务时实际的工作产品，然后通过分析这些产品来判断哪些能力已经清楚表现出来了，哪些还需要进一步评价，评价指标可以采用上面提到的一些新形式，但也可以是传统模式。根据评价的目的和背景，如果适当纳入多选题、简答题和主观作答题，一般的传统评价模式可能继续发挥巨大价值。人们可能发现，一项评价任务可能包含多种模式，它融合了创新方法与传统方法。这样的任务库会不断积累，由教师和指导者创造，并将其作为贡献资源提供给其他人，其他人则可以将这些任务保存下来用于大规模评价。技术支持嵌入式任务使用的一个有趣的例子可以在思科网络学院使用的数据包跟踪器（Package Tracer，PT）软件中找到。

思科网络学院项目使用的 PT 是一个综合模拟和评价环境，主要用于网络概念教学（Frezzo et al.，2009，2010）。PT 的一个重要方面是课程与评价的整合，它可以通过 PT 中开发的教学对象来收集学生的学习证据，换句话说，要实施学生评价，没有必要去创建一个与教学过程中使用的经典对象截然不同的评价工具（Frezzo et al.，2010）。

PT 软件旨在通过教学发展网络工程师特有的素养。考虑到这一目的，该软件为学生提供了与其教学目标相关的模拟环境（Frezzo et al.，2009，2010）。

PT 中的模拟通过支持信息和场景表征的导航界面呈现，并允许学生与这些场景产生交互。图 3.7 显示了 PT 界面的示例截图（Frezzo et al.，2010）。

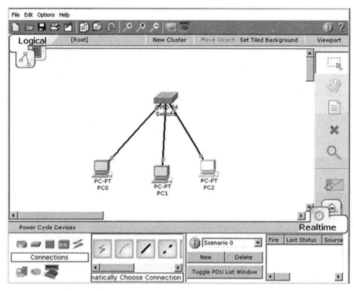

图 3.7　任务设计——思科网络学院使用的 PT 截图（Frezzo et al.，2010）

PT 软件允许教师在这种环境中开发各种教学任务，具体包括，举例说明具体概念的活动，促进过程技能的实践活动，有多种解决方案的开放式任务，以及要求学生识别问题和制订方案的最终问题解决方案（Frezzo et al.，2010）。

要实现学习任务和评价之间的完美整合，教学任务或模拟与"答案网络"（即构成功能设置的原型或模型是什么）和"分级树"必须联系起来，"分级树"指出了"答案网络"的各个方面有何不同，也明确了哪些模型必须被评价（Frezzo et al.，2010）。就本报告所讨论的概念而言，要完成评价必须将教学任务与预期学习表现的模型联系起来，还要与传达了应该如何评价不同的可能性反应的结果空间建立联系。这种评价的关键方面是，通过提供"答案网络"（熟练度模型）和"分级树"（结果空间或评分指南），教师可以根据他们在教学中应该会使用的相同任务来自动创建记分评价（Frezzo et al.，2010）。

PT 构成了一个有趣的例子，即在创建教学任务模拟环境中可以实现任务的高度复杂，而且这些环境还为教学和评价的整合提供了可能性。此外，这种模拟环境还可以通过开发新界面，来呈现更具有挑战性的情境以及促进教学与评价的整合。对于学生而言，这些任务会变得更加直观。

思科网络学院最近对这些新的可能性的阐释中，将 PT 与游戏界面结合起来，类似于在线社交游戏中使用的概念（Behrens et al.，2007）（图 3.8 显示了这种界面的屏幕截图）。这种环境的使用为基于不同社交活动（如，与客户打交道或提出商业建议）来开发基于场景的评价提供了可能性。此外，这种新的界面，不仅为评价具体内容领域的熟练程度创造了机会（在这个案例中，是指对网络概念的熟练程度），也为评价其他素养创造了机会，这些素养可能涉及更真实的任务，比如社会技能（Behrens et al.，2007）。

图 3.8　思科网络学院开发的新界面示例截图

◇ 评价反应[1]

为了分析通过任务收集到的反应和产品，必须明确对那些可以分类的学生表现进行质量分类。在实践中，不同类别的定义通常以评分指南的方式进行界定，这使得教师和评价者能够组织学生对评价任务做出回应。

在大多数文章中，马顿（Marton，1981，1983，1986，1988，Marton et al.，1984）将研究结果分类描述为"发现"学生完成某项任务的不同方式的质量的过程。在本章中，我们紧跟马斯特斯和威尔逊（Masters & Wilson，1997）的脚步，采用了结果空间（outcome space）这一概念，并且将其运用到质量分类描述中，用以记录或判断受访者对项目的反应。

范畴化理念内在于这种理解中：界定结果空间的范畴具有性质的区分度；实际上，所有测量在某种意义上都建基于此种性质区分中。罗殊（Rasch，1977，p. 68）指出，这一原则远远超出了社会科学的测量："那些要求观察应该是可测量数量的科学，是错误的；即便是在物理学科，可能也是质性观察，——总而言之，它们一直应该如此。"

达尔格林（Dahlgren，1984）将结果空间描述为"一种分析地图"（kind of analytic map）：

这是一个经验概念，它不是逻辑或演绎分析的产物，而是对经验数据进行严格验证的结果。同样重要的是，结果空间是内容具体化的：所描述的一系列范畴都是尚未得到确定的先验分类；它们依赖于任务的具体内容。（p. 26）

结果空间的特征是：类型是明确的、有限又详尽的、有序的、有特定情境且建基于相关研究。

学生不同的反应类型构成了一项任务的结果空间，使用评分指南来表征这类反应的具体案例在图 3.9 中可以看到。在这个案例中，概念结构主要指"物质"，它被用来表示学生对高中后期和大学早期这个阶段的化学课程中物质作用的理解水平。它也被设计成"生活化学"（Living By Chemistry，LBC）项目的一部分（Claesgens et al., 2009）。

---

[1] 以下内容选编自 Wilson，2005。

> X.没有机会
> 没有机会对项目做出反应。
> 0.无关或空白反应。
> 反应不包含与项目相关的信息。
> 1.描述物质的属性。
> 学生依靠宏观观察和逻辑技能，而不是采用原子模型。学生使用常识和经验来表达自己的最初想法，而不使用正确的化学概念。
> 1- 做一个或多个宏观观察或列出没有意义的化学术语。
> 1 使用宏观观察/描述和重述以及比较/逻辑技能来产生分类，但并没有表明采用化学概念。
> 1+ 做出准确的简单宏观观察（通常采用化学术语），并提供支持性实例或感知到的化学规则，以逻辑解释观察，但是引用的化学原理/定义/规则不正确。
> 2.用化学符号表示物质变化。
> 学生们正在"学习"化学定义，开始根据化学成分描述、标记和表征物质。学生开始使用正确的化学符号（如，化学公式、原子模型）和术语（如，溶解，化学变化与物理变化，固体、液体、气体）。
> 2- 正确引用与物质有关的定义/规则/原理。
> 2 正确引用与化学成分有关的定义/规则/原理。
> 2+ 引用并适当使用有关物质的化学成分及其变化的定义/规则/原理。
> 3.相关性。
> 学生将一个概念与另一个概念建立关联，并开发行为解释模式。
> 4.预测物质属性如何改变。
> 学生使用化学行为模型来预测物质转变。
> 5.解释原子和分子之间的相互作用。
> 整合化学模型来理解物质/能量的经验观察。

图 3.9 结果空间作为生活化学项目的评分指南

研究型范畴

结果空间的建构应该是项目开发过程的一部分，因而，这也是一个研究过程，通过研究确立要测量的结构，通过研究识别和理解学生在任务中的各种反应。就成就测量而言，国家研究委员会（2001）得出如下结论：

认知学习模式应该是评价设计过程的基石。奠定这种模式基础的是清楚理解学生如何表征某个领域的知识并发展相关素养……这种模式可能具有一定的细粒度，非常精细，但也可能是粗粒度的，这取决于评价目的，但不论怎样，它应该总是基于某个领域中学习者的实证研究。理论上讲，该模式还将提供一个发展观，以呈现学习者素养发展的典型方式（p. 2-5）。

因此，在成就情境中，一个认知学习的研究型模式应该是结构定义的基础，也是结果空间设计和项目开发的基础。

具体情境范畴

在结构测量中，结果空间必须总是具体到所使用的这个结构和情境。

有限类别与完整类别

一般而言，测量者在一个开放式项目中观察到的反应可以作为大部分人可能出现的反应的一个样本。假设一篇文章给了一个提示——类似于"假期你打算做什么"这种典型问题，同时这里还提出一个限制条件，即文章的长度不能超过5页。思考一下，根据这个提示，会写出多少种不同的文章，如果再乘以可能出现的各种提示，以及各种可能性条件，这个数目会更大。结果空间的作用是为这种巨大潜在反应带来秩序和意义。其主要特征是，结果空间应该只包括一定数量的有限类别，而且必须充分发挥作用，并且详尽完整，做到每一个可能性反应都是一个类别。

有序范畴

此外，在界定一个设计好的结构时，要想结果空间具有一定的信息价值，必须以某种方式对范畴进行排序。有些范畴必须表征较低层级的结构，有些范畴必须表征较高层级的结构。这种排序不仅需要结构理论支持，也需要实验证据支持，而且结果空间的理论基础必须与结构本身的理论基础一样。实验证据可用于支撑结果空间的排序，也是一个工具的试点实验和现场调查的重要组成部分。类别的排序不需要完全完成。当然，使用有序拆分（几个范畴在排序中处于相同等级）仍然可以提供有用信息（Wilson & Adams，1995）。

发展符合上述四个标准的结果空间可以使评价的表现标准非常清楚明确——不仅教师会清楚地知道表现标准，学生家长、管理人员或评估结果的其他"消费者"也是清楚的。通过建立任务、反应和结构之间的透明关系，使用清楚明确的评分标准，是给评价过程中的各种推论提供可信度的重要要素。

评价反应——例子：证据框架的使用

缘何以认知模式作为评价起点，原因在于它在评价过程中发挥着解释和评价学生产品和反应的基础作用。通过对科学推理中涉及的各个组成部分和过程进行建模，使用证据框架（UE；2008，2010a，2010b，在"结构定义"中介绍过的这个例子）支持评价和分析这个过程的多个方面（Brown et al., 2010a）。

例如，在 UE 模型中，对"规则"各部分内容的评价可以以学生在思考证据时使用的规则的"准确性"为依据。规则准确性的评价作为一种对质量的测量，可以运用各种形式实例化，比如，可以是简单的正确或不正确这种二分法题目，也可以是可以获得学生使用规则精确程度的记分指南（Brown et al., 2010a）。

布朗（Brown，2010a）等人提供的例子可用于说明评分指南是如何获得这些相关表现水平的。请思考以下陈述：

（a）"密集的东西会下沉"；
（b）"沉重的东西会下沉"；
（c）"有孔的东西会下沉"。

虽然这些陈述没有一个完全准确，但仍然有可能将它们与三级熟练程度联系起来，其中（a）似乎比（b）对原理有更细致的理解，而（b）似乎比（c）表示了对原理更高的熟练程度。

在 UE 框架中开发的复杂概念结构试图获得学生反应的质量和复杂性，从低层次的误解到支持规范性科学概念的多种思想的协调（Brown et al., 2010b）。表 3.3 概述了复杂概念结构的不同层次，并阐释了学生认知发展水平（在类别栏和它的描述中）和反应的清晰度。

表 3.3 复杂概念的结果空间（Brown et al., 2010b）

反应类别	描述	反应例子
多重组合	运用组合概念中的一个概念	"如果相对密度很大就会沉下去"

续表

反应类别	描述	反应例子
多重关系	建立多个组合概念之间的关系	"如果物体的密度大于介质的密度就会沉下去"
组合式	运用基本概念中的一个概念	"如果密度大就会沉下去"
关系式	建立多个基本概念之间的关系	"如果质量大于体积就会下沉" "如果浮力小于重力就会下沉"
单一化	运用一个基本概念	"如果质量太大就会下沉" "如果体积太小就会下沉" "如果浮力太小就会下沉"
产生错误概念	运用一个或多个非规范性概念，为进一步教学提供一个好的基础。	"如果很重就会下沉" "如果很大就会下沉" "如果不是空心的就会下沉"
没有产生错误概念	运用一个或多个非规范性概念，为进一步教学提供了一个糟糕的基础。	"如果不是平的就会下沉" "如果有破洞就会下沉"

另一个引人关注的 UE 框架运用是如何将模型链接到并用于组织学生反应评价的具体方面。当学生提出一个完整的论据后，要思考他（她）的陈述目的及所处层级的位置时，这个模型可以提供一个基本结构。比如，某个陈述的功能可能会发生变化，这依赖于它与周围其他陈述之间的关系，以及能够提供学生推论过程中的有价值信息（Brown et al., 2010a）。表 3.4 提供了这种区别的一个简单例子。

表 3.4 陈述的功能及其与周围陈述的关系（Brown et al., 2010a）

陈述	在论据中的作用	周围其他陈述	在论据中的作用
"这个砖头很重……"	前提	"……因此它会沉下去"	主张
"这个砖头很重……"	主张	"……因为它沉下去了"	前提
"这个砖头很重……"	数据的一部分	"……它沉下去了"	数据的一部分

◇ 交付任务与收集反应

交付媒介是可操作性评价的一个重要要素。利用计算机来交付任务和汇总反应会影响许多评价设计问题，因此，使用何种方式交付任务应该提前确定。例如，计算机交付创造的诸多机会中就包括对测试反应的自动评分（Williamson et al.，2006），因为这些反应都可以作为测试过程的副产品被数字化，比如一篇文章、语言样本或其他工作产品。然而，就像有些学者和研究者（Almond et al.，2002；Bennett & Bejar，1998）提到的那样，这种评价与传统评价方式一样，为了充分发挥自动评分的优势，评价其他方面的设计也应该坚持同样的方法。

毋庸置疑，计算机交付最终会成为一种常规评价方式，但依然面临诸多亟待解决的挑战。我们从使用计算机作为大规模测试的传递媒介的经验中，得到的最深刻的教训可能是容量问题。这里的容量也称考生访问问题，它们是指缺乏足够数量的测试点一次测试所有学生（Wainer & Dorans 2000，p. 272）。相比之下，在世界各地，即使是在非常贫穷的国家，庞大的学生群体参与的大规模纸笔测试也会经常进行。如果评价要求对大量学生同时进行测试，纸笔媒介仍然是可能的选择。最终，随着可用技术的增加，越来越多的便携式设备可以被用到评价中，加上计算机成本的降低，容量问题可能会被解决。一种可能性解决方案是使用学生自己的计算机作为测试终端，尽管有些问题需要加以考虑。一方面，由于存在各式各样的计算机，这可能排除了足够标准化的测试条件。此外，对于需要考虑安全性的测试，使用学生计算机可能会带来安全隐患。还有一个需要考虑的因素是连接问题（Drasgow et al.，2006，p. 484）。即使有可用的计算机或替代设备，也需要提供信息来进行测试，而作为测试点的本地设备需要将信息转发到中心设备。除非本地计算机与中心设备之间的连接是可靠的，否则测试过程可能会中断，这对于高风险评价尤为不利。

作为容量问题的替代方案或附加解决方案，测试可以分布在多个测试点。例如，每周都在全球范围内举行的托福考试（英语作为外语考试），参加考试过程就像在航空公司订位：需要预约或预定一个工作日参加测试（Drasgow et al.，2006，p. 481）。将评价分配到多个工作日，用来解决容量有限问题由来已久，但实际上这个问题只是有所改善，并未最终解决，因为有些日期（就像航班预订那样）比其他日期更受欢迎。当没有首选日期时，学生需要在替代日期进行测试。当然，这也意味着测试设计必须面对这种事实：测试内容不断被透露给后续参加测试的学生。

计算机测试交付的主要优势是，评价可能被设计为适应性的。计算机适应性测试（CAT）最早尝试了设计一个超越仅在计算机屏幕上显示题目的评价；洛德（Lord，1971）对这个创意做了早期研究。从那时起，这种方法已经在多个测试项目中进行了可操作性运行（Drasgow et al.，2006，p. 490），并且相关研究仍在持续增加（Van der Linden & Glas，2007；Weiss，2007）。

适应性测试提出了自己的一系列挑战；一个引起全世界研究者关注的是所谓的曝光控制，它指的是题库中的每个题目可以被频繁地呈现，但事实上，在我们看来，题目"暴露"的风险是不可接受的。那些与手头任务性质特别匹配的题目通常会被自动选项程序频繁选择——好题目往往消耗更快。过度曝光的题目很快就成为公开题，因此后续测试者可以比早期测试者更有优势。也正因如此，得分的解释随着时间的推移会被侵蚀。人们提出了很多解决这个问题的方案，有研究者对这些方案做了一个总结（Drasgow，2006，p. 489）。其中一个解决方案提到，在不降低能力评价精确度的情况下，一开始就要按着将曝光的可能性平等分配给每个题目的原则，通过设计题目选择算法的方式防止题目的过度曝光。另一种可选方案是有效创造更多的题目，使得每个题目曝光的机会都大大减少（Bejar et al.，2003）。

在CAT中解决题目暴露的另一种方法是创建足够复杂的任务，这些任务甚至可以暴露到题库完全透明，要完成这些任务，缺乏对结构的充分了解是不可能提高正确答案的可能性的（Scalise，2004）。虽然这只是一个预测性考虑，鉴于本章描述的复杂任务的方法论问题，21世纪技能和任务可能非常适用于这种"透明"的曝光方式，而且需要随着时间的推移对这一方法给予充分的研究和验证。

尽管面临挑战，计算机测试依然拥有许多潜在优势，也非常有吸引力。这些优势是，它增加了考生的便利性和测试结果循环使用的可能性。运用计算机进行测试还创造了扩大测量范围的机会，尽管利用这个机会不仅仅是利用设备交付测试题目的问题，还需要充分利用计算机交付提供的可能性对评价进行整体设计。

例如，超越多项选择的题目模式可以提供更有效的评价，但前提是在过程中不会引入无关变异性。如前所述，构建式反应可以被数字化，并作为计算机测试交付的副产品。因此，无论是由考官评分还是通过自动记分，参与测试者的得分都可以大大提高。已经开发使用的一些在线评分网络（Mislevy et al.，2008），考官能在相对较短的时间内，对不同时区不同背景的主观答题（constructed responses）进行评分。目前，书面反应的自动评分已经成为现实（Drasgow et al.，2006，p. 493），但语言自动评分系统还处于快速发展阶段（Zechner et al.，2009）。不过，在其他一些专业评价领域，有些自动评分已经被使用很长一段时间了（Braun et al.，2006；Margolis & Clauser，2006）。

21世纪技能评价特别关注协作技能。对这种技能的评价需要源自工作场所的协作要求。例如，随着经济发展日益全球化，跨国企业在全球经济发展中具有重要地位（Kanter，1994）。一项针对协作技能需求的尚未得到实证验证的工作分析报告提到，协作工作中所需要的沟通技巧，超越了托福这类以入学为导向的测试所测量的纯粹语言技能。相反，它们对发展和评价沟通技能提出了更加复杂与微妙的要求。例如，语言学家提出了"言语行为"一词来描述在特定环境中反复发生的沟通性交流（Searle，1969）至少涉及两个主角。在这种交流中，说什么，确实是重要的，但如何说，也很重要，这可以反映主角的角色功能，以及他们共同的背景信息。这里的"如何"二字包括语言属性，例如音调，还有"肢体语言"，以及更重要的面部表情。考虑到这种复杂程度的评价设计方法可能依赖于威克利等人（Weekley & Ployhart，2006）基于情境判断测试（SJTs）做出的大量工作，尽管他们的工作还不完善，还有很多需要做的工作。有趣的是，协作交流正越来越多以计算机作为媒介，因此，通过计算机测试交付来评价协作技能是水到渠成的事。协作可以采取的一种形式是在线或虚拟会议；模拟在线会议的一种评价模式将是一种合理的方法。例如，在SJT方法中，题目一开始就通过在线交流某个片段来刺激学生，然后考生需要对其进行判断。当然，更完善的方法应该是有助于学生在自己选择的位置进行交流。学生说什么，怎么说，他/她的面部表情和肢体语言都将成为"反应"的一部分。这些方面的研究已经取得了很大的进展（Graesser et al.，2007）。

◇ **反应建模**

了解学生的熟练状态或知识状态的关键在于识别在此过程中收集到的任何

测试数据的复杂性。在本章的后续章节中，我们倡导向各级用户报告结果，从学生和教师到学校管理员及其他人员。然而，报告此类结果的能力取决于给出的评价类型及其使用范围。在一个地区对所有学生进行的评价（如，美国的年级测试），这些报告是可能形成的。但对于类似于美国国家教育进步评价（NAEP）这种使用复杂样本设计的测试，由于评价存在诸多分层，要对其进行报告是不可能的，例如在 NAEP 中，故意省略了向学生和学校报告评价结果，因为这种评价不可能在每个发展水平上都有足够的样本（在前面案例中是样本内容，而后面案例中指的是学生人数）。

要理解什么是可能的，需要彻底掌握与评价抽样和测量设计有关的统计问题。因此，包含这些信息的统计方法和统计模型只有在符合情境要求与应用该数据模式的情况下才是有价值的工具。在以群体结果为目标的情况下，在分析中应该使用加权分析或多级模型（或分层线性模型）等技术，用来表示聚类数据的依赖关系。当然，这些权重可能与测试中一般的公平概念不一致，强调公平就只能以每个人的表现作为判断依据。不管选择何种形式，重要的是要做好使用这些模型的计划，以确保测试开发过程中的每个阶段都能使用它们，以便引导有关样本类型和范围，以及测量设计的决策。

为了表达我们对反应模型的观点，我们首先介绍亨森和坦普林（Henson & Templin, 2008）以及坦普林和亨森（2008）曾在他们的论文中提到的例子——这些例子也将用来描述用户报告，以及可能会采取的补救行动。作者使用诊断分类模型（Diagnostic Classification Model）或 DCM（参见 Rupp & Templin 2008）来分析美国东南部一个贫困城市学区所开发的低风险代数形成性测试。DCM 是心理测量模型，试图提供每个人当前知识状态的多维反馈。DCM 将学生的每个属性都一分为二——掌握了特定内容或者没有掌握。我们强调 DCM 并不是认为它们可以作为心理测量模型，而是为了展示什么样的心理测量才能得出可操作的报告结果。

该案例中的数据来自三年级基础科学技能的 25 项基准测试（Ackerman et al., 2006），通过这些测试，可以了解学生对五种基本科学技能的掌握情况。例如，报告结果中，学生很有可能掌握与"系统"（0.97）、"分类"（0.94）和"预测"（0.97）相关的技能，但很可能没有掌握"测量"（0.07）。对于这些可"观察"技能，她具有 0.45 的可能性熟练掌握，这意味着评价者对她这项技能的诊断不确定。

在亨森和坦普林（2008）的著作中，作者使用标准设置程序来创建分类规则，再用于评价学生对五种代数技能的掌握情况。形成性考试是为了模仿国家年级测试中最具代表的五项技能，旨在依据国家标准，为每位学生和教师提供一个成功代数所需要的技能概况。

坦普林和亨森（2008）的报告还论述了学生熟练总体情况与年级评价联系起来的过程，展现了评价结果的报告应该如何通向直接行动。学生在学年中期接受形成性评价，并在年底接受年级评定。然后，学生在形成性评价中的知识技能掌握情况将与他们在年级评价时的表现关联起来。

对于国家而言，目标是使每个学生的代数熟练程度达到国家标准，即年级评价的 50 个题目中大约有 33 个能得分。通过将形成性的熟练情况与年级考试成绩数据结合起来，掌握了可以提高考试分数的属性，到底对年级评价会产生什么影响，坦普林和亨森能够将这种影响予以量化。图 3.10 显示了 32 种技能掌握的可能性状态网络图（包含熟练或不熟练的五种代数技能）。每个技能掌握情况（显示为图的节点）都与年级测试中成绩提高最快的那个点连接起来，达到这个点的学生都掌握了某些可以提高考试分数的属性。例如，图表最右侧的节点代表掌握了第五项技能；该节点又连接到已经掌握了的第五项和第二项技能状态——表明只掌握了第五项技能的学生应进一步学习第二项技能，这样才能最大限度地提高年级测试成绩。

图 3.11 是图 3.10 所示网络图的重新表征，这次叠加在年级测试分数的比例上。图 3.11 中显示的每一个学生的例子都被视为一条"熟练路径"——根据国家标准，纠正策略将成为达到熟练的最快途径。例如，如果学生 A 没有掌握任何技能，应该努力学习技能 2，然后学习技能 1。尽管这些路径必须根据每个场景进行适当调整，比如课程时间安排、认知性质和结果测量（即，熟练程度不需要被界定为年级测试的一个分数线），但这种类型的成绩报告可以引发一系列行动来帮助学生和纠正学生，进而为测试结果提供更多有利程序。

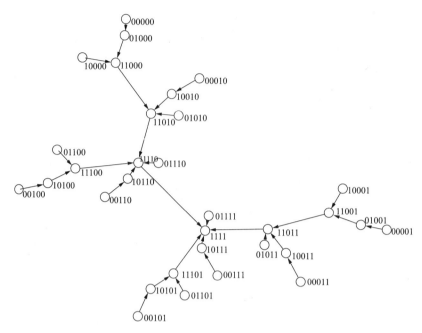

图 3.10 二元属性（binary attributes）的熟练路线图

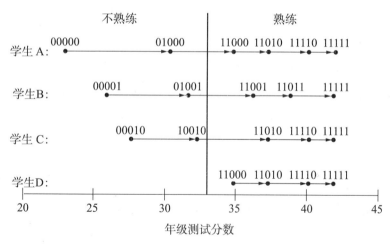

图 3.11 通往熟练的快速路径

反应建模的例子：使用证据框架

结构界定之后，需要设计和开发各类项目与题目，以及收集相关答案和评分，然后再应用一个适用于学生或答问者熟练水平推论的测量模型。前文提到的"使用证据框架"（Brown et al.，2008，2010a，2010b）将作为一个例子，用来说明应用测量模型时应考虑的不同问题，例如关于结构体系（连续的或分类的）的原始假设，需要建模的反应性质以及结构的一维性或多维性等。在 UE 框架中，结构本质上被定义为多维性的，用于收集学生反应的测试包含二分法项目和多分类项目。UE 框架中最简单的反应形式是"准确度"维度中使用的二分法。为了对反应进行建模，罗殊（Rasch，1960/1980）的简单逻辑模型（也称为 1-参数逻辑模型）被运用其中。对于这个模型而言，学生正确回答特定项目的可能性取决于两个要素，正确答案的概率被模式化为两个不同要素之间的差异函数：

学生 j 对项目 i 的正确回答概率 = f（学生 j 的熟练程度 - 项目 i 的难度）

当学生熟练程度和项目难度之间的差异为 0（即相等）时，学生正确回答该项目的概率为 0.5。如果差异为正（学生熟练程度大于项目难度），学生将有更高的可能性获得项目准确性。当差异为负（项目难度大于熟练程度时），学生正确回答项目的概率较低。使用这个模型，我们可以通过难度来表征每个项目，通过单尺度熟练程度表征每个学生，这允许我们使用一个强大而简单的图形工具来表示参数，比如怀特图（以 Ben Wright 命名的地图）。在这种表征中，项目难度和个人水平在相同尺度上被呈现出来，这不仅有助于项目之间的比较，还能对回应者的水平进行整体分析。图 3.12 提供的怀特图这个例子，只包含二分法项目的精确维度（Brown et al.，2010b）。

图 3.12 的左侧是一个旋转过的柱状图，表示对学生水平分布的估计，右侧是 14 个不同项目的难度估计（每个都用单点表示）。回到这些参数的解释，人们可以说，当学生的个人水平与项目难度处于相同水平时，学生做出正确反应的概率为 0.5。当项目难度高于学生水平时，这意味着学生正确反应的概率要低于 0.5。如果项目难度低于学生水平，情况则相反。换句话说，它可以快速识别困难项目，即那些高于大多数学生水平（例如项目 4cB）的项目，也能识别容易项目，与此对应的是难度在大部分学生水平之下的项目（例如项目 6cB）。

这些模型的使用可以建立模型结果与结构原始定义的关联。这种链接的一个例子还是 UE 框架，在这个框架中，我们重新审视了"概念复杂性"（Conceptual Sophistication）的结构（Brown et al.，2010b），在这个结构中，一共定义了七个不同层次的反应水平，它们可以对学生的反应进行分类。图 3.13

呈现了这个概念的复杂性结构。

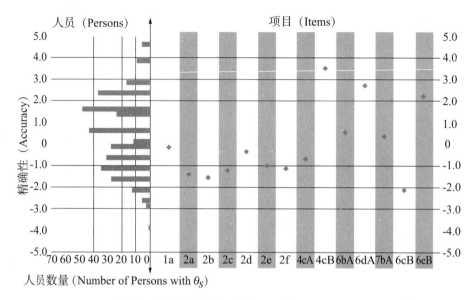

图 3.12 怀特图中精确结构的二分法项目（Brown et al., 2010b）

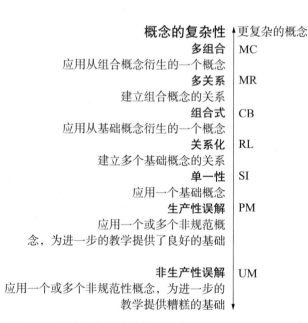

图 3.13 概念复杂结构中的项目（Brown et al., 2010b）

在这个结构中，这些项目的答案可以归类为七个层次中的任何一个，因此这些项目通常是多分类的。这种项目可以用马斯特斯（1982）的分部计分模型（partial credit model，PCM）进行分析，该模型是 Rasch 模型的多级扩展。在 PCM 中，一个多分类项目，一个具有 n 个类别的项目，根据 $n-1$ 类型比较进行建模。当我们用图表来呈现时，我们使用瑟斯顿阈值（Thurstonian thresholds）来表明反应水平在 k 或 k 以上的连续点，并尽可能提示 $k-1$ 或 $k-1$ 以下的反应水平。图 3.14 介绍了 PCM 分析的结果，其使用的工具是改进后的怀特图，它将每个概念性复杂题目的不同瑟斯顿阈值的实证位置与个人水平估计的分布建立关联。这里我们可以看到，不同项目的阈值水平有一致性，也有一些差异。例如，对于大多数项目，只有 logit 函数大于 1 的学生才可能在多层关系水平做出回应，且超过这一点的学生相对较少。然而，项目 1b 和 3a 似乎在较低的水平上产生了这样的反应——这对于人们设计一组这种结构的形成性评价是非常重要的。请注意，并非每个项目都会显示所有反应水平——当这种情况发生时，在该项目中可能找不到有些反应水平。

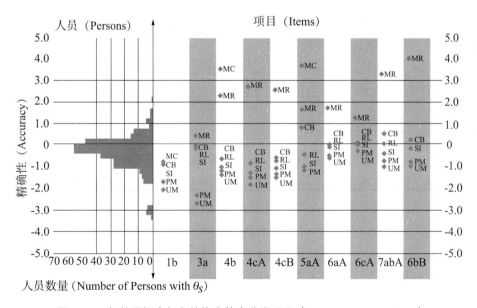

图 3.14 怀特图概念复杂结构中的多分类项目（Brown et al.，2010b）

◇ 有效证据

教育和心理测试标准（美国心理学协会，美国教育协会和全国教育计量委员会 1985 年）所描述的有效证据的不同来源需要通过整合形成一个连贯的有效性论据。具体证据包括：测试内容、反应过程、内部测试结构、与其他变量的关系以及测试结果。本章在论述结构、任务、结果空间和学生反应建模这些内容时，已经讨论了测试内容、反应过程和内部测试结构这些证据。接下来的两节内容，我们将讨论与其他变量的关系和测试结果（基于用户使用的报告）等证据。

与其他变量的关系

虽然不是所有的 21 世纪技能都比传统学术能力缺少认知属性，但试图开发关于这些技能（例如领导、合作、自信、"人际关系"）的评价遇到的问题之一是，似乎很难设计一种评价可以抵抗体制"博弈"（game）的企图（Kyllonen et al., 2005）。如果低风险环境中使用这种评价，这还不太可能成为一个主要问题。但如果 21 世纪技能的评价是低风险的，那么它们对教育制度的影响可能是有限的。当评价结果被用于高风险环境时，它们的影响可能发生改变，而这是否应该成为评价有效性的一个方面还存在一些争论。波帕姆（Popham, 1997）认为，虽然这个特征对于评价实施特别重要，但是将有效性这个术语的意义延伸至足以覆盖评价使用的各个方面是不合适的。梅西克（Messick, 1989）提出，测试带来的社会后果只能在某些特定条件下才被视为有效性的一个方面。

正如多次强调的那样，不是测试使用的不利社会后果导致使用无效，而是不利的社会后果不应该归因于测试无效的任何来源，例如结构无关差异。如果不利社会后果在经验上可被归因为测试无效的来源，那么，就会损害测试使用的有效性。如果社会后果不能被如此归因——或者如果验证过程能削弱将测试无效的来源作为一种可能的决定因素，或至少使其不太可信，那么测试使用的有效性不会被推翻。与有效的测试解释和使用相关的不利社会后果，可能隐含着被有效评价的属性的使用问题，它们只有在特定的社会条件下应用才能发挥作用，但不能表明它们本身无效（Messick, 1989, p. 88-89）。

换句话说，如果信息（准确的）传递了一个负面消息，你不能责怪信息本身。

向用户报告

　　评价有效性的一个重要方面是向用户报告结果时所采用的形式。根据测试项目的规模，可以选择测试（计算机测试）之后立即报告结果，也可以（相当短的）一段时间后递交结果。对于较小规模的测试，依靠测试的指导指南，可能几乎可以当场获得评价结果。那些影响考试知识获得和教学决策的解释与决策来自评价结果。因此，对于任何评价系统而言，允许终端用户去评估，影响进展要超越传统报告水平，这些特征对于成功至关重要。为了实现这个目标，我们建议评价结果必须包括几个关键特征。

　　首先且最重要的一点是，结果必须具有可操作性（actionable）。具体来说，它们必须以终端用户易于解释的方式呈现，并且可以直接引导教学行动，从而提高被评价技能的教学针对性。其次，评价系统的设计要考虑到，尽可能让不同层次的用户都能获得相关结果（可能在不同层次获得不同信息），从考生到他们的老师（们）以及其他人员，不过每个利益相关者具体要求的程度不一样。当然，评价也需要在合适的成本和使用限度内进行设计——追求效率就会使用矩阵项目抽样，进而将系统中处于精细水平的评估结果使用排除在外，（例如，在矩阵样本设计中，由于供学生从一个具体结构中任意选择的项目数量少，学生个人的成绩可能不可用）。一个各级透明的报告系统将会增加学生发展反馈和理解（Hattie，2009）能力。最后，终端用户（如教师、学校行政人员、国家教育领导等）必须接受培训，进而将评价结果转化为教育发展。此外，如果评价和报告系统可以修改到与课程同步，也不浪费很多教学时间，考生就会从评价中受益。

　　在学生层面上，评价应与教学相衔接，并提供总结性信息，从而使教师、指导者或导师可以更好地了解学生学习和教学实践的优点与缺点。这种评价结果的报告对于实施补救或辅导计划至关重要。因为从某种程度上讲，结果显示了考生在评价重点领域的熟练程度。所以，结果的形式必须可以指导决策过程，并以最佳的行动过程为考生提供帮助。

　　前文 DCM 案例中所描述的结果报告，可以作为一个范例。具体内容呈现在图 3.15 中。

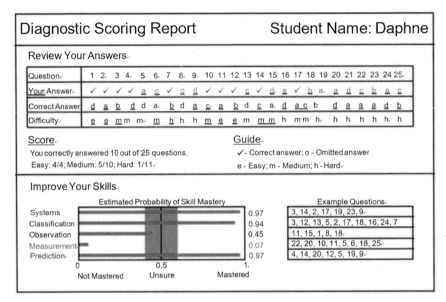

3.15　诊断分类模型分析的记分报告案例（Rupp et al., 2010）

　　为了最大限度地提高测试效率，评价结果必须提供给各个层次的用户。但我们期望能够对最直接的用户产生最大影响：学生和教师。在学生层面，我们希望评价结果能够帮助学生通过自主学习去了解自己的薄弱技能，并在父母或监护人的帮助下进行相应的研究。同样，在教师层面，教师可以利用评价结果检查他们班级的发展趋势，并将教学重点放在学生被评价为有缺陷的那些领域。此外，教师可以识别需要额外援助的学生，如果资源允许，可以安排导师指导这些学生。

　　当然，除了学生和教师，评价结果还必须向其他层面的相关利益者报告，学校、学区、地区（州或省）以及国家都需要了解这些报告，由此确认各自表现不佳的领域并采取相应的解决办法。通过了解每个层面可能存在的独特动态，可以实施更加有效的补救措施来帮助学生学习和发展。本节最后将使用剖面图来介绍国家评价过程中向不同利益相关者报告的评价结果。

　　在这个例子中，智利的国家教师评价计划不仅向教师报告评价结果，而且向相应政府报告，并据此开发该地区教师专业发展课程规划。为了确定需要给予更多关注的领域，报告中的各种信息需在多个维度上进一步分类，并与国家趋势进行比较。

测试和评价的设计师需要培训终端用户，使他们非常了解如何正确利用报告中提供的信息。缺乏对测试结果的理解使测试过程毫无意义，尽管这看起来似乎不需要提及，但我们却认为这是理解学生知识状态的关键。熟悉评价信息的用户（如教师和行政管理者）可以将结果转化为行动，及时帮助需要辅导的学生，或为某个领域表现卓越的学生设计具有挑战性的练习。没有培训，我们担心测试的任何价值都可能无法实现，这种做法只是意味着浪费更多的教学时间，从而使学习过程效率更低。

向用户报告：智利国家教师评价的例子

为了提供与评价过程的结果有关的形成性信息，智利国家教师评价（NTE）系统（http://www.docentemas.cl/）以档案形式提供了一个报告评价结果的例子。

NTE是一个强制性过程，所有在公立学校体系工作的教师都必须完成。评价教师的表现分为八个维度：内容组织、班级活动质量、评价工具质量、评价结果的使用、教学分析、班级氛围、班级结构和教学互动。从四种不同的能力水平对每个维度的表现进行评价：不满意、基本满意、能够胜任和表现出色。一共使用了四种评价工具：自我评价、同行评价、管理者评价和老师完成的档案袋评价，档案袋主要包括书面产品和教学录音（DocenteMas，2009）。

根据他们的整体成绩，有些教师会被分配到一般能力水平这个层级。一方面，这些整体能力水平不高或基本不合格的教师，需要学习专业培训课程来提高他们的表现水平；另一方面，整体能力优异或十分突出的教师有资格获得经济鼓励。

NTE向教育系统中不同角色的利益相关者和用户提供了评价结果报告。其中，最重要的报告是提供给各位教师的个人报告和各个政府的成绩汇总，其与后者的相关性在于，这是市级政府决定教师职业发展的内容和结构。

为了向教师和市政府提供可操作的信息，NTE超越了报告的总结性价值，报告详细提供了八个维度的具体评价结果，这两点至关重要。为了做到这一点，NTE还向市政府和教师都提供了个人档案报告。图3.16和表3.5提供了NTE报告中使用的图形类型的例子。

图3.16显示了提供给市政当局的报告中使用的样本图。该图显示了八个维度的三个概要：（1）全国教师样本的平均结果；（2）该市所有教师的平均结果；

（3）被定位为低水平表现（基本不满意，B+U）的教师的平均结果。这些信息随后可以被各个政府用于创建教师的专业发展计划，最理想的状况是，这些信息有助于政府关注那些对老师来说最有问题的领域。

此外，所有教师都会收到每个评价工具对他们评价结果的详细报告。表 3.5 提供了教师个体反馈报告中使用的纲要图。每个老师的个人档案报告不会显示多个，每个老师只有一个对应的档案袋；然而，在这种情况下，八个评价维度中每一个都与能力水平建立了关联。这份总结资料由一份书面报告做进一步补充，详细阐述了教师每个维度的表现水平。

在多维度测量环境中，使用档案报告是一种简单的信息传递方式，其提供的信息远远超过学生分类或教师总结分数。

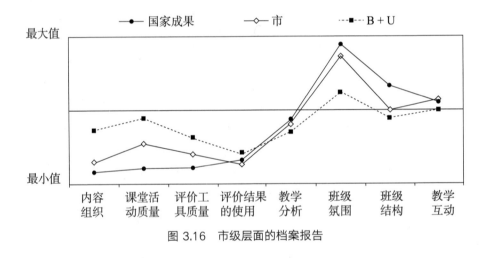

图 3.16　市级层面的档案报告

表 3.5　档案组合结果

内容组织	课堂活动质量	评级工具质量	评价结果的使用	教学分析	班级氛围	班级结构	教学互动
出色		●					
有能力	●				●		●
基本满意			●	●		●	
不满意的		●					

◇ 21 世纪技能评价的问题

普遍性与情境特殊性

界定测量结构可能会遇到的关键问题是，各种特殊情境会在多大程度上影响结构的测量。例如，在阅读词汇评价中，所选段落的语境重要吗？对于两个可能在整体结构上没有根本差异的考生来说，当测试设置在不同情境时，不同的教学路线会导致不同的结果吗？情境的哪些方面可能隐含着结构中的多维性？

在传统测量中，这些问题长期被关注。针对内容效度与内部机构效度实施的多维性审查和证据验证都是对这些问题的思考。从抽样角度看，这些问题也许可以被解决，可以通过考虑潜在情境中具有充分代表性的典型样本，来提供一个结构合理的综合测量。

然而，有 21 世纪技能的情境中，结构化会比较弱。例如，如果考虑交往，它可以在很多学科领域内测量。数学中的交往技能与第二语言习得中的交往技能侧重点会有所不同，前者会涉及量化符号系统、数据模式的表征等；后者则需要跨语言调解与建构意义。但另一方面，在这些情境中进行沟通，一些基本要求可能又是相同的——这些要素对于任何情境中的交流都很重要，比如确保听众或观众注意力、监控观众的理解、采用多渠道理解。

在发展 21 世纪技能有效评价这一点上，除了情境问题，可能还会遇到其他更多的问题。一些教育者认为情境是测量难以克服的障碍。他们可能会提到项目具体变异（item-specific variabilit）是如此之高，以至于无法将其普遍化。或者，他们可能进一步认为，没有办法形成一个适用于所有情境的普遍结构，就像特定情境中的特定表现必须通过特定项目来测量。

解决这些担忧的方法必然会因情境的不同而不同，其中一些证据比其他证据更适合普遍化——也就是说，一些情境可能比其他情境更具体。在某种程度上，这可能与普遍化的"粒度"及其所使用的目的有关。例如，在类似于"初级代数中的双变量方程组"这种主题的问题解决，一个非常精细（细粒度）的认知诊断分析方法可能会也可能不会跨越情境而被普遍化；学生使用"跨学科定量推理"方法的稳定性也可能成为一个问题，因为答案不一样。

探索情境的普遍性与特殊性是个非常有趣的研究领域，它们不应被视为障碍，而是探索和推动理解的机会。需要考虑的一些关键问题包括，情境是否可能改变该结构的水平评估，诸如前文描述的那样。这个问题引出了测量稳定性的问题，也唤起了研究多维性的需求，其本质与探索这些情境具有相似性。探索那些跨越情境与差异的结构的共性，似乎机会已经成熟。因为已经有许多方法和工具可以用于思考跨情境结构的稳定性，对于 21 世纪技能评价而言，也许是最佳时机，因为 21 世纪需要跨越情境的知识和技能。

评价目的是情境中需要考虑的另一个重要且不一样的方面。我们不可能用相同的方式界定一个可以在所有情境中使用的结构。例如，在形成性或课堂环境中，情境可能具体包括与特定社区相关的本地或区域性信息及其相关问题或主题，这可能会强化情境认知，区域背景下的学习目标，以及对教学过程的评价。但是，在大规模总结性评价环境中，考虑这些内容可能没有意义，因为大规模总结性评价的目的就是为了超越地方情境。

确定要评价什么以及如何评价，专注于广义的学习目标还是特定领域知识，多年来，这些选择一直是教育工作者面临的挑战。布鲁姆的教育目标分类（Bloom, 1956），哈拉戴纳的认知操作维度（Haladyna, 1994），以及比格斯与科利斯的观察学习结果结构（SOLO）分类（Biggs & Collis, 1982）等，这些分类法都尝试着确定一个可推广的一般性框架（generalizable frameworks）。这种框架对于结构界定是有帮助的，但就像威尔逊（Wilson 2009, p.718）提到的那样：

……随着学习情境的变化，学习目标及其哲学基础也会有不同的形式，一个"四海皆准"（one-size-fits-all）的评价方法很难满足教育需求。

所以，与情境具体化有关的第三个问题可以在专家—新手差异的研究中找到。在相关研究综述中，"人类如何学习"这份报告强调，专家知识不是一般领域的知识，恰恰相反，它与运用情境有关，这表明，知识是以一系列情境（NRC, 2000）为条件的，而情境是如此模糊不清和难以捉摸，因此它们会阻碍学习迁移，这大概是学科独断论（subject chauvinism）产生的根本原因。这些问题并不是独立或单一的，而具有多维性特质。

专家知识的概念可以用来说明情境在技能演变中的作用。如前所述，在某些素养范畴内能被称为"专家"的，一定意味着该领域的最高水平，但它除了向我们表明这是一个高级阶段外，专业领域的研究还能洞察这些专业技能的发展路径。

从这一研究传统的视角来看，知识的情境性超越了仅与特殊结构相联系的相关学科领域的知识选择问题，它要求我们关注确定知识何时具有适切性这类问题。关于这个问题，NRC 报告是这样描述的：

条件化知识的概念对于设计促进有效学习的课程、教学和评价实践具有重要意义。许多课程和教学形式并不能帮助学生将知识条件化："教科书更多是在阐明数学或自然原理，而不会提到什么时候这些原理才会在解决问题时有用。"（Simon，1980，p. 92）。条件化知识的主要价值在于，学生会生成解决新问题所需的条件和行动。（NRC，2000，p. 43）

普遍方法倡导者也认识到了与知识有效应用相关的挑战。海斯（1985）指出，如果一个人试图传授一般技能，他（她）必须面对的问题包括：

一般技能需要渊博的知识，要足以覆盖运用这些技能的所有潜在情境；一般策略需要处理的问题是如何将知识恰当地迁移到特定的问题情境中。

需要注意的是，这些相关的争论远远超出了纯粹理论的探讨范畴。选择一般领域还是特殊情境，对描述学习目标、进阶变量、成就水平和学习表现都具有重要的实践意义。不同的选项会影响操作定义的粒度，它们决定着那些可以被视为表现证据的结果和行动的具体特征，并由此限制可能做出推论的整个学科领域。

大规模课堂评价

我们打算提出的推论会影响将要收集的证据。从这个意义上讲，需要确定的一个关键领域是澄清谁是目标用户，以及与之相关的需要处理的分析和报告水平。目标用户和利益相关者的范围可以勾勒出项目范围、需要收集的数据特点，以及一定会遭受的相应的方法挑战。

确定目标用户的直接后果是认识到什么样的信息有助于不同接收者做出不同决策，例如，教师和政府官员。换言之，支持学生课堂学习所需的信息类型和水平，显然与政策层面不同。同时，也有必要意识到，在课堂上对每个学生的学习情况做出可靠的推论比对整个班级做出推论需要更多的信息。换句话说，在讨论个体时，要做出非常精确的推论，需要更多的数据支撑。

如果对 21 世纪技能的评价是为了解决教师和政府关注的问题，则有必要：（1）确定课堂需要什么，哪些有利于形成性评价，哪些有利于教师；（2）确定在大规模评价中哪些是有价值的；（3）在没有相互制约的情况下保持水平层级之间的一致性。在没有建立同一变量的课堂观察与评价时，我们不应该追求大规模的课堂评价。

将大规模评价的要求强加在课堂评价上，可能会产生负面影响。例如，开发实际运用的课程只关注标准工具中出现的那些要素。在 21 世纪技能评价的例子中，这个特殊问题带来了两个潜在风险。第一个风险是，将一套新素养纳入课堂中可能会对实践产生一定影响，使教师和学生面临额外的测试需求和／或以相反的生产方式调整他们的实践。第二个风险是，评价 21 世纪技能的工具可能会给其发展带来潜在限制；对大规模评价的依赖可能会扭曲与 21 世纪技能相关的课程设置，这会给技能的发展和评价的有效性带来不利影响。

在从课堂任务到大规模评价这个连续体（continuum）中，链接这些不同层次的潜在方案可能是使用不引人注目的替代物来收集课堂信息，然后再将这些信息提供给大规模评价。探索新信息的替代性来源可以在不使用额外测量工具的情况下，为大规模评价提供有效数据，因为这一方案具有间接性本质，对于课堂教学而言也非常方便（无干扰性）。然而，在使用替代物时需要考虑的两个问题是：（1）特定任务的具体性和对不同情境做出推理的能力之间的权衡，这些情境与利益结构相关联；（2）这些信息对从不同情境中得出的推论的可信度。例如，它们可能在课堂层面上有用且被广泛接受，但管理人员和决策者可能反对将其解释为大规模评价指标。

与此同时，适用这些指标的用户必须面对的事实是，确定将日常活动作为一种评价形式，可能改变被测量实践的性质。例如，如果邮件发送数量是社区参与的一个指标，那么将邮件数量确定为评价输入，这很有可能改变很多基本动态，并产生诸多问题，比如弄虚作假，它会促使学生故意发送更多电子邮件，以提升参与指标。

总之，在确定目标用户范围的过程中产生的一个明确的方法上的挑战是，用户所代表的不同层次之间的衔接问题。这种挑战有很多形式，一方面，它提出了我们是否有能力发展一个非干扰性评价新形式的问题，这种评价在不扰乱课堂动态的情况下收集的信息能被用来制定大规模评价；另一方面，它提出了如何提供反方向信息流的问题：怎样在课堂实践中利用标准化的测试数据？

科技进步能为评价带来什么？

科技进步可以为评价带来大量的新功能。有关动态视觉、声音、用户交互性的研究文献，以及在线背景下的每个考试的适应性与实时评分报告和反馈（Bennett et al., 1999；Parshall et al., 2000, 2002, 1996；Scalise & Gifford, 2006）等问题，已经有许多描述。这些对于利用新型计算机媒体和创新的交付方式来进行评价都非常有帮助。

然而，通过技术带来的创新新方向可能会给评价带来根本性改变。评价与社交网络和在线协作（或称为"Web 2.0"）建立了关联，这是一种涉及诸多影响的演进范式，我们可以将它们归结为"群体智慧"（wisdom of the crowd）、个性化、适应性推荐系统和"隐性"评价（Stealth Assessment）等。

群体智慧

群体智慧建立在"预测市场"上，通过收集普通人群的集体智慧来进行决策（Giles 2005；Howe 2008）。倡导者认为，这些预测有时会比专家所做的预测更好，它是一种更有经验的信息整合方式，这一点可以在使用历史数据进行数据挖掘和预测时看到。比如，使用用户的等级与投票偏好。作为一种概念，群体智慧在教育评价中仍然相当新颖。例如，ERIC 作为一个大型教育研究机构，2009 年 8 月对这个概念的搜索结果显示，只有两次引用提到群体智慧，而且这两个概念与信息通信技术并没有关系。那么，当目标不是预测投票或直接预测时，这个概念在教育中该如何变得有用？就教育而言，有种观点认为，可以以类似的方式进行评价和收集用户反应的过程信息，这些来自"群体"的信息可以用来评价个体、群体、教育方法等，并由此提高产品质量。不过，我们也认为，在不清楚如何准确解释证据，只是针对未确定的利益相关者的低风险决策时，要做到这一点很容易。但获得高风险决策"智慧"是很难的，所以，探讨这些不同要素之间的相互作用十分必要。

随着社交网络的兴起，人们对群体决策智慧越来越感兴趣，投入也越来越多。在 14～40 岁的年龄段，很多人会将更多的时间花在在线社交网络上而不是网上冲浪（Hawkins, 2007），他们期望在这个共同体内进行选择、合作并获得反馈。此外，必须认识到，社交网络强调的"朋友"或会员，不是一种等级结构，他们对网络的忠诚度很高，参与者会积极选择他们自己的社交网络，其参与度建立在参与热情的基础上（Hawkins，2007）。

以更正式的评价术语来思考什么是群体智慧，根据上文提到的四个测量模块来描述它们可能是有用的：测量结构或目的和目标、提供评价证据的观察本身、评分或结果空间以及应用的测量模型（Wilson，2005）。在群体智慧中，观察本身并不会产生那么多变化——最终，它们仍然是某些测量特征或属性的个人或群体指标。可以使用或不使用新媒体或交互工具，但从根本上说，社交网络所改变的是这些属性可能被认为是不同类型的群体规范的比较，这可以通过属性的最终"得分"的方式或相对简单的解释以及群体智慧的思考来完成，当然，这也可能涉及许多个人或群体相互评价，甚至有可能从集体思维的新方向重新定义结构。

雷斯格德（Lesgold，2009）在教育中提出了一个例子。他描述道，人们可以想象一下，"让老师测试自己，反思他们所教的东西能否让学生为完成那些有效反映当前和未来工作需要的任务做好准备"。如果大范围收集教师的信息，这可能成为教师群体智慧的一个例子，有助于分数解释与基准确定，甚至开发新的结构。在许多方面，这与教师设置书签标准这类活动并不完全不同，但是教师自测大大延伸了这一想法，并将其范围从控制环境下的预选受访者拓展至更加广泛的潜在受访群体，这些群体可能存在于非等级组织团体或各社交网络。

雷斯格德提出了另一个方法是挖掘群体智慧，这一观点源自商业界。

他问：是否有必要制定一个每个申请人都可以填写的学徒招聘问卷调查，这样可以快速评价他们每个人的能力，这样做也许是将应用学习标准作为开展调查项目的起点？……人们可以将目前关于"不让一个孩子掉队"（No Child Left Behind）的测试结果与美国汽车制造商的广告进行比较，尽管公众已经知道安全指标和经济指标可能更重要，但这些广告依然给出了诸如加速到60英里/小时的传统举措。我们需要重新定义公开讨论，或者，在半个世纪以前就应该做而现在仍然没有做好的事情，学校可能会变得更好（Lesgold，2009，p.17-18）

雷斯格德描述的调查目前正在商业界被广泛使用，它们被用来评价众多群体和岗位中每个职员的表现，主要依据是受访者在网络中谈论他们与不同结构中的个体一起工作的情况，然后收集群体智慧的综合评价，包括那些可以被称为 21 世纪的技能，如团队合作、创造力、协作以及沟通。

适应性（adaptive）推荐系统

适应性推荐系统进一步发展了群体智慧，采用各种方法使用评价档案来协调信息来源与信息搜索者（Chedrawy & Abidi, 2006），目的是通过比较用户档案，确定用户信息的相关性及其功能。这些档案包括用户需要、兴趣、态度、偏好、人口统计、以前的用户趋势和消费能力等属性。这些信息可以采取多种形式，但通常以更广泛的信息集为基础，需要采用各种形式进行数据挖掘，而不是上文所描述的在半个性化 ICT 产品中的权威性、专家或行家的分析。

隐性评价

"隐性评价"仅仅意味着这种诊断类型可以在学习或社交网络经验中发生，但可能不一定被回答者明确确定为一种评价（因此被认为是一种不易察觉的测量）。然后，基于学习者当前和预期素养发展状态的推论做出教学决策（Shute et al., 2009, 2010）。舒特（Shute）描述了在教育游戏中用贝叶斯（Bayesian）网络作为测量模型做出的诊断与预测推论。还有许多智能教学系统，它们或多或少都依赖于显性教育评价，并采用各种测量模型收集证据进行推论。

个性化

信息和通讯技术的个性化特质在某种程度上可以调节"隐性"重点，比如，学习者在决策过程中的选择和评价。这意味着所谓的"隐性"决策和群体智慧对于用户来说是公开的，并以某种方式呈现，这样就可以引入选择或某种程度上的自我指导。

《连线》杂志将"个性化"作为未来几年推动经济发展的六大趋势之一（Kelleher, 2006）。数据驱动的评价和自我指导的选择或控制正在成为新闻（Conlan et al., 2006）、医疗保健（Abidi et al., 2001）以及商业与娱乐（Chen & Raghavan, 2008）等领域个性化的共同维度。个性化学习也被描述为教育的一种新趋势（Crick, 2005; Hartley, 2009; Hopkins, 2004），而 ICT 通常被认为是达成这一目的最有希望的途径之一（Brusilovsky et al., 2006; Miliband, 2003）。关于ICT，个性化学习目标被描述为支持"电子学习内容、活动和协作，适应具体需求，受学习者特定偏好影响，并建立在良好的教学策略基础上"（Dagger et al., 2005, p.9）。教师和指导者开始使用工具和框架，为学生的个性化发展提供个性化学习内容（Conlan et al., 2006; Martinez 2002）。

◇ 测量类型例证

新技能评价

目前对阅读和数学常规技能的评价已经相当完善。然而，就像奥特尔（Autor et al., 2003）指出的那样，在实际工作中，对现有标准化考试所覆盖的一些常规认知技能的需求正在下降，其速度甚至超过了对常规和非常规手工技能的需求。根据利维和默南盖尔（Levy & Murnane, 2006）的观点，过去30年，需求增长较多的技能是复杂交往、专家思维和问题解决，据估计，它们至少分别增长了14%和8%。

这些新技能的评价遇到了许多挑战，这些挑战在制定K-12教育结果的标准化评价时，要么被完全忽视，或者轻描淡写地一笔带过。事实上，评价这些技能最重要的是界定技能的本质内涵。

在所有发达国家，学校课程都建基于文化"提炼"（distillation）模式，在这一模式中，要鉴定和整理文化价值（Lawton, 1970），并将共同的文化特征进一步提炼。在有些学科中，特别是保留内容具体细节的学科，例如历史学科，要求学生学习某个国家过去的特定事件（例如美国的内战、英国的第二次世界大战等）；在英语语言艺术学科，规定要学习某些经典教科书（例如惠特曼和莎士比亚的作品）。然而，在一般层面上，提炼过程会导致一个更加普遍化而非特殊化的课程体系，这一倾向在数学学科尤为突出，许多国家的数学学习仍然要求学生计算混合分数总和，即使他们在现实生活中几乎不可能从事这种活动（除非他们不得不在一群食客之间分发比萨片）。这种对普遍化或一般性的关注也是阅读评价的基础，因为人们通常认为，学生能够正确推断分级阅读材料的特定段落的意义，这就是他们阅读能力的证据，尽管越来越多的证据表明，有效阅读既是对作者背景的理解，也是对语篇的理解，至少在高年级阅读中应该是这样（Hirsch，2006）。

此种课程方法取向给 21 世纪技能的评价提出了一个重要问题，因为人们假设，这些技能是普遍适用于"真实"情境的，然而传统课程中技能普遍化的证据也极其有限。

已经提出的那些被贴上"21 世纪技能"标签的代表性技能组合（Carnevale et al.，1990），远不及目前世界各地的学校课程中强调的那些技能。即使结构界定的挑战得到有效解决，因为结构还涉及诸多本质性问题，这些技能的评价可能还是需要更长的评价时间。即使在一个相对明确的限制性领域，如高中科学，研究发现有六个任务需要通过任务交互来减少与人相关的结构无关方差，直到可接受水平（Gao et al.，1994）。因为这些技能具有更多可变特质，所以基于评价结果，也能得出更多推论类型，对 21 世纪技能的评价可能需要大量的任务——几乎可以肯定的是，这些数量可以大到比那些倡导者想象得还要多。

自我评价和同伴评价

有证据表明，尽管同伴评价和自我评价通常被认为最适合于形成性评价，但它们也可以有效地支持总结性推论，不过当评价结果具有高利害性时，这种可能性就很小。尽管如此，大量文献证明，群体中的个体对某些在群体活动中已经得到证实的具体技能（如创造力）的表现程度，会表现出较高的认同度。

威廉和汤普森（Wiliam & Thompson，2007）指出，自我评价和同伴评价是相当狭窄的概念，将它们归入"激发学生成为自己学习的主人"和"激发学生相互成为学习资源"等更开阔的思想与理念，方可使这些概念更具生产性，至少在这些观点中，特别重视评价的形成性功能。从某种意义上说，准确的同伴和自我评价可以成为某种类型的元认知的衡量标准。

就像萨德勒（Sadler，1989）所说：

（通过自我评价或同伴评价获得）改善的必要条件是：学生掌握的概念质量与教师掌握的大致相似，能够持续监控学习过程中正在生产的产品质量，有一系列可替代的行动或策略，并能从任何方面进行描绘。（p. 121）

这再次表明，恰当的结构界定对于 21 世纪技能的实施和传播至关重要。

创造力 / 问题解决

创造力和解决问题的概念界定也包含了一些内在测量难题。梅耶（Mayer，1983）说：

虽然问题的表达方式不尽相同，但大多数心理学家都认为问题有一些确定的特点：

给定条件（givens）——问题始于某一特定条件的某一特定状态，有特定目标和一系列信息碎片，如此等等，它们随着问题的出现而出现。

目标（goals）——问题的期望状态或最终状态就是目标状态，要考虑将问题从给定状态转换为目标状态。

障碍（obstacles）——问题解决者已经采取一定的方法去改变问题的给定状态或目标状态。然而，他（她）并不知道正确的答案；换言之，解决问题的正确行为顺序并不明显。（p. 4）

这个定义的难点在于，一个学生的问题对于另一个掌握了标准算法的学生而言，可能只是一种简单练习。例如，找到两个总和为 10、乘积为 20 的数，这一问题可能会产生有价值的"试验与改进"策略，但对于知道如何将两个方程变成一个二次方程且也知道求二次方程根公式的学生，问题只是一个练习。因此，某事物是否是一个问题取决于个体的知识水平。

在有些研究者看来，创造力只是一种具体的问题解决能力。纽厄尔（Newell et al., 1958）将创造力界定为一类具有新颖性的特殊问题解决方法。卡内瓦莱（Carnevale et al., 1990）认为创造力是"使用不同思维方式产生新的动态观念和解决方案的能力"，而罗宾逊将创造力定义为"拥有有价值的原创观点的过程"（Robinson, 2009）。还有研究者从不同文献中总结了超过 100 种关于创造力的定义（Treffinger, 1996; Aleinikov, 2000）。但如果有的话，这些定义也很少有精确到可以支持评价设计所需结构的精确定义。

创造力是否可以评价仍然充满争议。如前所述，由于缺乏明确的定义，确切地说，人们并不知道创造力到底是什么。创意学习中心（2007）提供了 72 项创造力测试指标，但能够支持证据中心设计原则的有效研究很少，几乎没有。

小组测量（Group Measures）

贯穿本章的 21 世纪技能都是群体环境中发挥作用的那些技能。即使在个性化学习中，小组互动和团队协作也是重要的方法；个性化学习并不意味着严格的个性化教学，每个学生都可以独立学习（Miliband，2003）。相反，21 世纪的这种学习机会观促进了团队合作和协作，并支持学生在课堂和小组中工作。个性化要求（见上文）包括丰富人际互动可能性的选择，一些评论家认为，熟练掌握布鲁姆分类系统中的高级认知功能，可以促进 Web 2.0 社会活动参与，如信息共享和互动（Wiley，2008）。在互动情境中，个性化是指"严格确保每个学生的需求得到评价，能力得到发展，兴趣得到激发，潜能得以实现"（Miliband，2003，p. 228）。个性化发展的近期发展区（ZPD）理念是，学习环境为每个学生创造了机会，让他们在群体互动与个人挑战的情境中建构自己的理解。

因此，我们可以问：什么样的方法可以用来做小组评价？关于这方面的许多问题，仍有待深入研究，在测量领域，它们即将被提上研究者的议事日程，下文所谈的只是八种可能性的一小部分内容。其他方法可能是一种假设，这里列出了一些例子，这些例子并不能详尽阐述方法内涵，只是作为一种提示。就测量的四个基本组成部分而言，它们是一种创新：测量结构或目的和目标、提供评价证据的观察本身、评分或结果空间、应用的测量模型（Wilson，2005）。

结构（construct）：

1. 转变知识观，这意味着需要重新解释 21 世纪技能中至少对评价结构层面有所帮助的内容。例如，只对在群体中运作的那些方面进行结构功能界定。这种情况也适用于集体领导、群组促导等。然后，根据成员在这个组织结构中的角色或表现结果进行评分，多个组的取样可能会得出更具代表性的分数。

2. 使用群体智慧和小组中所有成员的反馈，在各个小组中提供每一个人为各项利益指标所做贡献的信息，例如，商业环境中，在小组内对员工成功的利用。

观察（observation）：

3. 利用数据密度（上文已讨论）大大提高的可能性，以及具有代表性的采样技术，为多个群体、多种情境和条件下的每个人汇总集体表现。

4. 在参与小组活动和利用每项指标推进小组工作时，收集个人指标。以

"预测"这个指标为例，每个小组成员在小组工作和反思之前，都要"预测"他们的预期结果（Gifford，2001）。

结果空间（outcome space）：

5. 从两个方面对工作成果进行记分：个人表现和小组表现。个人得分的收集方法包括：为每个人预设一个任务角色，然后提交工作产品的一个独立部分，或者提交工作成果的复印件（比如，实验小组的结果相同，但每个人的实验报告不同）。

6. 策略性建构小组，同伴（不同能力）利用自身独立的能力结构与其他成员协同工作，最有能力的同伴对其他人的每种能力结构进行记分。例如，一个母语为英语的德语学习者和一个母语为德语的英语学习者的学习小组，他们在网上同步学习写作与口语，每个人只能运用他们所学的语言进行交流。然后，每种语言最有能力的那个同伴给他们记分，或者最有能力的同伴提出问题，他们的回答要能表现他们对母语交流内容的理解，如此方能证明学习交流者的成功。

测量模型（measurement model）：

7. 具有一定稳定性的小组中，许多事例都可以收集到个人表现信息。具有组面参数（group facet parameter）的测量模型可以调整小组经验中的记录指标，类似于题组反应理论（Testlet Response Theory）的操作，该理论使用了题组的一个"测试面"（Wainer et al.，2006；Wang & Wilson，2005）。

8. 在收集个人和小组指标时，使用项目反应建模和结构图谱（construct mapping）对相同结构的学生进行评分（Wilson，2005）。使用拟合统计（fit statistics）用来表明一个人在两种条件下表现不稳定时，要对欠拟合（less fitting）学生做进一步考察。

生物测量（Biometrics）

本章关于评价的大部分讨论都是针对问题、任务或大型活动的答案，从而生成各种不同指标类型的反应。另一种方法是生物测量法，它更隐性，涉及跟踪真实的身体运动。

生物测量是对生物数据进行测量和统计分析的科学技术。国际标准组织（International Organization for Standardization，2009）在其标准中总结了生物测量样本质量分数和数据的推导、表达和解释，着重提到身份识别的生物测量，如指纹、语音数据、DNA数据、网络摄像头监测和视网膜或虹膜扫描。这种不易变化的生理特征经常可以用于身份识别和认证。该组织已经尝试在高风险评价中使用这些技术进行认证，例如，在没有监考人的情况下，在考试期间监测考生的身份（Hernández et al.，2008）。

在这里，我们更加关心作为行为特征的生物测量，它可能是一种与要测量的兴趣结构相关的用户反应模式的反思，主要通过按键分析、定时响应率、语音模式、触觉（或身体运动）、眼动跟踪以及其他一些方法来理解反应者的行为（Frazier et al.，2004）。

举个例子，在击键动力学中，每次敲击的持续时间、敲击之间的延迟时间、错误率和力度都是可以测量的生物测量内容。这些可能有助于理解学生对涉及键控接口的技术标准的熟练程度，或者如果一个结构中假设了这些要素。反应速度太快或太慢可以表明令人感兴趣的情况以及相关用户特征。例如，在测试工作中，击键反应速度太快——甚至比一个熟练用户对该项目的反应还要快得多——已经在计算机适应性测试中用来检测表现不佳的案例（Wise & DeMars，2006；Wise & Kong，2005）。

生物测量的另一个领域涉及触觉或运动，这是一种步态识别技术，它可以描述一个人的步行、跑步或其他类型的腿部运动。与考虑身体其他运动的技术相似。这些可用于体育教学，可以分析学生运动员的重复运动损伤，或优化身体表现技能。例如，在美国一所大学，为预防学生运动损害，学校使用了功能运动评价过程监控系统，对运动员进行姿态评价，使校际篮球队的损伤率从篮球季的23%下降到一年损伤率不到1%。

传感器和表现评价，例如嵌入传感器，这种设备利用计算机查看、听取和解释用户的行动，目前也在第二语言学习等领域尝试使用，这种方法也被称为普适（无处不在）计算法（ubiquitous computing）（Gellersen，1999）。

眼动跟踪（eye tracking）是另一个开始受到关注的领域。在这里，评价学生在计算机屏幕界面上关注的内容，可能会得到他们解决问题的方法和专业性的信息。如果眼动跟踪显示关注的是某种表征或数据的表面要素，那么，与早期或更长时间关注的重要要素相比，这可能意味着低效的或生产性问题的解决过程。这种评价可能被认知诊断者用于为学习者提供可能的提示或干预措施（Pirolli，2007）。

例如，在论述模拟这部分内容时已经提到，任何运动的物体都会首先引起学生的注意；但是，如果模拟只是简单演示一个物体的运动，很少有学生会产生新想法或见解（Adams et al., 2008）。如果这样的话，许多学生会接受他们看到的被传递的这个事实，但很少有学生会尝试着理解动作的意义。然而，通过将眼动跟踪与用户控制模拟的个性化过程相结合：

当学生与模拟动画自主互动时，突然看到一个动画瞬间变化，这种回应会促使他们产生新的观念并开始建立联系。学生根据他们看到的模拟反应生成自己的问题，带着这些问题，他们开始研究模拟，试图理解它提供的信息。通过这种方式，学生回答自己的问题，并创建模拟所提供的信息与先前知识之间的连接。（Adams et al., 2008, p. 405）

◇ 结　论

行文至此，已经清楚表明，我们并不打算对本章讨论的 21 世纪技能的所有方法问题提供答案。相反，我们借此机会提出了问题，并寻求新的问题视角。与方法讨论一样，在本章结束时我们也提出了一些挑战，这些挑战对这一领域未来的研究与发展至关重要。我们并不认为这些是唯一值得研究的问题（实际上，我们在上文提到了更多需要研究的问题）。我们也不认为这些问题在任何环境下都是最重要的。实际上，我们要做的只是回顾一下本章所论述的六个方面的内容，并从每部分内容中选一个具有一定挑战的问题——我们认为这是一个有用的方法，可以对潜在的问题进行抽样，并为那些试图在此领域工作的人提供帮助，使他们能够为将要面临的一些重要问题做好准备。具体来说，这些挑战包括：

在评价 21 世纪技能时，如何区分情境与基本认知结构的作用？或者，应该有一个区分吗？

那些由计算机和网络启用的新项目类型是否会改变正在测量的结构？如果会改变，会产生什么问题吗？

怎样平衡计算机计评分的优点和缺点才能帮助教师改进教学？即使它是可用的，会不会有不提供这项服务反而更好的时候？

随着新评价模式可用的数据流的增加，与以前一样结构良好的结果空间会被同样需要吗？

我们该如何去判断评价被视为一种竞争性事件（要求我们忽略评价中考生表现之外的信息），而不是一种"测量"事件（我们可以使用与考生有关的所有配套信息）？或者二者都应该报告？

我们能够利用新技术和新的评价思维方式从课堂上获取更多信息，而不必在课堂上进行更多的评价吗？

对于21世纪技能，群体智慧和传统有效信息的正确组合是什么？

我们如何才能将国家规定测试中的数据运用到课堂中，我们如何使来自课堂环境的数据对国家问责制度有用？

我们如何才能创造一种21世纪技能评价，使之成为学生自主学习的催化剂？

我们希望上述问题清单对开发21世纪技能评价的研究者有所帮助。提出这些问题的目的在于激起人们对各种新的评价类型的辩论（当然也应该有类似的关于传统测试的辩论）。

在我们进入项目议程的下一阶段时，我们将思考这些问题（当然还有上文提到的其他一些问题）——建构某些有代表性的21世纪技能评价。毋庸置疑，我们将有机会报告在任务开发时提出的一些问题的答案，我们也将有机会采取（或忽略）自己的建议。

◇ 致 谢

感谢工作组为支持这篇文稿写作贡献了观点和提出了建议的所有成员，特别要感谢克里斯·德迪（Chris Dede）及其他在哈佛的团队成员：约翰·海蒂（John Hattie）、德特勒夫·洛伊特纳（Detlev Leutner）、安德烈卢比（AndréRupp）和汉斯·瓦格梅可（Hans Wagemaker）。

附录：评价设计方法

以证据为中心的设计

总体而言，设计是一项预期活动；它是一个不断发展的计划，用于创建具有理想功能或审美价值的对象。它之所以具有预期性和前瞻性，是因为它发生在对象创建之前。换言之，设计与其产生的对象是两个不同的东西（Mitchell 1990, p. 37-38）：

当我们描述建筑物的形式时，我们谈论的是物理空间中现存的物理材料结构，但是当我们描述设计时，我们就需要对其他事物作出解释——想象中的建筑。更准确地说，我们要提到某种模型——绘图、物理比例模型，计算机储存器中的信息结构，甚至一个思维模型——而不是真正的建筑。

当然，设计的理念同样适用于评价，而米切尔所指出的区别也同样适用。评价设计（design of an assessment）和由此产生的评价实施（assessment-as-implemented）是两类不同的工作。最理想的情况是，设计是完美的，由此产生的评价能满足设计要求，并通过评价管理在经验上得到证明。而不太理想的情况是，设计可能是不完美的——在这种情况下导致的评价结果合理或有用完全只能是奇迹——或者评价实施不太理想。简言之，仅仅使用设计过程绝对不能保证所得到的评价是令人满意的，但是在没有完善设计的前提下实施评价是愚蠢的。

呈现出强劲发展势头的一种评价设计方法是 ECD 的以证据为中心的设计（Mislevy et al., 2003b）。这种方法的基本理念是，通过考虑希望提出的论点来支持评价中提出的分数解释或推论，由此促进或优化评价设计。提出分数解释的最基本的形式是：假定学生已获得分数 X，这表明学生知道并能做 Y。

任何人都没有理由在表面价值上接受这种断言。在我们接受结论之前，对它的理由、论点进行详细的阐述是明智的，如有必要，可挑战它。图尔曼论点是 ECD 的核心，即说明上述解释的原因，解决潜在反驳。ECD 不仅关注主要论点，也关注考试成绩水平，他们往往会提前解释预期结论是什么或者基于分数的推论是什么，并将这些推论视为评价目的，然后再确定观察可能引导我们获得预期结论的学生表现。这种方法符合当前关于验证的观点，具体来说，就是要在支持特定分数解释推论的论点与对该论点评价之间做出区分。ECD将有效论点视为重中之重,希望由此找到这样做需要什么,真实性评价是什么——评价设计应该是什么——这样,我们最终想要得出的分数解释将会有更好的机会获得支持。

例如,假设我们正在开发一种评价来描述学生掌握信息技术的特征。如果我们希望得出结论,我们需要仔细界定,我们所说的"掌握信息技术"是什么意思,学生的哪些行为让我们相信他们已经掌握了相关技术。有了这个定义,我们就可以开始设计一系列任务,以引出学生的行为或表现,这些行为或表现象征着不同信息技术的掌握水平,正如我们所定义的那样。然后,实施评价时,确实需要进行试验,以验证根据设计产生的那些项目引出的支持解释需要的证据。

以这种方式发展评价,意味着我们对评价中的数据应该是什么样子必须有明确的预期。例如,项目的难点是什么,它们如何具有强大的相关性,分数如何与其他测试成绩和背景变量相关。这些预期是基于对学生学习和发展情况的了解而形成的,它们是评价设计的基础;如果不能满足这些要求,需要做的工作是,找出设计缺陷在哪里,或者设计中使用的理论信息是否不充足。

将设计预期与经验事实相协调的过程,类似于强调通过实验设计验证假设的科学方法。然而,需要指出的是,仅仅依靠积极的证实性证据的论点是不能令人信服的。排除积极证实性证据的其他解释会给论点带来相当大的压力,同样,试图挑战这个论点也会失败。可以在评价环境中采取各种挑战形式。例如,洛文杰(Loevinger, 1957)认为,至少在实验中应该包括那些明确指向不同结构测量的项目,以确保这些项目的表现不被假定的结构同样解释得很好。

ECD高度重视评价实施过程的预见性(prospective),所以,他们所期望的分数最终都可以得到证据支持。就本质而言,ECD提出了设计活动的顺序。首先,评价目的必须清楚说明需要从测试表现中得出哪种推论。一旦列举了这些目标推论,其次,就要确定支持这些推论所需的证据类型。最后,是构思获取支持目标推论所需证据的方法。然后再将这三个步骤与相应的模型建立关联:学生模型、证据模型和一系列任务模型。请注意,根据ECD的观点,可以产生项目的任务模型是最后制定的。这是一个重要的设计原则,特别是当评价工作开始实施时,在我们充分了解评价目的之前,"开始写项目"是一个难以抗拒的诱惑。在没有确定目标推论和缺乏支持推论所需证据的情况下,项目撰写会有许多风险，会产生许多不理想的项目，甚至无法生成支持评分解释所需的项目（参见 Pellegrino et al., 1999, p. 5）。

例如，如果决定或推论是希望学生具备一般能力，过难或过于容易的项目都是不理想的。如果在对评价目标有一个明确构思之前开始编写项目，最好的情况就是产生许多最终不适用于评价的废弃项目；而最糟糕的情况是，以这种方式编写项目可能会永远阻碍有效评价，因为我们必须处理可用的项目。

由于评价结果转向所谓的基于标准的报告，设计视角的重要性日益增强。基于标准的测试结果报告（Standards based reporting）源于早期的标准参照测试（Glaser, 1963），目的是对测试分数附加一个特定解释，尤其能定义不同成就水平的分数。自20世纪90年代初以来，美国的国家教育进步评价就对成就水平产生了依赖（Bourque, 2009）。在美国，以问责决策为取向的测试紧跟NAEP的步伐，依据成就水平或表现水平来报告学生的分数。然而，这并不意味着不同的管辖区域对成就水平要进行相同的界定（Braun & Qian, 2007）。美国各个区域虽然确实不需要因为合法的政策原因，对成就水平进行相同的界定，但也没有很好地说明各地区之间的差异。一个可能的原因是，界定成就水平的分数线一般由专家组在评价实施之后确定（Bejar et al., 2007）。然而，除非成就水平被定义为设计工作的一部分，而不是将它们视为实施评价的基础，否则在预期成就水平和分数线设置过程中出现的成就水平，二者很可能出现不一致。分数线设置专家有责任设置出最合理的分数线，然而，如果评价是在没有这些分数线的情况下进行的，专家小组仍然需要设置一组分数线来适应评价，因为它确实存在。所以，专家小组尽管由学科专家组成，但这一事实并不能弥补不是专门支持期望推论而设计的评价。

不论评价结果是成就水平还是分数，需要进一步考虑的重点是评价所假定的时间跨度。在K-12的教育情境中，评价集中在单一年级，通常情况下，评价都在年底实施。单一年终评价的缺点是，没有机会利用评价信息来提高学生的成就，至少不能直接提高（Stiggins, 2002）。一种替代性方法是将评价分配到一年当中（Bennett & Gitomer, 2009）；这样做的主要优点是，它能根据一年当中实施过的评价提供的结果采取行动。有些学科，特别是数学和语言艺术，可以延续几年，每一年的年终评价都可视为中期评价。首先考虑一种比较简单的情况，即在一年内完成教学任务的，要进行年终评价。在这种情况下，成就水平可以明确地定义为一年后所预期的知识水平。对于那些需要多年按顺序测量的学科，或需要在一年之内进行多次测量的学科，至少有两种方法可以尝试。一种是运用自下而上的设计方法定义成就水平。首先定义第一次测量时间的成就水平，然后给出后续测量场合的定义。只要这个过程是以协调的方式进行，由此产生的成就水平应该表现出所谓的一致性（Wilson，2004）。而另一种方法是自上而下的，在这种情况下，首先定义教学终点的成就水平。例如，在美国的数学和语言艺术等学科，通常定义为所谓的"出口标准"（exit criteria），它原则上定义了学生应该学到什么，也就是说，到10年级结束，学生应该具有什么样的成就水平。有了这些出口定义，就有可能以一致性的方式向后推进工作，定义早期测量中的学生的成就水平。

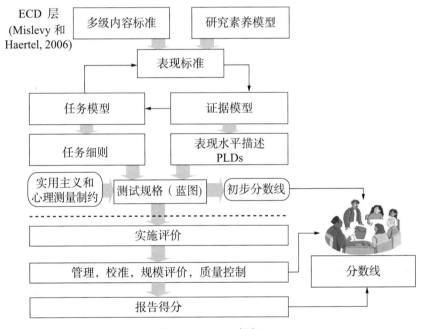

图 3.17　ECD 框架

操作问题

上述内容是确定成就水平的一些重要信息，正如图3.17呈现的那样，这些内容结合学生学习和发展的背景知识，构成了评价的基础。为清楚起见，图

3.17呈现了评价某一时段的"工作流程",但事实上,至少在某些学科,一个评价设计确实需要同时进行几个设计。

我们从图3.17能够看到发展因素(Developmental considerations)的复杂性。如图所示,成就水平(achievement levels)由这些发展因素和一个素养模型(competency model)决定,它总结了我们所了解的学生在要被评价的学科领域如何学习(NRC,2001)。

成就水平是学生达到预期目标的一种抽象描述,这些期望需要运用证据模型和任务模型重新调整,使之更加具体。证据模型表明学生行为是获得成就水平所要求的技能和知识的证据,反过来,证据模型实际上又是能引出证据的任务或项目的具体细则。一旦确立了成就水平、任务模型和证据模型,就可以通过定义任务细则和描述表现水平(PLD)开始进行设计,上述所有信息的形式都要适合于制定测试细则。这三个构成要素应该被视为一个迭代过程的组成部分。顾名思义,任务细则是对评价任务非常具体的描述。谨慎的做法是,在评价中可能会用到的任务基础上,形成更多的任务细则,这样,即便一些细则可能不能很好地运行也不会影响整个评价工作。PLD尝试着叙述每个成就水平学生应该知道什么和应该做什么。

这些构成要素中任何一个要素发生变化,都需要重新审视其他两个要素;在实践中,如果没有关于实际使用限制的信息,例如预算、测试时间等,测试细则就无法最终确定。缩短测试时间的要求将引发测试细则的更改,进而可能会引发任务细则的更改。在这个过程中,需要格外谨慎。测试细则确定测试水平的属性,如可靠性与决策一致性,这些也需要认真考虑。无论如何精确和谨慎地界定成就水平,如果学生的表现水平具有高度一致性,这个评价就是失败的,因为基于这种评价的不确定性必然依附于学生和决策层面,这会削弱评价价值。

这是一个迭代过程,其目的在于获得最佳设计,但这一过程会受到实际运用(pragmatic)与心理测量的制约(psychometric constraints)。值得注意的是,在心理测量制约中,包含了要在最终分数线可能所在区域内实现区别最大化的目标,这也是一个迭代过程,最好通过现场试验做进一步补充。一旦知道可用的任务或任务模型的数据,并且它们的制约条件都是一致的,就可以制定测试蓝图,这个蓝图应非常详细,要将预备分数线以及与此相对应的表现标准制定出来。在评价实施后,再根据可用的数据评价预备分数线是得到很好的支持,还是需要调整。在这个时候,标准制定小组的作用就是接受预备分数线,或者根据新信息调整分数线。

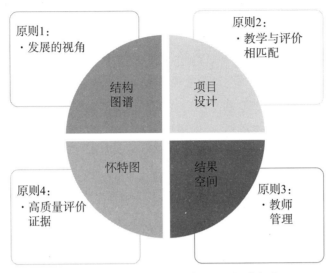

图 3.18 BEAR 评价系统的原则与组成部分

BEAR 评价系统[①]

如前所述,评价结构在学习进阶的研究和教育实施中起着关键作用。虽然有多种替代方法可用于建模,但本节重点介绍 BEAR 评价系统(BAS;Wilson,2005;Wilson & Sloane,2000),这是一种测量方法,它代表了一种构想或测量 LPs 的形式。

BEAR 评价系统的基本理念是,好的评价可以通过四项基本原则满足好的测量的需要:(1)发展的视角;(2)教学与评价相匹配;(3)教师管理,实施恰当的反馈、前馈和随访;(4)形成质量证据。图 3.19 显示了这四项基本原则,其中包含了系统的四个组成部分。它们作为模型基础,根植于我们对每个领域的学习与认知的理解,支撑着教学、课程与评价的一致性——NRC(2001)建议将所有这些方面的内容都作为教育评估的重要组成部分。

---

① 以下部分改编自 Wilson,2009。

原则1：发展的视角

"发展视角"的学生学习强调了两个关键理念：
（1）需要随着时间发展描述学习者的发展特点；（2）评价需要不断调整以适应不同学习理论和学习领域的特征。

第一个要素，随时描绘学习者的发展，强调根据学生掌握特定概念和技能的发展，建立相关结构，而不是在某个最终或所谓的重要时间点进行一次测量。此外，它促进了建基于"心理上可行"（psychologically plausible）的能力提高路径的评价，而不是试图评价基于学科知识结构的逻辑方法的内容。

BEAR评价系统的许多亮点都与第二个要素有关，其重点强调为不同学习理论和学习领域提供建模工具，如此可以避免出现"四海皆准"的评价方法，这种方法已经很难满足教育需求。该评价系统的每一个评价，要测量什么以及如何评价，都来源于评价创造过程中教师的专业知识、学习理论、课程开发者和评价开发者。

从发展的视角看，学生在某一学习进阶的表现可以追溯至教学过程，从而促进更具发展前景的学生学习。评价学生对特定概念和技能理解的发展，需要一种在一定时间（教学）内学生学习如何发展的模型；这种发展视角有助于摆脱通过一次性测试成绩和横向比较方法来确定学生表现的局限性，使评价方法朝着学习过程和个人进步的方向前进。当学生通过学习教学材料获得发展时（例如，在学习表现方面），明确学生应该学习什么和如何展开学习的理论框架，对于建立评价系统的结构效度是很有必要的。

组成部分1：结构地图。

结构地图（Wilson，2005）体现了四个原则中的第一个：以发展的视角评价学生的成就和成长。每一个结构地图都是经过深思熟虑与研究的结果，它们是对具有质的差异的表现水平的分类，其重要特征是可以将预期学生发展的具体定义组织起来。因此，结构地图确定了要测量或评价的内容，这些内容要普遍化到足以在课程中可以解释，以及具有跨越课程的潜在可能性，但是又要具体化到足以引导其他组成内容的发展。当教学实践与结构地图相关联时，结构地图也指明了教学目的。

结构地图的一部分内容来源于研究领域的基本认知结构，另一部分内容来自专家对什么构成更高和更低表现或素养水平的判断，但关于学生如何对教学做出反应或在实践中如何表现的实证研究也构成了结构地图的重要内容（NRC，2001）。

结构地图是将评价与教学和问责予以结合的一种模型。它们提供了一种方法，使学生在课堂中学到的东西与大规模评价连接起来，同时，至少具有独立于某一特定课程内容的可能性。

使用结构地图作为评价基础的观点，提供了在评价中获得显著效率的可能性：尽管每一门新课程都以给学科带来了某些新东西而引以为傲，事实上，大多数课程都由普通内容构成。而且，随着国家和州标准影响的增加，这将变得更加真实，而且更容易编纂。因此，我们期望创造的新课程有一个，或者甚至两个变量与经典课程不重叠，但其余的将形成一组相当稳定的变量集，这些变量在许多课程中将是通用的。

原则2：教学与评价相匹配

迄今为止，发展变量的主要动机是，它们可以作为一种评价框架，也是使测量成为可能的一种方法。然而，第二个原则清楚表明，评价框架、课程和教学框架必须保持一致。对这一原则的强调与学习环境设计的研究是一致的，这表明教学环境应该以知识为中心、以评价为中心来调整对学习者的关注重心（纳入原则1）（NRC，2000）。

组成部分2：项目设计。

项目设计过程支配着课堂教学与评价的协调，BEAR评价系统中确保这一点的关键要素是，每个评价任务和典型的学生反应，至少在同一个结构地图中要与特定水平的熟练程度相匹配。

在课程中使用这一评价系统，一个特别有效的评价模式就是所谓的嵌入式评价（embedded assessment）。这意味着，评价学生进步和表现的机会被整合到教材中，（从学生的角度来看）这与日常的课堂活动几乎没有区别。

随着教师不时地参与到学习过程中来评价学生的发展与表现，思考一下教学活动和学生学习应该象征着什么。在这样一种模型或隐喻中，评价成为教与学过程的一部分，我们将这种评价称作为了学习的评价（assessment for learning）（AfL；Black et al.，2003）。

如果评价也是一种学习活动，那么就不必从教学中抽出时间来单独实施，也更容易增加评价任务的数量，从而提高结果的可靠性（Linn 和 Baker，1996）。然而，为了使评价全面而有意义地嵌入教与学的过程中，评价必须与课程相联系，而不能像传统的标准参照测试那样，评价被视为与课程无关的一种修饰（Wolf & Reardon，1996）。

原则3：教师管理

为了使评价任务和 BEAR 分析都能为教师和学生提供有用信息，它必须使用与发展变量背后的教学目标直接相关的术语来表达。如果使用开放式任务的话，任务必须具有可评价性——快速、容易与可信。

组成部分3：结果空间。

结果空间是对学生表现进行分类的一组分类结果，可用于与所有特定发展变量相关联的项目。在实践中，这些是作为学生任务反应的评价指南，它们可以使评价的表现标准清晰明确，或使用格拉泽（Glaser，1963）的术语："透明和开放"——不仅仅是老师，还有学生和家长、管理人员或其他评价结果的"消费者"，都一目了然。事实上，我们强烈建议教师能够与管理人员、家长以及学生分享评分指南，以帮助他们了解预期的认知表现类型，并对期望的过程进行建模。

在 BEAR 评价系统中，教师实施专业判断的主要工具是评分指南。学生在每个任务的得分级别和变量组合的工作"典范"可以作为补充，为教师提供总布局的"蓝图"，指明课程中评价学生的不同变量的恰当时机。

原则4：高质量评价证据

如上所述，信度与效度、公平性、一致性和偏差等技术问题，都可以迅速消除沿着发展变量进行测量的任何尝试，或者，甚至发展一个合理的框架都需要证据支持。为了确保跨时间和跨情境评价结果的可比性，需要完成的工作程序包括：（1）检查使用不同格式收集的信息的一致性；（2）将学员表现反映到发展变量上；（3）根据成就变量描述问责系统的结构要素——任务和评价者；（4）根据信度等质量控制指标建立统一的系统功能水平。

组成部分4：怀特图。

怀特图是高质量证据原则的典型代表，它是结构地图图形和经验的表征，整个图表展示了它是如何在日益复杂的学生表现中展开评价或发展评价的。

评价任务中，学生数据的实证分析构成了怀特图，图谱中评价任务遵循从易到难的基本顺序，这些地图的一个关键特征是，学生和任务都可以放在同一个尺度上。如此，关于学生知道什么、能做什么以及哪里有困难，地图都有能力做出可能性的实质解释。这些地图也可以用来解释某个特定学生的进步，或者从班级到国家整个学生群体的成就模式。

怀特图在大规模评价中非常有用，它提供了数字平均分和其他传统的总结性信息不能提供的信息——这些信息被广泛使用，例如在 PISA（OECD，2005）评价报告中使用过。此外，怀特图可以被完美解释为学习进阶的表征，可以快速将统计结果反映到初始结构，为探究学习进阶的结构问题提供必要的证据，并奠定了改进原始结构版本的基础。

参考文献[①]

Abidi, S. S. R., Chong, Y., & Abidi, S. R. (2001). *Patient empowerment via 'pushed' delivery of customized healthcare educational content over the Internet.* Paper presented at the 10th World Congress on Medical Informatics, London.

Ackerman, T., Zhang, W., Henson, R., & Templin, J. (2006, April). *Evaluating a third grade science benchmark test using a skills assessment model: Q-matrix evaluation.* Paper presented at the annual meeting of the National Council on Measurement in Education (NCME), San Francisco.

Adams, W. K., Reid, S., LeMaster, R., McKagan, S., Perkins, K., & Dubson, M. (2008). A study of educational simulations part 1—engagement and learning. *Journal of Interactive Learning Research, 19*(3), 397–419.

Aleinikov, A. G., Kackmeister, S., & Koenig, R. (Eds.). (2000). *101 Definitions: Creativity.* Midland: Alden B Dow Creativity Center Press.

Almond, R. G., Steinberg, L. S., & Mislevy, R. J. (2002). Enhancing the design and delivery

---

① 请注意，这里的清单包含了附录的参考文献。

of assessment systems: A four-process architecture. *Journal of Technology, Learning, and Assessment in Education, 1*(5). Available from http: //www.jtla.org.

Almond, R. G., Steinberg, L. S., & Mislevy, R. J. (2003). *A four-process architecture for assessment delivery, with connections to assessment design* (Vol. 616). Los Angeles: University of California Los Angeles Center for Research on Evaluations, Standards and Student Testing (CRESST).

American Association for the Advancement of Science (AAAS). (1993). *Benchmarks for science literacy*. New York: Oxford University Press.

American Educational Research Association, American Psychological Association, & National Council on Measurement in Education. (AERA, APA, NCME, 1985). *Standards for educational and psychological testing.* Washington, DC: American Psychological Association.

Autor, D. H., Levy, F., & Murnane, R. J. (2003). The skill content of recent technological change: An empirical exploration. *Quarterly Journal of Economics, 118*(4), 1279–1333.

Ball, S. J. (1985). Participant observation with pupils. In R. Burgess (Ed.), *Strategies of educational research: Qualitative methods* (pp. 23–53). Lewes: Falmer.

Behrens, J. T., Frezzo D. C., Mislevy R. J., Kroopnick M., & Wise D. (2007). Structural, functional, and semiotic symmetries in simulation-based games and assessments. In E. Baker, J. Dickieson, W. Wulfeck, & H. F. O'Neil (Eds.), *Assessment of problem solving using simula- tions* (pp. 59–80). New York: Earlbaum.

Bejar, I. I., Lawless, R. R., Morley, M. E., Wagner, M. E., Bennett, R. E., & Revuelta, J. (2003). A feasibility study of on-the-fly item generation in adaptive testing. *Journal of Technology, Learning, and Assessment, 2*(3). Available from http: //www.jtla.org.

Bejar, I. I., Braun, H., & Tannenbaum, R. (2007). A prospective, predictive and progressive approach to standard setting. In R. W. Lissitz (Ed.), *Assessing and modeling cognitive development in school: Intellectual growth and standard setting* (pp. 1–30). Maple Grove: JAM Press.

Bennett, R. E., & Bejar, I. I. (1998). Validity and automated scoring: It's not only the scoring. *Educational Measurement: Issues and Practice, 17*(4), 9–16.

Bennett, R. E., & Gitomer, D. H. (2009). Transforming K-12 assessment: Integrating accountability testing, formative assessment and professional support. In C. Wyatt-Smith

& J. Cumming (Eds.), *Educational assessment in the 21st century* (pp. 43−61). New York: Springer.

Bennett, R. E., Goodman, M., Hessinger, J., Kahn, H., Ligget, J., & Marshall, G. (1999). Using multimedia in large-scale computer-based testing programs. *Computers in Human Behaviour, 15*(3−4), 283−294.

Biggs, J. B., & Collis, K. F. (1982). *Evaluating the quality of learning: The SOLO taxonomy*. New York: Academic.

Binkley, M., Erstad, O., Herman, J., Raizen, S., Ripley, M., & Rumble, M. (2009). *Developing 21st century skills and assessments*. White Paper from the Assessment and Learning of 21st Century Skills Project.

Black, P., Harrison, C., Lee, C., Marshall, B., & Wiliam, D. (2003). *Assessment for learning*. London: Open University Press.

Bloom, B. S. (Ed.). (1956). *Taxonomy of educational objectives: The classification of educational goals: Handbook I, cognitive domain*. New York/Toronto: Longmans, Green.

Bourque, M. L. (2009). *A history of NAEP achievement levels: Issues, implementation, and impact 1989–2009* (No. Paper Commissioned for the 20th Anniversary of the National Assessment Governing Board 1988−2008). Washington, DC: NAGB. Downloaded from http: //www.nagb. org/who-we-are/20-anniversary/bourque-achievement-levels-formatted. pdf.

Braun, H. I., & Qian, J. (2007). An enhanced method for mapping state standards onto the NAEP scale. In N. J. Dorans, M. Pommerich, & P. W. Holland (Eds.), *Linking and aligning scores and scales* (pp. 313−338). New York: Springer.

Braun, H., Bejar, I. I., & Williamson, D. M. (2006). Rule-based methods for automated scoring: Applications in a licensing context. In D. M. Williamson, R. J. Mislevy, & I. I. Bejar (Eds.), *Automated scoring of complex tasks in computer-based testing* (pp. 83−122). Mahwah: Lawrence Erlbaum.

Brown, A. L., & Reeve, R. A. (1987). Bandwidths of competence: The role of supportive contexts in learning and development. In L. S. Liben (Ed.), *Development and learning: Conflict or congruence?* (pp. 173−223). Hillsdale: Erlbaum.

Brown, N. J. S., Furtak, E. M., Timms, M., Nagashima, S. O., & Wilson, M. (2010a). The evidence-based reasoning framework: Assessing scientific reasoning. *Educational Assessment, 15*(3-4), 123-141.

Brown, N. J. S., Nagashima, S. O., Fu, A., Timms, M., & Wilson, M. (2010b). A framework for analyzing scientific reasoning in assessments. *Educational Assessment, 15*(3-4), 142-174.

Brown, N., Wilson, M., Nagashima, S., Timms, M., Schneider, A., & Herman, J. (2008, March 24-28). *A model of scientific reasoning.* Paper presented at the Annual Meeting of the American Educational Research Association, New York.

Brusilovsky, P., Sosnovsky, S., & Yudelson, M. (2006). Addictive links: The motivational value of adaptive link annotation in educational hypermedia. In V. Wade, H. Ashman, & B. Smyth (Eds.), *Adaptive hypermedia and adaptive Web-based systems, 4th International Conference, AH 2006.* Dublin: Springer.

Carnevale, A. P., Gainer, L. J., & Meltzer, A. S. (1990). *Workplace basics: The essential skills employers want.* San Francisco: Jossey-Bass.

Carpenter, T. P., & Lehrer, R. (1999). Teaching and learning mathematics with understanding. In E. Fennema & T. R. Romberg (Eds.), *Mathematics classrooms that promote understanding* (pp. 19-32). Mahwah: Lawrence Erlbaum Associates.

Case, R., & Griffin, S. (1990). Child cognitive development: The role of central conceptual structures in the development of scientific and social thought. In E. A. Hauert (Ed.), *Developmental psychology: Cognitive, perceptuo-motor, and neurological perspectives* (pp. 193-230). North-Holland: Elsevier.

Catley, K., Lehrer, R., & Reiser, B. (2005). *Tracing a prospective learning progression for developing understanding of evolution.* Paper Commissioned by the National Academies Committee on Test Design for K-12 Science Achievement. http: //www7. nationalacademies.org/bota/Evolution.pdf.

Center for Continuous Instructional Improvement (CCII). (2009). *Report of the CCII Panel on learning progressions in science* (CPRE Research Report). New York: Columbia University.

Center for Creative Learning. (2007). *Assessing creativity index.* Retrieved August 27, 2009, from http: //www.creativelearning.com/Assess/index.htm.

Chedrawy, Z., & Abidi, S. S. R. (2006). *An adaptive personalized recommendation strategy featuring context sensitive content adaptation.* Paper presented at the Adaptive Hypermedia and Adaptive Web-Based Systems, 4th International Conference, AH 2006, Dublin, Ireland.

Chen, Z.-L., & Raghavan, S. (2008). *Tutorials in operations research: State-of-the-art decision-making tools in the information-intensive age, personalization and recommender systems.* Paper presented at the INFORMS Annual Meeting. Retrieved from http: //books.google.com/ books?hl=en & lr= & id=4c6b1_emsyMC & oi=fnd & pg=PA55 & dq=personalisation+online+ente rtainment+netflix & ots=haYV26Glyf & sig=kqjo5t1C1lN LlP3QG-R0iGQCG3o#v=onepage & q= & f=false.

Claesgens, J., Scalise, K., Wilson, M., & Stacy, A. (2009). Mapping student understanding in chemistry: The perspectives of chemists. *Science Education, 93*(1), 56–85.

Clark, A. (1999). An embodied cognitive science? *Trends in Cognitive Sciences, 3*(9), 345–351.

Conlan, O., O'Keeffe, I., & Tallon, S. (2006). *Combining adaptive hypermedia techniques and ontology reasoning to produce Dynamic Personalized News Services.* Paper presented at the Adaptive Hypermedia and Adaptive Web-based Systems, Dublin, Ireland.

Crick, R. D. (2005). Being a Learner: A Virtue for the 21st Century. *British Journal of Educational Studies, 53*(3), 359–374.

Cronbach, L. J., & Meehl, P. E. (1955). Construct validity in psychological tests. *Psychological Bulletin, 52*(4), 281–302.

Dagger, D., Wade, V., & Conlan, O. (2005). Personalisation for all: Making adaptive course composition easy. *Educational Technology & Society, 8*(3), 9–25.

Dahlgren, L. O. (1984). Outcomes of learning. In F. Martin, D. Hounsell, & N. Entwistle (Eds.), *The experience of learning.* Edinburgh: Scottish Academic Press.

DocenteMas. (2009). *The Chilean teacher evaluation system.* Retrieved from http: //www.docentemas.cl/.

Drasgow, F., Luecht, R., & Bennett, R. E. (2006). Technology and testing. In R. L. Brennan (Ed.), *Educational measurement* (4th ed., pp. 471–515). Westport: Praeger Publishers.

Duncan, R. G., & Hmelo-Silver, C. E. (2009). Learning progressions: Aligning curriculum, instruction, and assessment. *Journal of Research in Science Teaching, 46*(6), 606–609.

Frazier, E., Greiner, S., & Wethington, D. (Producer). (2004, August 14, 2009) *The use of biometrics in education technology assessment*. Retrieved from http: //www.bsu.edu/web/elfrazier/TechnologyAssessment.htm.

Frezzo, D. C., Behrens, J. T., & Mislevy, R. J. (2010). Design patterns for learning and assessment: Facilitating the introduction of a complex simulation-based learning environment into a com- munity of instructors. *Journal of Science Education and Technology, 19*(2), 105–114.

Frezzo, D. C., Behrens, J. T., Mislevy, R. J., West, P., & DiCerbo, K. E. (2009, April). Psychometric and evidentiary approaches to simulation assessment in Packet Tracer software. Paper presented at the Fifth International Conference on Networking and Services (ICNS), Valencia, Spain.

Gao, X., Shavelson, R. J., & Baxter, G. P. (1994). Generalizability of large-scale performance assessments in science: Promises and problems. *Applied Measurement in Education, 7*(4), 323–342.

Gellersen, H.-W. (1999). *Handheld and ubiquitous computing: First International Symposium*. Paper presented at the HUC '99, Karlsruhe, Germany.

Gifford, B. R. (2001). *Transformational instructional materials, settings and economics*. In The Case for the Distributed Learning Workshop, Minneapolis.

Giles, J. (2005). Wisdom of the crowd. Decision makers, wrestling with thorny choices, are tapping into the collective foresight of ordinary people. *Nature, 438*, 281.

Glaser, R. (1963). Instructional technology and the measurement of learning outcomes: Some questions. *The American Psychologist, 18*, 519–521.

Graesser, A. C., Jackson, G. T., & McDaniel, B. (2007). AutoTutor holds conversations with learners that are responsive to their cognitive and emotional state. *Educational Technology, 47*, 19–22.

Guilford, J. P. (1946). New standards for test evaluation. *Educational and Psychological Measurement, 6*, 427–438.

Haladyna, T. M. (1994). Cognitive taxonomies. In T. M. Haladyna (Ed.), *Developing and validating multiple-choice test items* (pp. 104–110). Hillsdale: Lawrence Erlbaum Associates.

Hartley, D. (2009). Personalisation: The nostalgic revival of child-centred education? *Journal of*

Education Policy, 24(4), 423–434.

Hattie, J. (2009, April 16). *Visibly learning from reports: The validity of score reports*. Paper presented at the annual meeting of the National Council on Measurement in Education (*NCME*), San Diego, CA.

Hawkins, D. T. (2007, November). Trends, tactics, and truth in the information industry: The fall 2007 ASIDIC meeting. *InformationToday*, p. 34.

Hayes, J. R. (1985). Three problems in teaching general skills. In S. F. Chipman, J. W. Segal, & R. Glaser (Eds.), *Thinking and learning skills: Research and open questions* (Vol. 2, pp. 391–406). Hillsdale: Erlbaum.

Henson, R., & Templin, J. (2008, March). *Implementation of standards setting for a geometry end-of-course exam*. Paper presented at the 2008 American Educational Research Association conference in New York, New York.

Hernández, J. A., Ochoa Ortiz, A., Andaverde, J., & Burlak, G. (2008). *Biometrics in online assessments: A study case in high school student*. Paper presented at the 8th International Conference on Electronics, Communications and Computers (conielecomp 2008), Puebla.

Hirsch, E. D. (2006, 26 April). Reading-comprehension skills? What are they really? *Education Week, 25*(33), 57, 42.

Hopkins, D. (2004). *Assessment for personalised learning: The quiet revolution*. Paper presented at the Perspectives on Pupil Assessment, New Relationships: Teaching, Learning and Accountability, General Teaching Council Conference, London.

Howe, J. (2008, Winter). The wisdom of the crowd resides in how the crowd is used. *Nieman Reports, New Venues, 62*(4), 47–50.

International Organization for Standardization. (2009). *International standards for business, government and society, JTC 1/SC 37—Biometrics*. http://www.iso.org/iso/iso_catalogue/catalogue_tc/catalogue_tc_browse.htm?commid=313770 & development=on.

Kanter, R. M. (1994). Collaborative advantage: The Art of alliances. *Harvard Business Review, 72*(4), 96–108.

Kelleher, K. (2006). Personalize it. *Wired Magazine, 14*(7), 1. Kyllonen, P. C., Walters, A. M., & Kaufman, J. C. (2005). Noncognitive constructs and their assessment in graduate education: A review. *Educational Assessment, 10*(3), 143–184.

Lawton, D. L. (1970). *Social class, language and education*. London: Routledge and Kegan Paul.

Lesgold, A. (2009). *Better schools for the 21st century: What is needed and what will it take to get improvement*. Pittsburgh: University of Pittsburgh.

Levy, F., & Murnane, R. (2006, May 31). *How computerized work and globalization shape human skill demands*. Retrieved August 23, 2009, from http: //web.mit.edu/flevy/www/ computers_ offshoring_and_skills.pdf.

Linn, R. L., & Baker, E. L. (1996). Can performance- based student assessments be psychometri- cally sound? In J. B. Baron, & D. P. Wolf (Eds.), *Performance-based student assessment: Challenges and possibilities* (pp. 84−103). Chicago: University of Chicago Press.

Loevinger, J. (1957). Objective tests as instruments of psychological theory. *Psychological Reports, 3*, 635−694.

Lord, F. M. (1971). Tailored testing, an approximation of stochastic approximation. *Journal of the American Statistical Association, 66*, 707−711.

Margolis, M. J., & Clauser, B. E. (2006). A regression-based procedure for automated scoring of a complex medical performance assessment. In D. M. Williamson, I. J. Bejar, & R. J. Mislevy (Eds.), *Automated scoring of complex tasks in computer based testing*. Mahwah: Lawrence Erlbaum Associates.

Martinez, M. (2002). What is personalized learning? Are we there yet? *E-Learning Developer's Journal*. E-Learning Guild (www.elarningguild.com). http: //www.elearningguild.com/ pdf/2/ 050702dss-h.pdf.

Marton, F. (1981). Phenomenography—Describing conceptions of the world around us. *Instructional Science, 10*, 177−200.

Marton, F. (1983). Beyond individual differences. *Educational Psychology, 3*, 289−303.

Marton, F. (1986). Phenomenography—A research approach to investigating different understandings of reality. *Journal of Thought, 21*, 29−49.

Marton, F. (1988). Phenomenography—Exploring different conceptions of reality. In D. Fetterman (Ed.), *Qualitative approaches to evaluation in education* (pp. 176−205). New York: Praeger.

Marton, F., Hounsell, D., & Entwistle, N. (Eds.). (1984). *The experience of learning*. Edinburgh: Scottish Academic Press. Masters, G.N. & Wilson, M. (1997). *Developmental assessment*. Berkeley, CA: BEAR Research Report, University of California.

Masters G. (1982). *A rasch model for partial credit scoring*. Psychometrika 42(2), 149-174.

Masters, G.N. & Wilson, M. (1997). Developmental assessment. Berkeley, CA: BEAR Research Report, University of California.

Mayer, R. E. (1983). *Thinking, problem-solving and cognition*. New York: W H Freeman.

Messick, S. (1989). Validity. In R. L. Linn (Ed.), *Educational measurement* (3rd ed., pp. 13-103). Washington, DC: American Council on Education/Macmillan.

Messick, S. (1995). Validity of psychological assessment. Validation of inferences from persons' responses and performances as scientific inquiry into score meaning. *The American Psychologist, 50*(9), 741-749.

Microsoft. (2009). *Microsoft Certification Program*. Retrieved from http: //www.microsoft.com/learning/.

Miliband, D. (2003). Opportunity for all, targeting disadvantage through personalised learning. *New Economy, 1070-3535/03/040224*(5), 224-229.

Mislevy, R. J., Almond, R. G., & Lukas, J. F. (2003a). *A brief introduction to evidence centred design* (Vol. RR-03-16). Princeton: Educational Testing Service.

Mislevy, R. J., Steinberg, L. S., & Almond, R. G. (2003b). On the structure of educational assessments. *Measurement: Interdisciplinary Research and Perspectives, 1*(1), 3-62.

Mislevy, R. J., Bejar, I. I., Bennett, R. E., Haertel, G. D., & Winters, F. I. (2008). Technology supports for assessment design. In B. McGaw, E. Baker, & P. Peterson (Eds.), *International encyclopedia of education* (3rd ed.). Oxford: Elsevier.

Mitchell, W. J. (1990). *The logic of architecture*. Cambridge: MIT Press.

National Research Council, Bransford, J. D., Brown, A. L., & Cocking, R. R. (2000). *How people learn: Brain, mind, experience, and school: Expanded edition*. Washington, DC: National Academy Press.

National Research Council, Pellegrino, J. W., Chudowsky, N., & Glaser, R. (2001). *Knowing what students know: The science and design of educational assessment*. Washington, DC: National Academy Press.

National Research Council, Wilson, M., & Bertenthal, M. (Eds.). (2006). *Systems for state science assessment. Committee on Test Design for K-12 Science Achievement*. Washington, DC: National Academy Press.

National Research Council, Duschl, R. A., Schweingruber, H. A., & Shouse, A. W. (Eds.). (2007). *Taking science to school: Learning and teaching science in Grades K-8*. Committee on Science Learning, Kindergarten through Eighth Grade. Washington, DC: National Academy Press.

Newell, A., Simon, H. A., & Shaw, J. C. (1958). Elements of a theory of human problem solving. *Psychological Review, 65*, 151–166.

Oberlander, J. (2006). *Adapting NLP to adaptive hypermedia*. Paper presented at the Adaptive Hypermedia and Adaptive Web-Based Systems, 4th International Conference, AH 2006, Dublin, Ireland.

OECD. (2005). *PISA 2003 Technical Report*. Paris: Organisation for Economic Co-operation and Development.

Palm, T. (2008). Performance assessment and authentic assessment: A conceptual analysis of the literature. *Practical Assessment, Research & Evaluation, 13*(4), 4.

Parshall, C. G., Stewart, R., Ritter, J. (1996, April). *Innovations: Sound, graphics, and alternative response modes*. Paper presented at the National Council on Measurement in Education, New York.

Parshall, C. G., Davey, T., & Pashley, P. J. (2000). Innovative item types for computerized testing. In W. Van der Linden & C. A. W. Glas (Eds.), *Computerized adaptive testing: Theory and practice* (pp. 129–148). Norwell: Kluwer Academic Publisher.

Parshall, C. G., Spray, J., Kalohn, J., & Davey, T. (2002). *Issues in innovative item types practical considerations in computer-based testing* (pp. 70–91). New York: Springer.

Patton, M. Q. (1980). *Qualitative evaluation methods*. Beverly Hills: Sage.

Pellegrino, J., Jones, L., & Mitchell, K. (Eds.). (1999). *Grading the Nation's report card: Evaluating NAEP and transforming the assessment of educational progress*. Washington, DC: National Academy Press.

Perkins, D. (1998). What is understanding? In M. S. Wiske (Ed.), *Teaching for understanding: Linking research with practice*. San Francisco: Jossey-Bass Publishers.

Pirolli, P. (2007). *Information foraging theory: Adaptive interaction with information.* Oxford: Oxford University Press.

Popham, W. J. (1997). Consequential validity: Right concern—Wrong concept. *Educational Measurement: Issues and Practice, 16*(2), 9–13.

Rasch, G. (1977). On specific objectivity: An attempt at formalizing the request for generality and validity of scientific statements. *Danish Yearbook of Philosophy, 14*, 58–93.

Reiser, R. A. (2002). A history of instructional design and technology. In R. A. Reiser & J. V. Dempsey (Eds.), *Trends and issues in instructional design and technology.* Upper Saddle River: Merrill/Prentice Hall.

Reiser, B., Krajcik, J., Moje, E., & Marx, R. (2003, March). *Design strategies for developing science instructional materials.* Paper presented at the National Association for Research in Science Teaching, Philadelphia, PA.

Robinson, K. (2009). *Out of our minds: Learning to be creative.* Chichester: Capstone.

Rosenbaum, P. R. (1988). Item Bundles. *Psychometrika, 53*, 349–359.

Rupp, A. A., & Templin, J. (2008). Unique characteristics of diagnostic classification models: A comprehensive review of the current state-of-the-art. *Measurement: Interdisciplinary Research and Perspectives, 6*, 219–262.

Rupp, A. A., Templin, J., & Henson, R. A. (2010). *Diagnostic measurement: Theory, methods, and applications.* New York: Guilford Press.

Sadler, D. R. (1989). Formative assessment and the design of instructional systems. *Instructional Science, 18*, 119–144.

Scalise, K. (2004). *A new approach to computer adaptive assessment with IRT construct-modeled item bundles (testlets): An application of the BEAR assessment system.* Paper presented at the 2004 International Meeting of the Psychometric Society, Pacific Grove.

Scalise, K. (submitted). Personalised learning taxonomy: Characteristics in three dimensions for ICT. *British Journal of Educational Technology.*

Scalise, K., & Gifford, B. (2006). Computer-based assessment in E-Learning: A framework for constructing "Intermediate Constraint" questions and tasks for technology platforms. *Journal of Technology, Learning, and Assessment, 4(6)* [online journal]. http: // escholarship. bc.edu/jtla/ vol4/6.

Scalise, K., & Wilson, M. (2006). Analysis and comparison of automated scoring approaches: Addressing evidence-based assessment principles. In D. M. Williamson, I. J. Bejar, & R. J. Mislevy (Eds.), *Automated scoring of complex tasks in computer based testing*. Mahwah: Lawrence Erlbaum Associates.

Scalise, K., & Wilson, M. (2007). *Bundle models for computer adaptive testing in e-learning assessment*. Paper presented at the 2007 GMAC Conference on Computerized Adaptive Testing (Graduate Management Admission Council), Minneapolis, MN.

Schum, D. A. (1987). *Evidence and inference for the intelligence analyst*. Lanham: University Press of America.

Searle, J. (1969). *Speech acts*. Cambridge: Cambridge University Press.

Shute, V., Ventura, M., Bauer, M., & Zapata-Rivera, D. (2009). *Melding the power of serious games and embedded assessment to monitor and foster learning, flow and grow melding the power of serious games*. New York: Routledge.

Shute, V., Maskduki, I., Donmez, O., Dennen, V. P., Kim, Y. J., & Jeong, A. C. (2010). Modeling, assessing, and supporting key competencies within game environments. In D. Ifenthaler, P. Pirnay-Dummer, & N. M. Seel (Eds.), *Computer-based diagnostics and systematic analysis of knowledge*. New York: Springer. Smith, C., Wiser, M., Anderson, C. W., Krajcik, J. & Coppola, B. (2004). *Implications of research on children's learning for assessment: matter and atomic molecular theory*. Paper Commissioned by the National Academies Committee on Test Design for K-12 Science Achievement. Washington DC.

Simon, H. A. (1980). Problem solving and education. In D. T. Tuma, & R. Reif, (Eds.), *Problem solving and education: Issues in teaching and research* (pp. 81–96). Hillsdale: Erlbaum.

Smith, C., Wiser, M., Anderson, C. W., Krajcik, J. & Coppola, B. (2004). *Implications of research on children's learning for assessment: matter and atomic molecular theory*. Paper Commissioned by the National Academies Committee on Test Design for K-12 Science Achievement. Washington DC.

Smith, C. L., Wiser, M., Anderson, C. W., & Krajcik, J. (2006). Implications of research on Children's learning for standards and assessment: A proposed learning progression for matter and the atomic molecular theory. *Measurement: Interdisciplinary Research and Perspectives, 4*(1 & 2).

Stiggins, R. J. (2002). Assessment crisis: The absence of assessment for learning. *Phi Delta Kappan, 83*(10), 758–765.

Templin, J., & Henson, R. A. (2008, March). *Understanding the impact of skill acquisition: relat- ing diagnostic assessments to measureable outcomes*. Paper presented at the 2008 American Educational Research Association conference in New York, New York.

Treffinger, D. J. (1996). *Creativity, creative thinking, and critical thinking: In search of definitions*. Sarasota: Center for Creative Learning.

Valsiner, J., & Veer, R. V. D. (2000). *The social mind*. Cambridge: Cambridge University Press.

Van der Linden, W. J., & Glas, C. A. W. (2007). Statistical aspects of adaptive testing. In C. R. Rao & S. Sinharay (Eds.), *Handbook of statistics: Psychometrics* (Vol. 26, pp. 801–838). New York: Elsevier.

Wainer, H., & Dorans, N. J. (2000). *Computerized adaptive testing: A primer* (2nd ed.). Mahwah: Lawrence Erlbaum Associates.

Wainer, H., Brown, L., Bradlow, E., Wang, X., Skorupski, W. P., & Boulet, J. (2006). An application of testlet response theory in the scoring of a complex certification exam. In D. M. Williamson, I. J. Bejar, & R. J. Mislevy (Eds.), *Automated scoring of complex tasks in computer based testing*. Mahwah: Lawrence Erlbaum Associates.

Wang, W. C., & Wilson, M. (2005). The Rasch testlet model. *Applied Psychological Measurement, 29*, 126–149.

Weekley, J. A., & Ployhart, R. E. (2006). *Situational judgment tests: Theory, measurement, and application*. Mahwah: Lawrence Erlbaum Associates.

Weiss, D. J. (Ed.). (2007). *Proceedings of the 2007 GMAC Conference on Computerized Adaptive Testing*. Available at http: //www.psych.umn.edu/psylabs/catcentral/.

Wiley, D. (2008). *Lying about personalized learning, iterating toward openness*. Retrieved from http: //opencontent.org/blog/archives/655.

Wiliam, D., & Thompson, M. (2007). Integrating assessment with instruction: What will it take to make it work? In C. A. Dwyer (Ed.), *The future of assessment: Shaping teaching and learning* (pp. 53–82). Mahwah: Lawrence Erlbaum Associates.

Williamson, D. M., Mislevy, R. J., & Bejar, I. I. (2006). *Automated scoring of complex tasks in computer-based testing*. Mahwah: Lawrence Erlbaum Associates.

Wilson, M. (Ed.). (2004). *Towards coherence between classroom assessment and accountability*. Chicago: Chicago University Press.

Wilson, M. (2005). *Constructing measures: An item response modeling approach*. Mahwah: Lawrence Erlbaum Associates.

Wilson, M., & Adams, R. J. (1995). Rasch models for item bundles. *Psychometrika, 60*(2), 181-198.

Wilson, M., & Sloane, K. (2000). From principles to practice: An embedded assessment system. *Applied Measurement in Education, 13*, 181-208.

Wilson, M. (2009). Measuring progressions: Assessment structures underlying a learning progres- sion. *Journal of Research in Science Teaching, 46*(6), 716-730.

Wise, S. L., & DeMars, C. E. (2006). An application of item response time: The effort-moderated IRT model. *Journal of Educational Measurement, 43*, 19-38.

Wise, S. L., & Kong, X. (2005). Response time effort: A new measure of examinee motivation in computer-based tests. *Applied Measurement in Education, 18*, 163-183.

Wolf, D. P., & Reardon, S. F. (1996). Access to excellence through new forms of student assess- ment. In D. P. Wolf, & J. B. Baron (Eds.), *Performance-based student assessment: Challenges and possibilities. Ninety-fifth yearbook of the national society for the study of education, part I*. Chicago: University of Chicago Press.

Zechner, K., Higgins, D., Xiaoming, X., & Williamson, D. (2009). Automatic scoring of non-native spontaneous speech in test of spoken English. *Speech Communication, 51*, 883-895.

第4章

计算机评价的技术问题

比诺·卡萨珀,约翰·安利,兰迪·班尼特,蒂博·拉图尔,南希·罗

[摘要]

本章回顾了新信息通信技术对教育评价工作的发展所做的贡献。教育评价的发展情况可以通过检测观察变量实际值的精度、收集和处理信息的效率以及给予参与者和相关利益者反馈的速度和频率予以描述。本章以两种方式回顾了已有研究和发展,描述了亚洲、澳大利亚、欧洲和美国的主要研究趋势,总结了关涉技术如何在某些关键方面促进评价的研究(既定结构的评价,评价领域的扩展,新结构和动态情境中的评价)。教育评价的应用种类繁多,每一类都需要不同的技术解决方案,因此本章对评价领域、目的和情境进行了分类,并确定每个领域的技术需求和解决方案。本章从创建、自动生成和项目存储三方面回顾了技术对整个教育评价过程的推动作用,从交付方法(互联网本地服务器、移动媒体、微型计算机实验室)到任务呈现方式,技术使反应信息捕捉、评分、自动反馈和报告成为可能。最后,本章确定了需要进一步研究和开发的领域(迁移策略,安全性,可用性,可访问性,可比性,框架和工具的适切性),并列出可纳入到"21世纪技能项目的评价和教学"的研究项目主题。

ICT为教与学提供了众多可能性,以至于它在每个教育领域的应用都在稳步增长。在把ICT应用于教育的这一总趋势下,技术评价(technology-based assessment,TBA)所占份额迅速增长。一些传统的评价过程可以通过计算机更有效地完成。此外,技术提供了以往所无法实现的新的评价手段。毫无疑问,TBA将在大多数传统评价场合中取代纸质测试,且技术将进一步扩大教育评价领域,因为它在学习和教学中为参与者提供了频繁而准确的反馈,而这些反馈

无法通过其他任何方式实现。

然而，在 TBA 大规模实施的同时，仍然面临着一些技术挑战。这需要进一步的研究和大量真实教育环境中的实验去解决。虽然基本的技术解决方案可以轻易获得，但它们在日常教育实践中的应用，尤其在与教育优化、相容系统的结合方面，需要进一步的发展性研究。

学校使用的各种技术手段，其多样性、兼容性、连接性以及协同工作都需要进一步思考。每一项新的技术创新在学校中虽能得到运用，但总是不成体系。因此，技术驱动的教育现代化，即意图应用新兴技术工具激励变革，其可能性是有限的。本章采取了另一种方法来考虑教育发展的现实问题以及未来可能产生的问题，基于解决问题的潜在可能性对现有技术手段进行评价。

技术可以促进教育评价各个方面的发展，它可以提高检测观测变量实际值的准确率和收集处理信息的效率；它能够对现有数据进行复杂的分析，支持决策，并为参与者和利益相关者提供快速反馈。技术有助于检测和记录学生的心理活动，认知和情感特征以及教学和学习过程的社会环境。当我们处理教育评价中的技术问题时，我们限制了人与技术互动中人这一方面的分析。尽管狭义上的技术问题，像现有仪器的参数——如处理器速度，屏幕分辨率，带宽连接——在教育的应用中至关重要。但在我们的研究中，这些问题是次要的。在本章中，我们主要使用了更通用的术语，即"技术导向评价"（technology-based assessment，以下简称 TBA）。这意味着除了最常用的电脑之外，还有其余几种技术工具。然而，我们意识到：在可预见的未来，电脑将继续发挥主导作用。

整个项目聚焦 21 世纪技能，然而，在处理技术问题时，我们思考的角度需更广。在本章中，我们对 21 世纪技能采取的立场是：它们不是我们解决问题的唯一途径。因为：

· 对它们（21 世纪技能）的概念界定尚不精准，因而不足以指导有关技术问题的工作。

· 我们假设它们是基于某些基本技能和"更传统"的子技能，技术应为这些构成要素的评价而服务。

· 在真正的教育情境中，对 21 世纪技能的评价不能与学生知识和技能等其他要素的评价分离开来。因此，技术应用的覆盖面须更广。

· 当前用于评价学生知识的几种技术可用于特定的 21 世纪技能评价。

- 有些技能显然与现代数字化世界相关，技术为这些技能提供了极好的评价手段；因此我们在整个章节中适当地处理这些具体问题（例如动态问题解决，多技术背景下的复杂问题的解决，以 ICT 为联络纽带的团队工作）。

不同的评价场景需要不同的技术条件，因而一个单一的解决方案不能最佳地满足每一个可能的评价需求。现代社会的教和学远远超出了正规学校教育，哪怕在传统的教育环境中，也有不同的评价形式，这需要技术去适应实际的需要。当计算机在标准化条件下用于管理高风险、大规模、国家联盟或区域代表性评价，以及在不同学校条件的课堂环境中，用于低风险的、形成性的、诊断性的评价时，各种不同的技术问题必须得到解决。因此，我们概述了最常见的评价类型，并确定了它们特定的技术特征。

创新的评价工具提出了一些方法论问题。这需要进一步分析如何借助新工具收集数据来验证心理测量学的基本假设以及它们如何切合经典的或现代测试理论模型。总体而言，本章不涉及解决方法论问题。然而，站在技术角度，效度（validity）是必须思考的一个方法论问题。当 TBA 取代传统的纸质评价，当要评价与数字化世界相关的技能时，可能会出现不同的效度问题。

本章从更广泛的意义上探讨评价的技术问题。因此，除了审查收集新数据的可能性之外，我们还将讨论技术如何为整个教育评价过程服务的问题，包括项目生成、自动评分、数据处理、信息流、反馈和决策支撑。

◇ 技术导向评价的概念化

评价领域、目的和环境的多样性

评价发生在多种领域，用于多种目的，并在各种情境中进行。识别这些领域、目的和情境相当重要，因为它们可能会影响改进测试所运用的技术方式以及与实现这种改进相关的问题。

评价领域

领域或结构定义与技术之间的关系至关重要，因为它影响了技术在评价中的作用。在下文中，我们区分了五种一般情况。每种情况对技术在评价中可能扮演的角色发挥着不同的作用。

第一种情况的领域特征是，如果从业人员完全使用技术工具，他们会与以使用专门工具为主的新技术进行互动。在数学中，经常使用这样的工具，如符号操纵器、图形计算器和电子表格，但通常仅用于特定目的。在许多数学问题的解决中，纸笔仍是解决问题最自然、最快捷的方法。大多数学生和从业者在很长时间内都会使用该媒介。对于学生来说，仅仅使用技术工具来解决数学问题是比较少见的。在这一领域中，技术测试要么需要限制在那些通常以技术使用为目的的问题解决，要么需要以这样一种方式来实现，即不要测量通常不使用技术的那些类型的问题解决（Bennett et al., 2008）。

第二种情况的领域特征是，根据个人的偏好，可以选择使用或不使用技术。写作领域提供了最鲜明的例子。不仅很多从业者和学生在电脑上进行日常写作，而且许多人几乎在电脑上完成了整个学术写作和工作任务。相比纸质写作，计算机带来的便捷性可能使他们写得更好、更快。然而，也有人仍然坚持纸质写作。对于这些学生和从业者来说，计算机是一个障碍，因为他们没有学会如何在写作中使用它。就这一领域而言，根据测试用户的信息需求，技术测试可以把握三个方向：(1) 用传统模式测试所有学生，以确定在该模式下他们表现的有效性；(2) 用技术手段测试所有学生，以确定他们在那一领域中应用技术的熟练程度；(3) 在日常工作中测试学生（Horkay et al., 2006）。

第三种情况的领域特征是，技术处于中心位置，失去它一切将毫无意义。计算机程序设计则是一个例子；如果不使用计算机，就无法对该领域进行有效地指导或在该领域实践。对于这一类领域，除非所有的个体都通过技术进行测试，否则其熟练程度则无法得到有效评价（Bennette et al., 2007）。

第四种情况是关于评价某人是否能够通过适当使用一般的或特定领域的技术工具，来达到比在不使用任何技术工具情况下更高水平的表现。与第三种情况不同的是，可以在不使用工具的情况下执行任务，但评价只能由高度掌握该领域的人员进行，而且往往是以相当麻烦的方式进行。这里的工具指那些通常提及到的认知工具，如模拟和建模工具（Mellar et al., 1994; Feurzeig & Roberts, 1999），区域资料系统（Kerski, 2003; Longley, 2005）和可视化工具（Pea, 2002）。

第五种情况涉及的是，使用技术来支持协作和知识建构。众所周知，即使没有涉及直接的协作，知识创造也是通过社会互动来实现的社会现象（Popper，1972）。有大量贯穿于协作调查的技术性学习项目，在这些项目中，技术在提供认知和元认知指导方面发挥重要作用（例如在 WISE 项目中）（Linn & His，1999）。在一些案例中，技术在支撑对生产性知识构建至关重要的社会元认知动力学（Scardamalia & Bereiter，2003）方面起着关键作用，这是因为知识建构不是自然而然发生的事情，它必须是共同体中的目的性活动（Scardamalia，2002）。

因此，一个领域如何被实践、指导和学习影响着该领域如何被评价，因为评价和实践方法的不一致会影响评价结果的意义。此外，需要重视的是，随着时间的推移，当一个领域的实践和教学方式发生变化时，该领域的相关定义也会发生改变，同样，迎合这些领域的新技术工具也会随之出现。那些当前仅仅为了特定目的使用技术的领域，未来也许会有相当一部分人将技术作为他们唯一的实践手段。随着工具的发展，技术也可能成为这些领域定义的核心。

上述五个技术使用领域，第三、第四和第五三个领域对评价提出了巨大挑战，但这些领域也最为重要，它们包括了 21 世纪技能评价，因为"技术在教育方面的真正承诺在于，它能够在本质上促进教与学发生根本性的质的改变"（科学与技术总统顾问委员教育技术小组，1997 年）。

评价目的

在这里，我们从评价"对象"和评价"类型"两种方式来区分四种常见的评价目的。评价对象可能是学生，也可能是一个项目或机构。为了得出有关项目或机构的结论而进行的测试传统上被称为"项目评估"（program evaluation）。为得出有关个人的结论的测试经常被称为"评价"（assessment）。

不论是项目评估还是个人评价都包含两种评价类型：形成性评价与总结性评价（Bloom，1969；Scriven，1967）。形成性评估为改善项目提供信息，而总结性评估则聚焦于判断项目的总体价值。同样，形成性评价旨在为教师或学生提供修改教学或学习方法的有用信息，而总结性评价则集中于记录一个学生（或一部分学生）知道什么和能做什么。

评价环境

评价环境通常是指与决策相关的风险,且这种决策以测试结果为基本依据。高风险与那些对个体、项目或机构会产生重大影响并且不容易被逆转的决策有关;低风险与那些影响较小并且易于逆转的决策有关。虽然总结性评价通常被视为高风险评价,而形成性评价通常被视为低风险评价,但这种笼统的分类可能并不总是成立,因为单一的测试对不同群体可能有不同的含义。美国国家教育进步评价是对学生低风险总结性评价的一个例子,因为它没有计算个人成绩,但它对政策制定者而言具有较高风险,公众要对决策者所做的努力进行排名。类似的情况出现在美国《不让一个孩子掉队》法案之中,其中测试的结果可能对学生没有影响,而对个别教师、管理人员和学校有重大影响。另一方面,形成性评价可能对学校而言是低风险的,但如果该评价在指导学生发展一项技能的同时,以牺牲另一项更重要的技能为代价而获得短期成功,那么它对学生而言就具有较高风险(例如准备即将举行的音乐演奏)。

如果对评价领域有充分了解,并发展了良好的评价方法,那么上述评价环境的定义是恰当的。如果评价领域或评价方法(如使用数字技术来调解评价交付)是新的,那么也需要重新考虑设计和方法。为了测量更复杂的理解和技能,并将技术应用到评价过程中,以反映这种新的学习成果,需要评价创新(Quellmalz & Haertel,2004)。在这种情况下,可能需要开发新的评价工具,很明显,只有在新的评价领域得到明确定义的情况下,评价的有效性和可靠性才能在一段时间内得到改进和建立。对于评价21世纪技能来说,这种情境面临的挑战会更大,因为要评价的技能由哪些要素构成这一问题本身就是一个备受争议的话题。创新性评价如何提供关于课程创新的形成性反馈,是另一个相关的挑战。

利用技术改进评价

技术至少可以在两个方面改进评价:通过改变评价业务和通过改变评价实质(Bennett,2001)。评价业务作为界定评价的核心流程,可以在技术的帮助下变得更有效率。举例如下:

· 开发试验,使问题更容易自动或半自动生成,共享,审查和修改(Begar

et al.，2003）。

· 测试交付，尽可能避免印刷，仓储和运送纸质工具。

· 呈现动态刺激，如音频，视频和动画，淘汰目前正在一些项目测试中用于测试语音和听力的专门设备（例如收音机，录像机）（Bennett et al.，1999）。

· 在屏幕上生成评分响应，允许实时监控评分质量，并有可能不需要将评审者聚集在一起（Zhang et al.，2003）。

· 自动生成某些类型的响应，减少人工读取信息的必要性（Williamson et al.，2006b）。

· 分发测试结果，降低打印和邮寄报告成本。

改变评价实质包括使用技术来改变通过不切实际的传统评价方法或基于技术重复这些方法来进行测试或学习这一本质（如按照录音机的工作形式，使用计算机记录考生的对话）。举一个例子，要求学生一起进行实验，并尽可能地从一种科学现象的交互式仿真中得出结论，否则不进行实验，然后通过利用他们在解决问题过程中表现出来的特征来对学生做出判断（Bennett et al.，2007）。第二个例子是在构建测试设计中，让学生在评价过程中学习，通过评价的方式来回应学生的行动。

技术在评价中的应用也可能在促进课程改革和教学创新方面发挥关键作用，特别是在技术对学习至关重要的特定领域中。例如，香港特别行政区政府委托研究机构对学生信息素养技能进行在线表现评价，并将其作为信息技术教育战略有效性评价的一部分（Law et al.，2007）。香港特区政府大力投资，将IT融入教学和学习的重要前提是促进学生信息素养的发展，使其成为更有效的终身学习者，更有效地完成指定课程的学习。该研究评价了学生搜索和评估信息的能力，以及通过在线平台解决真实问题情景下与同伴进行沟通和协作的能力。研究发现，尽管绝大多数接受测试的学生都能够表现出基本的技术操作技能，但他们在更高水平上的认知能力相当薄弱，如评价和整合信息方面。这促使政策决策者在第三届信息技术教育战略（EDB 2007）中采取新的措施，主要目的在于发展课程资源和信息素养自我评价工具。这个例子表明评价能被用来形成和完善教育政策举措。

技术以何种形式改进评价，如何解决所遇到的问题都取决于评价的领域、目的和环境。例如，在以技术为核心的领域中，低风险情境实施形成性评价，相比在技术通常只用于解决某些特定问题的领域中，高风险环境实施总结性评价可能遇到的问题会更少。

回顾已有研究和发展

这里从两个不同的角度回顾已有研究与发展。一方面，大量关于评价应用技术的研究项目一直在进行。应用于实验中的设备从最常见的、使用最广泛的计算机到新兴的尖端科技。这些研究的目的在于将新开发的昂贵仪器投入使用，使经过专门培训的教师能参与进来。因此，这些实验往往是小规模的，通常在实验室中进行，或仅涉及少数班级或学校。

另一方面，大量研究者正在为全面推广 TBA 实施，改进或替代现有评价系统或创建全新的评价系统做努力。这些实施过程通常涉及的代表性样本从一千到几千名学生不等。大型国际评价项目也旨在利用技术进行评价，目的是通过 TBA 取代纸质评价，并引入不能通过传统评价手段来实现的创新性评价领域和评价环境。在大规模的工作实施中，一般的教育背景通常是给定的（学校基础设施），要么使用原有的设备，要么出于评价目的安装新的设备。后勤部门在这些情况下起着至关重要的作用。此外，需要考虑的因素还有影响技术选择的经济和组织方面的问题。

评价技术的应用研究

ICT 已经开始改变教育评价，并有可能进一步改变它。首先，相比于传统评价，ICT 的运用会使评价更高效地交付，这可以极大提高评价的有效性（Bridgeman，2009）。其次，使用 ICT 可以扩展和丰富评价工具，以便更好地反映目标领域并容纳更多真实性任务（Pellegrino，2004）。再次，评价结构，它们要么是难以进行评价的，要么就已经成为信息时代的一部分（Kelly & Haber，2006）。最后，使用 ICT 来调查学生与评价材料之间的动态交互。

关于技术和计算机评价的已有研究文献中，大部分聚焦于纸笔评价和计算机评价的比较研究。这些文献旨在确定这两种模式在多大程度上能提供一致性测量。其中一些文献关注技术问题（基于计算机评价）对测量的重要性。很少一部分文献涉及评价属性，企图寻求通过利用计算机评价中出现的可能性来扩展评价结构。最新研究主要关注利用计算机方法来评价新结构这一话题：与信息技术相关的结构、使用计算机来评价以前难以测量的结构或基于动态交互分析的结构。关于这些发展的研究文献在现阶段是有限的，随着计算机应用的实施与推广，相关文献也将随之增加。

1. 已有结构评价。

关涉评价交付有效性的一个重要问题是，计算机管理的评价是否与相应的纸质测试评分匹配。基于计算机的学生阅读和数学评价研究的元分析结论显示，总体而言，交付方式对分数影响并不大（Wang et al., 2007, 2008）。这个结论也出现在小规模的能力研究（Singleton, 2001），大规模的能力评价（Csapo et al., 2009）和大规模的成就评价（Poggio, 2004）中。在高等教育研究中似乎也发现了同样的结论。尽管结论大体一致，但是在某些特定问题与学生完成任务所使用的方法等方面依然存在一些差异（Johnson & Green, 2006）。特别是，使用计算机的熟练程度对学生在写作任务中的表现的影响尤为突出（Horkay et al., 2006）。

计算机评价与现代测量理论的结合，推动了扩大计算机适应性测试（computer adaptive testing）的可能性（Wainer, 2000; Eggen & Straetmans, 2009）。在计算机适应性测试中，学生在项目上的表现是动态的，这意味着从一个项目库中选择一个对于该学生来说难度适当的后续项目，从而使学生可以获得更多具有时效性的、更精确的能力评价。适应性测试在不同的表现范围内提供更均匀的传播精确度，缩短每个被评价对象的评价时间，并且从整体而言，它们比固定形式的测试保持更高的精确度（Weiss & Kingsbury, 2004）。但是，该类评价依赖于大量标准化项目库的建立。

目前，很多研究都在关注整体交付模式中发生的各种变化，这影响了学生们的评价体验。毋庸置疑，必须保证的一个前提是，所有学生必须以相同的方式体验计算机评价中提出的任务或项目。在测试小册子中向学生提供的评价任务或项目，可以确保任务呈现的统一性。然而，有一些证据表明，计算机评价会影响学生的表现，因为评价中呈现的变化与被测的结构没有相关性（Bridgeman et al., 2003; McDonald, 2002）。布里奇曼等人（Bridgeman et al., 2003）指出，屏幕大小，屏幕分辨率和显示率对计算机评价中的表现都会产生影响。这些是纸笔评价中通常不会出现的问题。汤普森和韦斯（Thompson & Weiss, 2009）认为，评价体验中变化的可能性是因特网或 Web 评价交付的一个特殊问题，更需要考虑的因素是评价交付系统的设计。使用ICT的大规模评价面临着一个问题，即如何在学校计算机设备差别很大的情况下提供一个统一的测试环境。

2.扩大评价领域。

评价还面临的一个问题是，纸质方法可以评价的内容，其表征的领域概念比理想中的更为狭隘。评价在实践应用中受到印刷形式和书面答复等因素的限制，需要充分考虑什么可以以印刷的形式呈现，哪些内容学生可以书面作答。在大规模研究中，因为必须考虑评价的一致性和处理大量答案等因素，这会限制更广泛的专业知识的评价。在多数情况下，这些压力产生的是封闭性作答（closed-response）模式（例如多项选择），而不是构建式的开放性作答模式，让学生进行简答或论述自己的观点。

ICT可以用来提供丰富的刺激材料（例如视频或更丰富的图像），为学生提供与评价材料之间的互动，并开发可以保存的产品，以便评价者在后续评价中可以再次使用。在2006年PISA中，在13个国家开展了基于计算机的科学评价（CBAS）的现场实验，并在3个国家实施了调查研究（OECD 2009，2010）。随后这一项目被这3个国家纳入主要研究内容。CBAS旨在评价那些不能用纸质形式评价的科学内容，因此，涉及拓展评价实施领域，而不是试图覆盖整个领域。现场试验的设计包括旋转设计（rotated design），一半的学生首先进行纸质测试，然后进行计算机测试，另一半则以相反的顺序进行测试。在现场试验中，纸质项目和计算机项目之间的相关性为0.90，但也发现二维模式（纸质测试的项目和计算机测试的项目各作为一个维度）比一维模式更适用于该类评价（Martin et al.，2009）。

这意味着，CBAS项目中所代表的科学知识和理解维度与纸质项目中所代表的维度有关，但有些不同。哈多森等人（Halldorsson, et al., 2009）指出，在冰岛的PISA调查中，男生的表现相对而言比女生要好，但这种差异与电脑的精通程度、动机和成就无关。相反，它似乎与计算机评价中的低阅读量相关。换句话说，这种差异不是由评价交付方式引起的，而是与交付模式相关的特征有关：需要阅读的文本量。目前，由于屏幕尺寸的限制和需要滚动才能查看书面形式中可以直接看到的内容，所以，阅读是在计算机上修改的。随着电子书（e-book）和其他技术的发展，此类电子形式的限制可能会被消除。

3. 评价新结构。

研究计算机评价的第三个重点是评价新结构。其中一些结构直接涉及与信息技术相关的技术或由于其引入而导致性质变化的技术。下面列举一个"在科技发达的环境中解决问题"的例子（Bennett et al., 2010）。2010年，班尼特等人（Bennett et al.）在一个八年级学生的全国性（美国）样本中抽样测量了这一能力结构。该评价在科学探究情境中设置了两个拓展性场景：一个是搜索，另一个是模拟。OECD在国际成人能力评价项目（Programme for International Assessment of Adult Competencies, PIAAC）中把"技术环境中的问题解决"纳入成人能力评价的重要内容（OECD, 2008b）。它指向信息时代所需的认知技能，其重点是借助笔记本电脑，利用多种信息资源来解决问题。这些问题涉及访问、评估、检索和处理信息，以及将技术需求和认知需求结合在一起。

沃思和克利姆（Wirth & Klieme, 2003）研究了问题解决的分析和动态性等方面要素。分析能力是指构建、呈现和整合信息所需的能力，而问题解决的动态性则涉及通过处理反馈信息（包含自我调节学习）来适应不断变化的环境的能力。德国在2000年PISA中通过使用纸笔测试和计算机评价测试了15岁学生分析和动态解决问题的素养。沃思和克利姆的报告表明，问题解决素养的分析层面与推理密切相关，而动态问题解决则反映了在计算机模拟领域中自主探究和自主控制等维度。

计算机评价的另一个实例是使用新技术来评价更持久的结构，如团队合作（Kyllonen, 2009）。情景判断测试（Situational Judgment Tests, SJTs）涉及场景呈现（包含音频或视频），场景中包含了一个问题，需要学生用最佳方式解决这个问题。通过对团队合作的SJTs研究成果的元分析发现，团队合作同时涉及了认知能力和个性特征，这些研究结果也预测了现实世界中可能的成果（McDaniel et al., 2007）。基罗纳等人认为，SJTs为测量其他能力结构，如创造力、交往能力和领导力提供了一个强有力的基础，但前提是它可以识别与被评价结构相关的关键事件（Kyllonen & Lee, 2005）。

4. 评价动态。

计算机评价的第四个方面是，它不仅仅是评价一个答案或产品，而且相关过程信息本身就是一种评价。这些信息通过追踪学生完成任务的路径而获得，包括分析数据记录的时间和序列、学生所选择的材料和选择开始作答的时间等

(M.Ainley，2006；Hadwin et al.，2005）。安利（M. Ainley）特别关注与追踪时间数据相关的两个问题：一是单一项目测量的信度和效度（这些必须是以跟踪记录为基础）；二是适用于整个任务数据的分析方法，以及这些数据的使用趋势、连续性、不连续性和偶然性。基罗纳（Kyllonen，2009）确定了利用计算机评价来获取时间记录的其他两种评价取向。其一，研究完成任务所需的时间；其二，利用在两个选项之间进行选择所需时间来评价态度或偏好，如内隐联想测试（Implicit Association Test，IAT）。

实施技术评价

1.澳大利亚的技术评价。

澳大利亚的国家教育目标（MCEETYA，1999，2008）持续迭代，当前的教育体系已经相当重视 ICT 在教育中的应用。1999 年国家教育目标指出，当学生离开学校时，他们应该"成为一个自信、有创造力、有生产力的新技术的使用者，特别是信息和通信技术，并了解技术对社会的影响"（MCEETYA，1999）。

上述内容在澳大利亚青年教育目标宣言（Declaration on Educational Goals for Young Australians）中再次重申，它声称，"数字化时代，年轻人需要高度熟练掌握 ICT"。（MCEECDYA，2008）

ICT 在教育领域的实施由一项名叫"在线学习"的计划引导（MCEETYA，2000，2005），通过建立一个运营资源网络（教育网络澳大利亚或 EdNA）的全国性公司（education.au）和一个名为学习联盟（Learning Federation）的合资企业来开发学校数字化学习对象。近年来，数字化教育革命（Digital Education Revolution，DER）已被列入国家教育改革议程，它通过支持改善学校的 ICT 资源，增强互联网连接性能和构建教师专业学习方案，推动了 ICT 在教育领域中的使用。导致这一发展趋势的部分原因是澳大利亚年轻人在家和学校都可以使用 ICT（尤其是网络技术）。澳大利亚青少年不断访问和使用信息通信技术，他们比大多数其他国家的同龄人使用更多，也是在 OECD 信息通信技术使用者中使用程度（Anderson 和安利 2010）最高的用户。另外，澳大利亚的教师（至少初中的数学教师和科学教师）也是教学中使用 ICT 最多的用户（Ainley et al.，2009）。

2005 年，澳大利亚开始了 3 年一周期的针对学生信息通信技术素养的全国调查（MCEETYA，2007）。在2005年国家评价之前，教育、就业、培训和青年事务部长委员会（MCEETYA）把ICT定义为：用于访问、收集、处理和呈现或交流信息的技术，并把ICT素养定义为：个人能够适当地使用ICT获取、管理、整合和评价信息，发展新理解并与他人沟通，从而有效地参与社会（MCEETYA，2007）。这个定义极大程度上是借鉴国际ICT素养研讨小组和OECD PISA ICT素养可行性研究（国际ICT素养研讨小组，2002）共同开发的ICT素养框架。ICT素养越来越被视为可推广和可迁移的知识、技能和理解，它们可用于管理和交流跨学科信息。信息和过程的整合被认为超越了信息技术在任何单一学科学习中的应用（Markauskaite，2007）。常见的信息素养包括：识别信息需求、搜索和定位信息并评价其质量、传递信息并用它来交流（CATTS & Lau，2008）。根据CATTS和Lau（2008）的研究，"人们可以在没有信息通信技术的情况下依然具备信息素养，而数字信息的数量与质量的不断变化，以及其在当今知识社会中的作用，强调了所有人都应具备信息素养"。

澳大利亚的评价框架把ICT素养设想为六个关键过程：访问信息（识别信息需求并了解如何查找和检索信息）；管理信息（组织和存储用于检索和重用的信息）；评价信息（反思设计和构建ICT解决方案的过程，判断信息的完整性，相关性和实用性）；发展新理解（通过综合、适应、应用、设计、发明或创作创造信息和知识）；沟通（通过分享知识和创造适应观众，环境和媒介的信息产品来交流信息）和适当地使用ICT（运用批判性、反思性和战略性的ICT决策以及考虑社会、法律和道德问题）。就ICT使用的日益复杂程度而言，构想了三个方面的未来发展趋势：(a) 处理信息；(b) 创建和分享信息；(c) 负责任地使用ICT。在处理信息方面，学生首先要使用关键字检索指定来源信息，并通过识别搜索问题和合适的来源，使用一系列特殊的搜索工具，来确保外部来源信息的可信度。在创建和分享信息方面，学生为了一个特殊的目的，使用软件中的功能进行编辑、格式化、调整和生成，通过软件和工具的选择和组合来整合与解释不同来源的信息，使用专门工具控制、扩展和编写信息，从而生成对复杂现象的陈述。在负责任地使用ICT方面，学生先理解和使用ICT在日常生活中的基本术语，并通过认识在特定情境下负责任地使用ICT，来了解ICT随着时间推移产生的影响，以及与其相关的社会、经济和道德问题。这些结果可以帮助细化在第三章讨论到的发展进程的类型。

在评价中，学生通过使用模拟和实时应用软件的无缝组合，完成计算机上的所有任务[①]。这些任务被分组在主题模块中，每个模块遵循线性叙事序列。每个模块的叙事序列通常包含收集到的学生评价信息，然后再合成和重构信息，以适应特定的交流目的和给定的软件类型。整个模块的叙述涵盖了一系列校内外主题。评价包含自动计分项目（如虚模的软件操作）和需以文本形式储存的主观作答（constructed responses）项目或以具体软设备储存的答题项目。主观作答文本和软件设备以人评价为主。

所有学生首先完成一般技能测试，然后完成两个随机分配（对应相应年级）的主题模块。通过多个模块进行评价的其中一个原因是为了确保评价工具能够在足够广泛的范围内访问ICT素养结构间的共同点。

这些模块都遵循一个基本结构，在这个基本结构中，至少使用一个现场软件应用（live software application）程序，而模拟、多项选择和简答题逐渐引出一个独立的大任务。通常，引出任务之前一般要求学生管理文件，执行简单的软件功能（例如将图片插入文件），搜索信息，收集和整理信息，评价和分析信息并对一些简单的信息进行重塑（如绘制表示数值数据的图表）。然后，使用现场软件（live software）完成一些大型任务，它们提供了模块的全局目标。在完成大型任务时，学生通常需要选择，吸收和综合他们在引出任务中获得的信息，然后重组它们以满足特定的交流目的。学生需要分配40%至50%的时间在大型任务模块上。与任务相关的模块包括：

· 旗帜设计（六年级）。学生使用预先建立的旗帜设计图形软件来创造旗帜。

· 相册（六年级和十年级）。学生使用没有见过的相册软件创建一个相册，以说服他们的表（堂）兄弟与他们一起度假。

· DVD日（六年级和十年级）。学生浏览一个封闭的网络环境以查找信息并完成报告模板。

[①] 评价工具整合了在Microsoft Windows XT平台上的四个不同的供应商的软件。软件包的两个关键组件由SkillCheck公司（马萨诸塞州波士顿）和SoNet软件（澳大利亚墨尔本）开发。SkillCheck系统不仅提供了负责传递评价项目和捕获学生数据的软件，还提供了模拟，简短的结构化响应和多选项目平台。SoNet软件促使实时软件应用程序（如Microsoft Word）在全球评价环境中运行，并将学生的评价结果保存起来以便后续评分。

·保护工程（六年级和十年级）。学生浏览一个封闭的网络环境，并使用电子表格中提供的信息，用 Word 完成报告，然后提交给校长。

·电子游戏与暴力（十年级）。学生使用提供的信息作为文本和经验数据，为他们的班级创建一个 PowerPoint 演示文稿。

·服务窗口（六年级和十年级）。学生可以在社区服务窗口提供一般建议，并在 Word、PowerPoint 和 Excel 中完成一些格式化任务。

在计算机环境中对 ICT 素养的评价是通过使用六台安装了所有必需软件的连网笔记本电脑进行的。澳大利亚共有 263 所小学和 257 所中学的 3746 名六年级学生和 3647 名十年级学生完成了调查。评价模型确定了单一的变量，即 ICT 素养，其中整合了三个方面的相关内容。标准带来了 0.93 的个体分离指数，为十年级平均能力和六年级平均能力之间出现的差异提供的 logits 值为 1.7，这意味着评价材料能很好地评价个别学生和揭示发展进程中的差异。

描述成就规模涉及对 ICT 技能和知识的详细专业分析，以使在经验范围内达到每一个项目的每个层次。然后每个项目或分部计分（partial credit）项目类别就被添加到经验项目表中，以生成一个详细的、描述性的 ICT 素养量表。产生了对每个水平上的 ICT 素养内容的真实描述。

最底层的水平（1）阶段，学生的表现被描述为：学生能使用计算机和软件执行基本任务。当接收指示后，他们执行最常用的文件管理和软件指令。他们能分辨出最常用的 ICT 术语和功能。

达到中级水平（3）的学生，能形成简单的常规搜索问题，并选择最佳信息来源来满足特定目的。他们从给定的电子资源中检索信息以回答具体问题。他们用简单的线性顺序装配信息，以创造信息产品。他们使用传统的公认的软件命令来编辑和格式化信息产品。他们认识到可能会发生一般的 ICT 误用例子，因此提出避免误用的方法。

处在第二级水平（5）的学生，能评价电子资源信息的信度，并选择最相关的信息用于特定的交流目的。他们能创造信息产品，以此展示规划和技术能力。他们使用软件功能以图表形式重塑和呈现与演示文稿保持一致的信息。他们能设计组合不同元素的信息产品，并能准确表示其来源数据。他们使用可用的软件功能来提升其信息产品的外观。

除了提供对 ICT 素养的评价之外，国家调查还收集了一系列关于学生的社会特征和获取了 ICT 资源的信息。ICT 素养在家庭社会经济地位上具有显著差异，父母是高级管理人员和专家的学生比那些父母是无技术工人和上班族的学生得分高。原住民和托雷斯海峡岛民的学生得分低于其他学生。因此，ICT 素养在地理位置上也有显著差异。考虑到所有这些背景差异，我们发现计算机的精通程度对 ICT 素养也有影响。在计算机使用频率和使用时长上也存在一些微小的差异。

2008 年使用的评价工具与 2005 年使用的评价工具有一定关联，它包含三个已有的常用模块（包括一般技能测试），同时增加了四个新模块。新模块包含了更多交互性任务和涉及负责任使用技术等更广泛的评价问题。此外，应用程序的功能是基于 OpenOffice 的。

2. 亚洲技术评价。

自 21 世纪以来，为了帮助学生为适应知识经济时代做好准备，亚洲主要经济体的课程和教学都发生了重大改变（Plomp et al.，2009）。例如，"思维学校，学习国家"（Thinking Schools，Learning Nation）是新加坡第一个 IT 教育总体规划的教育重点（Singapore MOE，1997）。香港特区政府于 2000 年（EMB，2001）全面启动了课程改革，注重培养学生终身学习能力，这也是日本数字化学习策略的重点（Sakayauchiet al.，2009）。帕尔格雷姆（Pelgrum）（2008）的报告表明，1998 年至 2006 年间，这些国家的传统教学实践开始向 21 世纪迈进和转换，这也反映出这些国家教育政策的实施所带来的影响。

亚洲经济体课程和教育学改革的重点随着评价实践的重点和形式的变化而改变，包括高风险考试。例如，在中国香港，一项由教师评价的历时一年的独立调查被引进通识教育的必修科目中，临毕业时，这一项调查研究的成绩构成了总学科成绩的 20%，并被纳入大学录取的申请表中。这种新的评价形式旨在测量被认为最重要的那些 21 世纪通用技能。另一方面，亚洲国家在系统层面并不过多关注技术评价的交付手段，尽管个别研究人员可能会进行小规模的探索。此外，技术评价的创新很少。比如，中国香港在 2007 年实施的学生信息素养技能评价项目是第二次信息化教育战略评价的一部分（Law et al.，2007，2009）。其中，信息素养表现性评价项目（Information Literacy performance Assessment，简称 ILPA，见 http: //il.cite.hku.hk/index.php）描述了一些评价细节，它试图在前文所描述的第四和第五个领域使用技术评价（是否有人能够适当地使用一般的或特定领域的技术工具来达到更高的表现水平，从而有能力使用技术支持协作和知识构建）。

在 ILPA 项目的框架内，ICT 素养（IL）不等同于技术能力。换句话说，只有技术上的自信不会自动导致批判性地熟练使用信息。知道技术上如何操作是不够的；个人必须拥有识别和解决各种信息需求的认知技能。ICT 素养包括认知能力和技术能力。认知能力是指在学校、家庭和工作这些日常生活中所需要的基本技能。评价中列入了七个信息素养维度：

· 定义——使用 ICT 工具来识别并适当地表达信息需求。

· 访问——在数字化环境下收集或获取信息。

· 管理——利用 ICT 工具来实现现有的信息组织或分类方案。

· 整合——解释并表征信息，如通过使用 ICT 工具综合、概括、比较和对比各种信息来源。

· 创造——在 ICT 环境中调整、应用、设计或生成信息。

· 交流——在 ICT 环境中、在信息背景中进行适宜的信息交流（观众和媒体）。

· 评估——评估信息在 ICT 环境中满足任务需求的程度，包括确定材料的权威性，偏差性和及时性。

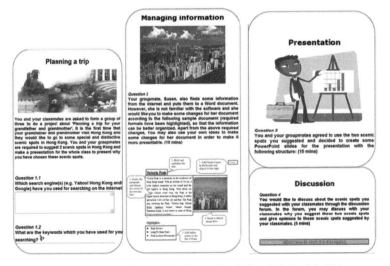

图 4.1　技术素养表现性评价项目概述（五年级与八年级）

图 4.2　五年级学生数学信息素养表现性评价项目概述

图 4.3　八年级学生科学信息素养表现性评价项目概述

虽然这些维度是通用的，但因为每个领域的评价工具和问题不同，一个学生的 IL 成就还依赖于主题领域背景。在香港的一项研究中，参与评价的目标人群主要包括 2006/2007 学年小学五年级（P5，相当于五年级）和初中二年级

（S2，相当于八年级）的学生。研究人员在这两个年级设计和实施了三个表现性评价。在 P5，评价的是通用的技术素养，即汉语中的 ICT 素养和数学中的 ICT 素养。在 S2，也实施通用的技术素养评价，即在汉语中的 ICT 素养和科学中的 ICT 素养。ICT 素养的评价任务根据 P5 和 S2 的阶段水平来设计，不出所料，个人和家庭背景特征对学生的信息素养的影响比年龄的影响更大。由于这两个水平阶段的学生的语言素养是完全不同的，汉语中的 ICL 素养的评价任务的设计也是不同的。技术素养表现性评价的概述见图 4.1，数学信息素养表现性评价项目的概述见图 4.2，八年级科学信息素养表现性评价项目的概述见图 4.3。从这些概述中可以看出，设计的任务是真实的，即与学生理解和关心的日常问题有关。此外，还包括具体学科的工具。例如，数学和科学的评价中分别包含了支持几何操作的工具和用于科学模拟的工具。

  由于技术的使用对信息素养的评价至关重要，那么，决定使用什么技术以及如何将其部署在表现性评价过程中也至关重要。为了有效地比较使用 ICT 的表现性任务中学生的成就，确保所有学校的学生都能使用统一的计算环境是非常重要的。在香港的所有中小学，至少有一个计算机实验室可以把所有机器都连上互联网。不过，不同学校的实验室计算机在性能、使用年份和状况等方面是不同的。设想有一个通用的计算机平台，足以保证安装在所有学校中的教育应用设备的正常运行，但实际上这是不可能的。因为各地学校的 ICT 基础设施是复杂和多样的。由于一些学校缺乏技术专家，学生在功能区上的使用受到了大量的限制，如禁用右键单击功能，这导致不能对一些教育应用程序进行操作，又如缺乏 Active-X 和 Java 运行引擎等常见的插件和应用程序，使许多教育应用程序无法执行，从而也加剧了这一问题。此外，许多技术助理在遇到困难时无法识别故障，排除问题。

  利用各种数字化工具对学生进行表现性评价时，对于统一性的需求尤为突出。就网络连接和可用工具而言，如果没有一个统一的技术平台，对学生表现进行公正的评价是不可能的。此外，评价学生利用数字技术在不同学科领域执行任务的能力也变得越来越重要。当然，技术评价也对在学生自己的学校环境中进行评价提出了要求，因为这一研究经验将极大推动校本表现性评价的发展。

  为了解决这一问题，项目组经过多方考察，决定使用远程服务器系统——终端服务器（Microsoft Windows Terminal Server，WTS）。这就要求参与学校的计算机在评价过程中只能用作瘦客户端（thin client），即哑终端（dumb terminals），在评价过程中为每一个用户提供了一个独特的一致性 Windows 环境。每个参与学校的每一台计算机都可以登录到系统中，并能以同样的方式使用。总之，所有的操作对每个客户端的用户都是独立的，并且功能都是由服务器操作系统进行管理。学生和教师可以在任何时间和任何地点参与学习、调查或评价，而不必担心计算机的配置问题。除了独立的自主学习，以讨论形式展开的协作学习也可以在 WTS 内进行。虽然这种设置在很多学校网站中得到运用，但在实施评价时，仍然有很多技术挑战，特别是关于学校防火墙设置和带宽的问题。

在评价过程中所有学生的行为被记录下来，他们所有的答案都存储在服务器上。客观答案被自动评分，而开放式答案和学生制作的数字化作品是在网上评分，这种评价是在精心准备和已验证标题的基础上进行，在相关学科领域有经验的教师对每个成就水平上观察到的表现进行描述。调查结果的详细报告可见 Law 等人的研究（2009）。

3. 欧洲技术评价的研究和开发实例。

在一些欧洲国家中，利用技术提高评价效率日益受到重视，欧盟的研究和开发单位也共同致力于推动技术导向的评价，并组织研究工作室（Scheuermann & Bjornsson，2009；Scheuermann & Pereira，2008）。

在国家层面，卢森堡通过引入一个全国性的评价体系，跳过纸质测试直接迈向网络测试。该系统的当前版本能够同时评价不同的人群。它有一个先进的统计分析单元，能够自动生成反馈并提供给教师（Plichar et al.，2004，2008）。TAO（Testing Assiste par Ordinateur 的缩写，法语表述为计算机测试）平台由卢森堡大学和亨利都铎公共研究中心（Public Research Center Henri Tudor）在卢森堡创建、开发和维护，其核心内容已在一些国际评价项目中使用，包括在 2009 年 PISA（OECD，2008a）中的电子阅读评价（Electronic Reading Assessment，简称 ERA）和 OECD 实施的国际成人能力评价（International Assessment of Adult Competenies，简称 PIAAC）项目（OECD，2008b）。为了满足 PIAAC 在每家每户调查中的需要，计算机辅助的个人采访（CAPI）功能已完全融入到管理能力评价中。一些国家也有类似的专业化评价，并进一步发展了融入 TAO 平台的拓展性构成要素。

在德国，一个名为"the Deutsches für Internationale Pädagogische Forschung"的研究单位（DIPF，德国法兰克福国际教育研究所）启动了运用和开发 TAO 平台的重要项目。DIPF 的"技术评价"（TBA）项目的主要目标是根据国际标准和可靠服务系统，基于创新的研究与发展，建立一个技术辅助测试的国家标准。[①] 开发技术包括项目设计软件，创新项目格式的创建（例如复杂和交互式内容），反馈程序、计算机化适应性测试和项目库。TBA 的另一个创新应用是对复杂问题解决能力的测量；相关实验开始于 20 世纪 90 年代末，2003 年，PISA 项目在德国进行了针对这一能力发展的大规模评价。评价软件的核心是一个有限自动机，它可以很容易地根据项目难度进行缩放，并且可以在许多情境中完成（封面故事，外皮）。这种方法提供了一种工具，用来测量不同于分析性问题解决和一般智能的认知结构（Wirth & Klieme，2003；Wirth & Funke，2005）。最新和更复杂的工具是使用 MicroDYN 方法，让被测者面临一个动态变化的环境（Blech & Funke，2005；Greiff & Funke，2008）。其中一个主要的教育研究活动，即为评价个人学习成果和评价教育过程的能力模型，[②] 也包含在一些与 TBA 相关的研究中（如动态问题解决、动态测试和基于规则的项目生成）。

在匈牙利，第一次通过技术来进行测试发生在 2008 年。当时，大量抽样七年级学生，同时通过纸笔测试和在线测试来测量他们的归纳推理能力，从而验证媒介对评价的影响。第一个结果表明虽然总体成就与媒介是具有高度相关性的，但有些项目在两种媒介中的难度存在明显差异，有些人在其中一种或另一种媒体上的表现要更好（Csapó et al.，2009）。2009 年，匈牙利还开展了一个大型项目，该项目是为了开发一个针对小学六年级学生的阅读、数学和科学的在线诊断评价系统。该项目包括开发评价框架，制定一大批既能在纸面上进行也能在电脑上进行评价的项目，具体包括建立项目库，使用技术把项目从纸面移至电脑，并用不同媒体比较测试结果等。

4. 美国技术评价实例。

在美国，有很多大型总结性测试使用技术的例子。在小学和中学阶段，以

---

① 研究单位的任务宣言。见 http://www.tba.dipf.de/index.php?option=com_content & task= view & id=25 & Itemid=33。

② 见 http://kompetenzmodelle.dipf.de/en/projects。

技术为基础的主要测试项目是：学术进步测量（西北评价协会），弗吉尼亚学习测试标准（弗吉尼亚教育部门），和俄勒冈知识与技能评价（俄勒冈教育部门）。学术进步测量（Measures of Academic Progress，MAP）主要运用于小学和中学阶段的阅读、数学、语法和科学测试，属于计算机适应性测试系列。MAP被用于成千上万的学区。该测试项目与诊断性框架和笛卡尔乘积（DesCartes）有关，它将MAP的积分量表固定在技能描述上，这种描述方式很受教师欢迎，因为它能向教师提供形成性评价信息。弗吉尼亚学习标准（Standards of Learning，SOL）的测试覆盖了中小学阶段的阅读、数学、科学和其他学科评价。超过150万SOL测试采取网上年度测试。俄勒冈州知识和技能评价（Oregon Assessment of Knowledge and Skills，OAKS）是测量中小学阶段的阅读、数学和科学的适应性测试项目。

OAKS是在《不让一个孩子掉队》法案支持下实施的评价项目，它被认为是唯一可以达到此目的的适应性测试。OAKS和用于NCLB目的的弗吉尼亚州SOL测试对于学校来说都有很高的风险，因为持续表现不佳的测试会让其受到处罚。对于学生来说，一些测试也可能存在相当大的风险，包括那些影响课程期末成绩、晋升或者毕业决定的测试。MAP、OAKS和SOL在线评价完全是基于多项选择测试。

在线测试主要开发者Acuity（CTB／麦格劳－希尔）和PASeries（皮尔逊）认为该类测试以形成性评价为目的。也许与目前形成性评价理念更加符合的是认知导引（Cognitive Tutors）（卡内基学习）。以认知导引为核心的代数和几何等学科教学中，教师首先对学生提出问题，再利用学生的反应动态地判断他们的理解情况，然后相应地调整教学。

在中学阶段，ACCUPLACER（美国大学理事会）和COMPASS（ACT）都是总结性评价，其评价结果是安排新生进入发展性阅读，写作和数学课程的基本依据。除了论文采用自动评分的形式，其他所有内容都是适应性测试。对学生来说，这种测试的风险相对较低。而研究生入学考试（Graduate Record Examination，GRE）中的一般性测试（General Test，ETS）、研究生管理入学考试（Graduate Management Admission Test，GMAT）和托福考试这三种类型的考试都是在计算机上进行的，并且都服务于教育招生，属于高风险考试。GRE和GMAT的测试内容是多选题和适应性测试。三个测试的笔试部分包含文章写作,并由一种或多种类似人工评分的方式自动评分。托福网考还有主观作答等口语内容,它由评价人员对参与测试者的数字录音进行人工记分。托福在线练习(ETS)这一形成性评价,包括了自动评分的口语测试。

5. 国际评价项目中的技术运用。

目前正在实施的大规模国际评价项目起源于 1958 年建立的国际教育成就评价协会。IEA 建立的初衷是将比较教育的研究重点放在教育成果变化上,如知识,理解,态度和参与,以及教育投入和教育组织等方面。目前大多数大规模国际评价项目由 IEA 和 OECD 开展。

自 1995 年来,IEA 每四年会对四年级和八年级的学生开展国际数学和科学评测趋势(Trends in International Mathematics and Science Study,TIMSS)研究,并于 2011 年进行了第五轮研究(Mullis et al.,2008;Martin et al.,2008)。从 2001 年起,IEA 每五年会在四年级学生中组织实施国际阅读素养进步研究(Progress in International Reading Literacy Study,PIRLS),并于 2011 年进行了第三轮研究(Mullis et al.,2007)。此外,IEA 分别在 1999 年和 2009 年开展了公民和公民教育(Civic and Citizenship Education,ICCS)定期评价,并计划在 2013 年进行计算机与信息素养(Computer and Information Literacy,ICILS)评价。

自 2000 年起,OECD 每三年会对 15 岁学生开展国际学生评价项目,并计划于 2012 年开展第五轮评价(OECD,2007)。每一轮都评价阅读、数学和科学素养,但以其中一项为主要评价领域。2003 年的评价领域包含了解决问题能力。OECD 还计划于 2011 年在 27 个国家实施国际成人素养评价项目,其目标人群是 16 岁至 65 岁之间的成人,每个国家的样本至少 5000 人,被试在家通过电脑接受调查(OECD 2008B);该项目主要评价识字、算术以及"在技术丰富的环境中解决问题的能力",并调查了其在家庭、工作和社区是如何使用这些技能的。

TIMSS 和 PIRLS 都利用 ICT 对学校和教师进行网络调查,但尚未广泛用于评价学生。2011 年,Web 阅读已成为 PIRLS 的一部分,且开发和试用了评价模块。该计划能否进入到国际主要调查中,取决于选择评价模块的参与国数量。国际计算机与信息素养研究(International Computer and Information Literacy Study,ICILS)旨在考察各个国家学生计算机与信息素养(Computer and information literacy,CIL)教育的成果;同时,调查国家之间和国家内部各学校之间的 CIL

成果差异，从而将这些差异变化与 CIL 教育方式建立关联。CIL 被描述为能够利用电脑进行调查、创作及交流，从而有效地参与家庭、学校、工作场所和社区的活动的能力。它汇集了计算机能力和信息素养，能够访问和评价信息，以及生成和交换信息。除了基于计算机对学生进行评价外，这项研究还包括利用计算机对学生、教师和学校展开调查，此外，它还包含了国情调查。

PISA 已经开始在评价领域使用 ICT。2006 年 PISA 的主要评价领域是科学素养，评价包含了基于计算机的科学评价（Computer-Based Assessment of Science，CBAS）。CBAS 由测试管理者通过六台笔记本电脑向每所学校交付评价任务，学校需要通过无线或有线网络安装评价设备，其中一台联网电脑被作为管理员控制台（Haldane，2009）。测试期间学生的反应都保存在学生电脑和测试管理员电脑上。为了管理 CBAS 项目的转化和验证过程，该项目还开发了在线转化管理系统。

一个典型的 CBAS 项目包括刺激区域、包含文字的文件、电影或 Flash 动画和一个含有简单或复杂的多项选择题的任务区，并且利用单选按钮选择答案。一些刺激是互动的，需要学生通过键入值或拖动指针来设置参数。有一些拖放任务和多项选择题要求学生从一组电影或动画中选择。目前还没有建构性反应项目，所有的项目都是通过计算机计分，并且全体学生在项目中的活动都被记录下来了。CBAS 在 13 个国家进行了现场试验，但是结果只包含在其中三个国家的主要研究中。

2009 年，PISA 已经把阅读素养作为主要评价领域，并把 ERA 作为国际选项纳入进来。ERA 测试使用卢森堡大学开发的一个测试管理系统 TAO（如本章前面所述）。TAO 可以在因特网上通过网络（如 ERA 的情况）进行测试，也可以在一台独立的计算机上进行测试，并在内存通用串行总线（USB）上收集学生答题信息。ERA 系统包括在线转化管理系统和自由反应项目的在线编码系统。一个 ERA 项目是由一个模拟的多页面的 Web 环境和任务区域的刺激区域构成。一个典型的 ERA 项目是让学生通过浏览 Web 环境来回答多项选择或自由反应的问题。其他类型的任务要求学生通过点击特定链接，从下拉菜单中做出选择，张贴博客条目或输入电子邮件与刺激区域互动。主观作答项目的回答由人工评分，而其他的任务由电脑评分。2009 年 PISA 的阅读框架阐述了 ERA 的评价结构以及这些结构与纸质评价的关系。PISA 在后续评价计划中将进一步使用计算机评价。

PIAAC 建基于已有的国际成人素养调查（如 IALS 和 ALL），但它拓展了素养评价范围并调查了工作中技能的使用方式。其评价重点是识字、计算和阅读素养以及在技术丰富环境中的问题解决能力（OECD，2008b），它指的是信息时代所需的认知技能，而不是计算机技能，类似于通常所说的信息素养。这方面的评价主要关注使用笔记本电脑上的各种信息资源解决问题的能力。这些问题涉及访问、评价、获取和处理信息，并包含技术和认知需求。

在 PIAAC 中，识字和计算两个概念除了强调运用、解释和交流等素养外，还强调了在各种环境中的情境化素养。"阅读部分"包括的基本技能有："单词识别，解码能力，词汇知识和流利性"。除了评价这些领域之外，PIAAC 还调查成人在一些工作场所使用的一般技能的类型和水平，以及他们的背景信息，包括关于他们在日常生活中如何利用识字、计算和技术技能的数据、教育背景、工作经验和个人背景特征等（OECD，2008b）。评价和调查以计算机为基础，并由受过培训的访谈人员管理被试者在家中的任务执行。该项目基于 TAO 系统实施评价。

不论是国际评价项目，还是国家和地区评价项目，ICT 应用中的两个主题是显而易见的。一种是利用 ICT 更好地评价学校传统评价的重点领域：阅读，数学和科学。"更好地评价"意味着使用更丰富，更具有交互性的评价材料评价过去很难评价的领域，并有可能扩大这些领域的评价边界。到目前为止，ICT 的这个主题已经在 PISA 和 PIRLS 中得到了普遍应用。第二个主题是利用 ICT 来评价通用素养（generic competencies）。它在 ICILS 和 PIAAC 中尤为明显，两者都提出利用计算机技术来评价一系列管理和交流信息所需的通用的、可转化的知识、技能和理解。这两个项目目前正在研究技术和信息素养之间存在的交集问题（Catts & Lau，2008）。

任务呈现，反应捕捉（Response Capture）和评分

技术交付设计可以高度模仿传统纸质测试中任务呈现和反应输入的特征。如果目标是创造一个能产生与纸质测试相当分数的技术交付测试，那么高度模仿是很必要的。然而，如果没有这种限制存在，技术交付可以大大改变任务呈现、反应捕捉和评分。

任务呈现和反应输入（Response Entry）

目前大多数技术交付的测试采用了传统项目类型，要求静态呈现测试问题和限制性反应输入，一般而言，都会使用鼠标点击多项选择中的其中一个选项完成答题。在某些情况下，测试问题需要更详细的回答，比如论文写作。

在多项选择和复杂性反应模式中，如论文写作，存在着多种可能性，而如何实现这些可能性以及哪里最适合实现，评价领域、目的和环境发挥着重要作用。以下内容呈现了已经确定的三个领域的一些例子：（1）实践者使用专业工具与新技术互动的领域；（2）完全使用技术或毫不涉及技术的领域；（3）以技术的使用为核心的领域。

1. 实践者使用专业工具的领域。

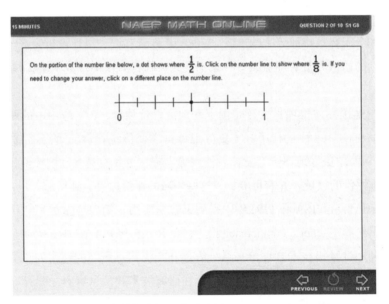

图4.4　在数轴上插入点（来源：Bennett，2007）

如前所述，在数学学科领域，学生和实践者倾向于针对具体目的使用技术工具而不是广泛应用于问题解决。

由于电子数据表和图形计算器等专业工具并没有普遍使用，因此，在计算机上测量学生数学技能常常以跟踪问题解决方式为主，这种测试通常也在课堂中采取纸笔方式来呈现，所以，即便在不使用计算机的情况下，这种方法也可以最大化地发挥测量优势。在这种情况下，计算机主要是作为任务呈现和反应信息收集的设备，当然还要防止计算机成为解决问题的阻碍。一般而言，要实现这一目标，需要为学生精心设计熟悉计算机测试和任务呈现模式的机会，而提高学生这种熟悉程度的最好方式是，创设对所有相关人员来说都是低风险的形成性评价环境。

以下图表呈现的例子阐释了计算机上的数学素养测试，这些素养通常也在纸笔测试中测量。

图4.4显示了全国教育进步评价研究的一个例子（Bennett，2007）。

该任务要求在数轴上标识一个点。在纸笔测试中，学生可以简单地用铅笔标注。在计算机测试中，学生必须使用鼠标点击数轴上适当的点。虽然这个项目形式说明了可以从多项选择中选择一项，但与典型的多选项目相比，这里少了一点强迫选择的意思，因为这里有更多的点可供选择。

图4.5也是NAEP的一个研究例子。考生可以通过点击按钮使用计算器，但随后必须在答题框中输入数字答案。

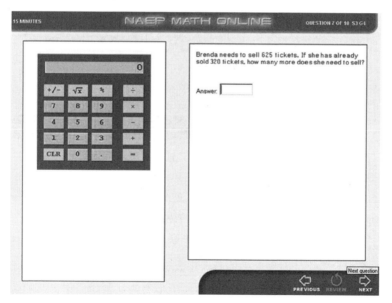

图4.5 使用屏幕上的计算器输入数字任务（来源：Bennett，2007）

这个过程就是复制考生在纸笔测试中利用计算器答题的做法。（计算答案，然后把它写入到答题卡。）计算机呈现任务的另一种设计是把计算器上的答案当作考生对该问题的预期反应。

使用电脑屏幕上的计算器的一个优点是，测试开发人员可以控制何时把计算器提供给学生（如对所有问题还是部分问题子集）。第二个优点是，功能复杂程度也受测试程序的控制。最后，所有的考生在计算机上能够获得相同的功能，并且必须协商相同的功能布局。为了确保所有学生都熟悉功能布局，测试之前的一些练习是必要的。

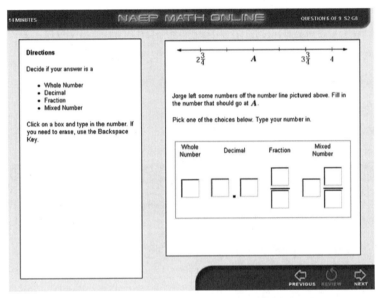

图 4.6　需要使用答案模板的数字输入任务（来源：Bennett，2007）

图 4.6 呈现的 NAEP 研究实例表明，计算机也会成为问题解决的障碍。在纸质测试中，这个项目只需要学生将一个值输入一个空的方框，由字母"A"指定数轴上的点表示。在计算机上实施这个项目产生了一个问题，在不提示学生答案是一个混合数字的时候，如何确保用数学上的"大于/小于"方式输入部分答案。这种反应类型，把在纸质测试中一个步骤的问题变成在计算机测试中两个步骤的问题，是因为学生要在回答之前选择合适的模板。这个问题在计算机中比在纸质版中要困难得多。（Sandene et al.，2005）。

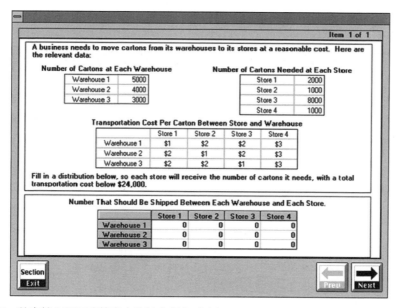

图 4.7　数字输入和正确答案自动计分任务［来源：Bennett et al., 1998. Copyright (c) 1998 ETS. Used by permission］

图 4.7 展示的是研究生招生调查案例（Bennett et al., 2000）。尽管只需要输入数值，但从某些方面来说，其反应方式是比较有趣的。这是一个在商业环境中形成的问题。图中给出了三个表格，分别显示了有库存的几个仓库、有一定需求量的几个商店和与各仓库到各商店运输方案息息相关的费用，并附上了总的运输预算，该任务就是利用下方的表格给各个商店分配所需货物数量，并且既不超过库存也不超过运输预算。

就本质而言，该问题不是为了寻找最佳答案，而是要求被试者去发现一个合理的答案。此类问题是人们在日常生活情境中经常会遇到的诸多问题之一。在这一情境中，问题的答案多种多样，但最佳答案可能因为太费时而难以快速找到，并且出于实用目的，众多可供选择的方案中选择任何一个都可以解决问题。

在计算机上呈现这种案例的一个优势在于，即便有很多正确的答案，但反应很容易就能自动评分，而且评分是根据问题条件测试每个问题答案而完成的。也就是说，评价者只需要关注，学生的答案可以作为一种库存资源吗？它能满足商店的库存需求吗？它能满足运输预算条件吗？当然，还可以设想很多其他具有同样"限制性满足"条件特征的问题，所有诸如此类的问题都可以通过计算机自动记分。

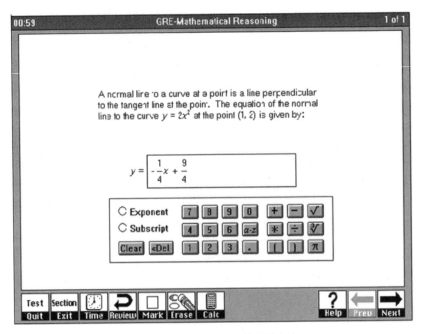

图 4.8 需要符号表示答案的任务

来源：Bennett et al., 1998. Copyright (c) 1998 ETS. Used by permission

图 4.8 显示的是一项关于研究生招生调查的案例（Bennett et al., 2000）。这种反应模式使得有符号表达的问题变成答案，例如，用代数方法模拟情境，并以文本或图形的形式呈现。考生利用鼠标敲击键盘以键入表达式。以这种方式输入答案并不会像在纸上写一个表达式那么简单。对比上述 NAEP 模版，这种回答方式避免了多模版的一些要求，然而仍以大于/小于的方式呈现答案。不像纸质测试那样，这种反应能够通过检测学生的表达式是否与测试开发者的核心代数等价来自动计算出结果。

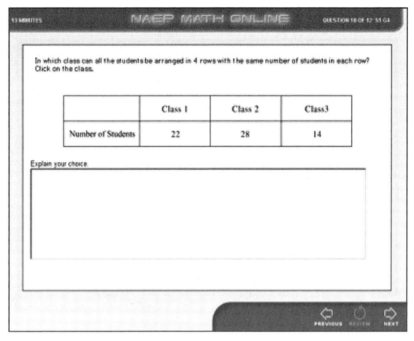

图 4.9 强迫选择并给出选择理由的任务(来源:Bennett,2007)

图 4.9 中的问题格式来自 NAEP 研究,在这项研究中,学生必须从给出的三个班级选项中进行选择,看看哪个班级学生人数能被 4 整除,然后输入理由。写下的理由会被自动记分,但可能不会像人工判断得那么精准。根据具体问题,这种格式可能会被用来收集证据,这些证据与正确答案是否能够揭示概念理解或隐藏在选择背后的批判性思维水平相关。

图 4.10 描绘的问题格式也来自 NAEP 研究,在回答问题时,给学生提供一定的数据,然后,学生必须用鼠标创建一个条形图来表征这些数据。条形图是通过点击网格中的单元格画上或消除阴影框而形成的。

图 4.11 显示了用于研究生招生调查的一项更加复杂的绘图任务。这里,考生在网格上描点,然后通过点击直线或者曲线按钮将这些点连接起来。利用这样的反应模式能够呈现出有一个或者多个正确答案的问题,所有这些答案都可以被自动记分。在这个具体案例中,梯形的任何一个地方都可以是正确答案,正如图中所示的那样,自行车起始时间和距离都是 0,当骑行至 3 英里后,停滞了一段时间,然后在结束骑行时,图表显示的距离为 0,而时间为 60 分钟。

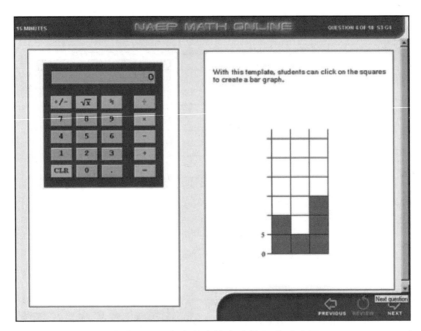

图 4.10 利用鼠标点击阴影 / 空白小方格来建构图表（来源：Bennett, 2007）

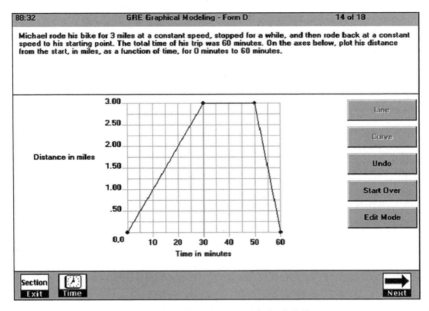

图 4.11 在网格上描点绘制直线或曲线图

[来源：Bennett et al., 1998. Copyright (c) 1998 ETS. Used by permission]

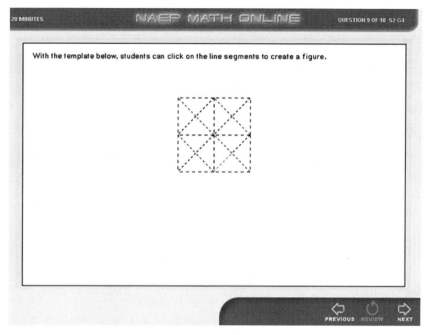

图 4.12　绘制几何图形的项目（来源：Bennett, 2007）

最后，在图 4.12 所示的 NAEP 研究格式中，要求学生通过单击虚线段绘制一个直角三角形，在绘制过程中，虚线段一旦被选中就会变黑并且会连接起来。这个格式优于手工绘图的一点是，图形的性质会变得清晰并且能自动计分。

在以上这些反应模式中，大体都围绕着反应方式进行讨论，刺激呈现的差异仅限于纸笔测试中可能交付的方式。事实上，这些反应模式一般都以纸笔测试为模型，如此方能保持问题解决模式的可比性。

然而，在一些领域里，技术交付可以通过使用音频、视频或动画来动态化呈现刺激，这种刺激呈现的效果在传统纸笔测试中无法获得，除非利用特殊设备（如电视监视器、视频回放）。听力理解就是这样一个领域，就像在数学领域里一样，在这个领域中，互动技术并不作为领域实践的一部分全面渗透于学校。出于评价目的，动态呈现的刺激可以与传统测试的问题结合起来，例如，当学生在讲座上看到一个音频片段，接着让他在屏幕上回答关于这个讲座的一道多选题。类似于托福这种测试，如果有意地将听力概念化以排除视觉信息，那么将静止图像与音频呈现结合看起来是个合理的选择。如果添加说话者视频这种视觉线索变得愈加重要，那么就有可能构思一个更加精细化的听力理解结构。

科学是没有将互动技术作为特有实践领域的一部分全面渗透于学校的第三个实例。在这里，交互工具只用于特殊目的，例如电子表格模型或复杂物理系统的运行模拟。在测试中用到的反应格式可能包括必选题和主观题，但这些题目都是在模拟实验或观察动态现象之后通过音频、视频或者动画呈现出来的。

许多重大课题整合了模拟和可视化工具的使用，这为科学学习提供了丰富而真实的任务。这样的学习环境有助于通过交互探索加深对许多领域复杂关系的理解（e.g. Mellar et al., 1994; Pea, 2002; Feurzeig and Roberts, 1999; Tinker and Xie, 2008）。许多在创新科学课程中使用的技术也有可能在科学教育的评价中被使用或改进，从而为各类学生的表现开辟新的可能，这些表现因形成性或总结性的目的而受到检验（Quellmalz and Haertel, 2004）。下面列出的一些整合科学评价工具的例子阐述了已有文献中的研究情况和设计范围。

在技术支撑的科学领域，以非传统学习结果为目标的表现性评价最早的例子是为全球环境科学教育评价项目开发评价任务。米恩斯和哈泰尔（Means & Haertel, 2002）所描述的例子中，任务设计旨在测量与分析和解释气候数据相关的探究技能。在任务中，学生们要为下一届冬奥会选址提供一套与气候相关的标准，以及关于候选城市的多种气候数据。学生必须使用给定的标准分析这套气候数据，基于分析结果，选出最合适的场地，然后准备一场有说服力的演讲，结合各个候选城市的气候比较数据，阐释他们选择的理由。评价基本上能够揭示学生理解此标准以及连贯系统地应用此标准的程度，当然，还可以揭示他们是否能够以清晰而连贯的方式提出他们的论点。因此，这种评价能够很好地实现全球项目的评价目的。然而，米恩斯和哈泰尔指出，由于评价任务潜入了该项目所使用的学习系统中，该任务可能不能满足更广泛的评价需求。他们克服这些局限性的方法之一是开发和使用评价模型来指导课堂评价工具的设计。

SimScientists是一个使用互动模拟技术来评价学生科学学习结果的评价项目，主要用来支持课堂形成性评价（Quellmalz and Pellegrino, 2009; Quellmalz et al., 2009）。根据以证据为中心的设计模型来设计模拟评价（Means and Haertel, 2002），这样，学生模型中界定的那些能够获取目标内容和探究目标证据的模型将成为任务设计基础，因此，基于这样一种能够报告学生在这些目标上的进步和成就的恰当证据模型,就能够对学生的表现进行评分和报告。在为了具体内容和查询目标而开展评价的任务中,太多注意力被投放在一些重大误解的辨别上,这些误解被报道在一些与评价目标相关的科学教育文献中,而评价任务旨在揭示不正确的或幼稚的理解。这些评价任务被视为形成性资源,它们可以提供:(1)根据学生行为及时反馈;(2)为学生提供实时的毕业辅导;(3)可用于离线指导和拓展活动的诊断性信息。

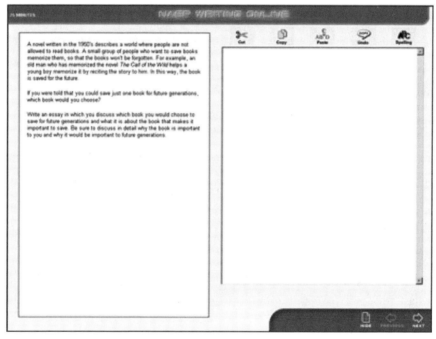

图 4.13　论文写作反应类型(来源:Horkay 等人,2005)

2. 完全使用技术或毫不涉及技术的领域。

在写作领域,有些人几乎只使用电脑写作,有些人则很少或者几乎不使用。这种情形对于设计有着独特的意义,因为两种类型的个体需求都必须安排在写作评价中。

图 4.13 展示了 NAEP 研究中的一种范例格式。图的左边是写作提示,右边是一个像简化文字处理器一样的答题区域。通过答题区域上端的工具按钮可以使用 6 项功能,包括剪切、复制和粘贴文本;撤销最近的一项操作并检查拼写。

其中有些功能也可以通过快捷键进行操作，例如 Control-C 用于复制文本。这种版式的目的在于使其在设计和功能上足够被熟悉，以便那些精通计算机写作的人能够尽可能快速且容易地学会使用它。同时，这些写作设计可能会对那些习惯使用具有更复杂功能的商业文字处理器的学生不利。

这种作答形式的简单设计也是为了给那些根本不在电脑上写作的人提供便利。然而这种设计也可能会因对键盘输入的要求而变得不便，因为电脑熟悉度、尤其是键盘使用技能的好坏似乎会影响到在线写作的表现（Horkay et al., 2006）。考虑比较周全的测试设计可能允许通过手笔输入。但是，即使是这种输入方式，也需要事先对那些不熟悉平板电脑的人进行练习。最重要的是，对于那些有一部分人使用技术工具来操作，而另一部分人也可以不使用技术进行操作的领域来说，技术交付评价与传统评价都是必要的。

写作评价与很多使用技术工具的领域一样，最关键的问题是，是否能够创建一个简化版的工具用于评价，或者是否能够使用真实工具。首先，使用真实工具（比如说一个独特的商业文字处理器），通常需要承担获取技术许可的巨大开支（除非学生们使用自己的或者机构的盗版）；其次，该工具也可能仅在当地使用，使得测试机构更难直接获得反应数据；再次，一旦选定了一种特定的文字处理器，可能就只有利于那些习惯使用它的学生，而不利于那些经常使用别的处理器的学生；最后，获得处理数据可能是不容易的，甚至是几乎不可能的。

同时，也存在与创建通用工具相关的问题，包括在它的设计中决定包含哪些特性、开发所需的大量成本和时间，以及事实上，所有的学生都需要时间去熟悉工具。

3. 以技术的使用为核心的领域。

技术评价可能会在那些将交互技术使用作为定义核心的领域中最充分、最迅速地实现它的潜能。在这些领域中，没有科技的支撑，实践和评价都难有意义。科技虽然能够用于上述两个域类中的任何一个，但是模拟在第三类领域中仍然是关键工具，因为模拟可以复制一项特殊的技术或者技术环境的本质特征，并在这种环境中评价领域熟练程度。

在电子信息搜索领域可以找到一个例子。图 4.14 是一个用于 NAEP 研究的虚拟网络截屏。屏幕左侧是一个问题陈述，要求学生找出并解释为什么有时候科学家会使用氦气球进行行星大气探测。问题陈述下面是学生在先前的屏幕上仔细阅读过的一些指导摘要。右边是一个搜索浏览器。浏览器上是重新访问页面的按钮、书签按钮、获取更多向导的按钮、提示按钮,以及用于做笔记或者就提出的问题写出引申作答的形式切换按钮。

源自真实互联网的 5000 个网页组成了虚拟互联网,用于填充这个虚拟互联网的数据库还包含了一些相关的及不相关材料的页面。使用模拟互联网来确保标准化是因为,根据学校的技术政策和任何给定的测试管理时间,学生可以使用真实互特网的不同部分,并且阻止不合适的网站在 NAEP 的保护下出现。数据库中的每一个页面都被一个乃至多个评价者评定为与所提出问题相关联。为了回答这些问题,学生们必须访问数据库中的多个页面,并且综合分析其中发现的各种信息。对学生行为表现的评分既基于书面回答的质量也基于他们的搜索表现。除此之外,也会将一些高级搜索技术的使用作为评分因素,如引用、NOT 操作、书签的使用、访问页面和书签页面相关的页面,以及产生一系列相关点击量所需的搜索数量。

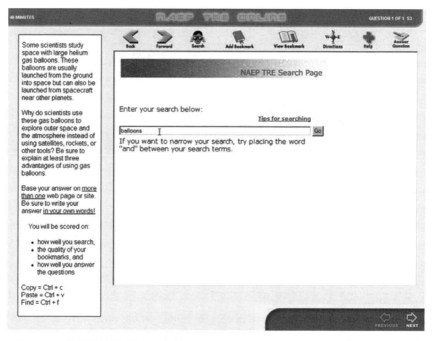

图 4.14　虚拟网络搜索问题(来源:Adapted from Bennett and et al., 2007)

特别值得注意的是，因为考生输入的搜索查询和具体访问页面会存在一定差异，所以网络上的行动与实践总是以不同的方式展开。这就意味着，对所有的学生而言，所遇到的问题都不会是千篇一律的。

第二个例子出自模拟实验操作。除了前面显示的电子信息搜索练习，班尼特（Bennett et al., 2007）通过创造环境，要求八年级的学生通过模拟实验发现各种物理量之间的关系。这项实验涉及操纵载重量、气球中氦气含量、一个科学气球，以便确定这些变量与气球在大气中可上升高度的关系。学生使用的界面如图 4.15 所示。

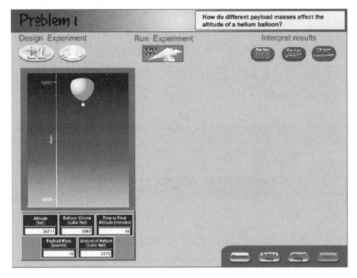

图 4.15　通过模拟实验操作解决问题的环境
（来源：Adapted from Bennett and et al., 2007）

根据所示具体问题（见右上角），实验环境允许学生选择自变量的值（有效载重量及氦气含量），并预测气球将会发生什么变化，然后发射气球，制作一份表格或图形，写下关于此问题的拓展性反应。学生可以按照任何顺序解决问题，还可以按自己的意愿进行尽可能多的实验。气球的运行状况动态地呈现在飞行窗口中，下面的仪表盘上会显示气球的实时高度、体积、到达最终高度的时间、有效载荷量和注入其中的氦气含量。根据学生对该问题书面回复的准确性和完整性以及在解决方案中使用的方法，对他们的表现进行评分。具体评价内容包括：实验的数量和自变量范围是否足以用来发现利益关系，是否建构起了包含所有与问题相关的自变量的表格和图形，实验是否得到了控制，使得不同自变量间产生的结果互不干扰。

评 分

对于多项选择题，已经有很成熟的评分技术。对于建构性反应这类问题，包括上述的一些问题，机器评分技术才刚刚涌现。德拉斯格，刘易特，伯奈特（Drasgow，Luecht and Bennett，2006）描述了三种建构性反应的自动评分类型。

第一类是通过得分点和考生反应之间的简单匹配来识别。如图4.4（要求在数轴上选点）所示的反应类型就属于这一类，阅读一篇文章的过程中要求学生点击句子插入点，通过位置拖放和在图表上拓展条形图来表示一个特定数量或者输入数字反应，以此来确定问题数值。一般而言，这些反应都可以客观评分。在有些情况下，需要设置评分过程中细微差别的公差（tolerances）。例如，如果一个问题要求考生在数轴上点击代表2.5的点，而界面允许在数轴上任一个地方点击，这就需要在一定范围内设置正确反应，或者将反应类型设定为只接受在某一时间间隔范围内的点击。

第二类问题中，德拉斯格等人认为静态的问题太复杂，以至于无法通过简单匹配进行评分。这些问题是静态的，从这个意义上讲，无论学生采取什么行动，任务都是一样的。这类问题的例子包括：需要输入表达式的数学问题（图4.8），在坐标轴上绘点（图4.11），或者对于有许多正确答案的问题进行数字输入（图4.7）。其他例子中的问题需要简短的书面作答、一份概念地图（concept map）、一篇文章或一份演讲样本。已有研究对这种自动评分类型做了大量工作，以写作领域尤为突出（Shermis and Burstein，2003）。使用这种评分方式一般出于总结性评价目的，但是这种评分方式对于大型测试项目是有很大风险的，包括研究生入学GRE中的GT、GMAT和托福考试。低熵化（高度可预测）演讲的自动评分也开始在总结性应用测试中得到应用，同时也用于低风险、形成性评价环境下的难预测的高熵化（high-entropy）演讲。（Xi et al.，2008）

第三类问题涵盖的实例中，问题随着考生在解决过程中所采取的行动的变化而变化。图4.14所示的电子搜索反应模式便属于这一类问题。完成这些问题考生通常需要大量的时间，并且由于高度互动性，问题的解决会产生大量的数据；每一次点击键盘和鼠标，都可能生成不同的结果。这些事实意味着，需要（也是一种机会）使用多个正确结果作为总体熟练度的证据，这也意味着还要深入挖掘除了整体熟练度之外的其他维度。不过，要实现这些目标已经被证明是非常困难的，因为所产生的数据不可避免地只与问题具有某些相关度。决定获取哪些数据及对哪些数据进行评分还应该建立在以下基础之上：领域概念的仔细分析，对考生做出的一些期望要求，为这些要求提供证据的行为，将要提供证据的任务。该类问题的评分方法已经被证明是科学问题解决中所使用的策略。在课堂上对这些问题评分的方法已经被证明是科学问题（Stevens et al.，1996；Stevens and Casillas，2006）与技术问题（Bennett et al.，2003）的解决策略，也可用于医疗许可的病人管理（Clyman et al.，1995）以及计算机网络故障排除中（Williamson et al.，2006a，b）。

对于三类主观作答题以及必选题来说，计算机交付提供纸笔测试不能及时捕捉到的额外信息。这样的信息可能只涉及以上所描述的类型中的第一种（简单性匹配），即只是多选题和建构性反应题的简单拓展。在第一种类型中简单的延伸就是关于试题首次呈现和考生作答输入的时间。对于第二类和第三类问题，计时数据将更加复杂。例如撰写一篇论文，允许在字词、句子、段落中输入延伸数据。其中的一些延伸数据可能会对检测键盘技术有影响（如输入字词），然而另外一些延伸数据可能会对检测观念的流畅性更有指导意义（如输入句子）。

定时数据（timing data）的价值将取决于评价的领域、目的和内容。除此之外，定时信息也适用于那些关注流畅性和自动化程度的领域（如阅读、解码、基本数量事实）、以形成性评价为目的的领域（如某些方面的缓慢可能显示了对提升技能的需要）、测试对学生是低风险的领域（如判断哪些学生在认真考试）。

使用技术评价的有效性问题

接下来，我们讨论几个常见的有效性问题，包括前面界定了的三类领域中使用技术进行评价的一些影响：(1)实践者使用专业工具与新技术互动的领域；(2)完全使用技术或者毫不涉及技术的领域；(3)以技术的使用为核心的领域。

对评价有效性的主要威胁是：(1)从某种程度上讲，评价不能充分测量兴趣结构；(2)与评价无关的其他兴趣结构会无意地影响测试表现（Messick，1989）。就第一种威胁而言，我们不能奢望创建一个能够充分代表复杂结构的单一反应类型，当然，也没有哪个结构能像21世纪技术的构成那样复杂（或者说至今没有）。相反，评价每一种反应类型和评分方法应考虑理论和实证方面所代表的特定结构。最终，正是复杂的测量本身作为一系列不同反应类型的集合，才需要评估其在多大程度上能够代表特定测量目的和情境的结构。

与自动评分相伴而生的是与建构表征（construct representation）与技术相关的问题（尽管人工记分也有类似问题）。在高级层面，自动评分可以分解成三个相互区别的过程：特征提取、特征评估和特征积累（Drasgow et al., 2006）。特征提取涉及区分可评分的组成部分，特征评估则要对这些组成部分进行判断，特征积累包括将这些判断结合形成一个分数值或者一种其他的特征。例如，在文章自动评分中，一个可评分的组成部分可能是语篇单元（如前言、正文、结论），这些语篇单元继而被判定为存在还是不存在的，然后把这些存在的数量与来自其他可评分组成部分（如文字平均复杂度、文字平均长度）的类似判定结合起来。选择哪些写作方面进行评分，如何去判断这些方面及如何去结合这些判断都给建构表征带来了操作困难。例如，自动评分程序倾向于使用易于计算的特征，并在操作条件下通过人的判断授予最佳的预测分数的方法，以此将那些特征联系起来。即使它十分合理地预测了人工记分，这种方法也不能对写作提供最有效的建构表征（Bennett 2006；Bennett and Bejar, 1998），会为那些能够提取出来的特征而省略那些不能通过机器从文中轻易提取的特征，进而把过多的工作交给那些人类专家，这样的做法未必会有很高的价值（Ben-Simon and Bennett, 2007）。

第二种威胁是结构无关变量（construct-irrelevant variance），在缺乏对相关结构的明确定义的情况下也不能准确地确定。在不知道测量确切目标的前提下识别那些可能无关的因素是困难的。在这里，只要对那些没有必要进行评价的内容作出假设，也可以在反应类型层面进行评价。

弱建构性表征（construct under-representation）与结构无关变量可以归入第三类考虑因素，这类考虑因素是第一类和第二类领域测量的关键，也是传统测试与技术测试分数可比性的关键。尽管两种测试形式定义不同，但它们有一个共同的概念，即当这两种模型产生高度相似的个体排名次序和高度相似的得分分布时，二者的分数具有可比性（APA, 1986, p. 18）。如果他们符合排序标准但是得分分布不尽相同也有可能通过等值使分数可以互换。然而，排序差异通常不能通过统计学的调整加以解决。两种测试模式的得分具有可比性，这一结论意味着模式同样可以表征结构，结构无关变量不会对模式产生明显影响。但即便如此，这一结论既没有指出模式足以充分表征既定目标的结构，也没有肯定模式一定不会受到不相关变量的影响；它仅仅意味着两种模式中的分数等效——无论它们测量什么。最后，研究发现，分数不可比意味着要么这两种模式在建构表征程度上不同或者在与结构无关变量不同，要么二者都不同。

当通过两种模式同时呈现一项测试时，两种测试模式之间得分的可比性是重要的，用户希望来自两种模式的得分可以互换。当任务交付从传统向技术转换时，分数的可比性也很重要，用户希望随着时间流逝可以对表现进行比较。有关成人认知能力的纸笔测试与计算机测试的可比性研究由来已久，研究普遍发现，对能力测试的分数是可互换的但并不适用于速度测量（Mead and Drasgow，1993）。

在中小学人群中，这种情形更加不确定了（Drasgow et al.，2006）。元分析的结论表明，成就测试能产生可比性得分（Kingston 2009；Wang et al.，2007，2008），然而，这只是一个初步结论，因为总结性影响主要源自：不考虑等级差异的分布差异分析；多项选择测量；非代表性样本；非随机分配模式；未公开发表的研究与一些不涉及违反独立性的研究员。在有些研究中，他们利用全国中学生代表性样本，采取随机分配模式，对排序与建构性反应项目进行了详细分析，结果显示，不同模式之间分数普遍互换的结论尚未得到支持。（e.g. Bennett et al.，2008；Horkay et al.，2006）

显然，在第三类领域中，跨模式的得分可比性不能发挥任何作用，因为技术是该领域的实践核心，可以推断，在该领域，如果不使用技术，是不可能进行有效测量的。对于这一领域而言，只要提供一种测试模式就足矣。不过，声明评价打算测量什么，以及证据在多大程度上能够支持这些评价依然是必不可少的，因为这些要素适用于任何领域。以论证的形式去支撑声明和证据的有效性，包括理论、逻辑和经验数据（Kane，2006；Messick，1989）。

至于第一类领域，个体主要通过使用专门工具与技术进行互动，即使该领域的有些工作（甚至大多数）通常不在技术环境中实施，但是评价项目总会选择在电脑上测量整个领域。导致这一决定的原因可能在于期望快速扭转分数或其他实用性原因。因为这些领域的很多工作并不经常在计算机上实施，如果用于评价的计算机呈现与代表性领域实践（或课堂教学）偏差太远，那么，可能需要引入结构无关变量来解决问题。

图4.6呈现了源自NAEP数学研究中的一个实例，其中，电脑似乎成了解决问题的障碍。在这个问题中，学生被要求键入一个值以代表数轴上的一个点。在电脑上操作被证明比纸上困难得多，大概是因为前者增加了一些纸质版没有的要求（需要在输入答案前选择一个反应模板）(Sandene et al., 2005)。值得注意的是，这种所谓的无关变量来源可能已经在测试前通过对这种反应格式的充分练习得到了训练，在这种情况下，使用这种格式不再被认为是无相关性（例如，这种模板选择程序在目标学生人群中是否通常被用于解决数学问题）。

图4.5提供了第二个例子。在这个用于研究生和专业入学考试的反应模式中，学生用键盘输入复杂的表达式(Bennett et al., 2000)。加拉赫等人(Gallagher et al., 2002)在与数学相关的领域中，给大四和研一学生提供此类反应模式的问题。研究重点在于确定结构无关变量是否与反应输入程序有关。同时给被试者提供纸质数学测试和计算机数学测试，还有表达式编辑测试和输入技能测试。该研究发现，两种模式之间没有平均分数差异，具有相似的等级次序，每种模式与编辑输入测试（the edit-entry test）没有显著相关性（这意味着，在可观察的编辑技能水平范围内，编辑技能对数学考试成绩没有影响）。然而，有77%的考生表示，如果条件允许，他们更喜欢在纸上进行考试，只有7%的考生乐于接受机考。此外，参与测试的部分人在使用答案输入程序进行计算机测试过程中遇到了困难。研究人员随后对纸质反应进行了回顾性抽样调查，并试图把这些反应输入计算机，结果发现一些纸质反应因太长以至于不能全部输入到屏幕上的答题框中，这表明，可能有些学生已经尝试过把这些表达式输入计算机中但必须重新编排它们以满足结构需要。如果这样的话，这些学生就会尽可能快速地重新表述答案以避免对评分带来不利影响（这个过程可能已经被数据分析检测到了）。即便如此，在重新思考和输入冗长的内容过程中，可能已经对考生造成了不必要的压力感和时间上的紧迫感。与熟悉数学的大四学生及研一学生相比，逊于计算机技术的人群出现结构无关变量的可能性似乎更大。

在领域1和领域2的测试设计中，有很多不可比性的例子，由于不同领域的能力并不通过跨模式进行测量。例如，在领域1中，已经建立起来的传统测试可能通常用于测量那些在纸上可以进行练习的内容，而技术测试的建立，则主要用来挖掘那些使用专门技术工具可以测量的内容。在领域 2 中，同时提供纸笔测试与计算机测试，由于参与纸质测试的人无法在计算机上做出同样的操作（反之亦然），所以，在两种模式中同时测量相同素养是难以实现的，也不存在分数的可比性。很多国家的中小学学生的总结性写作评价都会出现类似的情况。有些学生可能在两种模式下都能按时做出反应，但是，NAEP 关于美国八年级学生的案例研究显示，有很多学生只会在某种或者另一种模式中表现更好（Horkay et al.，2006）。如果学生团体自主选择测试模式，组间表现可能会呈现持续差异。这种差异可能出于技能掌握层面（例如，那些经常使用某一种模式的人可能大体上会比经常使用另一种模式的人更娴熟）或者模式选择层面（例如，某种模式可能会以各种方式提供有助于提升表现的特征而其他模式没有），抑或出于两种模式的交互影响（更加娴熟的实践者可能在某一种模式中比另一种模式受益更多，然而技术生疏的实践者同等地受到两种模式的影响）。

　　无论在哪一类领域，与计算机测试相关的另一个可比性问题是不同硬件和软件配置的分数可比性，包括笔记本电脑和台式机之间的差异，不同尺寸、不同分辨率显示器及其屏幕刷新延迟的差异（因网络宽带不同而出现的）。在这个问题上发表的研究很少，但是已经进行的研究表明，这种差异可能会影响得分可比性（Bridgeman et al.，2003；Horkay et al.，2006）。例如，布里奇曼等人发现，总体而言，在尺寸大、分辨率高的显示器上实施总结性测试，学生的阅读理解得分比尺寸小、分辨率低的显示器要更高。豪凯（Horkay）等人发现，在某些情况下，相比于在学校计算机测试（通常是台式机），学生在 NAEP 电脑笔记本上参与低风险总结性写作测试时的表现更差。而事实上，过去十年，笔记本和台式机在键盘和屏幕质量上的差异已经大大减小了。然而，随着上网本的出现，加之其键盘与显示器的千差万别，使得机器特征也发挥着可比性计分功能，这成为各个领域持续关注的焦点。

　　弱建构性表征（construct under-representation）、结构无关变量以及得分可比性都与评价的意义、得分和其他一些特征（比如诊断性陈述）有关。一些评价目的和评价情境主张，评价必须超越与分数或特征意义相关的内容，需要证据化（substantiation）。这种主张或隐含在行动理论之中，或在行动理论中明确表述出来，它们奠定着评价的使用基础（Kane，2006）。美国的《不让一个孩子掉队》法案就是这样一个例子。这种总结性评价的目的不仅在于测量学生（或者小组）的表现，也明确通过各种法律授权的补救行动来促进学生改善和发展。第二个例子是形成性评价。使用这种评价的依据是，它们将促进比其他情况下更大的成就。在《不让一个孩子掉队》的总结性案例和形成性评价案例中，都需要提供证据。这些证据首先用来支持来自测量工具（或过程）中对学生（或机构）特征描述的质量（如有效性、可靠性和公平性），无论这些特征是分数描述还是定性描述，这样的证据都是需要的（如在总结性案例中定性描述可能会是"学生擅长阅读"，在形成性案例中可能会是"该学生不理解两位数的减法，需要在概念上进行有针对性的指导"）；其次，需要提供证据来支撑评价将会对个体和机构带来一定影响，这种影响声明属于项目评价范畴，它关系到评价的使用是否已经对学生学习或其课堂与教学实践产生了预期影响。重要的是要认识到，除了分数意义的证据之外，还需要产生何种影响的证据（绝不仅仅是作为一种替代），即使是出于形成性评价的目的。两种证据都需要用来支撑论据的效度（validity）与效益（efficacy），这些奠定了旨在改变个人或组织的评价基础（Bennett，2009，p.14-17；Kane，2006，p.53-56）。

分数意义和有效性分离意味着必须通过多种模式进行评价，这可能会导致分数意义的不同，或产生不同的影响，或二者同时都产生差异。例如，一个人可以设想同时通过纸质和计算机呈现的形成性评价计划，两种评价中学生的理解特征以及如何适应教学都是相同的（如具有同样的效度、信度与公平性），但是有效性是不同的，因为其中一个的结果比另一个的结果呈现得更快。

由新技术带来的特殊应用和测试情境

正如前面所讨论的，技术为那些不可能实施评价，或很难实施评价的领域和情境提供了机会。它不仅扩展了常规主流评价的可能性，还使在特殊情况和情境中进行测试成为可能。这里将谈两个正快速成长的领域，两个领域的发展都由教育的实践需要所驱动。两个领域的技术应用同样面临着诸多挑战，还需要做进一步深入研究和发展性工作。

特殊教育需要的学生评价

对于那些发展不同于寻常的学生，不管出于什么目的，让他们与同伴在一起共同接受教育是现代社会的主流趋势。主流化的术语包括，全纳教育或者混合教育（inclusive education or integration），当然也有研究者使用其他一些术语。此外，遵循教育机会均等的原则，要为这些有困难的学生提供额外的关心和服务去帮助他们克服困难。需要这种特殊照顾的学生在这里将被称作是有特殊教育需要（Special Educational Needs，SEN）的学生。有特殊教育需要的学生这个定义随国家不同而呈现出较大差异，因此，在一定人口区域内，有特殊教育需要的学生比例可能会较大范围地发生变化。如果将各种特殊需要考虑进去，在一些国家，这部分人口比例将达到30%。这个数据意味着，通过使用技术对有特殊需要的学生进行评价并不是一件针对少数人的事情，在教育中使用技术可能会在很大程度上提高学生成功的可能性，这将有助于学生在未来度过一个完美人生。

缺乏受过特殊训练的教师和专家往往限制了这些教育理念的实现，但技术可以填补这个空白。在有些情况下，使用技术而不依赖人工助手的服务不仅仅是对其受限性的补充，更是对有特殊需要学生个人能力的一种提升，可以使这些学生的自主学习成为可能。

在一些情况下，缓慢（但稳定）的发展，短暂的困难和特殊的发展障碍之间可能存在着连续性。在另一些情况下，发展很少被特殊因素牵制；对这些情况早发现早处理可能会有助于解决这些问题。而最严重的情况是，个人缺陷无法得到弥补，技术可以用来改进机体功能。

将有特殊教育需要的学生纳入普通课堂是已得到普遍认可的教育选择，对这些共同学习的学生共同进行评价的需求日益增长（see Chap. 12 of Koretz, 2008）。技术可能将以不同的方式在这个过程中得到应用。

· 可扩展字体，使用较大的字体。
· 用于阅读文本的语音合成器。
· 盲人学生可以根据特定关键词输入答案。
· 大量基于技术的特殊诊断测试正在研发。技术评价可能会减少对受过专门训练的专家的需求并且提升测量的准确性，特别是在精神运动区（psychomotor area）。
· 为身体残疾学生定制界面，从简单的仪器到复杂的眼动跟踪，这些可以使更多身体残疾的学生参与测试（Lörincz, 2008）。
· 使测试适应学生的个性化需求。适应性测试的观念可以广泛应用于识别学习困难类型，并提供符合学生特殊需求的项目。

·特定技术支持的学习项目评价。一种阅读能力提高和语言障碍矫正程序可以识别言语或朗读的语调、语速和音量，并将这些与预先录制的标准进行比较，为学生提供视觉反馈（http://www.inf.u-szeged.hu/beszedmester）。

如今，这些技术随处可以获得，有些已经常规化地被应用于在线学习（Ball et al.，2006；Reich and Petter，2009）。然而，将这些技术迁移到评价领域依然是需要进一步发展的工作。一方面，要在主流技术评价中评价有特殊需求的学生；另一方面，以同样的维度测量他们的成就又会产生一系列方法和理论问题。

连接个体：评价协作技能（collaborative skills）和团队成就（group achievement）

斯法德（Sfard，1998）区分了两种学习隐喻：习得式学习（learning as acquisition）和参与式学习（learning as participation）。计算机支持的协作学习（CSCL）与协作学习一般可以归类为参与式学习，它们都聚焦于作为参与者的学习，话语与活动的互动构成了学习过程。基于注重协作的学习理论，对学习效果的评价可能也会不同（Dillenbourg et al.，1996）。作为个人学习结果的评价，与社会建构主义和社会文化的学习观是一致的，因为社会互动为解决学习冲突（社会建构主义）连接最近发展区的学习支架（社会文化）提供了条件。另一方面，协作学习的共享认知方法（Suchman 1987；Lave 1988）认为，学习情境和环境是认知活动不可分割的组成部分，而一个协作小组可以被看作是一个单一的认知单位（Dillenbourg et al.，1996），这种超越了个体的评价面临着巨大挑战。

基于对协作与学习的全面回顾，韦伯（Webb，1995）深入探讨了大规模评价项目中评价协作面临的理论与实践挑战。具体而言，她认为清晰界定评价目标尤其重要，同时，也需要认真考虑有助于实现评价目标的小组工作目标和小组工作过程，由此确保这些工作有助于实现评价目标而非与评价目标背道而驰。她描述了三种评价目标，其中，协作发挥着重要作用：协作学习后个人的表现水平、团队生产力（group productivity）和个人作为团队成员有效互动与有效发挥作用的能力。不同的评价目标需要不同的小组任务，导致良好表现的小组工作过程经常会因任务不同而不同，甚至可能具有竞争性。例如，如果协作目标是团队生产力，那么在协作过程中需要花时间相互解释，如此才能通过协作促进个体学习，但这样的话，可能在某个时间段内会降低团队生产力。当然，评价目的必须清晰，因为这将影响到个体在组织中的行为表现。如果目的是测量个别学生的学习，韦伯认为测试说明应该侧重于在团队工作中的个人责任和个人表现，并且说明中要包括理想团队工作过程是什么以及为什么。另一方面，团队生产力可能会违反公平参与原则，甚至会造成一种社会动态，即忽略低地位成员的贡献。韦伯在论文中评论了有关团队构成（性别、个性和能力等方面）和团队生产力的研究。这些评论清楚地表明，团队构成（group composition）是大规模协作评价中的重要问题。

由于评价协作中认知结果的复杂性，诸如反应频率、无破坏性行为等关涉参与行为的全球性测量方法经常被视为一种协作指标，事实上，这些指标远不足以揭示更细微的学习结果，如探究问题的能力、制订计划或设计产品的能力。米恩斯（Means et al., 2000）等人描述了一个掌上电脑协作评价（Palm-top Collaboration Assessment）项目，他们开发了一种评价工具，当教师穿梭在协作团队之间时，他们可以用这个工具对学生的协作技能进行"移动实时评价"（mobile real-time assessments）。教师可以使用该工具从九个协作维度对团队的行为表现进行评分：

- 任务分析；
- 社会规范制定；
- 角色分配和适应；
- 论据解释/形成；
- 资源共享；
- 问题提出；
- 参与转变；
- 共享观点和理解的发展；
- 呈示调查结果。

教师按照每个维度的三分制进行评分，这些评分结果将储存在计算机上，以待后续检查和处理。

不幸的是，即使协作学习和计算机支持的协作学习已经成为教育研究的重要领域，但是开发独立于特定协作情境（如上面的提到的）的评价工具以及关于工具的相关研究依然很少。另一方面，大量关于协作评价的文献，无论是否使用计算机，都与协作式学习情境的研究有关。这些评价可能被嵌入到教学设计之中，成为教学过程中不可分割的一部分，比如同伴评价和自我评价（Boud et al., 1999; Mc Connell, 2002; Macdonald, 2003），这些嵌入教学之中的评价的主要目的在于通过协作促进学习。有些协作评价的研究重点关注具体教育学设计原则的评估。莱赫蒂宁（Lehtinen et al., 1999）等人总结了这些研究中属于三种不同范式的问题。"协作学习（collaborative learning）比单独学习（learning alone）更有效吗？"这是学习效果范式中的经典问题。在学习条件范式中，探讨学习结果是如何被各种协作条件影响的，如团队构成、任务设计、协作情境和交流/协作环境。也有一些研究在探究阶段上调查团队协作发展（e.g. Gunawardena et al., 1997）、批判性思维技能的展示（e.g. Henri, 1992）以及在团队参与协作探究中知识建构的社会元认知动态阶段（e.g. Law, 2005）。

总之，在评价协作的过程中，不论是评价单元（个人或团队）还是评价目标的本质（认知、元认知、社会或任务生产力）都非常不同，这给评价什么和怎样评价带来了方法论上的严峻挑战，而技术方面的考虑和设计应服从于这些关涉评价整体的各个方面。

◇ 设计技术评价

技术评价的形式化描述

不论是一般评价，还是特殊的计算机评价，它们都有着影响组织、方法和技术等决策的大量变量。这些决策反过来又会深深影响到风险水平及其管理、变化管理、评价费用和评价时间等。评价项目的全球设计决策可以被视为评价特点空间和评价设计空间的双向映射（bijection）（$D=C \otimes D$, $D=\{O, M, T\}$）。为了扩大评价范围和解决评价挑战，从而更好地支撑决策，需要超越框架和工具本身的固有特征，清楚界定描述评价空间的一系列维度。本节的目的并不是全面讨论各个维度以及它们与技术、方法、工具和组织过程的关系。不过，简要阐述评价参数的最重要特征也是十分必要的。为了给实践提供最佳建议，还应该对评价进行更全面而详细的分析，除了以上提到的评价参数外，我们还会引入以下内容。

规　模

评价规模不应与目标混为一谈。事实上，在考虑评价目标时，我们会考虑在评价期间收集和分析的相关信息与有意义信息的粒度（granularity）级别。根据评价对象，最低水平的粒度，最基本的信息，可以是个人分数也可以是被视作系统或亚系统的群体或亚群体的平均分数。评价规模可描述所收集到的信息单元数量，与样本大小也有一定的相关性。学校层面的测试和资格证测试都是典型的小规模测试，然而 PISA 或者 NAEP 则都是典型的大规模评价。

理论基础

该评价参数（assessment descriptor）相当于用来建立测量规模的理论框架。经典（classical）评价使用正确答案与总问题的比率（可能是加权），然而，项目反应理论（Item Response Theory，IRT）则使用项目统计参数。作为子参数，必须从理论、程序或算法上考虑评价方法。

评分模式

除了参考模型和程序外，项目和整个测试的评分都可以自动化、半自动化或者手工完成。基于这个评分模式，组织过程和技术支撑，以及安全风险和测量质量，可能都会发生巨大的变化。

参　考

在某些情况下，收集的数据并不能反映规模和参数的客观证据。主观评价建立在考生对他们自身水平的认定上，或者，如果在异质评价的情况下，评价建立在考生对他人水平的认定上。这种情况下的评价被称为陈述式评价，而当分数由考生以外的代理人收集的事实和证据推论出来时，这种评价我们称为基于证据的评价。

框架类别

评价设计总是基于有意要测量的素养、技能或能力的参考描述，服务于不同的情境和目的。这些多样的框架有着不同的起源，在这些起源中最重要的有教育计划（educational programmes）和培养细则（training specifications）（内容为本或目标导向），还有认知结构、技能卡（skill cards）和职位描述。这种结构可能会对组织程序、方法论和工具的技术方面带来强烈影响。

技术目的

技术在评价活动中的作用是影响评价组织、方法论和技术方面的另一个非常重要的因素。虽然情境中会存在很多可观察变量，但可以确定两种典型情况，即计算机辅助评价（computer-aided assessment）和基于计算机的评价（computer-based assessment）。前者在组织和操作支撑程序层面进行了使用，评价工具仍然保留了纸笔形式，信息技术仅仅用作调查的一项支撑工具。在后一种情况下，计算机本身是就是一种评价交付工具。

背景变量

根据调查规模，与背景相关的一系列规模变量也有重要的作用。这种类型的典型变量是多语言（multi-lingualism）；多元文化（multi-cultural）方面；考虑残疾（consideration of disabilities）；地理位置方面（偏远）；地缘政治、政治和法律方面；数据收集模式（如集中式、基于网络、机构内部）。

利益相关者

对组织、方法和技术应用程序而言，确定利益相关者和他们的特征是重要的。典型的利益相关者是考生、测试管理者和测试支持者。

意向性/方向

根据利益相关者之间的角色和关系，评价将需要对不同的意图和风险加以管理。可以通过两个基本问题来描述典型情况：(1) 哪些利益相关者给另外一些利益相关者指派评价？(2) 哪些利益相关者评价别的利益相关者（换句话说，哪些利益相关者提供在评价过程中收集的证据或数据）。作为例证，这里提到了自我评价（self-assessment）这个概念，即考试参加者自己给自己安排测试（不论是陈述性评价或基于证据的评价）并操纵评价工具；或异质评价（hetero-assessment）（通常是陈述性评价），即被访者提供信息评价别人。在大多数传统情况下，考生与安排测试的利益相关者是不同的。

项目开发和测试管理技术

开发一个现代技术评价平台的主要成功因素当然不只是技术层面，它依赖于平台设计与开发过程中采用迭代参与式（iterative and participatory）设计模式。事实上，正如在科学计算领域经常被观察到的，采取纯软件工程服务观点的传统客户—供应商关系，在这样极其复杂的环境里是相当无效的。在这样的环境里，计算机科学要考虑的因素有时并不能从心理测量的考虑因素中分离出来。相反，成功的技术评价（TBA）专业知识必须建立在两个学科的深度融合上。

除了跨学科方法，还有其他两个因素也将增加满足21世纪技能评价需要的机会。首先，平台的设计和实施应独立于任何单一的具体使用环境。这就需要一个更抽象的设计水平，这种设计通向高级和通用需求，而这种需求可能看起来与具体的用户概念或组织的语言学相去甚远。因此，评价专家对这个问题的坚定承诺和理解、TBA领域的技术专家的全面理解以及良好的沟通是至关重要的。正如电子学习环境中已经强调的那样，学科间的强有力协作也是至关重要的（Corbiere，2008）。

其次，技术评价不仅流程形式多样，需求多样化，而且具有较强实践性；这种特征不仅体现在教育领域（Martin et al.，2009），也体现在更普遍的评价分类描述范畴内——从心理测量、教育测量或实验心理的研究人员到大规模评价和监测专业人员——或者从教育情境到人力资源管理。因此，建立这类需求的全面细致的先验描述的意愿可能看起来完全难以成立。尽管这样，评价和技术专家应该承认，需要重复引出在分析阶段进一步抽象化的具体情境需求，并同时开发一系列软件，通过这种方式可以在软件开发中增加许多意想不到的新功能，对编码影响也最小。这种流程可能是解决评价挑战最有效的方式。

开发技术平台的原则

1. 评价数据的可靠性和工具通用性。

该领域的软件开源范式并不强烈依赖于提供商的商业模式，它们自身具有两个基本优势。源代码的完全可用性提供了评价实施的可能性和测量工具的可靠性（一般科学计算和具体心理测量的关键方面）。此外，它有利于根据具体需求和情境调整软件，在充分控制评价实施过程和成本的同时，还可能受益于用户和开发人员共同体的贡献（Latour & Farcot，2008）。内置扩展机制使共同体内的开发人员能够在不修改应有程序核心层的情况下，创建新的扩展和应用领域，并分享他们的贡献。

2. 评价资源的有效管理。

以技术为基础的综合评价应能有效地管理评价资源（项目、测试、科目和组的科目、结果、调查、交付等），并为组织过程提供支持（例如，取决于情境、转换和验证）。该平台还应能够向考生和其他可能的利益相关者提供认知工具和背景调查问卷以及收集、后期处理和导出结果及行为数据。为了支持复杂的合作流程，如那些在大规模国际调查中所需的，现代 CBA 平台应该提供语义丰富的元数据以及协作素养的注释。

为了对认知工具的交付进行补充，现代 CBA 平台也应该提供一套完整的功能来收集关于考生的背景信息，也有可能是关于在任何一个过程中涉及的资源。例如，在 PIAAC 项目调查中，背景问卷（由问题、变量和分支规则问题的逻辑流程）已全面纳入全球调查工作流程，以及认知工具手册。

在理想的情况下，面试试题、评价试题和整个测试或小册子是可互换的。因此，可以设计非常复杂的评价工具，使它能够在任何特定平台上，将认知评价和背景数据收集完全整合到一个单一的流程中。

3. 适应评价情境的多样性。

为了适应评价情境的多样性，现代计算机评价平台应该提供大量的部署模式，从通过负载平衡提供大量同时测试的安装在大型服务器上的完整 Web 装置，到通过 CD 或者记忆工具条（memory sticks）在学校台式机上运行。作为例证，后一种解决方案在 2009 年已被用于 PISA ERA 中。在国际成人能力评价项目的国际调查中，这种部署已经被用在个人笔记本电脑的虚拟机上。在课堂环境中，把简单的笔记本电脑作为服务器，个人平板电脑作为考生客户端，再通过无线局域网（LAN）就可以使用了。

项目建构工具（Item Building Tools）

1. 兼顾可用性和灵活性。

项目编辑（Item authoring）是技术评价的重要任务之一。至今，人们还在根据框架的要求制定各种策略，从软件程序员的硬编码开发到简单易用的模板制作。即使看起来最自然的解决方案，通常应该避免使用纯粹由程序员提供的操作流程。这种外包策略（内容专家与软件开发者没有直接联系）通常需要非常精细的细则说明，这些细则的项目设计者和框架专家大多也不熟悉。此外，它可延长时间并减少重复次数，避免出现试错程序。并且，当每个项目的版本数增加时，这个过程可能会因多语言处理和国家的具体改编而不能规模化。当然，在有用性和简单性之间总会有一个权衡（在项目功能上引入强约束性和低自由度），但在描述丰富的互动行为时是灵活的（在使用工具时引入了更高级别的复杂性）。在大多数情况下，建议为具有不同级别信息技术能力的用户提供不同的界面。在面对这一挑战时：以花费最少的学习时间保持系统可用性，同时还要确保系统的灵活性，建立在一般表达系统之上的模板化创建工具可能是最有前景的技术之一。事实上，这可以使单个系统在构建简单项目时隐藏固有的复杂性，同时为更强大的用户提供进一步编辑高级功能的可能性。

2. 项目设计与实现分离。

项目编辑过程可以进一步细分为项目设计任务（设置项目内容、任务定义、反应范围、可行方案）和项目实现（为将项目设计转化为计算机平台，使得项目成为可执行的软件的一部分）。根据框架的复杂性，不同的工具可以用来执行每个任务。在某些情况下，重复构建一个项目可以使我们能够通过创建基于框架定义的、用来描述所有项目细节的文档来保持项目的复杂性，然后把它们转化为初始执行模板或者草案。一个信息技术专家或训练有素的超级用户可以进一步延伸实施草案以创建此项目可执行的形式。这个流程通过尽可能与一般的用户实践保持距离来更有效地满足利益相关者的需求。的确，基于 Web 和 XML 现代技术，例如 CSS（Lie and Bos，2008）、Javascript、HTML（Raggett et al.，1999）、XSLT（Kay，2007）、Xpath（Berglund et al.，2007）和 Xtiger（Kia et al.，2008），使模板化编制工具的创建变得更加容易，这个过程让用户有类似于编辑 word 文档的体验，其与文字处理的主要区别在于，相关信息是根据与评价和框架结构相关的概念建构的，项目设计可以自动转化为第一个草案实施版本，而这个版本可以传递到项目生产流程的另一个阶段。

3. 区分编辑与运行时间和管理平台技术。

在电子学习社区，严格区分平台相依组件与学习内容以及用于设计和执行该内容的工具，已经成为惯例。技术评价（TBA）也正朝着这一趋势发展。然而，由于纸笔评价的实践影响，以及心理测量模型等制约因素、评分的复杂性以及新发展框架等方面的复杂性，它们正在以某种方式减缓这个概念的采用。另外，在该社区中，信息技术专家和心理测量学家的整合水平仍然很低，这往往会导致双方不完整的全局或系统视野，因此，大量的技术评价的实施都基于以能力测量为中心的竖井方法（silo approach）上，这种方法强调在单个封闭应用程序中包含所有功能。随着时间的推移，从长远来看，如果结构或框架发生了变化，或者项目类型增加，这个模型就不再可行了。相反，平台方法与测试管理层和交付层的严格分离，以及项目运行时管理与编辑的分离，都是在其多样性的情况下唯一具有可拓展性的解决方案。

4. 交互式复合超媒体项目。

为了充分利用计算机媒体技术的最新进展，人们应该能综合地组合各类互动媒体，从而实现各类用户之间的互动，并发挥其功能。在这种情况下，必须有无处不在的评价，并需要认真考虑现代网络技术。事实上，即使目前这些媒体仍然表现不佳并且缺少一些可以在平台专用工具中找到的高级功能，但它们仍然提供了大多数评价所需的足够丰富的互动功能。此外，这些技术很容易在各种经济高效的硬件平台上获得，具有很高的成本效益。而且，通用的网络技术能够实现跨网络（他们最初的职业）、跨区域，笔记本电脑或其他设备的多种类型的部署。这个重要的特征使得评价环境中的媒体部署变得经济高效，并且可以私人定制。

这一理念极大改变了人们对项目编辑工具的看法。事实上，一方面信息技术开发者通过突破性编程构建了许多复杂的交互式项目；然而，另一方面，一些具有基本交互作用和数据收集模型特征的非常简单的项目，如多选题，通常是使用通过非程序员可访问的模板或简单的描述语言构建起来的（如基本的HTML）。

在这两个极端之间，目前还没有简单和易用的中间技术。然而，大多数情况下，特别是根据动态场景构建项目时，系统需要定义和控制每个项目的一系列行为和用户互动。如果我们远离媒体本身（如图像、视频、动画或者声音文件），我们会发现，当用户不断地引发各类信息和事件以及项目对象之间相互传输导致情境发生一系列变化时，我们可以将大量的用户交互和系统反应模式化。

项目开发人员的作用是将框架实例化为场景，并将此场景转换为一系列内容和被测试者的操作。在纸笔评价中，被试者的预期行为是具体化的指示形式，数据收集的唯一方式是收集被试者的输入信息。由于纸质细则在评价期间不能改变其状态，因此，用户行为和反应不能嵌入其中。

科技带给评价的根本性改变之一是将系统反应和行为嵌入到工具中，使其能根据被试者的操作来改变自己的状态。这意味着，在技术评价环境中，框架的实例化，预期受试者行为的具体化不再仅仅体现为指令形式，还被编程为主体和工具之间的交互模式。具体而言，可以以这样的方式进行设计，即引导主体朝着预期的操作顺序来进行。同时，还可以收集用户交互的历史操作和被试者的具体信息输入作为整体输入的一部分。最后，依赖于一定框架的项目，其丰富性源于媒体内容的类型和用户交互模式，它们驱动整个项目及其所有组件的状态随时间变化。

这从编辑工具的角度清楚地提出了不同的担忧。首先，就像以前操纵工具来设计纸笔测试项目一样，项目开发者必须以文本、图像或声音的形式分别创建非互动（或松散互动）的媒体内容，这些媒体中的每一种形式都压缩了自己的一套功能和属性。其次，他们将根据逻辑流程（刺激、任务和问题、反馈汇总等）来定义项目结构。再次，他们将用所需的各种媒体嵌入这些项目之中。最后，他们将在用户和媒体以及媒体之间建立互动主题。

这种基于 XML（Bray et al.，2006，2008）和 Web 技术的用于项目编辑工具的高级模型—视图—控制体系结构，往往是极具成本效益的创作过程。它们能够为多学科团队提供更高质量的视觉界面和更短的创作周期（Chatty et al.，2004）。首先让项目开发者可以使用他们最喜欢的编辑器来设计各种类型的媒体内容，而不是学习复杂的新环境和范例。在大多数情况下，这些工具有些可作为开源软件。此外，其操作格式的标准通常是开放性的，而且可以免费从网络社区获得。然后，考虑到评价的领域、结构、框架，以及工具规格的总是不断演变，人们应该能够快速简捷地扩展互动范围和/或包含在项目中的媒体类型。通过将内容从布局和行为部分分开，将新的高级媒体纳入项目和用户系统互动模式中将变得非常简单且成本低廉，包含有新的高级媒体的试题和用户系统交互模式也变得非常简单且成本低廉。在科学领域，诸如 Jmol（Herráez，2007；Willighagen and Howard，2007）以及 RasMol（Sayle and Milner-White，1995；

Bernstein，2000）等这些复杂的分子结构操作器和观察器，专用于空间几何或其他模拟中的交互式数学工具可以连接到项目的其他部分。X3D（Web3D 联盟 2007，2008）或 MathML（Carlisle et al.，2003）格式中描述的数学符号或 3D 场景也可以嵌入到项目的交互模式中，并与开源工具一起编写，例如将 SVG（Ferraiolo et al.，2009）图像和 XUL（Mozilla Foundation）或 XAML（Microsoft）接口小部件一起使用。这些原则已经在 eXULiS 软件包（Jadoul et al.，2006）中得到实施，如图 4.16 所示。提索里斯和康沃西（Tissoires and Conversy）（2008）通过实验发现，在概念上相似但技术上不同的方法中，交互式媒体的概念模型经历了一系列的转变后最终变得可执行。

沿着转换文档方法进一步发展，文档型图形用户界面（Graphical User Interface）可以让用户在网络上直接编辑文档，并且看到的图形用户界面也是一个文档（Draheim et al.，2006）。结合 XML 技术和复合超媒体项目结构，这种技术使得人们能够通过编辑那些能够描述项目不同组成部分的嵌入式分层文件来解决项目创作问题。

正如评价资源管理水平所要求的一样，项目创作也将从很大程度上受益于被视为交互式超媒体集成的平台。与管理平台类似，这种横向方法保证了成本效益、时间效益，开放性和灵活性，同时保持了创作复杂性的可管理性。

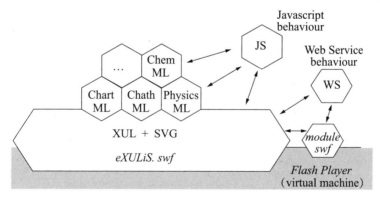

图 4.16 eXULiS 处理和汇集不同媒体类型的图示

5. 使用外部按需服务拓展项目功能。

上面所提到的项目行为和用户交互模式的定义，涵盖了项目功能的大部分内容。复合交互式超媒体确实可以完成大多数简单的交互操作，这些交互控制了用户操作对项目状态的改变。然而，在测试管理过程中，还会存在着一些领域需要更复杂的计算。人们可以大致区分这四种类型的情况：考生何时需要自动反馈（主要是形成性评价）；何时复杂项目需要自动评分；何时需要使用先进的理论基础，如项目反应理论和适应性测试理论；何时需要复杂而具体的计算来驱动项目的状态变化，如科学模拟领域。

当以编程的方式来考虑项目时，作为一款由程序员创建的封闭式软件，或者当从专门的软件模板中创建项目时，这些问题在设计或者软件安装启用时便会得到解决，从而在项目中可以嵌入复杂的计算功能。如上所述，当该项目被视为交互式超媒体组合时，随着时间的推移，这种内置的程序化方法将不再可行，原因是双重的。首先，从计算成本上考虑，执行这些复杂的专用功能可能会耗时太多。如果项目是基于网络技术，并且是面向客户的（项目功能的执行是在客户端—浏览器，而不是在服务器上完成的），则这可能会导致用户行为和计算机反应之间的时间滞后。这不仅仅是一个符合人类工程学和用户舒适度的问题，可能会严重危及到收集数据的质量。其次，从成本和时间的角度看，以这种方式进行处理意味着组件之间跨领域重复使用的可能性较低，随之而来的是更高的开发成本，灵活性较低，项目开发者和程序员之间循环往复，最终浪费时间。

从项目框架中分解这些功能是一个可行的解决方案。从编程的角度来看，这可以使图书馆程序员在新项目建构中重复使用这些结构。以更有趣、更通用、更普遍的方式将这些功能作为适合交互式超媒体的综合构成部分将具有巨大优势。一方面，它可以将高级软件服务的形式抽象化，这些高级软件服务可以由项目作者（作为超媒体的集成者和用户系统交互模式的设计者）来调用；另一方面，它能使跨领域组件具有更高的重复利用性。而且，在某些情况下，主要取决于部署框架，外部软件服务的调用也可能部分地解决计算成本问题。

再者，当看到目前可用和快速发展的技术时，基于UDDI（Clement et al., 2004），WSDL（Booth and Liu, 2007）和SOAP（Gudgin et al., 2007）标准的网络技术和面向服务的方法，为实现这一愿景提供了很好的基础，而且不会对部署模式造成严重限制。

这种外部软件服务的方法附加价值，可以以多种方式进行说明。考虑到即将出台的新框架，以及教育领域中更多强调参与式探究学习的大趋势，再加上全球化和现代社会日益增长的复杂性，人们期待测试项目也能发生同样的转变。为了评价公民在更加全球化和系统化的多层次环境中发展的能力（相对于过去局部和高度分层的环境，人们只想到附近的 N 加或减一级的层次），似乎很明显的是，构造、派生的框架和实例化的工具及项目将逐步呈现全球化特点。这对技术评价提出了重要挑战，评价不仅要支持确定性的项目和情境，也要支持具有不确定性和复杂性的新项目与情境。当存在许多可能的次优答案时，这种观点的复杂性是要么由大的反应空间来表征，要么体现为多种答案。这种情况通常发生在复杂问题解决中，其任务可能涉及多个目标，最终生成的解决方案既不是唯一的，也不是由不同次优方案的最佳组合组成的。更重要的是，自动评分需要更复杂的系统反应管理，并且必须在测试时间内执行。在项目编程中要考虑这种复杂性，可能会极大地增加项目开发时间和成本，同时降低其重复使用率。在这种情况下，服务方法的另一个来源是交互刺激是非确定性的模拟（即在系统层面，不在本地层面）。多代理系统（通常嵌入在现代游戏中）是典型系统，这种系统最好能具体化（externalizing），而不是加载到项目上。

在更传统的情况下，测试时，项目服务中项目反应理论（IRT）的运算法则具体化将为项目设计者和研究人员带来高度的灵活性。事实上，适应性测试中的各种项目模型，整体评分算法（global scoring algorithms）和项目选择策略可以在不改变现有项目和测试核心内容的情况下以低成本进行尝试。此外，这还能实现高效程序包的有效利用，不需要重新开发服务。另一个经典案例可以在科学领域找到，当人们可能需要特定的能量或其他数量的计算，或特定的现象模拟时，可以再次利用市场上现有的高效软件。最后但并不是不重要的一点是，在评价软件、数据库或者 XML 编程技能时，有些项目设计要在测试时反馈给用户，比如编译或编码执行反馈。当然，人们肯定不会将编译器或编码验证纳入或开发到该项目中去；有效的解决方案是将这些工具称为服务（或网络服务）。该技术在卢森堡失业人员培训项目框架下的 XML 和 SQL 编程技能评价中进行了实验（Jadoul and Mizohata，2006）。

最后，我们可以得出这一结论，就时间、成本和项目开发者可访问性等方面而言，项目编制的综合方法似乎是最具有可伸缩性的方法之一。按照这个观点，一个项目变成一个由各种交互式超媒体和软件服务（无论是否交互）组成的一致性的组成部分,这样的项目是专门为了特定目的和特定领域而开发的,但是在不同情况下可重复使用,而不是一个为了单一目标从零开始而制造的封闭式软件。这就加强了所谓的水平平台方法(horizontal platform approach)与当前垂直全程序竖井方法(vertical full programmatic silo approach)在成本上的比较。

项目库,存储项目元数据

项目收集被视为支持计算机评价工具中最核心的因素。项目库是以元数据为特征的项目集,通常由项目开发群体共同构建。项目库中的项目按难度、能类型或主题等方面进行分类(Conole and Waburton,2005)。

2004年,有研究对项目库进行的调查显示,大多数受调查的数据库以各种方式使用SQL数据库和XML技术来运行;关于元数据,除了项目的直接细节之外,很少有人应用元数据(Cross,2004a)。本研究的两个重要元数据框架来自IEEE LON(IEEE LTSC,2002)和IMS QTI(IMS,2006)。但我们这里的目的不在于讨论元数据框架的细节,而是讨论一些可能支持管理和使用语义丰富的元数据和项目存储技术,有兴趣的读者可以查阅IBIS报告(Cross,2004b),以获得更多关于项目库中元数据更详细的讨论。

在考虑项目存储时,应该清楚地将项目本身或其组成部分的存储与元数据的存储区分开。正如IBIS报告所引用的一样,现如今,现存的关系数据库仍然保留着最受欢迎的技术。然而,随着XML技术(XML-based technologies)的大量采用,并考虑到XML格式的文档方法和交互式Web应用方法之间的当前趋同,也可以考虑专用的XML数据库。

计算机评价元数据用于表征不同管理过程中所出现的不同资源,例如主题和目标群体,项目和测试,输送和可能的结果。另外,在项目编制过程中,元数据在促进搜索和交换媒体资源方面有很大的用处。当然,这种作用在考虑综合超媒体方法时具有重大意义。

作为一般性陈述,可以使用元数据可以促进:

·创建项目时的项目检索,集中于项目内容、目的、模型或其他评价质量(测量视角)等各个方面;媒体的内容角度(项目中嵌入材料);结构的角度;最后是技术角度(主要是因为互用性的原因)。

·从结构和目标人群角度在相同的背景中正确使用项目。

- 通过考虑使用环境，结果（分数、痕迹和日志）来跟踪使用历史记录。
- 通过加强和丰富与平台中存储的各种背景信息的联系来扩展开发结果。
- 在跨机构建立合作关系时，分享内容并发展规模经济。

可以设想通过各种方法来管理元数据。通常，元数据以描述项目或其他评价资源的 XML 清单形式呈现，当交换、导出或导入资源时，这份清单将被序列化并与资源一起传输（有时将清单嵌入到资源中）。这些清单是原样存储，还是解析到数据库中，取决于实现项目库使用的技术。后者意味着元数据清单的结构体现在数据库结构之中。因而，项目库的实施取决于对给定元数据框架的选择，而且，关于元数据框架的共同协议可能会构成公认标准。考虑到评价环境和需要的变化性，尽管数据库是高度强大的、有价值的和普遍的，但是人们可能很快就会遇到"标准困境"（standards curse），因为总是会存在标准不符合特定需求的情形。另外，即使可以绕过这个问题，当有人希望与根据其他标准建立起来的别的系统进行资源交换时，可能会产生互用性问题。

基于建立多功能开放平台的必要性，作为考虑多样性和未来发展的唯一经济可行的方式，应该在后续平台实施中提出一种更灵活的方式来存储和管理元数据。增加元数据管理的灵活性会有两个含义：首先，框架（或元数据模型、元模型）应该是可更新的；其次，数据结构应该独立于元数据模型。从应用的角度来看，元数据存储的方式和元数据开发功能的方法得到应用，这需要采用软编码方法而不是传统的硬编码方法。为了做到这一点，在网络环境中，语义网络（Berners-Lee et al., 2001）和本体技术是最有前途的技术之一。作为一个例子，这种方法正在研究一个线上学习平台，使个人学习者能够使用他们自己的概念，而不是被迫遵守潜在的不合适的标准（Tan et al., 2008）。这使得人们可以使用本体来标注学习对象（Gašević et al., 2004）。巴尔加斯-维拉和莱特阿斯（Vargas-Vera & Lytras, 2008）基于一般立场，研究了与在线上学习平台上的语义网络和本体相关的影响与问题。

在语义网络视野下，网络资源与其语义的形式化描述具有一定关联。语义层面的目的是除了对文档进行人工处理之外，还能够对机器的网络内容进行推理。网络资源语义表示为文档的注释和元数据的服务，这些都是网络资源自身。用于注释网络资源的一套公式是称为资源描述框架（RDF）的三角模型（Klyne and Carrol, 2004），将 XML 中的其他语法序列化。这种注释引用了一种称为本体的概念模型，并使用资源描述框架模式（RDFS）(Brickley and Guha，2004)或本体网络语言模式进行建模（OWL）(Patel-Schneider et al.，2004)。

本体论（ontology）的哲学概念已经拓展至信息技术领域，它们表示在研究了某个领域的存在或可能存在的事物类别之后产生的人为现象（artefact）。因此，本体论导致存在和构成世界或其子集（即兴趣领域）(Sowa，2000；Grubber，1993；Mahalingam and Huns，1997)的事物的共同概念化。本体论与分类法不同的一个固有特征是，它们在本质上承载着它们所描述的概念语义（Grubber，1991；van der Vet and Mars，1998；Hendler，2001；Ram and Park，2004)，并尽可能地抽象化。分类法提供了事物的外部观点，是根据特定目的对事物进行分类的一种便捷方式。本体论以一种截然不同的方式表征着事物的内在方面，它们试图找出事物是如何按照它们本来的样子，运用代表性词汇和一些限制这些属于解释的形式公理对术语的意义进行正式定义的（Maedche and Staab，2001）。

从根本上说，在IT领域，本体论明确地描述了知识系统中知识领域的结构部分。就此而论，"明述"（explicit）意味着确实存在一些具有精确原体（precise primitives）的语言（Maedche and Staab 2001）及其可用于描述模型的框架的相关语义（Decker et al.，2000）。这可确保本体是软件与人类代理之间的机器处理和交换（Guarino and Giaretta 1995；Cost et al.，2002）。在一些实际情况中，它仅仅是描述元数据的信息单元的正式表达（Khang and McLeod，1998）。

由资源描述框架的知识系统支撑的本体注释框架，可以管理许多不断发展的元数据框架管理，在此之下，概念的结构以本体和代表注释的本体实例等方式来表征。另外，根据不同情境，用户还可以定义他们自己的模型，以便捕获在元数据框架中没有考虑到的其他评价资源特征。在社会科学领域中，这样一个框架目前被用于协作式建立和讨论已经建立了的调查与评价模型（Jadoul and Mizohata，2007）。

交付技术（Delivery Technologies）

为学校和其他教育机构的学生提供一系列的计算机评价方法，交付方法的选择需要考虑以下几点：所需要的评价软件，学校的计算机资源（数量、位置和容量）以及可供学校联网的宽带。交付技术的关键要求是：它们要为评价提供完整性的基础（统一且无成像延迟），有效的资源需求，并有效捕获学生的反馈数据以供后续研究。

交付技术选择的因素分析

交付技术的选择取决于若干组因素。首先，取决于评价材料的性质。如果评价包含比较简单的刺激材料，通过点击单选按钮便可以回答多项选择题（或者甚至提供一个结构性的文本反应细则），那么对交付技术的要求将相对较低。如果评价包含了丰富的图像、视频或音频资料，或者让学生在开放的真实环境中使用实时软件应用程序，那么对交付技术的要求就会更高。为了评价21世纪技能，我们假设学生将会与相对丰富的材料进行交互。

第二组因素涉及学校或其他评价网站与因特网的连接能力。国与国之间甚至在一个国家内学校与学校之间网络连接的可用性和速度都有巨大的差异。实际上，网络连接的性能需要同时连接指定数量的学生，进而完成评价，与此同时，其他涉及网络的计算机活动正在进行。有些案例没有将并发活动（concurrent activity）（可能有峰值）考虑在内。2008年澳大利亚国家信息通用技术素养的评价中，十名学生同时使用中等水平的图形素材和互动直播软件任务，但没有视频，评价中指定至少需要使用4 M（4 Mbps）的网速。在这个项目中，学校通过一个项目网站提供了他们所拥有的计算资源和技术支持的信息，该网站使用了与首选测试交付系统一样的技术，以便在反馈过程中提供关于互联网连接的信息（和使用该连接的能力）以及可用计算机资源的规格。学校网络连接也被证明是难以准确检测的。速度和连接测试只有在测试进行中，并在同样的背景下实施才有效。实际上很难保证这种对等性，因为连接背景取决于校内因素（如一致的网络和跨校的资源使用）和校外因素（如来自其他网点的网络流量竞争）。因此，有必要谨慎地评价必要的连接速度，以确保成功地将网络评价交付。在前面提到的澳大利亚国家信息通用技术素养的评价中，指定了每所学校4M网速的最低标准，即使评价可以在1M网速的真实连接中顺利运行。

第三组因素与学校计算机资源相关，包括足够数量的共存电脑及这些电脑是否联网。如果在本地机器上进行加工，那就涉及内容和图形容量的问题了。远程处理还是本地处理，屏幕尺寸和屏幕分辨率都是决定交付技术是否合适需要考虑的重要因素。根据所使用的软件交付解决方案，学校级别的软件（尤其是操作系统和软件插件的种类和版本如 Java 或 Active X）也可能影响在线评价交付的成功。

交付技术的类型

有大量的方法可以将计算机评价交付到学校，这些方法主要分为四类：网络交付、本地服务器交付、可移动媒体交付和提供微型计算机实验室。交付技术选择的平衡取决于信息技术环境的很多方面，而且经常瞬间发生变化，如基础设施的改善、当下技术的发展和新技术的涌现。

1. 网络交付。

网络访问远程服务器（通常使用 SSL-VPN 网络连接到中央服务器场）通常是首选的交付方式，因为评价软件在远程服务器（或服务器场）上运行，并且对学校计算机资源的要求很少。由于在服务器上进行操作，而服务器提供了一个统一的评价体验并且在主机服务器上收集学生的反应，这种解决方案最大限度地减少甚至完全消除了在学校计算机或服务器上安装任何软件的需要，也无须学校在建立和执行方面的技术支持。通过使用一个类似于闪存盘的瘦客户端访问远程服务器是可能的，并且无须在本地工作站或服务器上进行任何安装。

这种交付方式需要足够数量的可以访问学校网络并联网的计算机，还需要学校具备足够的能力不受其他学校网络活动所限而让学生进行远程材料交互。所需的宽带取决于评价材料的性质和同时访问的学生数。原则上，在现有互联网连接匮乏的情况下，是可以通过无线网络（例如 Next G）向学校提供互联网接入，但是这对于大规模的评价调查来说是昂贵的选择，并且在那些有线服务不足的偏远地区往往效率最低。除了要求学校宽带充足，网络交付还受制于用于容纳多个同时连接的远程服务器的宽带和容量。

安装在学校和教育系统网络上的安全规定也是一个基于计算机评价的网络交付议题，因为它们可以阻止访问某些端口并限制访问未经批准的网站。总的来说，学校互联网连接的连通性正在改善，并可能得到持续改善；但是学校互联网访问的安全限制似乎可能会变得更加严格。个别学校安全责任也常常由多个不同的机构负责。当学校、部门和管辖权等方面的安全受到控制时，在具有代表性的大型样本中协商所有学校的访问程序可能非常耗时，且代价昂贵，并最终可能失败。

在服务器上安装软件的一个变体（variant）是将网络连接到互联网网站上，但是这通常意味着要把测试材料限制在更加静态的形式上。另一个变体就是利用基于互联网的应用程序（如谷歌文档），但是这涉及适应这些应用程序的范围以及收集学生反应的控制（和安全性）方面的限制。其优点之一在于可以提供多种语言的应用程序；不足之处是，如果学校的带宽不足，就不可能在本地服务器上找到这种应用程序。原则上，可以通过无线网络提供与因特网的临时连接，但是在此阶段，这种方式是耗费财力的，而且并不能在偏远地区应用。

2. 本地服务器交付。

在不能进行网络交付的地方，计算机评价能够在安装了评估软件的笔记本电脑进行传送。这需要将笔记本电脑连接到学校的局域网（LAN），并且安装该设备以作为本地服务器运行［通过运行批处理文件（batch file）］，学校电脑作为终端服务器。评价完成后，学生的反馈数据要么通过手动传送（被刻录成CD或者闪存盘）要么通过电子传送（通过上传到一个文件传输站）。该方法需要足够数量的共址网络计算机和容量适中的便携式计算机被带到学校。这是一种非常有效的交付方法，它不需要过多的特殊安排，却可以利用现有的学校计算机资源。

3. 可移动媒体交付。

利用多媒体交付的早期方法是使用光盘（CD）技术为学校提供计算机评价，这种传送方法限制了本可以涵盖复杂条件的资源。从使用笔记本电脑服务技术的经验中开发出来的变体是通过传统方式向学校派发闪存盘（memory sticks）（USB或移动硬盘）上的计算机评价软件。现在这些设备的容量是这样的，评价软件可以完全从一个带有USB接口的计算机上的闪存盘进行全面工作。本地计算机上并没有软件，系统上也可以装有数据库引擎条。这是一个独立的环境，可以用来安全地运行评价和捕捉学生的反馈。然后可以手动传递数据（如通过邮寄闪存盘）或者以电子的方式传送（如通过上传数据给文件传输站）。数据提取后便可以重新使用。其使用成本也不高，即使是一次性使用，也比不上在纸质系统中的打印成本。不过该方法需要足够数量的共址（但不一定联网）计算机。

4. 提供微型计算机实验室。

对于共址计算机（co-located computers）不足的学校来说，在计算机评价过程中，通过提供一套学生笔记本（作为终端）和更高规格的笔记本电脑作为这些机器的服务器（MCEETYA 2007）。这套设备被称为小型实验室。随之而来的体验是，微型实验室中的电缆连接比无线网络更好，因为在某些环境中它不太容易受到来自其他无关传输的干扰。为了节约成本，也为了更加有效的数据管理，最后还是使用一个服务器笔记本电脑和多个客户端来运行一个微型实验室。评价软件在"服务器"笔记本电脑上，学生的反馈是首先存储在里面。当网络连接可用时，数据通过电子方式，或者通过 USB 驱动器或 CD 上的邮件传送到中央服务器。尽管这种传送方式看起来非常昂贵，但是近年来，设备成本已大幅度降低，并且在总成本中所占的比例相对较小。该方法的难点在于将设备运送到学校，并按要求将设备运送到学校间的管理物流。

交付方式的使用

只要学生工作的计算机终端是相似的，所有这些交付技术能够在计算机评价中为学生提供相同方式的体验。在单一的研究中可以利用综合交付方式最大限度地利用每所学校的资源。但是，在使用综合交付方式时，还会产生额外的开发和许可费用。对于大规模评价中使用的任何方法（尤其是那些不是基于互联网的）更适合让训练有素的测试管理员管理评价过程，或至少给学校协调员提供特殊培训。

本节前面提到，交付技术的选择取决于学校的计算环境，随着基础设施的改进，现有技术的发展和新技术的出现，最佳方法将随着时间而改变。在 2005 年澳大利亚信息通信技术素养（MCEETYA，2007）全国评价中，计算机评价通过笔记本电脑提供的微型实验室方式传送到（每个实验室使用六次，每天三次）520 所学校中。这就保证了传送中的一致性，但是在物流上需要一个复杂的操作过程。在 2008 年第二轮评价中，使用了三种交付方法：互联网连接到远程服务器，连接学校网络的笔记本电脑作为一个本地服务器，计算机微型实验室。其中最常用的方法是将笔记本电脑作为本地服务器连接到学校网络，大约有 68% 的学校采用这种方法。18% 的学校采用互联网连接远程服务器，只有几乎 14% 的学校会应用微型实验室的方法。在一些教育系统中，使用 Internet 连接到远程服务器比其他教育系统更常见，中学比小学更为普遍（州中学最高比例达到了 34%）。20% 的小学和 9% 的中学采用了微型实验室的交付方式。在下一轮的评价中，交付技术的使用将会有所改变，一些新的方法（就像那些基于闪存盘的形式）将会出现。同样，根据学校的或更广义的国家基础设施和教育系统，国与国之间、教育系统之间对交付方式不同的选择也将变得逐渐相似。

◇ 深入研究和发展的必要性

本节，我们首先提出一些一般的问题和进一步研究与发展的方向，接着讨论三个与评价技术具有相关性的主要话题，最后呈现一些在不久的将来会被转化为研究项目的具体研究课题，这些课题与前部分阐释的问题和具体问题的焦点有着更加紧密的关联。

未来研究的一般问题和方向

迁移策略

如同已经讨论的那样，与其他计算机教育技术相比，计算机评价具有与测量质量相关的附加限制。如果要寻求使用新技术来拓展一个人解决问题的技能和素养范围，则可以从评价的各个方面解决或改进该方法；需要特别关注的还有，通过提高技术复杂性或丰富的用户体验来确保公平而高质量测量的实现，需要特别当心。当看到由新的先进技术提供的新机会时，我们可以采取两种不同的方法：要么把技术机会当作评价机会的一个生成器，要么仔细分析评价需求从而获得可以勾勒的可用方案或可转化成新方案设计的技术需求。乍看之下，前一种方法听起来比后者更具创新性，因为后者看似更加传统。然而，这两种方法都各有优势，也各有不足，这些不足之处可以通过评价背景和与之相关的风险来缓解。本章已经讨论过，"技术机会主义"（technology opportunistic）方法具有巨大的继承性，它们可以提供大量潜在工具来提供完整的评价背景。除此优势以外，它还可能为以前从未想到过的、兼具时间效益和成本效益的测量维度打开一扇门。当然，这种方法也存在一定的缺陷，其有效性需要长期而昂贵的验证。低估该缺点将必然会导致滥用此方法并滋生出诱人但无效的评价工具。后一种方法也并非中立的，尽管看起来更加保守并且似乎更适合中高风险的评价环境和系统研究，但是也有它固有的缺陷。事实上，即使这种方法保证了良好控制的仪器生产和测量设置发展，它也会带来中长期的时间消耗和昂贵的操作，这可能会因限制思维（thinking in the box）而阻碍创新。除了平台方法，它可以通过其专业解决方案解决非常复杂的评价问题，从而带来价值，但是目标人群的实际技术素养与"旧式"评价之间的差异会降低主体参与的风险。换言之，引用美国网络教育委员会的一句话（Bennett，2001），"我们是在用昨天的技术测量今天的技能"。

在中高风险个人评价或系统研究中，愿意在不增加成本的情况下（就生产和物流而言）适应这种创新紧跟潮流，乍看起来似乎是难以捉摸的。当然，在这样的评价环境中，除非定义了一个全新的维度或领域，否则颠覆性的创新可能永远不会出现，也根本不会有人去探究。然而，利用基于新技术构建的框架和工具，学术界有兴趣进行艰巨的验证研究。考虑到心理测量和信息技术问题日益复杂，毫无疑问，最成功的研究将会是跨学科的。计算机交付问题在成本和软件/硬件普遍性方面与维护趋势和可比较性相互交织，代表了需要跨学科的主要依据。

安全性，可用性，可访问性和可比性

安全性在高风险测试中是最重要的。除了评价的信度和效度，安全问题也可能会强烈地影响到本领域主要行动者的工作。计算机评价中的安全问题与评价目的、内容和过程有关，还包含了大量的其他问题。

国际标准学会出版了一系列涵盖信息安全的规范性文本，比如 ISO 27000 系列。在这些标准当中，ISO 27001 规定了信息安全管理系统的要求，ISO 27002 描述了信息安全管理实践的准则，ISO 27005 涵盖了信息安全风险管理的主题。

在 ISO 27000 系列中，信息安全主要根据三个方面进行定义：保密性的维护（确保只能访问得到授权的信息），信息完整性的保持（保证信息和程序方法的准确性与完整性），信息可用性的维持（确保经授权用户在需要的时候能够获得信息和相关资源）。这些标准所涵盖的安全问题当然不限于技术层面。安全管理的组织和社会性等方面也是需要考虑的因素，例如，在某人桌上留一份评价副本就会产生保密性和可用性等方面的风险。对于密码保护而言，社会工程是用于密码保护的非技术安全线程的另一个例子。这些例子在纸笔评价和计算机评价中都同等重要。

以往通常通过使用各种登录 / ID 和密码保护来实现控制验证者身份。这可以通过额外的物理身份认证进行补充。监考技术已经被用来检查参加评价的人是不是考生本身。利用生物识别的技术办法可能对减少与身份相关的风险有所帮助。作为一个补充工具，电子护照和电子签名的泛化也对提升身份控制作出了潜在贡献。

传统上，在高风险评价中，当集中管理测试时，测试管理员负责检测和防止作弊；而且至少在评价前要对学科的评价规则实施严格控制。除了控制，防止作弊的一个传统方法就是使试题随机化或分发多套同等难度水平的小册子，不过在正常情况下都会优选后一种解决方案，因为试题的随机化会产生其他不公平的问题，会对一些考生有利或对另一些考生不利（Marks and Cronje，2008）。除了测试管理员控制，还可以在测试管理期间通过分析考生行为监察作弊，计算机取证原则已经应用到基于计算机的评价环境中来检测侵犯评价规则的行为。实验表明，典型的侵权行为，如利用技术和禁用软件或者设备进行非法通信，篡改身份或获得属于另一名学生的材料，可以通过记录所有的计算机操作来检测（Laubscher et al.，2005）。

传统信息技术解决方案通常可以保证个人数据（确保隐私）和结果（防止损失、变体或伪造）的保密性、可用性和完整性，例如，服务器上的防火墙，客户端和通讯网络层面的加密、认证和严格的密码策略，以及量身定制的组织程序。

大脑转储（Brain dumping）是至今还没有在高风险测试中得到满意规避的一个严重问题，大脑转储是一种欺诈行为，它包括为了记住大量的试题而加入高风险的评价小组（基于纸笔或基于计算机）。当大规模组织许多伪考生时，重建整个试题库是有可能的。一旦与学科专家解决完试题问题后，试题库就会在网上披露出来或者卖给考生。更实际而且更直接的方式是，通过使用手机相机或小型网络摄像头可以很容易地拍摄屏幕上的图片，进而偷取或者更深度地披露整个试题库。从研究的角度来看，也从商业价值的角度来看，研究集体应该更多地关注这样极具挑战性的话题。在集中式高风险测试中，解决大脑转储问题和截屏问题的方法是双重性的。一方面，可以对技术进行评价以监测考生在计算机上的行为并开发警报模式；另一方面，可以在软件和硬件层面进行设计、操作和实验，以防止考生拍摄屏幕。

测试和试题的可用性在整个评价期间都是至关重要的议题，在基于互联网的测试中，可能会识别各种风险，例如劫持网站或拒绝服务器攻击等。考虑到互联网普遍存在与作弊有关的其他风险，目前还不适合使用网络进行中高风险评价。但是，可能会找到解决办法使得所需的评价和相关技术随处可见，而且每次都有必要克服技术鸿沟。

最后，从研究和发展的角度来看，我们期望高风险测试的安全性问题将以更加全球化和多维度的方式进行发展，这里简单描述的所有方面都能融合在一个统一的解决方案框架中。

确保框架和工具符合模型驱动设计

目前的评价框架倾向于从两个维度上描述一个学科领域——所包含的主题与驱动项目难度的一系列行动。然而，评价框架不一定包括对考生所用作为回应试题的过程的描述，衡量这些过程取决于更多充分描述的模型，这些模型不仅可以用来开发试题或与模拟相关的一些列试题，也可以在基于电脑的平台上确定所需的功能。这样做的目的是在需要评价的素养概念框架和结构以及项目类型或模板的功能之间建立直接联系。强大的建模能力可以为此目的而被利用，这将使人能够：

· 保持所有项目元素及其交互的含义，确保任何一个这样的元素都与该框架中的指定概念直接相关；

· 保持所有项目评分的一致性（考虑到自动，半自动或人工评分）；

· 帮助确保测量的内容实际上是要测量的内容；

· 通过把表现测量或能力测量、行为数据或动态数据与评价框架建立联系，极大地丰富高级分析的结果。

然而，需要重点注意的是，尽管网络技术可以提供各种各样丰富的互动，并且这些互动可能能够评价更复杂或者更现实的情况；但是如果没有牢固地扎根于坚实的概念基础，网络技术也会带来其他重大的偏差。事实上，给应试者提供互动模式和不属于概念框架的刺激，可能会带来与测量维度并不相关的表现变量。因此，尽管真实性和吸引力可能会增加动机和可操纵性，但可能也会对测量带来不必要的扭曲，而不是丰富或改善它们。为了利用信息技术提供的功能来构建复杂和丰富的项目与测试，以便更好地评价各种领域的素养，必须能够保持稳定的、持续的和可重复的一套方法。如果框架和每种方法间的全部可追溯性得不到严格维护，那么不匹配所带来的风险就会相当高，结果就削弱了方法的有效性、最终牵连到测量的有效性。一般来说，通过框架设计、项目设计、项目施行和项目编制的方法，评价设计中的决策可追溯链涵盖了一系列重要的步骤，从结构、技能、领域或能力的界定到通过框架设计、项目设计、项目实施和项目生产来最终完善计算机项目和测试。在每个步骤中，如果设计和实现的参考是一个清晰和良好的元模型，同时系统地回顾前面的步骤，那么很可能会提高评价设计与实施的质量。

这种主张是目标管理组织（Object Management Group，OMG）提出的模型驱动框架（Model-driven Architecture，MDA）软件设计方法的核心，与系统实施技术相关的独立系统规范有助于质量和互用性（interoperability）的实现。在特定技术之中，需从系统设计的规范化构思到各种可能性平台，然后才会有最终的系统实施（Poole，2001）。在OMG的愿景中，MDA能够提高软件的可维护性（结果降低了成本、减少了延误），除此之外，它们也打破了所需要的独立应用程序在永无止境的纠正和进化维护的神话（Miller and Mukerji，2003）。

从更一般的角度来看，这种方法与依赖于一系列组件的模型驱动工程具有一定相关性。特定领域的模型语言（DSLM）是通过使用初始模型而形式化的，这定义了关于一个领域及其关系概念的语义和限制。这些DSLM组件被设计师用来公开表达他们的设计意图，作为元模型在封闭的、公共的和显式的语义实例（Schmidt，2006）。除了领域的实际方面之外，还有更多的元模型可以用来涵盖复杂性，并且使用不同领域专家的语义、范式和词汇来具体设计问题。第二个基本组件由转换规则、引擎和生成器组成，用于将概念声明式设计转换为更接近可执行系统的另一个模型。这种从设计到执行系统的转型路径包括多个步骤，需依据领域各个方面的数量以及操作性组织生产过程。除了上述互用性、系统演进和维护等方面的优势外，这些分散式聚焦从纯粹概念设计方面来看具有如下优势：第一，它将复杂性维持在一个可操作的水平上；第二，它可以细分每个专业领域中心的设计活动；第三，它实现了设计决策的全部可追溯性。

后者的优势是处于设计和最终实施质量以及风险缓解的核心。例如，这些原则已经成功地应用于业务流程工程领域，通过模型链接推导出业务流程和电子商务交易，通过从初始商业模型转换获得的价值模型导出经济有意义的业务流程（Bergholtz et al., 2005; Schmitt and Grégoire, 2006）。在信息系统工程领域，Turki 等人提出了一个通过大量模型来设计信息系统的本体框架，从而解决不同的抽象问题与各领域各方面的问题，包括法律约束。MDE 方法的框架除了通过一个概念地图来表示本体，还有一系列从概念地图到其他目标的形式化细则的描述准则（Turki et al., 2004）。类似的方法已经被用于将自然语言数学文献转换为可进一步操纵的计算机化叙事结构（Kamareddine et al., 2007）。这种转变依赖于处理不同文献内容的模型实例链，包括语法、语义和修辞（Kamareddine et al., 2007a, b）。

假设和期望是一种确保评估目的和数据收集工具一致的设计方法，一致性在这里被理解为能够在设计和生产过程的所有步骤中保持原始设计概念之间的联系，根据问题的不同方面以及派生的人为因素（解决方案）进行阐述。优化生产流程，通过在连续步骤间的（半）自动化模型转换降低成本，实现工具的概念可比性，并可能测量它们的等价性或差异性，最终确保更好的数据质量并减少偏差，从而最大化实现预期收益。

以知识建模范式（包括基于本体的元数据管理）为基础的、声称可以独立于内容的平台方法，它们与应对形式化设计与一致性等挑战的解决方案直接相关。结合网络技术，通过网络实现远程协作工作，就可以设想出一个极有前景的应对挑战方法。

根据 MDE 方法建立一个新的评估设计框架，应采取几个步骤，每个步骤都需要深入研究与开发。首先，必须确定各个领域与评价设计相关的专业知识，并且将它们纳入评价设计流程，这一步可能是最简单的，大多只需要一个形式化的流程。大部分概念空间要以一种抽象的方式获取专家知识和专业技能因而面临着内在挑战性，因此需要建构一种元模型参考它们之间的抽象关系，然后再将其作为建构专业模型实例的基础，这些实例关涉到指定评价的所有重要方面。一旦获得了这些模型，就可以建立一个专门的工具设计和生产链，并开始这个过程。由此，在这个层面上产生的实例，将依据其考虑的要素由特定结构、框架和项目组成。

这项操作的主要成功因素基本上在跨学科方面，事实上，要达到一个适当的形式化水平，并为设计人员提供足够的信息技术支持工具，评价专家应与基于计算机的评价和信息技术专家密切合作，这些专家可以带来更规范更完善的建模技术。预计这种方法将通过提供更规范化的概念定义链来提高评价质量，这条概念链将结构概念与终端计算机工具连接起来，从而最大限度地减少少量与结构相关或无关的项目特征或内容。从框架的角度来看，指标及其关系的界定，量词（连同与它们相关的指标）和限定词（连同与它们相关的类型），能够收集信息用来评价或限定指标的数据接收器，都必须明确地与结构定义和项目交互模式建立关联。此外，还必须为项目设计人员提供关于情境和项目特征描述的明确且合理的指导。同样，从项目交互和项目运行时的软件表现的角度来看，框架设计也可以为软件的扩展性运用提供详尽和明确的要求。接下来，根据具体评价特性，项目开发者将会通过语义嵌入情境的方式将框架实例化，进一步丰富项目设计，其中包括界定刺激材料、将完成的任务和反应收集模式。项目的动态方面也会以故事板（storyboards）的形式进行设计。预期反应模式的确定一般基于框架中所确定的评分规则。作为可能的后续步骤，网络技术专家将把项目设计转换成机器可读的项目描述格式。这意味着项目将从概念设计转换成计算机设计的形式化描述，将描述性版本转换成可执行或可呈现的版本。在综合超媒体方法之后，这个转变所涉及的模型将都是多媒体模型和综合化模型。

研究项目的潜在主题

本节展现一系列研究主题，但并未对所列出的主题进行详细描述。其中有些主题之间具有密切关联，突出了同样问题的不同方面。随后，这些问题可能会根据拟议研究项目的时间框架、规模和复杂程度分组并组织成更大的主题。这里提出的几个主题可能会与由其他工作组提出的主题相结合，形成一个比较大的研究项目。

研究正在发展的评价

1. 媒体效应和有效性问题。

未来研究的一个普遍主题是传统纸笔测试和技术测试结果可比性，当比较称为评价的一个主要方面时，这个问题可能特别重要，例如，当建立某种趋势时，或纵向研究个人发展轨迹时。在这种情况下，哪种数据收集策略会有助于建立链接？

未来需要进一步研究的主题是评价框架和计算机测试过程中呈现出来的实

际项目之间的对应关系。根据1—4点所识别的信息，可以设计出新的方法来检查这种对应关系。

一个更普遍的问题是通过技术测量的知识和技能的迁移，在技术丰富的特定环境中阐释的技术在多大程度上可以迁移到别的领域、背景和情境，而同样的技术是否存在？在模拟环境中评价的技能又是怎样迁移到现实生活情境之中的？（进一步讨论见 Baker et al.，2008）。

2. 记录、日志分析和过程挖掘。

理解复杂评价（例如模拟）时可能产生的数百条信息是特别具有挑战性的事情。如何确定哪些行为是有意义的，以及如何将这些行为结合起来作为熟练程度的证据，是需要重点研究的领域。密斯莱维（Mislevy）及其同事关于以证据为中心的设计方法是解决这个问题的一个很有前途的方法。

在上述讨论中，特别值得一提的是反应延迟的问题，在某些任务和环境中，计时信息可能具有判断自动性、流利性或动机的意义，但是在其他任务和环境中，它可能没有任何意义。确定在什么类型的任务和情境中反应延迟可能会产生有意义的信息还需要进一步研究，包括是否这种信息对形成性评价的意义比总结性评价要更大。

3. 保存和分析信息产品。

计算机评价给学生提供的可能性之一就是能够基于多重标准进行评分/评价/评级以保存信息产品，有研究领域专门调查评分员如何评定这样复杂的信息产品。评价者需要对如何在纸质评价中评定结构性反应有一些了解，并且信息产品能够被视为复杂的结构性反应。一个相关的发展问题是，能否用计算机技术对信息产品进行评分或评级。计算机评价已经能够为评级储存或组织信息产品，但是，大多数时候仍需要人工评价员。生产信息产品涉及的任务与单一任务的项目不同。一个相关但需要进一步发展的问题是调查计算机评价的任务维度。

4. 利用元信息进行自适性测试和组间比较。

通过创新技术支持的方法可以收集大量信息，研究如何利用这些信息用于开发低风险、形成性或诊断性环境下的新型适应性测试是项重要工作。这可能需要调查，是否可以使用其他的情境信息来指导项目选择过程。

另外，还有一些关于测量中的群体是否有相互作用的问题，如延迟（latency）、个人协作技能，收集来自形成性学习课程或参与到复杂评价中的总结性信息。这样，测量的意义就会因群体的不同而不同。更确切地说，就是采取延迟、个人协作技能，形成性过程中的总结性信息等，在不同的人口群体中有相同的含义吗？例如在特定的国家或文化中，延迟在男性和女性之间可能拥有不同的意义，因为其中一个群体习惯性地比另一个群体更小心谨慎。

5. 连续评价的连接数据：纵向和问责问题。

通过对评价数据进行纵向分析，以建立21世纪技能的发展轨迹模型，将会是一个长期的研究课题。这些数据需要解决的两个问题是：什么样的设计将有助于在新的学习结果领域中建立学习者发展轨迹模型；技术如何支持、收集、存储和分析纵向数据？

是否存在这样一种条件，即形成性信息可以用于总结性目的而又不损害形成性评价的价值，师生都应该知道什么时候他们会因相应的目的而被评价。如果选定的课堂学习课程被指定为"现场"（live）收集总结性信息，那么是否会降低学习课程的有效性或以其他重要的方式影响学生或教师的行为？

6. 自动评分和自我评价。

自动评分是一个具有极大实践潜力的研究和开发领域，一方面，最近有大量的研究聚焦于自动评分（见 Williamson et al., 2006a, b）；另一方面，实际上，实时自动评分主要用于特定的测试情境或受到某些简单题型的限制。需要进一步实证研究，例如，设计综合评分系统并以此确定哪种评分方法更具有广泛的适用性，以及不同的评分方法如何在不同的测试环境下应用。

自我评价与外部评价相结合的评估工具是一个可以取得丰硕成果的探究领域，评价工具应该也是支撑学习的一个重要资源。当评价由一个以评价专家团队支撑的外部机构操作时，尤其是在高风险评价中，这些评价是否是基于互动数据或信息产品而进行的（在这种情况下，评价往往是通过使用试题完成的）。然而，如何通过及时和适当的反馈使教师（甚至学生）能够获得这些工具对学习的支持是非常重要的。

探索创新方法和评价的全新领域

1. 数据采集的新方法：计算机游戏、娱教（edutainment）和认知神经科学问题。

使用特定的辅助工具可以收集更多的信息。眼动跟踪已经在一些心理实验中被常态化使用，并且也可以在计算机评价中服务于多种目的。如何以及在多大程度上可以使用屏幕注视追踪法来推动基于计算机的训练？我们可以提出一些具体的主题，例如，眼动追踪可能会有助于项目开发，我们可以通过这种方法识别项目呈现出来的问题元素。学生在解决问题时应用的某些认知过程也可以被识别，有效性问题也可以用这种方式来检查。

如何使用计算机游戏进行评价，尤其是用于形成性评价？评价在游戏中扮演什么角色？娱教与评价交叉的部分在哪里？计算机游戏中所运用的技术如何转向评价？如何检测游戏成瘾？如何防止游戏成瘾？认知或教育神经科学的方法和研究结果如何应用于计算机评价？例如，脑电波检测仪如何以及在多大程度上可以用于测量疲劳程度和注意力集中水平？

2. 人—物（person–material）互动分析。

设计人—物互动的一般分析方法还需要做深入研究。开发分析"跟踪数据"或"交互数据"的方法是重要的。许多研究提议，必须获得大量关于学生和材料交互作用的信息，但是鲜有结合这种数据进行系统分析的例子。需要进一步研究来设计人物互动的一般分析方法。通过使用这些创新的数据收集技术，传统的社会科学数据分析方法怎样才能得到拓展？TIMSS 录像研究中，收集了这种从跟踪信息（这里是教室录像的详细代码）中获得的简单描述性信息（称为指纹），接下来需要确定跟踪数据的哪些特征值得关注，因为它们是学生学习质量的指示。

3. 评价小组成果和社交网络分析。

评价小组成果而不是个人成果是未来研究的一个重要领域。协作的结果不仅取决于个人的沟通技巧和社会或个人技能，正如斯卡达玛亚和贝莱特（Scardamalia & Bereiter）所指出的那样，协作是知识构建的核心。通常，在现实生活中，同一个项目中的知识工作团队并不具有同样的专业背景，也不具备同样的专业技能，所以他们以不同的方式来实现最终的结果。人们在整个学习过程中也会获得重要的知识，当然，他们也可能学到不同的东西。如何测量小组成果，哪种团队成果对测量来说是重要的？

如何以及是否需要考虑个人对集体活动的贡献具有重大挑战。协作是一项重要的个人技能，但是从某种意义上说有效的协作最好由团队的最终结果来判断。在什么样的技术协作式任务中，我们可能会收集到个人贡献的证据，并且那些证据有可能是什么呢？

如何处理个人发展与团体发展之间的关系，这些发展结果又如何与学习任务设计建立交互关系？就传统教育而言，在基础教育阶段，每个人预期的学习结果都是相同的——这些构成课程标准。团队生产力需要小组中每个人的基本素养吗？对这两个问题的回答将对协作环境中的学习设计产生重要影响。

如何将测量协作技能的环境标准化？协作情境中的一个或所有伙伴都能被"虚拟"伙伴取代吗？协作活动、背景和伙伴能被模拟吗？协作技能可以在受测者面对标准化协作挑战的虚拟小组中得到测量吗？

社交网络分析，以及人们在计算机任务中共同工作时的互动方式，都是需要进一步研究的领域。在基于网络的协作工作中，可以记录互动，例如，记录学生在寻求帮助时的互动，以及这些互动是如何与学习相关的。网络分析软件可用于研究基于计算机任务的人们之间的互动关系，这可以帮助我们深入理解协作。社交网络分析的方法近些年已经有了极大的发展并且可以用来处理大量互动关系。

4. 情感问题。

计算机评价的情感问题值得进行系统研究。通常认为，人们在丰富的技术环境中会享受学习，但是有证据表明，有些人更喜欢使用静态刺激材料进行学习。研究问题不仅仅是人与环境的和谐关系，还应该研究人们在不同的评价环境中完成任务时兴趣的变化。

测量情绪是基于计算机评价中一个重要的潜在性应用。如何以及在多大程度上可以运用网络摄像头来监测情绪？如何将这些工具收集的信息用于项目开发？情绪测量如何在其他领域或框架中得到使用，如协作或社会技能？

测量情感结果是一个可能成为研究重点的领域。网络空间中的伦理行为等更一般的情感结果是否应纳入评价范畴？如果应该，要怎么做呢？

参考文献

ACT. *COMPASS*. http://www.act.org/compass/.

Ainley, M. (2006). Connecting with learning: Motivation, affect and cognition in interest processes. *Educational Psychology Review, 18*(4), 391-405.

Ainley, J., Eveleigh, F., Freeman, C., & O'Malley, K. (2009). *ICT in the teaching of science and mathematics in year 8 in Australia: A report from the SITES survey*. Canberra: Department of Education, Employment and Workplace Relations.

American Psychological Association (APA). (1986). *Guidelines for computer-based tests and interpretations*. Washington, DC: American Psychological Association.

Anderson, R., & Ainley, J. (2010). Technology and learning: Access in schools around the world. In B. McGaw, E. Baker, & P. Peterson (Eds.), *International encyclopedia of education* (3rd ed.). Amsterdam: Elsevier.

Baker, E. L., Niemi, D., & Chung, G. K. W. K. (2008). Simulations and the transfer of problem-solving knowledge and skills. In E. Baker, J. Dickerson, W. Wulfeck, & H. F. O'Niel (Eds.), *Assessment of problem solving using simulations* (pp. 1-17). New York: Lawrence Erlbaum Associates.

Ball, S., et al. (2006). Accessibility in e-assessment guidelines final report. Commissioned by TechDis for the E-Assessment Group and Accessible E-Assessment. Report prepared by Edexcel. August 8, 2011. Available: http: //escholarship. bc.edu/ojs/index.php/jtla/article/view/1663.

Bejar, I. I., Lawless, R. R., Morley, M. E., Wagner, M. E., Bennett, R. E., & Revuelta, J. (2003A feasibility study of on-the-fly item generation in adaptive testing. *Journal of Technology, Learning and Assessment, 2*(3). August 8, 2011. Available: http: //escholarship. bc.edu/ojs/index.php/jtla/article/view/1663.

Bennett, R. E. (2001). How the Internet will help large-scale assessment reinvent itself. *Education Policy Analysis Archives, 9*(5). Available: http: //epaa.asu.edu/epaa/v9n5.html.

Bennett, R. E. (2006). Moving the field forward: Some thoughts on validity and automated scoring. In D. M. Williamson, R. J. Mislevy, & I. I. Bejar (Eds.), *Automated scoring of complex tasks in computer-based testing* (pp. 403-412). Mahwah: Erlbaum.

Bennett, R. (2007, September). New item types for computer-based tests. Presentation given at the seminar, What is new in assessment land 2007, National Examinations Center, Tbilisi. Retrieved January 19, 2011, from http: //www.naec.ge/uploads/documents/2007-SEM_Randy-Bennett.pdf.

Bennett, R. E. (2009). *A critical look at the meaning and basis of formative assessment (RM-09–06)*. Princeton: Educational Testing Service.

Bennett, R. E., & Bejar, I. I. (1998). Validity and automated scoring: It's not only the scoring. *Educational Measurement: Issues and Practice, 17*(4), 9–17.

Bennett, R. E., Morley, M., & Quardt, D. (1998). *Three response types for broadening the conception of mathematical problem solving in computerized-adaptive tests (RR-98–45)*. Princeton: Educational Testing Service.

Bennett, R. E., Goodman, M., Hessinger, J., Ligget, J., Marshall, G., Kahn, H., & Zack, J. (1999). Using multimedia in large-scale computer-based testing programs. *Computers in Human Behaviour, 15*, 283–294.

Bennett, R. E., Morley, M., & Quardt, D. (2000). Three response types for broadening the conception of mathematical problem solving in computerized tests. *Applied Psychological Measurement, 24*, 294–309.

Bennett, R. E., Jenkins, F., Persky, H., & Weiss, A. (2003). Assessing complex problem-solving performances. *Assessment in Education, 10*, 347–359.

Bennett, R. E., Persky, H., Weiss, A. R., & Jenkins, F. (2007). Problem solving in technology-rich environments: A report from the NAEP technology-based assessment project (NCES 2007–466). Washington, DC: National Center for Education Statistics, US Department of Education. Available: http: //nces.ed.gov/pubsearch/pubsinfo.asp?pubid=2007466.

Bennett, R. E., Braswell, J., Oranje, A., Sandene, B, Kaplan, B., & Yan, F. (2008). Does it matter if I take my mathematics test on computer? A second empirical study of mode effects in NAEP. *Journal of Technology, Learning and Assessment, 6*(9). Available: http: // escholarship. bc.edu/ jtla/vol6/9/.

Bennett, R. E., Persky, H., Weiss, A., & Jenkins, F. (2010). Measuring problem solving with tech- nology: A demonstration study for NAEP. *Journal of Technology, Learning, and Assessment, 8*(8). Available: http: //escholarship. bc.edu/jtla/vol8/8.

Ben-Simon, A., & Bennett, R. E. (2007). Toward more substantively meaningful automated essay scoring. *Journal of Technology, Learning and Assessment, 6*(1). Available: http: // escholarship. bc.edu/jtla/vol6/1/.

Bergholtz, M., Grégoire, B., Johannesson, P., Schmitt, M., Wohed, P., & Zdravkovic, J. (2005).

Integrated methodology for linking business and process models with risk mitigation. International Workshop on Requirements Engineering for Business Need and IT Alignment (REBNITA 2005), Paris, August 2005. http: //efficient.citi.tudor.lu/cms/efficient/content. nsf/0/ 4A938852840437F2C12573950056F7A9/$file/Rebnita05.pdf.

Berglund, A., Boag, S., Chamberlin, D., Fernández, M., Kay, M., Robie, J., & Siméon, J. (Eds.) (2007). XML Path Language (XPath) 2.0. W3C Recommendation 23 January 2007. http: //www.w3.org/TR/2007/REC-xpath20−20070123/.

Berners-Lee, T., Hendler, J., & Lassila, O. (2001). The semantic web: A new form of web that is meaningful to computers will unleash a revolution of new possibilities. *Scientific American, 284*, 34−43.

Bernstein, H. (2000). Recent changes to RasMol, recombining the variants. *Trends in Biochemical Sciences (TIBS), 25*(9), 453−455.

Blech, C., & Funke, J. (2005). Dynamis review: An overview about applications of the dynamis approach in cognitive psychology. Bonn: Deutsches Institut für Erwachsenenbildung. Available: http: //www.die-bonn.de/esprid/dokumente/doc-2005/blech05_01.pdf. 222 B. Csapó et al.

Bloom, B. S. (1969). Some theoretical issues relating to educational evaluation. In R. W. Tyler (Ed.), *Educational evaluation: New roles, new means*. The 63rd yearbook of the National Society for the Study of Education, part 2 (Vol. 69) (pp. 26−50). Chicago: University of Chicago Press.

Booth, D., & Liu, K. (Eds.) (2007). Web Services Description Language (WSDL) Version 2.0 Part 0: Primer. W3C Recommendation 26 June 2007. http: //www.w3.org/TR/2007/REC-wsdl20- primer-20070626.

Boud, D., Cohen, R., & Sampson, J. (1999). Peer learning and assessment. *Assessment & Evaluation in Higher Education, 24*(4), 413−426.

Bray, T., Paoli, J., Sperberg-McQueen, C., Maler, E., & Yergeau, F., Cowan, J. (Eds.) (2006). *XML 1.1* (2nd ed.), W3C Recommendation 16 August 2006. http: //www.w3.org/TR/2006/REC-xml11−20060816/.

Bray, T., Paoli, J., Sperberg-McQueen, C., Maler, E., & Yergeau, F. (Eds.) (2008). *Extensible Markup Language (XML) 1.0* (5th ed.) W3C Recommendation 26 November 2008. http: //

www.w3.org/TR/2008/REC-xml-20081126/.

Brickley, D., & Guha, R. (2004). RDF vocabulary description language 1.0: RDF Schema. W3C Recommandation. http: //www.w3.org/TR/2004/REC-rdf-schema-20040210/.

Bridgeman, B. (2009). Experiences from large-scale computer-based testing in the USA. In F. Scheuermann, & J. Björnsson (Eds.), *The transition to computer-based assessment. New approaches to skills assessment and implications for large-scale testing* (pp. 39–44). Luxemburg: Office for Official Publications of the European Communities.

Bridgeman, B., Lennon, M. L., & Jackenthal, A. (2003). Effects of screen size, screen resolution, and display rate on computer-based test performance. *Applied Measurement in Education, 16*, 191–205.

Carlisle, D., Ion, P., Miner, R., & Poppelier, N. (Eds.) (2003). *Mathematical Markup Language (MathML) Version 2.0* (2nd ed.). W3C Recommendation 21 October 2003. http: //www.w3.org/ TR/2003/REC-MathML2–20031021/.

Carnegie Learning. *Cognitive Tutors*. http: //www.carnegielearning.com/products.cfm

Catts, R., & Lau, J. (2008). *Towards information literacy indicators*. Paris: UNESCO.

Chatty, S., Sire, S., Vinot J.-L., Lecoanet, P., Lemort, A., & Mertz, C. (2004). Revisiting visual. interface programming: Creating GUI tools for designers and programmers. *Proceedings of UIST'04*, October 24–27, 2004, Santa Fe, NM, USA. ACM Digital Library.

Clement, L., Hately, A., von Riegen, C., & Rogers, T. (2004). *UDDI Version 3.0.2, UDDI Spec Technical Committee Draft, Dated 20041019.* Organization for the Advancement of Structured Information Standards (OASIS). http: //uddi.org/pubs/uddi-v3.0.2–20041019.htm.

Clyman, S. G., Melnick, D. E., & Clauser, B. E. (1995). Computer-based case simulations. In E. L. Mancall & P. G. Bashook (Eds.), *Assessing clinical reasoning: The oral examination and alternative methods* (pp. 139–149). Evanston: American Board of Medical Specialties.

College Board. *ACCUPLACER*. http: //www.collegeboard.com/student/testing/accuplacer/.

Conole, G., & Waburton, B. (2005). A review of computer-assisted assessment. *ALT-J, Research in Learning Technology, 13*(1), 17–31.

Corbiere, A. (2008). A framework to abstract the design practices of e-learning system projects. In *IFIP international federation for information processing*, Vol. 275; Open Source

Development, Communities and Quality; Barbara Russo, Ernesto Damiani, Scott Hissam, Björn Lundell, Giancarlo Succi (pp. 317−323). Boston: Springer.

Cost, R., Finin, T., Joshi, A., Peng, Y., Nicholas, C., Soboroff, I., Chen, H., Kagal, L., Perich, F., Zou, Y., & Tolia, S. (2002). ITalks: A case study in the semantic web and DAML+OIL. *IEEE Intelligent Systems, 17*(1), 40−47.

Cross, R. (2004a). Review of item banks. In N. Sclater (Ed.), *Final report for the Item Bank Infrastructure Study (IBIS)* (pp. 17−34). Bristol: JISC.

Cross, R. (2004b). Metadata and searching. In N. Sclater (Ed.), *Final report for the Item Bank Infrastructure Study (IBIS)* (pp. 87−102). Bristol: JISC.

Csapó, B., Molnár, G., & R. Tóth, K. (2009). Comparing paper-and-pencil and online assessment of reasoning skills. A pilot study for introducing electronic testing in large-scale assessment in Hungary. In F. Scheuermann & J. Björnsson (Eds.), *The transition to computer-based assessment. New approaches to skills assessment and implications for large-scale testing* (pp. 113−118). Luxemburg: Office for Official Publications of the European Communities. CTB/McGraw-Hill. *Acuity.* http: //www.ctb.com/products/product_summary.jsp?FOLDER%3C%3Efolder_id=1408474395292638.

Decker, S., Melnik, S., Van Harmelen, F., Fensel, D., Klein, M., Broekstra, J., Erdmann, M., & Horrocks, I. (2000). The semantic web: The roles of XML and RDF. *IEEE Internet Computing, 15*(5), 2−13.

Dillenbourg, P., Baker, M., Blaye, A., & O'Malley, C. (1996). The evolution of research on collaborative learning. In E. Spada & P. Reiman (Eds.), *Learning in humans and machine: Towards an interdisciplinary learning science* (pp. 189−211). Oxford: Elsevier.

Draheim, D., Lutteroth, C., & Weber G. (2006). Graphical user interface as documents. In *CHINZ 2006—Design Centred HCI*, July 6−7, 2006, Christchurch. ACM digital library.

Drasgow, F., Luecht, R. M., & Bennett, R. E. (2006). Technology and testing. In R. L. Brennan (Ed.), *Educational measurement* (4th ed., pp. 471−515). Westport: American Council on Education/Praeger.

EDB (Education Bureau of the Hong Kong SAR Government) (2007). *Right Technology at the Right Time for the Right Task.* Author: Hong Kong.

Educational Testing Service (ETS). *Graduate Record Examinations (GRE).* http: //www.ets.org/

portal/site/ets/menuitem.fab2360b1645a1de9b3a0779f1751509/?vgnextoid=b195e3b5f64f40 10VgnVCM10000022f95190RCRD.

Educational Testing Service (ETS). *Test of English as a foreign language iBT (TOEFL iBT)*. http: // www.ets.org/portal/site/ets/menuitem.fab2360b1645a1de9b3a0779f1751509/?vgnextoid=69c 0197a484f4010VgnVCM10000022f95190RCRD & WT.ac=Redirect_ets.org_toefl.

Educational Testing Service (ETS). *TOEFL practice online*. http: //toeflpractice.ets.org/.

Eggen, T., & Straetmans, G. (2009). Computerised adaptive testing at the entrance of primary school teacher training college. In F. Sheuermann & J. Björnsson (Eds.), *The transition to computer- based assessment: New approaches to skills assessment and implications for large-scale testing* (pp. 134–144). Luxemburg: Office for Official Publications of the European Communities.

EMB (Education and Manpower Bureau HKSAR) (2001). Learning to learn – The way forward in curriculum. Retrieved September 11, 2009, from http: //www.edb.gov.hk/index.aspx?langno=1 & nodeID=2877.

Ferraiolo, J., Jun, J., & Jackson, D. (2009). Scalable Vector Graphics (SVG) 1.1 specification. W3C Recommendation 14 January 2003, edited in place 30 April 2009. http: //www.w3.org/ TR/2003/REC-SVG11-20030114/.

Feurzeig, W., & Roberts, N. (1999). *Modeling and simulation in science and mathematics education*. New York: Springer.

Flores, F., Quint, V., & Vatton, I. (2006). Templates, microformats and structured editing. *Proceedings of DocEng'06, ACM Symposium on Document Engineering*, 10–13 October 2006 (pp. 188–197), Amsterdam, The Netherlands.

Gallagher, A., Bennett, R. E., Cahalan, C., & Rock, D. A. (2002). Validity and fairness in technology- based assessment: Detecting construct-irrelevant variance in an open-ended computerized mathematics task. *Educational Assessment, 8*, 27–41.

Gaševi, D., Jovanovi, J., & Devedži, V. (2004). Ontologies for creating learning object content. In M. Gh. Negoita, et al. (Eds.), *KES 2004, LNAI 3213* (pp. 284–291). Berlin/Heidelberg: Springer.

Graduate Management Admission Council (GMAC). *Graduate Management Admission Test*

(GMAT). http://www.mba.com/mba/thegmat.

Greiff, S., & Funke, J. (2008). Measuring complex problem solving: The MicroDYN approach. Heidelberg: Unpublished manuscript. Available: http://www.psychologie.uni-heidelberg.de/ae/allg/forschun/dfg_komp/Greiff & Funke_2008_MicroDYN.pdf.

Grubber, T. (1993). A translation approach to portable ontology specifications. *Knowledge Acquisition, 5*, 199–220.

Gruber, T. (1991 April). The role of common ontology in achieving sharable, reuseable knowledge bases. *Proceedings or the Second International Conference on Principles of Knowledge Representation and Reasoning* (pp. 601–602). Cambridge, MA: Morgan Kaufmann.

Guarino, N., & Giaretta, P. (1995). Ontologies and knowledge bases: Towards a terminological clarification. In N. Mars (Ed.), *Towards very large knowledge bases: Knowledge building and knowledge sharing* (pp. 25–32). Amsterdam: Ios Press.

Gudgin, M., Hadley, M., Mendelsohn, N., Moreau, J.-J., Nielsen, H., Karmarkar, A., & Lafon, Y. (Eds.) (2007). *SOAP Version 1.2 Part 1: Messaging framework* (2nd ed.). W3C Recommendation 27 April 2007. http://www.w3.org/TR/2007/REC-soap12-part1-20070427/.

Gunawardena, C. N., Lowe, C. A., & Anderson, T. (1997). Analysis of global online debate and the development of an interaction analysis model for examining social construction of knowledge in computer conferencing. *Journal of Educational Computing Research, 17*(4), 397–431.

Hadwin, A., Winne, P., & Nesbit, J. (2005). Roles for software technologies in advancing research and theory in educational psychology. *The British Journal of Educational Psychology, 75*, 1–24.

Haldane, S. (2009). Delivery platforms for national and international computer based surveys. In F. Sheuermann & J. Björnsson (Eds.), *The transition to computer-based assessment: New approaches to skills assessment and implications for large-scale testing* (pp. 63–67). Luxemburg: Office for Official Publications of the European Communities.

Halldórsson, A., McKelvie, P., & Bjornsson, J. (2009). Are Icelandic boys really better on computerized tests than conventional ones: Interaction between gender test modality and test performance. In F. Sheuermann & J. Björnsson (Eds.), *The transition to computer-based assessment: New approaches to skills assessment and implications for large-scale testing* (pp. 178–193). Luxemburg: Office for Official Publications of the European Communities.

Hendler, J. (2001). Agents and the semantic web. *IEEE Intelligent Systems, 16*(2), 30–37.

Henri, F. (1992). Computer conferencing and content analysis. In A. R. Kaye (Ed.), *Collaborative learning through computer conferencing* (pp. 117–136). Berlin: Springer.

Herráez, A. (2007). *How to use Jmol to study and present molecular structures* (Vol. 1). Morrisville: Lulu Enterprises.

Horkay, N., Bennett, R. E., Allen, N., & Kaplan, B. (2005). Online assessment in writing. In B. Sandene, N. Horkay, R. E. Bennett, N. Allen, J. Braswell, B. Kaplan, & A. Oranje (Eds.), Online assessment in mathematics and writing: Reports from the NAEP technology-based assessment project (NCES 2005–457). Washington, DC: National Center for Education Statistics, US Department of Education. Available: http: //nces.ed.gov/pubsearch/pubsinfo.asp?pubid=2005457.

Horkay, N., Bennett, R. E., Allen, N., Kaplan, B., & Yan, F. (2006). Does it matter if I take my writing test on computer? An empirical study of mode effects in NAEP. *Journal of Technology, Learning and Assessment, 5*(2). Available: http: //escholarship. bc.edu/jtla/vol5/2/.

IEEE LTSC (2002). *1484.12.1-2002 IEEE Standard for Learning Object Metadata.* Computer Society/Learning Technology Standards Committee. http: //www.ieeeltsc.org: 8080/Plone/working-group/learning-object-metadata-working-group-12.

IMS (2006). IMS question and test interoperability overview, Version 2.0 Final specification. IMS Global Learning Consortium, Inc. Available: http: //www.imsglobal.org/question/qti_v2p0/ imsqti_oviewv2p0.html.

International ICT Literacy Panel (Educational Testing Service). (2002). *Digital transformation: A framework for ICT literacy.* Princeton: Educational Testing Service.

Jadoul, R., & Mizohata, S. (2006). PRECODEM, an example of TAO in service of employment. *IADIS International Conference on Cognition and Exploratory Learning in Digital Age, CELDA 2006,* 8–10 December 2006, Barcelona. https: //www.tao.lu/downloads/publications/ CELDA2006_PRECODEM_paper.pdf.

Jadoul, R., & Mizohata, S. (2007). Development of a platform dedicated to collaboration in the social sciences. Oral presentation at *IADIS International Conference on Cognition and Exploratory Learning in Digital Age, CELDA 2007*, 7–9 December 2007, Carvoeiro. https: // www.tao.lu/downloads/publications/CELDA2007_Development_of_a_Platform_paper. pdf.

Jadoul, R., Plichart, P., Swietlik, J., & Latour, T. (2006). eXULiS – a Rich Internet Application (RIA) framework used for eLearning and eTesting. *IV International Conference on Multimedia and Information and Communication Technologies in Education, m-ICTE 2006*. 22–25 November, 2006, Seville. In A. Méndez-Vilas, A. Solano Martin, J. Mesa González, J. A. Mesa González (Eds.), *Current developments in technology-assisted education*, Vol. 2. FORMATEX, Badajoz (2006), pp. 851–855. http: //www.formatex.org/micte2006/book2.htm.

Johnson, M., & Green, S. (2006). On-line mathematics assessment: The impact of mode on per- formance and question answering strategies. *Journal of Technology, Learning, and Assessment, 4*(5), 311–326.

Kamareddine, F., Lamar, R., Maarek, M., & Wells, J. (2007). Restoring natural language as a comput- erized mathematics input method. In M. Kauers, et al. (Eds.), *MKM/Calculemus 2007, LNAI 4573* (pp. 280–295). Berlin/Heidelberg: Springer. http: //dx.doi.org/10.1007/978-3-540-73086-6_23.

Kamareddine, F., Maarek, M., Retel, K., & Wells, J. (2007). Narrative structure of mathematical texts. In M. Kauers, et al. (Eds.), *MKM/Calculemus 2007, LNAI 4573* (pp. 296–312). Berlin/ Heidelberg: Springer. http: //dx.doi.org/10.1007/978-3-540-73086-6_24.

Kane, M. (2006). Validity. In R. L. Linn (Ed.), *Educational Measurement* (4th ed., pp. 17–64). New York: American Council on Education, Macmillan Publishing.

Kay, M. (Ed.) (2007). XSL Transformations (XSLT) Version 2.0. W3C Recommendation 23 January 2007. http: //www.w3.org/TR/2007/REC-xslt20-20070123/.

Kelley, M., & Haber, J. (2006). *National Educational Technology Standards for Students (NETS*S): Resources for assessment*. Eugene: The International Society for Technology and Education.

Kerski, J. (2003). The implementation and effectiveness of geographic information systems technology and methods in secondary education. *Journal of Geography, 102*(3), 128–137.

Khang, J., & McLeod, D. (1998). Dynamic classificational ontologies: Mediation of information sharing in cooperative federated database systems. In M. P. Papazoglou & G. Sohlageter (Eds.), *Cooperative information systems: Trends and direction* (pp. 179–203). San Diego: Academic. Kia, E., Quint, V., & Vatton, I. (2008). XTiger language specification. Available: http://www.w3.org/Amaya/Templates/XTiger-spec.html.

Kingston N. M. (2009). Comparability of computer- and paper-administered multiple-choice tests for K-12 populations: A synthesis. *Applied Measurement in Education, 22*(1), 22–37.

Klyne, G., & Carrol, J. (2004). Resource description framework (RDF): Concepts and abstract syntax. W3C Recommendation. http://www.w3.org/TR/2004/REC-rdf-concepts-20040210/.

Koretz, D. (2008). *Measuring up. What educational testing really tells us.* Cambridge, MA: Harvard University Press.

Kyllonen, P. (2009). New constructs, methods and directions for computer-based assessment. In F. Sheuermann & J. Björnsson (Eds.), *The transition to computer-based assessment. New approaches to skills assessment and implications for large-scale testing* (pp. 151–156). Luxemburg: Office for Official Publications of the European Communities.

Kyllonen, P., & Lee, S. (2005). Assessing problem solving in context. In O. Wilhelm & R. Engle (Eds.), *Handbook of understanding and measuring intelligence* (pp. 11–25). Thousand Oaks: Sage.

Latour, T., & Farcot, M. (2008). An open source and large-scale computer-based assessment platform: A real winner. In F. Scheuermann & A. Guimaraes Pereira (Eds.), *Towards a research agenda on computer-based assessment. Challenges and needs for European educational measurement* (pp. 64–67). Luxemburg: Office for Official Publications of the European Communities.

Laubscher, R., Olivier, M. S., Venter, H. S., Eloff, J. H., & Rabe, D. J. (2005). The role of key loggers in computer-based assessment forensics. In *Proceedings of the 2005 Annual Research Conference of the South African institute of Computer Scientists and information Technologists on IT Research in Developing Countries*, September 20–22, 2005, White River. SAICSIT (Vol. 150) (pp. 123–130). South African Institute for Computer Scientists and Information Technologists.

Lave, J. (1988). *Cognition in practice*. Cambridge: Cambridge University Press.

Law, N. (2005). Assessing learning outcomes in CSCL settings. In T.-W. Chan, T. Koschmann, & D. Suthers (Eds.), *Proceedings of the Computer Supported Collaborative Learning Conference (CSCL) 2005* (pp. 373–377). Taipei: Lawrence Erlbaum Associates.

Law, N., Yuen, H. K., Shum, M., & Lee, Y. (2007). *Phase (II) study on evaluating the effectiveness of the 'empowering learning and teaching with information technology' strategy (2004/2007). Final report*. Hong Kong: Hong Kong Education Bureau.

Law, N., Lee, Y., & Yuen, H. K. (2009). The impact of ICT in education policies on teacher practices and student outcomes in Hong Kong. In F. Scheuermann, & F. Pedro (Eds.), *Assessing the effects of ICT in education – Indicators, criteria and benchmarks for international comparisons* (pp. 143–164). Opoce: European Commission and OECD. http://bookshop.europa.eu/is-bin/INTERSHOP.enfinity/WFS/EU-Bookshop-Site/en_GB/-/EUR/ ViewPublication-Start?PublicationKey=LB7809991.

Lehtinen, E., Hakkarainen, K., Lipponen, L., Rahikainen, M., & Muukkonen, H. (1999). *Computer supported collaborative learning: A review. Computer supported collaborative learning in pri- mary and secondary education*. A final report for the European Commission, Project, pp. 1–46.

Lie, H., & Bos, B. (2008). Cascading style sheets, level 1. W3C Recommendation 17 Dec 1996, revised 11 April 2008. http://www.w3.org/TR/2008/REC-CSS1-20080411.

Linn, M., & Hsi, S. (1999). *Computers, teachers, peers: science learning partners*. Mahwah: Lawrence Erlbaum Associates.

Longley, P. (2005). *Geographic information systems and science*. New York: Wiley. L rincz, A. (2008). Machine situation assessment and assistance: Prototype for severely handi- capped children. In A. K. Varga, J. Vásárhelyi, & L. Samuelis (Eds.). In *Proceedings of Regional Conference on Embedded and Ambient Systems, Selected Papers* (pp. 61–68), Budapest: John von Neumann Computer Society. Available: http://nipg.inf.elte.hu/index.php?option=com_remository & Itemid=27 & func=fileinfo & id=155.

Macdonald, J. (2003). Assessing online collaborative learning: Process and product. *Computers in Education, 40*(4), 377–391.

Maedche, A., & Staab, S. (2001). Ontology learning for the semantic web. *IEEE Intelligent*

Systems, 16(2), 72–79.

Mahalingam, K., & Huns, M. (1997). An ontology tool for query formulation in an agent-based context. In *Proceedings of the Second IFCIS International Conference on Cooperative Information Systems,* pp. 170–178, June 1997, Kiawah Island, IEEE Computer Society.

Markauskaite, L. (2007). Exploring the structure of trainee teachers' ICT literacy: The main components of, and relationships between, general cognitive and technical capabilities. *Education Technology Research Development, 55,* 547–572.

Marks, A., & Cronje, J. (2008). Randomised items in computer-based tests: Russian roulette in assessment? *Journal of Educational Technology & Society, 11*(4), 41–50.

Martin, M., Mullis, I., & Foy, P. (2008). *TIMSS 2007 international science report. Findings from IEA's trends in international mathematics and science study at the fourth and eight grades.* Chestnut Hill: IEA TIMSS & PIRLS International Study Center.

Martin, R., Busana, G., & Latour, T. (2009). Vers une architecture de testing assisté par ordinateur pour l'évaluation des acquis scolaires dans les systèmes éducatifs orientés sur les résultats. In J.-G. Blais (Ed.), *Évaluation des apprentissages et technologies de l'information et de la communication, Enjeux, applications et modèles de mesure* (pp. 13–34). Quebec: Presses de l'Université Laval.

McConnell, D. (2002). The experience of collaborative assessment in e-learning. *Studies in Continuing Education, 24*(1), 73–92.

McDaniel, M., Hartman, N., Whetzel, D., & Grubb, W. (2007). Situational judgment tests: Response, instructions and validity: A meta-analysis. *Personnel Psychology, 60,* 63–91.

McDonald, A. S. (2002). The impact of individual differences on the equivalence of computer-based and paper-and-pencil educational assessments. *Computers in Education, 39*(3), 299–312.

Mead, A. D., & Drasgow, F. (1993). Equivalence of computerized and paper-and-pencil cognitive ability tests: A meta-analysis. *Psychological Bulletin, 114,* 449–458.

Means, B., & Haertel, G. (2002). Technology supports for assessing science inquiry. In N. R. Council (Ed.), *Technology and assessment: Thinking ahead: Proceedings from a workshop* (pp. 12–25). Washington, DC: National Academy Press.

Means, B., Penuel, B., & Quellmalz, E. (2000). Developing assessments for tomorrow's classrooms. Paper presented at the The Secretary's Conference on Educational Technology 2000. Retrieved September 19, 2009, from http: //tepserver.ucsd.edu/courses/tep203/fa05/ b/articles/ means.pdf.

Mellar, H., Bliss, J., Boohan, R., Ogborn, J., & Tompsett, C. (Eds.). (1994). *Learning with artificial worlds: Computer based modelling in the curriculum*. London: The Falmer Press.

Messick, S. (1989). Validity. In R. L. Linn (Ed.), *Educational measurement* (3rd ed., pp. 13–103). New York: Macmillan.

Microsoft. Extensible Application Markup Language (XAML). http: //msdn.microsoft.com/en-us/ library/ms747122.aspx.

Miller, J., & Mukerji, J. (Eds.) (2003). MDA guide Version 1.0.1. Object Management Group. http: //www.omg.org/cgi-bin/doc?omg/03–06–01.pdf.

Ministerial Council for Education, Employment, Training and Youth Affairs (MCEETYA). (2007). *National assessment program – ICT literacy years 6 & 10 report*. Carlton: Curriculum Corporation.

Ministerial Council on Education, Early Childhood Development and Youth Affairs (MCEECDYA). (2008). *Melbourne declaration on education goals for young Australians*. Melbourne: Curriculum Corporation.

Ministerial Council on Education, Employment, Training and Youth Affairs (MCEETYA). (1999). *National goals for schooling in the twenty first century*. Melbourne: Curriculum Corporation.

Ministerial Council on Education, Employment, Training and Youth Affairs (MCEETYA). (2000). *Learning in an online world: The school education action plan for the information economy*. Adelaide: Education Network Australia.

Ministerial Council on Education, Employment, Training and Youth Affairs (MCEETYA). (2005). *Contemporary learning: Learning in an on-line world*. Carlton: Curriculum Corporation.

Mislevy, R. J., & Haertel, G. D. (2006). Implications of evidence-centred design for educational testing. *Educational Measurement: Issues and Practice, 25*(4), 6–20.

Mislevy, R. J., Almond, R. G., & Lukas, J. F. (2004). A brief introduction to evidence-centred design. (CSE Report 632). Los Angeles: UCLA CRESST.

Mislevy, R. J., Almond, R. G., Steinberg, L. S., & Lukas, J. F. (2006). Concepts, terminology, and basic models in evidence-centred design. In D. M. Williamson, R. J. Mislevy, & I. I. Bejar (Eds.), *Automated scoring of complex tasks in computer-based testing* (pp. 15–47). Mahwah: Erlbaum.

Mozilla Foundation. *XML user interface language.* https: //developer.mozilla.org/en/XUL_Reference.

Mullis, I., Martin, M., Kennedy, A., & Foy, P. (2007). *PIRLS 2006 international report: IEA's progress in international reading literacy study in primary school on 40 countries.* Chestnut Hill: Boston College.

Mullis, I., Martin, M., & Foy, P. (2008). *TIMSS 2007 international mathematics report. Findings from IEA's trends in international mathematics and science study at the fourth and eight grades.* Chestnut Hill: IEA TIMSS & PIRLS International Study Center.

Northwest Evaluation Association. *Measures of Academic Progress (MAP).* http: //www.nwea.org/ products-services/computer-based-adaptive-assessments/map.

OECD (2007). *PISA 2006 science competencies for tomorrow's world.* Paris: OECD.

OECD (2008a). Issues arising from the PISA 2009 field trial of the assessment of reading of electronic texts. Document of the 26th Meeting of the PISA Governing Board. Paris: OECD.

OECD (2008b). *The OECD Programme for the Assessment of Adult Competencies (PIAAC).* Paris: OECD.

OECD (2009). *PISA CBAS analysis and results—Science performance on paper and pencil and electronic tests.* Paris: OECD.

OECD (2010). *PISA Computer-Based Assessment of Student Skills in Science.* Paris: OECD.

OMG. The object Management Group. http: //www.omg.org/.

Oregon Department of Education. *Oregon Assessment of Knowledge and Skills (OAKS).* http: //www.oaks.k12.or.us/resourcesGeneral.html.

Patel-Schneider P., Hayes P., & Horrocks, I. (2004). OWL web ontology language semantics and abstract syntax. W3C Recommendation. http: //www.w3.org/TR/2004/REC-owl-semantics-20040210/.

Pea, R. (2002). *Learning science through collaborative visualization over the Internet.* Paper presented at the Nobel Symposium (NS 120), Stockholm.

Pearson. *PASeries*. http: //education.pearsonassessments.com/pai/ea/products/paseries/paseries.htm.

Pelgrum, W. (2008). School practices and conditions for pedagogy and ICT. In N. Law, W. Pelgrum, & T. Plomp (Eds.), *Pedagogy and ICT use in schools around the world: Findings from the IEA SITES 2006 study*. Hong Kong: CERC and Springer.

Pellegrino, J., Chudowosky, N., & Glaser, R. (2004). *Knowing what students know: The science and design of educational assessment*. Washington, DC: National Academy Press.

Plichart P., Jadoul R., Vandenabeele L., & Latour T. (2004). TAO, a collective distributed computer- based assessment framework built on semantic web standards. In *Proceedings of the International Conference on Advances in Intelligent Systems—Theory and Application AISTA2004*, In coop- eration with IEEE Computer Society, November 15–18, 2004, Luxembourg.

Plichart, P., Latour, T., Busana, G., & Martin, R. (2008). Computer based school system monitoring with feedback to teachers. In *Proceedings of World Conference on Educational Multimedia, Hypermedia and Telecommunications 2008* (pp. 5065–5070). Chesapeake: AACE.

Plomp, T., Anderson, R. E., Law, N., & Quale, A. (Eds.). (2009). *Cross-national information and communication technology policy and practices in education* (2nd ed.). Greenwich: Information Age Publishing Inc.

Poggio, J., Glasnapp, D., Yang, X., & Poggio, A. (2004). A comparative evaluation of score results from computerized and paper & pencil mathematics testing in a large scale state assessment program. *Journal of Technology Learning, and Assessment, 3*(6), 30–38.

Poole, J. (2001). Model-driven architecture: Vision, standards and emerging technologies. Position paper in *Workshop on Metamodeling and Adaptive Object Models, ECOOP 2001*, Budapest, Hungary. Available: http: //www.omg.org/mda/mda_files/Model-Driven_Architecture.pdf.

Popper, K. (1972). *Objective knowledge: An evolutionary approach*. New York: Oxford University Press.

President's Committee of Advisors on Science and Technology, Panel on Educational Technology. (PCAST, 1997). *Report to the President on the use of technology to strengthen

K-12 education in the United States. Washington, DC: Author.

Quellmalz, E., & Haertel, G. (2004). Use of technology-supported tools for large-scale science assessment: Implications for assessment practice and policy at the state level: Committee on Test Design for K-12 Science Achievement. Washington, DC: Center for Education, National Research Council.

Quellmalz, E., & Pellegrino, J. (2009). Technology and testing. *Science, 323*(5910), 75.

Quellmalz, E., Timms, M., & Buckley, B. (2009). *Using science simulations to support powerful formative assessments of complex science learning.* Paper presented at the American Educational Research Association Annual Conference. Retrieved September 11, 2009, from http: //simscientist.org/downloads/Quellmalz_Formative_Assessment.pdf.

Raggett, D., Le Hors, A., & Jacobs, I. (1999). HTML 4.01 specification. W3C Recommendation 24 December 1999. http: //www.w3.org/TR/1999/REC-html401-19991224.

Ram, S., & Park, J. (2004). Semantic conflict resolution ontology (SCROL): An ontology for detecting and resolving data and schema-level semantic conflicts. *IEEE Transactions on Knowledge and Data Engineering, 16*(2), 189–202.

Reich, K., & Petter, C. (2009). eInclusion, eAccessibility and design for all issues in the context of European computer-based assessment. In F. Scheuermann & J. Björnsson (Eds.), *The transi- tion to computer-based assessment. New approaches to skills assessment and implications for large-scale testing* (pp. 68–73). Luxemburg: Office for Official Publications of the European Communities.

Sakayauchi, M., Maruyama, H., & Watanabe, R. (2009). National policies and practices on ICT in education: Japan. In T. Plomp, R. E. Anderson, N. Law, & A. Quale (Eds.), *Cross-national information and communication technology policy and practices in education* (2nd ed., pp. 441–457). Greenwich: Information Age Publishing Inc.

Sandene, B., Bennett, R. E., Braswell, J., & Oranje, A. (2005). Online assessment in mathematics. In B. Sandene, N. Horkay, R. E. Bennett, N. Allen, J. Braswell, B. Kaplan, & A. Oranje (Eds.), *Online assessment in mathematics and writing: Reports from the NAEP technology-based assessment project* (NCES 2005-457). Washington, DC: National Center for Education Statistics, US Department of Education. Retrieved July 29, 2007 from http: //nces.ed.gov/ pubsearch/pubsinfo.asp?pubid=2005457.

Sayle, R., & Milner-White, E. (1995). RasMol: Biomolecular graphics for all. *Trends in Biochemical Sciences (TIBS), 20*(9), 374.

Scardamalia, M. (2002). Collective cognitive responsibility for the advancement of knowledge. In B. Smith (Ed.), *Liberal education in a knowledge society* (pp. 67–98). Chicago: Open Court.

Scardamalia, M., & Bereiter, C. (2003). Knowledge building environments: Extending the limits of the possible in education and knowledge work. In A. DiStefano, K. E. Rudestam, & R. Silverman (Eds.), *Encyclopedia of distributed learning* (pp. 269–272). Thousand Oaks: Sage.

Scheuermann, F., & Björnsson, J. (Eds.). (2009). *New approaches to skills assessment and implications for large-scale testing. The transition to computer-based assessment*. Luxembourg: Office for Official Publications of the European Communities.

Scheuermann, F., & Guimarães Pereira, A. (Eds.). (2008). *Towards a research agenda on computer-based assessment*. Luxembourg: Office for Official Publications of the European Communities.

Schmidt, D. C. (2006). Model-driven engineering. *IEEE Computer, 39*(2), 25–31.

Schmitt, M., & Grégoire, B., (2006). Business service network design: From business model to an integrated multi-partner business transaction. Joint International Workshop on Business Service Networks and Service oriented Solutions for Cooperative Organizations (BSN-SoS4CO '06), June 2006, San Francisco, California, USA. Available: http: //efficient. citi.tudor.lu/cms/ efficient/content.nsf/0/4A938852840437F2C12573950056F7A9/$file/ Schmitt06_ BusinessServiceNetworkDesign_SOS4CO06.pdf.

Schulz, W., Fraillon, J., Ainley, J., Losito, B., & Kerr, D. (2008). *International civic and citizenship education study. Assessment framework*. Amsterdam: IEA.

Scriven, M. (1967). The methodology of evaluation. In R. W. Tyler, R. M. Gagne, & M. Scriven (Eds.), *Perspectives of curriculum evaluation* (pp. 39–83). Chicago: Rand McNally.

Sfard, A. (1998). On two metaphors for learning and the dangers of choosing just one. *Educational Researcher, 27*(2), 4.

Shermis, M. D., & Burstein, J. C. (Eds.). (2003). *Automated essay scoring: A cross-disciplinary perspective*. Mahwah: Erlbaum.

Singapore Ministry of Education (1997). *Masterplan for IT in education: 1997–2002*. Retrieved August 17, 2009, from http: //www.moe.gov.sg/edumall/mpite/index.html.

Singleton, C. (2001). Computer-based assessment in education. *Educational and Child Psychology, 18*(3), 58–74.

Sowa, J. (2000). *Knowledge representation logical, philosophical, and computational foundataions*. Pacific-Groce: Brooks-Cole.

Stevens, R. H., & Casillas, A. C. (2006). Artificial neural networks. In D. M. Williamson, R. J. Mislevy, & I. I. Bejar (Eds.), *Automated scoring of complex tasks in computer-based testing* (pp. 259–311). Mahwah: Erlbaum.

Stevens, R. H., Lopo, A. C., & Wang, P. (1996). Artificial neural networks can distinguish novice and expert strategies during complex problem solving. *Journal of the American Medical Informatics Association, 3*, 131–138.

Suchman, L. A. (1987). *Plans and situated actions. The problem of human machine communication*. Cambridge: Cambridge University Press.

Tan, W., Yang, F., Tang, A., Lin, S. & Zhang, X. (2008). An e-learning system engineering ontology model on the semantic web for integration and communication. In F. Li, et al. (Eds.). *ICWL 2008, LNCS 5145* (pp. 446–456). Berlin/Heidelberg: Springer.

Thompson, N., & Wiess, D. (2009). Computerised and adaptive testing in educational assessment. In F. Sheuermann & J. Björnsson (Eds.), *The transition to computer-based assessment. New approaches to skills assessment and implications for large-scale testing* (pp. 127–133). Luxemburg: Office for Official Publications of the European Communities.

Tinker, R., & Xie, Q. (2008). Applying computational science to education: The molecular workbench paradigm. *Computing in Science & Engineering, 10*(5), 24–27.

Tissoires, B., & Conversy, S. (2008). Graphic rendering as a compilation chain. In T. Graham, & P. Palanque (Eds.), *DSVIS 2008, LNCS 5136* (pp. 267–280). Berlin/Heidelberg: Springer.

Torney-Purta, J., Lehmann, R., Oswald, H., & Schulz, W. (2001). *Citizenship and education in twenty-eight countries: Civic knowledge and engagement at age fourteen*. Delft: IEA.

Turki, S., Aïdonis, Ch., Khadraoui, A., & Léonard, M. (2004). Towards ontology-driven institutional IS engineering. Open INTEROP Workshop on *"Enterprise Modelling and Ontologies for Interoperability"*, *EMOI-INTEROP 2004*; Co-located with CaiSE'04 Conference, 7–8

June 2004, Riga (Latvia).

Van der Vet, P., & Mars, N. (1998). Bottom up construction of ontologies. *IEEE Transactions on Knowledge and Data Engineering, 10*(4), 513–526.

Vargas-Vera, M., & Lytras, M. (2008). Personalized learning using ontologies and semantic web technologies. In M.D. Lytras, et al. (Eds.). *WSKS 2008, LNAI 5288* (pp. 177–186). Berlin/Heidelberg: Springer.

Virginia Department of Education. *Standards of learning tests*. http: //www.doe.virginia.gov/VDOE/Assessment/home.shtml#Standards_of_Learning_Tests.

Wainer, H. (Ed.). (2000). *Computerised adaptive testing: A primer*. Hillsdale: Lawrence Erlbaum Associates.

Wang, S., Jiao, H., Young, M., Brooks, T., & Olson, J. (2007). A meta-analysis of testing mode effects in grade K-12 mathematics tests. *Educational and Psychological Measurement, 67*(2), 219–238.

Wang, S., Jiao, H., Young, M., Brooks, T., & Olson, J. (2008). Comparability of computer-based and paper-and-pencil testing in K-12 reading assessments: A meta-analysis of testing mode effects. *Educational and Psychological Measurement, 68*(1), 5–24.

Web3D Consortium (2007, 2008) ISO/IEC FDIS 19775: 2008, Information technology—Computer graphics and image processing—Extensible 3D (X3D); ISO/IEC 19776: 2007, Information technology—Computer graphics and image processing—Extensible 3D (X3D) encodings; ISO-IEC-19777–1-X3DLanguageBindings-ECMAScript & Java.

Webb, N. (1995). Group collaboration in assessment: Multiple objectives, processes, and outcomes. *Educational Evaluation and Policy Analysis, 17*(2), 239.

Weiss, D., & Kingsbury, G. (2004). Application of computer adaptive testing to educational problems. *Journal of Educational Measurement, 21*, 361–375.

Williamson, D. M., Almond, R. G., Mislevy, R. J., & Levy, R. (2006a). An application of Bayesian networks in automated scoring of computerized simulation tasks. In D. M. Williamson, R. J. Mislevy, & I. I. Bejar (Eds.), *Automated scoring of complex tasks in computer-based testing*. Mahwah: Erlbaum.

Williamson, D. M., Mislevy, R. J., & Bejar, I. I. (Eds.). (2006b). *Automated scoring of complex tasks in computer-based testing*. Mahwah: Erlbaum.

Willighagen, E., & Howard, M. (2007). Fast and scriptable molecular graphics in web browsers without Java3D. *Nature Precedings* 14 June. doi: 10.1038/npre.2007.50.1. http: //dx.doi.org/10.1038/npre.2007.50.1.

Wirth, J., & Funke, J. (2005). Dynamisches Problemlösen: Entwicklung und Evaluation eines neuen Messverfahrens zum Steuern komplexer Systeme. In E. Klieme, D. Leutner, & J. Wirth (Eds.), *Problemlösekompetenz von Schülerinnen und Schülern* (pp. 55−72). Wiesbaden: VS Verlag für Sozialwissenschaften.

Wirth, J., & Klieme, E. (2003). Computer-based assessment of problem solving competence. *Assessment in Education: Principles, Policy & Practice, 10*(3), 329−345.

Xi, X., Higgins, D., Zechner, K., Williamson, D. M. (2008). *Automated scoring of spontaneous speech using SpeechRater v1.0* (RR-08−62). Princeton: Educational Testing Service.

Zhang, Y., Powers, D. E., Wright, W., & Morgan, R. (2003). *Applying the Online Scoring Network (OSN) to Advanced Placement program (AP) tests* (RM-03−12). Princeton: Educational Testing Service. Retrieved August 9, 2009 from http: //www.ets.org/research/researcher/RR-03−12.html.

第 5 章

知识建构的新环境及其评价

玛琳·斯卡德玛丽亚，约翰·布兰斯福德，
鲍勃·科兹马，艾迪思·凯尔马尔茨

[摘要]

本章提出了将两种不同的方法整合到 21 世纪技能的框架："目标逆向作业"（working backward from goals）和"新素养突现"（emergence of new competencies）。目标逆向作业一直是教育评价和目标教学的主要方式。另一种方法是基于这样一个前提，即满足 21 世纪需要的教育不仅需要瞄准已有公认的目标，还需要发现新的目标——特别是在让学生参与真实的知识创造中表现出的能力与挑战。因此，本章将重点探讨什么是所谓的"知识建构环境"。在这些环境中的核心工作与成熟的知识创造型组织一样，都是生产新知识、新产品和共同体价值观。这能够激发学生去做他们本能够做到但又为目前的评价和环境所湮没的事情。

本章的核心是从入门级能力到具有高级知识创造团队成员的能力的一系列发展进程。这些都基于组织科学和学习科学的研究成果，包括已经被证明的学生在知识构建环境中所表现出来的素养。与此同时，我们也挖掘了与这些进阶相关的学习和发展原则同样的资源。

◇ 知识社会和教育改革的必要性

人们普遍认为，"知识社会"（Drucker，1994，1968；Bell，1973；Toffler，1990）的到来将对教育、文化、卫生和金融机构产生深远影响，并对终身学习和创新提出要求。从制造业向知识型经济的转变，强调了这种创新的需要，一个国家的健康和财富与其公民和组织的创新能力联系在一起。此外，托马斯·霍莫-迪克森（Thomas homer-dixon，2000）指出，全球变暖、恐怖主义、信息过剩、抗生素耐药疾病以及全球金融危机等问题带来了一个独特性差距：我们需要解决复杂问题的观点与观点实际供应之间的临界差距。如果不仅仅是为了生存，而是要实现繁荣昌盛，则越来越依赖于创新以及新知识创造。

那些没有或很少接受过教育的公民尤其脆弱。正如大卫·保罗和多米尼克·福雷（Paul A. David，Dominique Foray，2003）强调的那样，各国生产力与发展状况的差距，与其说是由于他们所拥有的自然资源不同，不如说是因为各国在创造新知识与新观念的能力上存在较大差异："创新正成为在竞争激烈和全球化经济中生存与发展的唯一手段，'创新需要'与日俱增。"

由此，"转变教育：21世纪技能的教学与评价"（2009）这个项目应运而生，其目的在于通过行动呼吁教育领域进行系统改革，以此应对我们面临的新挑战：

> 相比于20世纪初，今天的全球经济结构已经发生了巨大变化，这在很大程度上源于信息通信技术（ICT）的发展。当前，发达国家的经济更多地依赖于信息产品、服务的制造和传递，而不是物质产品的制造。即便是物质产品的生产，在许多方面也强烈依赖于技术的创新使用。在21世纪初，人们就见证了一个明显的社会趋势，即人们获取、使用和创造信息与知识已经与前几十年完全不一样，这也是由于信息通信技术在各个领域的无孔不入。上述趋势对教育具有重要意义。但是许多教育系统却还像20世纪初那样运作，ICT并没有得到普遍运用。世界各国教育系统都需要进行重大改革，以应对和塑造全球经济和社会发展趋势。

时下流行的观点是，先进技术引入教育将有助于民主化以及提供更多与之相关的机会。然而，这是个具有明显"浪漫主义"的观点。目前的项目基于许多人共同的假设（Laferrière，2001；Raizen，1997；Law，2006）：几乎没有理由相信善意性技术一定能够使应该发生的变化发生，这一观点得到了许多人的认同。为了应对这些挑战，教育改革必须系统化，而不仅仅是技术化。系统改革需要研究性创新、实践与发展评价之间的紧密结合（Bransford & Schwartz，2009），如此才可能发展知识时代教育的能力之知（know-how）与职场生产力。

同时，应对上述挑战，也需要调整教育系统中的组织化学习、政策以及其他一些内容（Bransford et al.，2000；Darling-Hammond，1997，2000）。就像行动呼吁提到的：

系统性的教育改革需要包括课程、教学、教师培训和学校组织等一系列改变，尤其是教育评价……现有的评价模式通常无法测量自主学习和协作学习所需要的技能、知识、态度和特征，而这些对于适应全球经济和快速变化的世界尤为重要（p.1）。

伯尼·特里林和查尔斯·菲德尔（Bernie Trilling & Charles Fadel，2009）在《21世纪技能：为我们所生存的时代而学习》一书中谈到了"系统同步转变"（shifting-systems-in-sync）。为了判定不同的评价方法，有必要在教育系统动力学的大背景下看待它们。传统上，测试在一个系统中扮演着稳定平庸水平的角色，并且难以改变这一角色定位，因为它得到了系统自身的认可，它带来的是"一英里宽和一英寸深"的课程理解。尽管没有人倡导，但却散发着持久弥香的吸引力。该系统的输入端包括教育工作者和专家一致认同的标准、符合标准的测试、符合标准考试的教科书和其他教育材料、学生的课堂表现（经常表现为不符合标准）、教师的反应和来自父母的压力（往往专注于希望孩子考试成绩优秀）。这些不同要素之间相互作用，直到张力最小化。其最典型的结果是，标准代表了测试能够测量的内容，教师可以轻松地教书，学生也可以轻松地学习。各个方面都会努力尝试改变这一现状，包括引入新的测试，但作为一个整体的系统往往会抵消这种努力。这种情况已经得到教育界的高度重视，并引发了"系统性改革"的呼声。总的来说，传统的目标取向和测试驱动的方法并不是一种有前途的改革教育的方法，不能将其带入21世纪。

还有其他办法吗？《人是如何学习的》（How People Learn，2000）和国家科学院出版社的相关出版物，已经基于大脑、认知与社会性发展等知识角度来建构替代性框架，这体现了学习科学实验研究的突破性成果。除了上文提到的，我们接下来将阐述这些方法的基本概要，其中包括一些新素养突现的例子。本质上来说，这些例子表明，方法的设置始于最优条件（*optimal conditions*）下年轻人能够做什么，而不是相关利益者达成共识的标准（Fischer & Bidell，1997；Vygotsky，1962/1934）。接下来的挑战是将这些条件广泛实例化，观察突现的新能力是什么，并致力于建立支持课程领域"深度研究"的条件和环境（Fadel, 2008）。随着工作的推进，我们的目标是创造更有利的环境使学生的成就民主化，并为进一步延伸"可能的极限"敞开大门。如下文所述，与这一开放式的方法相伴而生的是同步的、嵌入式和变革性的评价。这些评价必须最大限度地帮助教师和学生，使他们能够达到新的高度。形成性评价具有新的意义，它是学习过程和连接共同体的组成部分（Earl, 2003；Earl & Katz, 2006）。不是用它来缩小目前的表现和目的性结果之间的差距，而是用它来增加目前表现和过去经历的差距，它为超越目的性结果打开了大门。此外，形成性评价还被用于创造越来越有效的知识构建环境，以维持知识创造工作，并随着时间的推移产生更大的变化。

在21世纪的学校和其他教育环境中，知识和技术创新密不可分。就像目前许多知识创造组织一样，它们要为21世纪高阶行动技能以及支持它们的知识构建环境提供模型。一旦ICT成为学校、组织和社区的日常工作的组成部分，扩展和改进知识建构型环境和评价设计的各种可能性将随之而来。因此，本章的目标是：

· 生成可以解释环境和评价的分析框架，以描述和支持知识创造型组织和支持它们的知识建构型环境；

· 将这一框架应用到一系列的环境和评价中，以突出模式、可能性和变化等要素在何种程度上能够促进学生参与知识创造型组织中的工作，或为此做好准备；

· 获得评价改革的技术和方法论意义；

· 提出一种研究方法，可以拓展我们对知识建构型环境的理解，能提升21世纪技能的发展需要和机会。

我们首先讨论两个概念：知识创造型组织（knowledge-creating organizations）与知识建构型环境（knowledge-building environments），它们构成了21世纪技能的教学与评价的基础。

知识创造型组织

常言道，未来即现在，二者仅仅是分布不均匀。知识创造型组织就是例子，它们可以是公司、机构、协会或社区，这些组织要么将知识创造、评价与运用作为其主要职能，要么将之作为实现组织职能的一个前提条件，例如，研究机构、创新型企业、专业团体（医药、艺术、法律等）、设计工作室以及媒体制作公司。

创造新知识需要超越当前实践的期望和手段。它的目标具有突现性（emergent）特点，这意味着目标是在追求目标的过程中形成和调整的。如果计算机设计不具有突现性目标这一特征，那么计算机仍然只是速度非常快的计算机器。突现性结果不能追溯到子技能或子目标，因为它们是通过自组织结构来实现的，而这些自组织结构来自那些自身不能预示结构的单个元素之间的相互作用。颜色是突现的经典例子，单个分子没有任何颜色，但通过自组织过程，分子结构产生了颜色。系统概念也同样适用于解释复杂解剖结构（Dawkins，1996）的演变，以及解释创造能力（Simonton，1999）——这是公认的21世纪技能之一。创造性工作和适应性专长（Hatano & Inagaki，1986）都以突现性目标为特征，这使得它们与21世纪技能具有十分密切的关系。这里传达的信息不是"任何事情"都应该抛弃标准和愿景。相反，我们要传达的信息是，支持创新的高标准和政策必须不断地"摆在桌面上"作为要评价和超越的东西，而创新的过程需要得到支持、鼓励、评价和共享。

在巴斯（Barth，2009）的一项研究中提到，"超过2/3的雇主表示，高中毕业生在解决问题和批判性思维方面存在不足"。这一观点在一项针对华盛顿大学3000名毕业生的调查中得到了证实，该项目以毕业5～10年的学生为调查对象，让他们评价实际工作中使用到的最重要能力（Gillmore，1998）。排在最前面的几种能力是：(1)界定和解决问题；(2)寻找有助于决策或解决问题所需信息；(3)独立工作或独立学习；(4)有效沟通；(5)利用现代技术有效工作，尤其是运用计算机工作的能力。这些是所有领域的毕业生评价最多的几种能力。无论他们身处何种研究领域，这些能力都超出了他们具体领域的知识和技能。这些能力与商业人士和教育工作者提出的21世纪技能列表接近一致。因此，很明显，它们代表了当代工作生活中的一些重要内容，尽管它们代表什么还是一个需要进一步解决的问题。

事实上，21世纪技能教学的很多压力都来自商界，这一事实自然激起了教育工作者的抵制。他们的主要反对意见是，教育不应沦为职业培训，私营企业不应规定教育的优先事项。这些都是合理的担忧，但我们可以对其进行直截了当的回答：

• 21世纪技能教学与职业培训具有天壤之别。前者所发展能力可应用到更广泛的领域，并不是为了发展某种具体的工作能力，正如北美在线学习委员会和21世纪技能合作协会所言（2006）："21世纪的所有公民和职员如果想要成功，必须拥有系统思维与问题解决能力，无论他们是初级雇员还是高级专业人员。"（p. 7）

• 就业能力是当今学生必须具备的重要能力。将当今的时代变化与工业革命时期予以比较，彼得·德鲁克（Peter Drucker, 2003）告诉我们，一个农民想要成为一个工人，几乎不需要再学习；但是一个工人想要成为一个知识创造者，却需要广泛而深入的持续学习能力——学习最好始于童年。

• 克劳福德（Crawford, 2006）认为，质疑是处理抽象信息的重要技能。我们并不期望每个人都能成为赖希（Reich, 1991）所说的"符号分析家"，但符号分析和技术使用对于许多"手工"职业正变得越来越重要（Leonard-Barton, 1995）。

• 被广泛接受的一种教育价值观是，无论以怎样的方式促进21世纪的技能，教育不能局限于"精英"，它必须是全纳式的、能够促进公平参与、能够解决公民权利和多元文化等问题、为民主协商式治理做好准备。（Hearn & Rooney, 2008; Robinson & Stern, 1997; Trevinarus, 1994, 2002）。

• 提高知识技能的水平不仅对组织的管理者和开发者来说是重要的，而且对增强各级员工"承担更多的责任和自己解决问题"也具有重要意义（美国商务部等，1999, p. 1）。

• 现代企业、研究实验室、设计工作室等并不代表教育模仿的理想模式。但研究它们的缺点可能会与研究它们的成功有着同样的收获。它们真正所代表的是一种社会组织，不仅仅可以实现知识的迁移与运用，还具有生产知识的功能。因此，相比于诸多积极的学校学习形式，它们将学习理解推向了深度建构水平。（Scardamalia & Bereiter, 2003）。

上面列出的几个要点促使我们再次回到知识构建与突现这一主题。21世纪技能由商业人士与教育工作者共同提出，但我们并不能仅仅停留在对其表层价值的探讨上，我们真正需要思考的是知识创造的最佳水平是什么，知识创造有何特征，需要哪些能力，什么样的环境会有利于知识创造等。"软"技能的特点（21世纪技能是其中一个子集）是，每个人都在某种程度上已经拥有了它们（不像"硬"技能，比如解决联合方程和补牙，在未经训练的情况下是不会具有硬技能的）。因此，与知识创造相关的每一种技能界定，必须建立一个完整的发展体系，从每个人几乎都应该拥有的技能水平到能够足以参与知识创造的水平。在一个创新型组织中从事生产性工作所需要的技能与素养，以及为相关环境的创设、实践以及形成性评价所需要提供的专业基础，都将有助于学校和教育系统去满足21世纪的需要。（Trevinarus，1994，2002；Wiggins & McTighe，2006；Anderson，2006）。

知识建构型环境

约有一百万个网络文档中使用到了"知识建构"（knowledge building）这一术语。其中具有商业导向的样本文档大多认为这个术语与"知识创造"是同义词，大致等同于集体智慧、智力资本、知识工作与创新等概念。在教育文档样本中，则更多将这个词视为"建构主义学习"（constructivist learning）的同义词（Wilson，1996），大致相当于积极学习、发现学习以及探究与项目式学习等概念。

"知识建构"这个概念最初在1989年出现在教育文献中（Bereiter & Scardamalia 1989, p. 388），在专业知识与创新研究中有一定基础，《超越自我：对专业知识本质与意义的探究》（*Surprise Ourselves: An Inquiry Into the Nature and Implications of Expertise*）一书中对这一术语进行了总结（Bereiter & Scardamalia，1993）。"渐进式问题解决"（progressive problem solving）这个词用来阐释专家之所以成为专家并持续发展他们的专业知识和专业能力的过程（而不只是成为有经验的新手）——通过将他们丰富的认知资源投入到更高水平的问题解决上。同样适用于知识建构的基本理念还有表层建构与深层建构的形式对比。如果我们将表层建构与深层建构置于一根线的两端，那么学校教育中所言的"建构主义学习"充其量只能算是"表层建构"。以当今学校无所不在的"项目学习"为例，学习过程基本遵循如下步骤：项目不同成员收集信息，通过多媒体对信息进行编辑，再演示。一个学校资深观察员曾这样描述这一学习过程：运用计算机来做一个剪贴簿。而知识建构聚焦于知识创造（creation），应该处在这根线的另一端，指向深度思维，导向新观念的诞生，并会为改善建构水平做出持续努

力。（Scardamalia & Bereiter，2003）

在思想发展史上，将知识视为人类的建构这一观点提出时间并不长，而为支持知识创造创设环境的提出则更加短暂。学校教育并非为实现这些目标而建立，但如今，我们必须呼吁，学校教育可能不应该或不能如此了。人们普遍接受的一个观点是，创造新知识的过程依赖于将知识创造环境纳入学校教育。

简而言之，我们所言的"知识建构型环境"是指支持新观念产生和进一步发展的环境——在各类组织中的知识创造。不论是从概念上，还是基于经济视角，或是从技术角度看，我们都有必要将不同的创意工作（如智能软件）的工作环境与相应的学习（如课件、辅导资料、模拟等）建立联系，从而推动它们的整合，使成熟的知识工作在这些不同的本质方面更易来回移动。一个更具有综合性的方法应该是什么？下文我们将做详细阐释，但现在我们必须将知识建构环境这个概念解释清楚，并主要关注有利于新技能发展的环境特点。

知识建构型环境为创意工作提供了特殊的支持，因此这些创意想法可以从萌芽形式发展到比以前想象的更好的结果。在各种各样的情境中产生的观念不断得到改善，然后进入公共空间。在这个更加公共化的空间里，协作者和竞争者都能对观念进行解释、批判、重构、关联、重新定位、创造高阶结构、探索以及设计使用等，并还可以在其他方面使用它们进行创造性工作。正是通过这样一种持续的多元化参与，观念就像无色分子一样，通过结构化组织获得了新特性。基于突现视角，知识建构方法必须充分考虑观念的"前景"（promisingness），要能意识到，通过新的组合和持续工作，可能就会诞生诸多精彩观念。需要注意的是，在创造性知识工作中，我们既要避免在一些没有前途的观念上浪费太多资源，也要避免扼杀有希望的观念，二者都很重要。就像一个森林保护项目的设计者在回应对该计划的批评意见中所说的："一个可以改善的不完美计划总比没有计划好。"（"Saving the rainforest: REDD or dead?"，2009）

总之，一个知识构建型环境，无论是虚拟的还是其他类型的，都是一个增强协作、努力创造和持续改进思考的环境。知识建构型环境把观念置于一个公共工作空间中，让其他人可以批评或促进他们的改进，通过这种方法来充分利用协作知识工作的潜力。在这些协作的开放环境中，民主的和朝向思想进步的话语会增加观念的价值，使集体成就超过个人的贡献。当一个地方性的知识建构型团体与一个更广泛的团体联系时便会提升自己的实力。这个地方性的团体不仅可以借鉴而且能够参与更大的团体，有可能实现双方共同的知识进步。一个成功的知识建构型环境更强调把创新作为组织工作的中心。这种环境是一个成员不断贡献和增强组织共享智力资源的环境。每一个进步都会促成另一个进步，因此在个体和团队层面上，都有超越当前理解和能力的持续运动。不同于一种限于已知目标和路径的生活，突现成为一种更具有生产力和更能使自己满意的生活方式。如彼得·德鲁克（Peter Drucker，1985，p. 151）所说："如果不是常规，创新也应成为普通和规范不可或缺的一部分。"

◇ 支持新技能生成的新目标和方法

提倡采用21世纪技能的人普遍认为，这将对学校产生全面的变革性影响。然而，这种设想中的改革性质和程度包括保守性改革、彻底性改革以及其他，例如下面提出的三个层次：

1. 累加性改变（additive change）。新技能目标、新课程内容（纳米技术、环境研究、跨文化研究、系统理论、技术研究等）和新技术的增加将导致变革。需要改变现有课程，为这些内容的增加腾出空间。

2. 同化性改变（assimilative change）。必须调整现有课程与教学方法，将重点放在批判性思维、问题解决、协作等方面，而不是把21世纪技能当作一个额外的工作来对待。这是最广泛推荐的方法，也反映了从前面使用累加性方法进行"高阶思维能力"教学的令人失望的结果中所吸取的教训。（Bereiter，1984）

3. 系统性改变（systemic change）。学校并不是将新元素纳入到一个19世纪结构的体系中，而是需要转变为一个全新的21世纪组织。为此，我们呈现了一个学校作为知识创造型组织运作的案例。然而，我们设想的教育变革并不局限于学校。年轻人的知识创造可以而且经常发生在校外的环境中。

本文的作者显然倾向于系统性改变，但就学校系统适应21世纪机会和需要而言，照顾到公共教育的现实往往意味着倾向于同化性改变，并且在许多情况下是累加性改变，因此，21世纪技能的教学与评价的方法应该是适当的并且又能在这三个层面中的任何一个层面进行变革。也就是说，那些将学校转变为知识创造型组织的国家，可能比那些将知识时代教育纳入工业时代课程和结构的国家获得更多的优势。

"目标逆向作业"和"突现"方法，这两种一般策略对于追求发展21世纪技能的实际目标都很重要，它们需要以互补的方式使用。

纽厄尔（Newell）和西蒙（Simon）在问题解决的经典研究（1972）中所确立的主要策略之一是"目标逆向作业"，它构建了一个子目标系统和一个从初始状态通往目标的路径，这被认为是设计教学最常用的方法。应用于教育评价，它包括各种各样的方法，这些方法都依赖于一个明确制定的目标，它的前提是可以被识别和单独测试。尽管在目标明确的情况下，逆向作业是一种可证明价值的策略，但在21世纪技能的背景下，这一方法还存在两方面缺陷。大多数21世纪技能都是"软"技能，这意味着在目标方面存在不可避免的模糊性和主观性，因此，"逆向作业"并不能像"硬"技能那样有着良好的结构（例如执行特定的代数运算的能力）。然而一个更严重的困难是，目标逆向作业没有提供发现或创造新目标的依据——并且，如果说21世纪的教育不仅仅是20世纪70年代"高阶技能"运动的一种无聊复制，那么它必须对可能的范围的潜在扩张做出反应。

如前所述，在21世纪技能教学和评价的背景下，"目标逆向作业"需要通过一种产生于"系统革命"（Ackoff, 1974）的正向工作的方法来补充。自组织和突现是系统处理各种问题的核心观点。当与教育实验紧密联系时，"突现"方法允许基于学习者的发现能力来确定新的目标。观察表明，在任何有理数的教学之前，假如孩子们对有些情境中的比例有了直觉把握，这会导致一个新目标的确立（有理数感），并由此产生一种新的教学方法，这种方法改变了传统的主题顺序（Moss, 2005）。结果表明，传统目标（掌握适当的算法）和实现它们的途径（首先通过连接儿童整数算术的模型引入有理数）是错误的，尽管它们几乎被普遍接受。如果这种情况甚至能够发生在像算数教学这样的富有经验的情况下，我们必须考虑到对大部分未经检验的21世纪技能的教学，完全依靠目标逆向作业有多么危险。但是，突现的方法的缺点是，不能保证找到突现目标的路径。每一步都需要创造，所有的一切都是不确定的。

两个具体的例子可能有助于阐明"突现"方法的性质及其益处。第一个例子扩展了以前提到的莫斯（Moss, 2005）的工作。第二个例子来自科学素养的研究，该研究提出了一个重要的21世纪技能，这种技能在自上而下和"逆向作业"的方法中长期被忽视，但这些方法却主导了21世纪技能的主流思想。

1. 从超越有理数技能到比例思维。学生无法掌握有理数是常见的，这也是许多研究者关注的课题。这其中的困难在于，学生们把学得很好的整数运算转移到分数上时，无法掌握比例的基本概念或认为分数本身就是数字。通过整体的可数部分引入分数教学的常规方法被认为是增加了这种困难。然而，琼·莫斯（Joan Moss）和罗比·凯斯（Robbie Case）发现，孩子们已经拥有了一种比例的概念，当被要求将液体倒进两个不同大小的烧杯时，他们可以展示两个相等量的烧杯。一旦比例推理被认为是数学教学的一个现实目标，"逆向工作"可以应用于设计实现这一目标的方法。莫斯（2005）开发了一个完整的手工制作与活动环境，目的是让学生按比例进行思考。莫斯和凯斯从与自发性理解密切相关的百分比开始，而不是将分数作为有理数的起点（思考一下计算机屏幕上的条形图，它显示了完成任务的百分比）。在最终评价中，五年级和六年级学生优于受过教育的成年人。比例思维的另一个名称是有理数感。格里诺（Greeno，1991）把数感描述为一个人了解数字领域的特征，类似于人对自己所处地理区域的感觉。它不是直接传授的，而是在多次从不同方向和目的的尝试的经验中产生的。它是可评价的，但它不能通过与硬技能相同的方式被具体化。很显然，比例思维或有理数感比掌握（或不太精通）一些有理数算法更基础，更容易提高技能。

2. 从超越"科学方法"到理论建构。突现方法的第二个例子来自理论建构研究，与21世纪技能更具有直接关联。从广义上来说，创造性的知识工作，包括计划、发明等，都是理论建构。即使是被称为特别聪明的修补匠莱特兄弟，在他们从事制造飞机的同时也不忘理论建构（Bereiter，2009）。因此，能够构建、测试和改进类似于知识结构这样的理论，可以视为21世纪技能的最高水平。然而，它并没有出现在21世纪的技能清单上，可能是因为它不容易被描述成技能术语，并且因为人们对学生在这方面的能力知之甚少。专家认为，理论建构的工作应该等到高中阶段，而学习过程应该从假设测试和变量控制开始（Kuhn et al.，1992；Schauble et al.，1995）。这种方法的教学结果并不鼓励科学素养，许多研究都在努力寻找新的方法（Carey et al.，1989；Carey & Smith 1993；Honda 1994；Smith et al.，2000），这进一步夯实了传统专家的智慧，即年轻学生是不可能进行理论建构的。然而，当学生自由主动地寻求问题理解的时候，他们会自发地进行大量的理论思考（Scardamalia & Bereiter，2006）。我们进行了一个小型的实验，其中以知识建构为常态的四年级学生与采用更传统的探究方法的同类学生进行了比较（Bereiter & Scardamalia，2009）。在知识建构课堂上，没有明确的"科学方法"的教学,也没有进行预先指定的实验。相反,支持学生从多个角度去创造、探索和思考理论。结果显示,突现性目标的方法使理论工作、科学素养和优秀的科学写作水平显著提高(Bereiter & Scardamalia, 2009; Chuy et al., 2009)。事实证明,10~12岁的孩子可以进行理论建构,而且在更早的时候也是可能的。同一所学校的一名幼儿园老师得知了这些发现,并认为她的学生也可能有未开发的相关能力。她让孩子们用理论说明,为什么在他们的校园里一些树在早春没有新叶子,而其他的树却有。孩子们不仅产生了许多合理的解释,而且还把这些解释与支持解释的事实联系起来。因此,理论建构似乎可以理所当然地在21世纪技能中获得一席之地,这些技能将在儿童早期得到发展和测试。舒特等人(Shutt et al., 2011)的研究结论也支持了这一观点。

在后面的章节中,我们讨论了支持新素养出现的具体形式的技术,使其能够实现比例推理和理论发展的卓越水平。正如前面的例子所示,发现新目标并不是简单地把学生放在一个环境中,等待着看会发生什么。发现新目标是科学发现的一个方面,这种发现很少是偶然的。人们一般都知道他们在寻找什么,具体的行动可以是经过精心设计的,但这个过程必须是有组织的,这样才能让你有意想不到的见解。当达尔文开始在小猎犬号上航行时,他不知道他将要解释物种的起源,但他肯定不只是一个稀奇标本的收藏家。

目前大多数学校改革的努力,无论是涉及新的管理结构,还是引进新的标准和课程,对于21世纪技能而言都是一种补充。普通的改变是基于保守的实践和从传统学科教学中提取的模板,而更具变革性的改变需要重新考虑新的目标和方法。对21世纪技能的教育,实际上可能没有"可靠而真实"(tried and true)的方法来借鉴,因此可能需要尝试风险更高的方法。如果只是将现有的目标扩大到更高要求的表现水平,那么这样的21世纪的教育改革很难会让人感到兴奋。当然,它应该包括这样的目标——表现需求确实有可能会提高,毫无疑问,即使现在的标准很低或适中,仍有需要帮助的学生。但任何值得被称为21世纪教育的东西都应该有新的目标,而不仅仅是现有目标的更高标准。

在下面的部分中,我们将研究在知识创造型组织中实施的21世纪技能。我们专注于在这些组织中实际工作的专家正在进行的知识创造涉及了些什么,为"逆向作业"提供一个突出的重点,以确定可能适用于学校的方法和目标,同时允许我们超越那些希望雇佣员工从事知识工作的雇主所认同的理想品质和技能。

然后,我们会考虑支持知识创造型组织工作的知识构建型环境,而后是研究学习和评价理论。在具体调查的部分,我们建议在一个突现的框架内进行调查,利用逆向作业的方法来测试迁移和推广的效果,以实现一个两全其美的逆向作业和新素养突现的综合体。

◇ 知识创造型组织的特征

企业如何在知识经济中取得成功?知识密集型企业如何组织,它们如何运作?知识经济中的工作如何不同?需要什么样的技能?

美国(Stiroh 2003)、英国(Borghansand & ter Weel, 2001; Dickerson & Green, 2004; Crespi & Pianta, 2008)、加拿大(Gera & Gu, 2004; Zohgi et al., 2007)、法国(Askenazy et al., 2001; Maurin & Thesmar, 2004)、芬兰(Leiponen, 2005)、日本(Nonaka & Takeuchi, 1995)、瑞士(Arvanitis, 2005)在工业或企业层面的研究也发现了许多类似的结果,高效创新型企业成功的一个主要因素是信息通信技术的使用(联合国教科文组织,2005)。当然,生产力和创新增长并不仅仅是因为引进了新的技术。相反,技术的使用必须与相互加强的组织结构、业务实践和员工技能相关联的模式结合,使这些要素在一个连贯的系统中协同工作。此外,组织结构也变得更加扁平,决策变得分散化,信息被广泛共享,员工在组织内和跨组织形成项目团队,工作安排也很灵活。信息通信技术在通信、信息共享和业务流程模拟方面的应用已经使组织结构和实践中的这些变化得以实现。例如,美国人口普查局(Black & Lynch, 2003)的研究发现,企业生产效率的提高与商业活动的变化有关,包括企业再造、定期员工会议、使用自我管理团队、提高员工素质以及一线工人计算机的使用。在加拿大,有研究发现,信息共享、分权决策和公司的创新之间存在着强烈的正相关关系(Zohgi et al., 2007)。研究发现(Pilat, 2004; Gera & Gu, 2004),当信息通信技术的投入伴随着其他的组织结构变革时,如新战略、新业务流程和实践以及新的组织结构,公司的生产效率会显著提高。墨菲(Murphy, 2002)发现,在信息通信技术的使用伴随着生产过程(质量管理、精益生产、企业再造)、管理方法(团队合作、培训、弹性工作、薪酬)和外部关系(外包、客户关系、网络)的变化时,生产效率得到了提高。

组织结构和业务实践的这些变化，导致了公司雇佣习惯和工人所需技能的相应变化。一项关于职业场所劳动任务的研究发现，从20世纪70年代开始，美国经济中的常规认知和体力劳动减少了，而非常规分析和互动任务增加了（Autor et al.，2003）。这一发现对于快速计算机化的行业尤为明显。研究发现，随着信息通信技术被公司采用，计算机代替了从事常规体力与认知任务的工人，但它们只能对执行非常规问题解决任务的工人做些许补充。在英国和荷兰（Borghans & ter Weel，2001；Dickerson & Green，2004）、法国（Maurin & Thesmar，2004）和加拿大（Gera & Gu，2004）也发现了类似的结果。

因为重复性的、可预测的任务很容易自动化，工作场所的计算机化已经提高了问题解决和通信任务的需求，比如应对差异、改进生产工艺、协调和管理他人的活动。迪克森和格林（Dickerson & Green，2004）对一家英国公司的调查结果显示，技术工艺知识和高级沟通技能、规划、客户沟通、横向沟通、问题解决和审查等技能要求与日俱增。与此同时，对身体技能的需求减少了。这些变化的实际影响是，美国、英国和其他发达经济体的公司正在招聘具有高级技能组的雇员（Lisbon Council，2007）。有趣的是，这些技能（如沟通、协作、灵活性）通常被称为"软技能"，但它们却是成功的最重要部分，也是最难帮助人们发展到高级精细水平的。

知识创造作为一种社会产品（Scardamalia & Bereiter，2003，2006）是高级技能的重要组成部分。它要求集体对成就负责，这是高度创新公司的科学家、学者和员工的生存之道（Nonaka & Takeuchi，1995）。一个有趣的例子是波音787飞机的设计，由近5000名来自世界各地的工程师（不包括生产工人）所建造。设计和工程作业在多个地点同时进行，历时很长一段时间，但所有的部件最终都能完美地结合在一起（Gates，2005）。在协作性、创造性的工作中，团队成员需要理解顶层目标，并对相关的理念、子目标和设计的网络共同承担责任，成功依赖于所有成员而不是领导者。团队成员在整个过程中共同负责建立有效程序，分配和完成实际任务，理解和促进团队的工作动态（Gloor，2006），随着活动和观念的展开而保持认知关注（Leonard-Barton，1995）。随着问题的出现，团队成员共同决定下一步，相互发挥优势，并改进他们的想法和设计。成员们创造了他们的组织文化资本，因为他们改善了"知识空间"和代表集体工作的产品。

当然，这项工作包括时间表、具体目标和期限。集体责任（collective

responsibility）的理念不是忽视这些方面，而是让参与者在设定的最后期限内，为实现目标负责，并在必要时重新定义目标和时间表。它还需要承诺在公共空间工作，使自己的思维和过程明确、可用，并将各自的成果置于共享的知识空间，以推进共同体的知识状态的发展。如果每个人都在做同样的事情（就像学校里发生的那样），那么多余、重复的工作会影响生产效率。共享的问题空间需要基于共享目标和所有成员有益、多样化的贡献而实现增长。

这种组织结构、业务实践，以及更复杂的员工任务和技能的集体改变，对于知识密集型、知识创造型组织来说尤为明显。可能最密集的知识创造型组织是研究实验室。目前，社会学和人类学的研究主要集中在科学家工作的两个方面：一方面，科学工作需要分配在不同的时间、资源和场所；另一方面，随着研究意义的不断建构，需要在工具、表征和话语等要素之间时刻保持协调。

在当代科学中，创造新知识需要通过时间和跨越空间的协调活动来组合研究方法、工具和理论，在以前的研究成果的基础上开展新的研究并产生新的知识（Fujimura，1992）。为了实现这种空间和时间的协调，科学家们开发了技术和社会制度，来支持这个分布式网络上的专门科学对象（如想法、数据、草图和图表）的移动。科兹马发现，制药公司的化学家在组织内、组织间和跨时间、跨空间的协调是明显的（Kozma et al.，2000；Kozma，2003）。在这里，一个团体的合成产品经常是另一团体的起始材料，因为与新药物的产生有关的活动分布在专门领域的实验室、化学家和不同用途的设备上。这种协调的进行，部分是通过标准化的程序，部分是通过将化学结构图的标签贴在试瓶上，在实验室之间转移。

实验室是时刻进行科学研究工作的场所，研究工作大部分集中在工具和表征上。在科学家的合作活动中，他们在相互支持的物理空间中相互交流并可视化地表达他们的观点（Ochs et al.，1996）。这些物理空间和表征的索引特征，是科学家协作、建立共享意义方式必不可少的（Goodwin & Goodwin，1996；Hall & Stevens，1995；Suchman & Trigg，1993）。在他们的论述中，科学家们引用图表和数据可视化的特殊特征，因为这些工具能够协调这些表征来理解科学家们工作的成果（Kozma et al.，2000；Kozma，2003）。当科学家试图裁决有矛盾的研究结果之间的不同解释时，这些表征的特征经常被用作这些研究结果的依据。

这些关于创新型、知识创造型组织的实践、组织结构和需求的研究成果，对支持获得21世纪技能所需要环境的实践和组织结构,以及在学校内外的学习环境中寻找有效的联系,都具有重要意义。知识创造型组织在所有文件和文章列出的21世纪技能中排名很高(例如,21世纪技能合作组织,2009;Binkley et al.,2009;Johnson,2009)。因此,对知识创造型组织的分析也提供了高端的基准和模型来指导现代评价的设计与实施。例如,许多关于分布式团队如何成功生产更多更好产品的文献使协作、团队问题解决、ICT运用等概念具有了可操作性,与此相关的还有知识创造型组织成员运作的社会、物质和技术实践以及组织结构。

表5.1将知识创造型组织的特征浓缩成第一章所呈现的21世纪技能的形式。我们的目标是整理这些不同的观点,并进一步详细阐述,为教育环境和评价提供一个分析框架,以确定哪些特征最符合知识创造型组织。21世纪技能在学校课程中的表现和在知识创造型组织中的表现存在很大差异。

在学校,这些技能经常被分开对待,每个人都有自己的学习进度、课程和评价。在知识创造的组织中,与这些技能相关的工作的不同方面代表了一个复杂的系统,这些技能相互交织在一起,任何在使用环境中分离它们的力量都将削弱赋予它们意义的活力。

表5.1 知识创造型组织的21世纪技能

21世纪技能	知识创造型组织的经验
创造与创新	解决未解决的问题;产生理论和模型,承担风险等;追求有前途的观点和计划。
沟通	旨在推进领域发展的知识建构/发展论述;实现更具包容性、高阶分析性的对话;开放的共同体知识空间鼓励同伴互动与拓展性互动。
协作/团队合作	集体或共享的智慧源于许多人的协作和竞争,旨在增强现有的社会知识库。团队成员的目标是实现高效交互的焦点和临界值,并与网络信息通信技术协同工作。共同体知识发展是宝贵的,超越个人的成功,同时使每个参与者为这一成功做出贡献。
信息素养/研究	超越给定的信息;建设性地利用并贡献知识资源,以确定和扩大可持续发展思想的社会库,并将研究整合到知识资源和信息的发展过程中。

续表

21 世纪技能	知识创造型组织的经验
批判性思维、解决问题和决策	在真实的知识工作过程中锻炼高级思维能力；通过自主发现问题和诞生精彩观念，不断提高成就标准；参与者从事复杂问题解决和系统思考。
本地和全球公民身份	公民是知识创造文明的一部分，并致力于为全球事业做出贡献；团队成员重视不同观点，在正式和非正式的环境中构建共享的、相互关联的知识，行使领导力，并支持包容性权利。
信息通信技术素养	ICT融入组织的日常工作中；由参与者构建并持续改进的共享共同体空间，并与世界各地的组织和资源相联系。
生活和职业技能	参与持续的、"终身"的、"全方位"的学习机会；作为知识创造者，不论生活环境或背景如何，都有自我认同。
学会学习/元认知	学生和工人能够承担最高执行层的责任；评价是组织运作的一部分，需要社会和个人的元认知。
个人和社会责任－包括文化能力	团队成员建立并改善整个共同体的知识资产，并赞赏文化动态，使这些思想得以使用和改进，以服务和造福多文化、多语种、不断变化的社会。

◇ 知识建构型环境的特征

知识建构型环境代表了支持突现性结果的复杂系统。类似于知识创造型组织，这种地方是产生公共知识的地方，而知识不仅存在于个人的头脑中，也可供他人使用和改进。公共知识是通过话语发展的，其中说明性陈述发挥着重要作用，整个社会可用的模型、理论和人工产品也是如此。让学生成为知识建构的积极参与者是学校改革和知识建构过程中的重要主题（Engle & Conant, 2002；Herrenkohl & Guerra, 1998；Lamon et al., 1996；Lehrer et al., 2000；Paavola & Hakkarainen, 2005；Tabak & Baumgartner, 2004）。这方面特别能引起人们兴趣的是集体认知责任，即要求人们对公共知识状态承担责任（Scardamalia, 2002）。

正如波音公司的例子所表明的，网络化的、公共的知识空间是知识创造型组织工作的核心。因此，参与者工作是一种"在世—出世"（out-in-the-world）的存在。共同体的理智生活——客观化为理论、发明、模式、计划等——可以通过有形形式访问。在商业领域，这被称为组织的团体知识；在知识建构的文献中，它们被称为"共同体知识"（Scardamalia, 2002）。这个共同体知识空间通常不在教室里，这会使学生的观念难以被客观化，也不能被共享、审查、改进、合成以及作为"思维手段"来使用（Wertsch, 1998），这会阻碍学生实现进一步发展；由于学生的观念既不明确也不是有形形式，评价也变得困难。相比之下，在开放的共享空间中工作，不仅使观点成为讨论和改进的对象，而且为同步的嵌入式变革性评价打开了大门。反过来，这些共同体可以把工作维持在21世纪技能的高端水平上，如表5.1所示。

小组学习

在接下来的25年内，小组学习（group learning）和群体认知很可能成为技术的主导主题，恰如之前的协作学习（collaborative learning）（Stahl, 2006）。小组学习是通过小组来学习的，它与在小组中学习或通过社会过程中的个人学习不同。学习型组织（Senge, 1990）这一术语反映出这种强调组织本身作为知识推进实体的作用，反映了知识创造的巨大社会性兴趣。知识构建是一种群体现象，成员负责生产对群体有价值的公共知识，即使许多内容来自可识别的个体贡献。上面提到的波音公司就代表了这一图景。共同体可能是一个研究或设计团队，或者是某个领域，或者它可能是一群学习者——在这种情况下，将个人学习与团队的知识建构成就区分开来是很重要的。尽管两者之间的相互作用是至关重要的，都值得单独去研究，但是两者都不能可靠地彼此推断。我们将在本章的最后部分回到这个问题的讨论。

在一个知识构建的群体中，评价的关键问题是在推进知识状态方面所取得的小组成就——相当于学科和专业中常见的"现有水平"评论。知识构建小组的自我评价对于帮助小组进步和个人学习都是有价值的（Lee et al., 2006）。外部评价可以是故障排除和管理服务。现有的证据表明，小组学习越来越依赖于每个个体的学习，而不只是小组学习，因为一个团队的成功需要每个人的贡献；因此，这一学习模式的实施有一定的社会性压力（如 Barron, 2003）。然而，这是一个急需复制和拓展的研究发现。

知识建构的发展轨迹

基于知识创造组织的特点以及我们对于学习的认知，我们可以进一步具体化知识建构环境的特征以及它们对教育实践的意义。表5.2是表5.1的详细说明，可为我们分析学习环境提供框架。表格提出一个连续发展水平——从对没有参与过知识建构的学生所期盼的初级能力水平到作为一个知识创造型企业的生产性参与者应具有的能力特征。连续体的发展轨迹是一个"突现"连续体（continuum）——以主动或建构主义学习作为切入点，再发展到能够产生新知识、有能力超越标准和超越最佳实践的复杂交互性知识工作系统。

表5.2 知识创造型环境的发展轨迹

21世纪技能	知识创造型组织的特点	
	入门级	高级
创造与创新	内化给定信息；信念/行动建基于别人知道答案或知道事实的假设。	解决未解决的问题；产生理论和模型，承担风险等；追求有前途的观点和计划。
沟通	社会闲聊；对话的目的是使每个人都达到预定目标；限制同伴或拓展性互动的环境。	对话的目的在于发展该领域的现状和实现更具包容性的高阶分析；更开放的空间鼓励同伴互动和拓展性互动。
协作/团队合作	小团队工作：分责任创造结果；整体等于而非大于部分之和。	来自协作和竞争的共享智慧增加了现有的知识；个人与网络信息通信技术进行有效互动和工作；共同体知识的发展重于个人成功，同时使每个人都能贡献自己的力量。
信息素养/研究	探究：通过查找和收集信息来回答问题；变化的试验研究。	协作拓展改进思想的社会统筹，并将研究整合到发展知识的努力中。
批判性思维、解决问题和决策	有意义的活动由负责人、教师或课程设计者设计；学习者按其他人设定的预定任务进行工作。	在真实的知识工作中锻炼高级思维能力；随着从事复杂的问题和系统思考，参与者不断提高成就标准。

续表

21世纪技能	知识创造型组织的特点	
	入门级	高级
本地和全球公民身份	支持组织和共同体行为规范；尽力而为；个人权利。	公民们觉得自己是知识创造的文明的一部分，并致力于为全球性企业做出贡献；团队成员重视不同的观点，在正式和非正式的环境中构建共享的知识，行使领导力，并支持包容性的权利。
信息通信技术素养	熟悉并具备使用常用应用程序以及网络资源和设施的能力。	信息通信技术融入组织的日常工作；由参与者构建并持续改进的共享共同体空间，与世界各地联系。
生活和职业技能	个人职业目标符合个人特点；实际评价实现职业目标的要求和可能性。	参与持续、终身的全方位学习机会；不论在何种环境或背景下，都有作为知识创造者的自我认同。
学会学习/元认知	学生和工人是组织的输入端，但高级别的流程由其他人控制。	学生和工人能够承担最高行政级别的责任；评价是组织运作的一部分，需要社会和个人的元认知。
个人和社会责任-包括文化素养	个人责任；本地情境。	团队成员建立并提高共同体的知识资产，赞赏文化动态，使这些思想得以使用和改进，以服务和造福多文化、多语种、不断变化的社会。

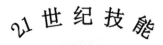

图5.1　所有知识工作中深层学科知识的中心

根据研究需要，我们在这部分内容中提出通过实验来开发这个方案，包括连续统一体的附加要点，以说明如何更高位、更普遍地设计环境，可以促进任何学校的进步，使任何教师沿着这些路线进行。

同步推进学科领域知识和 21 世纪技能

21 世纪技能——通常被称为"软"或"通用"技能——被普遍认为是创新能力的核心，因此，在 21 世纪全球经济发展中，它们对于成功至关重要。虽然 21 世纪技能最近才在课程标准中得到认可，但其标准和评价的主要重点是语言和数学方面的"硬"技能以及"硬"事实知识。人们担心，对"软"技能的关注将会削弱由学校负责的提高技能和学科知识的努力。学习科学研究人员的共识是，这两者并没有冲突（Bransford et al.，2000；Darling-Hammond et al.，2008）。图 5.1 给出了它们的相互依赖关系。在超越最基本的"3Rs"水平的正规教育中，硬技能通常被视为学科领域知识的一部分。例如，能求解二次方程是代数领域知识的一部分。因此，如图 5.1 所示，学科领域知识和硬技能结合起来构成正规教育的重点，而一套通用的软技能则与所有领域的专业知识紧密相关。

人们需普遍获得 21 世纪技能，而不只是局限在知识精英领域。需要让所有人都能接触到支持知识创造的环境。从突现角度来看，我们面临的挑战是如何转变环境，能够让学生自然地受益于 21 世纪技能（思想产生、质疑、沟通、问题解决等），让他们参与到当前还只是知识精英所在的持续的思想发展环境中。知识建构型环境中发展连续体的最高端就是表 5.2 中所确定的通过参与知识建构过程而增加创新能力，产生对他人有价值的公共知识，从而承担起知识发展的集体责任过程（Scardamalia & Bereiter，2003）。这种引导深度学科理解的观念改进是企业工作的核心，它们与作为推动者的 21 世纪技能是分不开的。

需要开展比较研究和设计实验大幅度拓展探究知识建构活动与传统成就目标之关系的理论知识体系。最后一节提出的研究和设计实验应该通过形成性评价和结合其他评价帮助解决这些问题，所选择的方法要能评价"硬"技能和"软"技能的进步，还要能评价信息丰富的知识建构环境所支持的那些随着时间的推移而发生的变化。要测试的命题是：在所有学生参与知识发展的环境中，观念改进的集体责任应该促进领域知识的发展，同时也能促进 21 世纪技能的发展。这个论点与威林厄姆的观点一致（Willingham，2008）："深度理解需要了解的事实，并了解它们是如何融合在一起的，以了解全貌。"

深度理解学科领域专业知识这些观点和 21 世纪技能是密不可分的，这使得许多人认为，21 世纪的技能并没有什么新东西，深度理解总是需要学科领域的理解与协作、信息素养、研究、创新、元认知等。换句话说，21 世纪的技能是"人类历史发展的组成部分，从早期工具的发展，到农业的进步，到疫苗的发明，到陆地和海洋的探索"（Rotherham & Willingham, 2009）。

但是，难道没有新的技能和能力来满足当今知识经济的需求吗？一个可辩护的答案是，这些技能并不新鲜，但它们在教育优先事项中的地位是新的。根据罗瑟拉姆（Rotherham）和威林厄姆（Willingham）的说法，"真正新的东西是，我们的经济和世界的变化意味着集体和个人的成功取决于拥有这些技能……如果我们要有一个更加公平和有效的公共教育体系，那么只有少数人才能拥有的技能必须普及"。

所以，"什么对于当今社会算是新事物，某种程度上讲，就是经济竞争力和教育公平，这意味着这些技能不再是少数人的专利"（Rotherham, 2008）。然而，贝赖特和斯卡达玛亚（Bereiter & Scardamalia, 2006）却认为，"事实上，在知识经济的中心，存在着一种以前无法识别的能力要求，它是一种创造性地运用知识进行工作的能力"。运用知识创造性工作——观念性人工产品（Bereiter, 2002）——必须与运用物质性人工产品工作同时发展。知识工作把硬技能和软技能结合在一起。

硬技能和软技能之间的深层相互联系对评价有重要的影响，正如个人对集体工作的贡献一样。就像本书第四章中（Csapó et al.,）提到的，一个领域是如何被实践、教学和学习的，影响着它应该如何被评价……技术在教育中的真正希望在于它有可能促进教学和学习性质的根本性的质的变化（总统科学技术顾问委员会教育技术小组的报告，1997, p. 33）。根据 Csapó 及其同事的说法，将技术纳入 21 世纪技能评价的领域最为重要，其中技术对技能的定义是至关重要的，而去除它将使定义毫无意义（如计算机编程领域），更高水平的表现依赖于技术工具，以及那些支持协作、知识建构和对知识创造至关重要的社会互动。我们认为，要使知识建构和知识创造广泛普及，对知识建构的技术支持也需要广泛普及（见 Svihla et al., 2009）。

"软"技能远比教育标准中易量化的"硬"技能更难评价。而评价知识创造的过程可能更加困难。然而,这种核心能力应该通过研究和设计的过程得到进一步的增强和澄清,以证明作为知识创造基础的过程也是深层理解的基础,知识建构型环境能促进二者的发展。下面的章节中我们会进一步探讨这一观点。

促进文化素养与缩小差距

在知识时代生活所需的技能中,文化素养(literacy)可能是最关键的。如果没有从复杂的文本、图形和其他知识表征中提取和贡献有用信息的能力,实际上就不能从事知识工作。与印刷品相关的文化素养(与其他素养一样)既有硬技能的成分,又有软技能的成分。如在阅读中,流利的识词是一种可测试的硬技能,而阅读理解和批判性阅读则是重要的软技能。在传统学校教育中,阅读的软技能部分是被强制测试的,通常通过徒劳无益的"熟能生巧"的方法来培养学生的阅读软技能。

虽然文化素养教育的方法多种多样,但大多数人将它们视为以文化素养为主要目的的学习活动所追求的目标。在大多数情况下,校本阅读的动机来自阅读材料本身的有趣程度。因此,没有动机的读者通常因为他们对印刷品的理解不通畅,这是一个持续存在的问题(Gaskin,2005)。

然而,在过去的十年中,已经开发出了新的方法,其重点不是在文化素养上,而是在协作探究中,在那里,阅读的主要动机是解决理解的共同问题。文化素养的影响比那些强调文化素养本身的项目同样或者更为重要(Brown & Campione,1996;Sun et al.,2008,2010)。为支持知识建构专门开发的知识论坛技术,提供了信息通信技术可以明显提高文化素养的证据(Scardamalia et al.,1992;Sun et al.,2008,2010)。鉴于以文化素养为重点的课程通常会让学生阅读等于或低于他们年级水平的阅读材料,追求自我和小组指导探究的学生,通常会寻找难度高于他们年级水平的材料,这样,他们的理解能力和词汇量就超出了正常发展水平。与其将文化素养视为知识工作的前提,不如把知识工作作为发展支持它的文化素养的首选媒介,让学生参与全方位的媒体对象,从而发展多元文化素养。这一方法提出的主要研究问题我们将在本章的最后一节重新讨论。

知识建构的分析框架

我们建立了一个知识构建分析框架,以推进在本章导论中提出的两个目标:

· 建立一个分析环境和评价的分析框架,用以描述和支持知识创造型组织和支撑它们的知识构建型环境。

· 将此框架应用于一组环境和评价,以更好地理解学生参与知识创造型组织或者为工作做准备的模型、可能性与变化。

在本章末尾的"附录"中包含了一个模板,它是一个广泛适用于各种环境和评价的评分方案,可以用来描述知识构建型环境和评价的优势与劣势。该方案与表 5.1 介绍的内容大致相同,只是简单地在"附录"中将之设置为一个评分方案,鼓励用户评价特定的环境,并比较不同评价者在相同环境下的评分。用户在报告中提到,它是一种有用的工具,可以对环境的关键方面进行分析,一旦用户有机会查看和讨论不同评价机构对相同环境的评价,这个工具就会变得越来越有价值。

讨论不同评价的逻辑依据有助于理解与知识创造型组织相关的维度和职能。在知识创造领域学习的研究生对环境的评价总是会低于那些环境支持者(见表 5.3、图 5.6 及"附录"第二节),但是关于这一点也没有太多进一步研究,因为样本非常小。我们提供模板以促进这种对话,可能通过分析与知识创建型组织特征相关的发展框架而产生这种对话。

◇ 知识建构与学习理论

一个重要的问题是,在知识社会中促进工作的素养如何与现代学习理论联系在一起。例如,如何强调知识建构符合"人是如何学习的"框架,如图 5.2 所示,该框架已被国家科学院委员会用来组织关于学习和教学的知识(美国国家研究委员会,2000)。该框架突出了四个维度,它们可以用来分析学习环境,包括家庭、社区中心、教室、学校和更高层次的教育组织。框架的组成部分涉及四个领域,需要根据当前目标和需要灵活使用。框架的每个领域都伴随着一系列问题,这些问题有助于探索学习机会的设计,尤其是那些支持知识构建的机会。

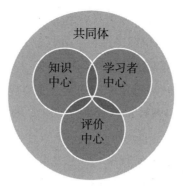

图 5.2 "人是如何学习的"框架

（改编自美国国家研究委员会的《人是如何学习的》，2000 年）

1. 以知识为中心：需要学会什么来满足人们和社会不断变化的需求？（回答这个问题是整个项目的基础）

2. 以学习者为中心：新信息如何与学习者的现有信念、价值观、兴趣、技能和知识联系在一起，使他们能在理解中学习并灵活运用他们所知道的东西？

3. 以共同体为中心：我们如何发展学习者的共同体，如何在人们共同努力为公共利益建立新知识的过程中追求卓越？我们如何才能扩大我们的共同体意识，探索在学校内外进行活动的学习机会？

4. 以评价为中心：我们如何为学生、教师、学校系统和国家提供经常而有用的机会来评价他们在 21 世纪技能方面取得的进展？

知识中心

正如上面所讨论的，21 世纪的世界已经发生了许多变化，各种各样的技能和知识都是成功和富有成效的生活所需要的。上面提到的许多技能都没有直接与传统学科领域联系在一起，比如科学、数学或历史——当然，所有这些技能都将在 21 世纪继续发挥重要作用。每个章节的作者都做了大量工作，他们的努力表明，持续追问人们需要学习什么，是我们未来最重要的一项活动。

专业知识与知识组织

专家知识比以往任何时候都重要，它们不是一系列脱节的事实清单，而是必须围绕当前和不断扩大的学科重要思想进行组织。这个知识组织必须帮助专家知道他们丰富的知识和技能是何时、为何以及如何与任何特定情况相关的（see Bransford et al.，2000）。知识组织特别影响获取和使用信息的方式。例如，我们知道专家注意到可以逃避新手注意的问题和情境的特点（见 Chase & Simon，1973；Chi et al.，1981；de Groot，1965），因此，他们可以站在比新手"更高的地方开始解决问题"（de Groot，1965）。知识构建表明，学习意味着期待且有能力注意到新联系和异常现象，并通过重组已经了解的知识来寻求解决分离知识的办法，由此产生新的连接它们的想法。

生成性知识构建也必须有结构，以克服当前的课程和课程纲要经常以失败的方式组织起来的问题，这些方法无法开发支持诸如有效推理和问题解决等活动的相关知识结构。例如，已被描述为"一英里宽一英寸深"（见 Bransford et al.，2000）的课程，其呈现主题的方式和罗列事实的文本，与专注"学科持久观念"的文本截然不同（Wiske，1998；Wilson，1999）。然而，注重知识构建不仅仅是简单地改进学习材料，而是试图帮助学习者发展他们自己的思维和习惯，培养自己提炼、综合和整合知识的能力。

适应性专业知识

知识建构的一个特别重要的焦点是将"常规专家"（routine experts）与"适应性专家"（adaptive experts）区分开来（Hatano & Inagaki，1986；Hatano & Osuro，2003）。常规专家和适应性专家在他们的一生中都会继续学习。常规专家开发出一整套核心技能，使他们的生活效率越来越高。相比之下，适应性专家更有可能改变他们的核心技能，并不断扩大他们专业知识的广度和深度。这种核心思想、信念和技能的重组可能会在短期内降低效率，但从长远来看会使他们更加灵活。这些技能重组的过程往往会产生情感上的结果，伴随着实现需要改变的信念和实践。安德斯·埃里克森（Anders Ericsson）和他的同事们（2009）的研究表明，发展专业知识的一个主要因素是摆脱"高原期"，某种程度上，需要不断地走出个人舒适区，参与"强化训练"。这种对专业知识的分析强调了对忘却和学习的需求，以及社会协作的需要，因为我们在研究文献或媒体中看到"专家"的文章时，往往看不到社会协作（见 Bransford & Schwartz，1999）。

本研究对支持知识建构的环境设计具有重要意义。首先，强调了深度理解核心观念的重要性。这是组织事实的基础，否则就会依赖于纯粹的记忆。其次，对知识结构适应性的理解突出了支持审查和反思过程的必要性。

以学习者为中心

在人是如何学习的这一框架中，以学习者为中心与以知识为中心有重叠的部分，但特别提醒我们，要思考学习者而不仅仅是学科问题。许多教育家处理理解学习者问题的方式都是让他们参与到文化回应性教学中来（Banks et al.，2007），它需要学会发现人们的学习优势，而不是简单地看到劣势（Moll，1986a，b），当遇到新知识建构挑战时，要帮助人们学会"发现他们的优势"。下文将着重讨论以学习者为中心的几个重要问题。

理解认知的建构性本质

认知的建构性本质最为瑞士心理学家皮亚杰所关注。皮亚杰用两个关键术语来描述这种建构性本质：同化和顺应。按照皮亚杰的说法，当学习者将新知识融入现有知识结构时，他们就会被同化。相比之下，如果他们在面临改变提示的证据时改变核心信念或概念，那么他们就适应了。

沃斯尼亚杜（Vosniadou）和布鲁尔（Brewer）在幼儿思考地球的情境中阐释了同化。他们和那些相信地球是平的孩子一起工作（因为这符合他们的经验），并试图帮助他们理解事实上地球是球形的。当被告知地球是圆的时候，孩子们常常把地球想象成饼形的而不是一个球体（Vosniadou & Brewer，1989）。如果他们被告知地球像球体一样，他们就会把地球想象成在球体内部或顶部有个像饼一样的平面，然后在他们的平面图上解释关于地球的新信息，而人类是站在平面上面的。孩子们所发展的地球模型——帮助他们解释了他们如何站立或在地面上行走——并不符合球形地球的模型。但孩子们听到的每一件事都被纳入了他们之前的观点中。

同化问题不仅关系到幼儿，也关系到各个年龄段的学习者。例如，对于某些物理和生物现象，大学生经常会发展一些符合他们经验的信念，但这些信念并不适合科学解释这些现象。这些先入为主的观念必须得到解决，才能改变他们的信念（Confrey，1990；Mestre，1994；Minstrell，1989；Redish，1996）。创造支持顺应的情境是对教师和学习环境设计者的重大挑战——特别是涉及知识建构的时候。

与学生已有经验相联系

理想的情况是，学校所教事物都建基于学生之前的经验，但事实并非总是如此。一些研究人员通过积极搜索学生在家庭和社区中的"知识资源"（funds of knowledge），来为他们在学校中的学习搭建桥梁，从而提高以学习者中心的教学效益（Lee，1992；Moll，1986a，b；Moses，1994）。例如，帮助学生了解父母的木工技术如何与几何学建立联系；乘坐地铁这种活动如何为理解代数提供一个情境；在学校以外如何使用那些代表了高度复杂语言使用形式的日常语言模式，这些语言使用形式在文学课上可能作为一门与学生校外活动没有联系的学科来教学。贝尔和他的同事们在家庭和社区活动与学校工作之间建立了联系（Bell et al.，2009；Tzou & Bell，2010）。

学习者中心、元认知和基本认知过程

以学习者为中心还包括对一些基本认知过程的认识，这些认识会影响到每个人的学习。"元认知"属于心理学的一个研究领域，是一种可以用来帮助人们了解他们自己学习和问题解决的认知过程，其最重要的要素包括以下几个方面。

1.注意力持续度。

学习注意力是成为元认知学习者的重要组成部分。例如，在任何特定的时间点上，我们的注意力集中程度会受到许多因素的制约。我们需要投入到一项工作上的注意力，取决于我们在做这件事时的经验和效率。例如，当学习阅读时，特别注意单词发音会使你很难理解阅读的意义。在尝试学习新事物的过程中，伴随而来的注意力要求是，所有学习者都必须经历一段"笨手笨脚"的时期，才能获取新的知识和技能。在这些"笨拙"的阶段，人们是否坚持或逃离，部分取决于他们对自己的能力猜测。有些人可能会以"我不擅长这个"为理由，在有机会有效地学习之前就放弃尝试（Dweck，1986）。沃泰姆（Wertime，1979）注意到，学习者中心的重要组成部分是通过增加学生的"勇气跨度"（courage spans）来帮助他们在面对困难时学会坚持。

技术带来了"多任务"（multitasking）挑战，许多学生认为这并不会影响他们的表现。他们可以通过比较全神贯注听一节课和听一节多任务课来帮助自己验证想法。这是一种帮助学生发现自己能力和极限的有效方法，而不是简单地被迫遵守"这个班没有计算机可以使用"。

2. 迁移。

学习者要了解自己也需要考虑学习迁移的问题——以能够解决后面可能遇到新问题的方式学习。仅仅记住信息通常不足以支持迁移。理解学习通常能发展经验（NRC，2000）。迁移的一个重要目标是灵活性认知（Spiro et al.，1991）。专家具有灵活性认知，他们能够基于概念性观点来评价专业领域问题和其他类型的案例，可以看到多种可能的解释和观点。威金斯和麦克泰（Wiggins & McTighe，1997）认为，理解复杂的问题需要能够以多种方式解释它们。斯皮罗等人（Spiro et al.，1991）认为，在分析真实世界的案例时无法构建多种解释，这可能是由于教学过分简化了复杂的学科问题。

3. 动机。

帮助学生学会识别学习动机是学习者中心的重要组成部分，对于知识建构尤其重要。研究人员探究了外在动机（成绩、金钱和奖励等）和内在动机之间的差异（想学习一些东西，因为它与你真正感兴趣的东西有关）。这两种动机可以结合在一起，例如，我们对学习某些话题有内在的兴趣，同时也对获得外部奖励感兴趣（例如，因为表现好被表扬，获得咨询费）。然而，有些人认为过分强调外在奖励会削弱内在动机，因为当人们太习惯于外部奖励时，一旦没有奖励便会停止工作（Robinson & Stern，1997）。

最初激励因素（假设学习滑板似乎很有趣）和在困难面前保持动力的因素（"嗯，滑板比看起来更难学"）之间有重要区别。同伴、父母和其他人的社会动力支持是帮助人们在困难面前坚持下去的一个特别重要的特征。同样重要的是具有合适难度的挑战——不那么容易，以避免无聊；也不那么困难，以避免令人沮丧。在课堂上为每个学生创造合适的"可管理的困难"是主要挑战之一，需要进行专业化组织。关于更多动机的文献研究可见于德西和瑞安（Deci & Ryan，1985），德韦克（Dweck，1986）和斯蒂佩克（Stipek，2002）。

4. 主体（agency）。

强调知识建构特别突出了元认知和动机的另一个重要方面，人们有发展成社会性反应主体（Socially responsive agency）的需要。也就是说，学生必须学会做出自己的选择，体验由此产生的社会后果，并在必要时修改他们的策略。这是一个循序渐进的过程，必须从教师做出学生学习的决定逐步转向学生对自己的学习活动负责。

以对中学生科学教材的研究为例（Shutt et al., 2009）。研究涉及实际动手操作的活动，例如，学生与足类动物和其他一些生物一起工作并研究它们（不伤害它们）。整个一年的课程目标是发展影响所有物种生命关键变量（如温度范围、酸度范围等）的概念。科学工作最初是由教师指导的，要测试的假设和将要使用的方法，例如确定是湿的还是干燥的土壤，是由老师指定的。当需要重新设计这些教学情境时却发现，必须给予学生更多的主体性。学生手里有一个玻璃容器，并被告知，他们的任务（小组工作）是让生物（如足类动物）存活。为了成功完成任务，他们必须选择要问的问题，如何进行研究，如何做背景研究（必要时可以利用技术），等等。初步研究发现（更准确的数据将很快得到），代理意识对学生非常重要，他们非常认真地对待自己的工作。这种活动还有望加强其他技能，如全局敏感度，因为学生们都在为他们心目中最重要的他人（即使它们是非人类）的利益而工作。

以共同体为中心

前面的讨论探讨了以知识为中心和以学习者为中心等相关问题。人是如何学习的框架中提到的以共同体为中心与以知识和以学习者为中心具有密切联系，但以共同体为中心的学习特别关注学习的社会性、物质性和时间性。

学习的社会方面

学习的社会方面经常包括我们所加入或正在加入的任何共同体的规范和运作模式。例如，有些课堂代表着可以安全提问的共同体，可以说："我不明白，你能用不同的方式解释吗？"其他课堂可能遵循的准则是："不要让人知道你不知道什么。"许多研究表明——要想成功，学习型共同体应该给人一种感觉，共同体成员彼此关心，每个人都要对群体负责，并有一种共同的信念，即成员的需求将通过他们的共同努力来实现（Alexopoulou & Driver, 1996; Bateman et al., 1998）。许多学校都是非常无人情味的地方，这可能会影响到人们对专业和同行社群的归属感或疏离感的程度。

许多学校都是没有人情味的，需要变得更小，以便更加以学习者和共同体为中心，这也被误解为仅仅是帮助学生自我感觉良好的理由。当然，这很重要，但还涉及更多内容，包括在学生的生活和群体中寻找"知识资源"，以增强他们的学习动机。我们对人了解得越多，就越能与他们交流，从而帮助他们（和我们）学习。在一个共同体内，彼此了解越多，交流越好。

创建和维持学习共同体的重要性可以追溯到维果茨基的理论，即文化和人际互动代表了核心发展过程。维果茨基通过他的最近发展区概念专注于个人和社会之间的相互作用——由独立解决问题所决定的实际发展水平和在成人指导下通过解决问题或与更有能力的同伴合作确定的潜在发展水平之间的距离（Vygotsky，1962/1934）。一个孩子今天能在他人帮助下完成的事情，他将能够独立完成明天的工作，从而为他进入一个新的、有更高要求的合作做准备。这里强调的是学习者相互汲取支持自己学习的思想和资源的方式。

学习的物质方面

维果茨基还强调了物质资源，如工具和技术，它们改变了任务的性质和执行这些资源所需要的认知技能的方式，这在 21 世纪是特别重要的，不仅因为技术已经改变了学校以外世界任务和工作性质的方式，而且因为学生们在日常生活中越来越多地使用各种技术，并将这些技术带进学校。教师通常不会利用这些技术或学生带来的技能和经验，来提高学生对学校课程的了解，或进一步发展他们的 21 世纪技能。如果学生能够获得一系列的技术工具、数字资源和社会支持，他们的学习和评价比没有获得这些资源的情况将大不相同；因为真实世界的工作和学生的社会环境充满了这些工具和资源，它们应该可以被有效地建构到学习环境中（Erstad，2008）。

学习的时间方面

在更广泛的层面上，以共同体为中心也意味着要超越学校的围墙，将学习与学生的校外经历联系起来，包括他们的家庭经历。

图 5.3 来自生命中心（LIFE Center）的研究结论，它说明了学生在正规（学校）和非正规（校外）环境中大概花费的时间。很多学习都是在校外进行的（Banks et al.，2007），但是老师们经常不知道如何将这些经验与学校学习联系起来。之前我们讨论了寻找共同体中存在的"知识资源"的想法，并且可以建立

在帮助学生成功的基础上。这一挑战是帮助学生在课堂、学校、课堂与校内外的环境之间建立强大的社交网络。

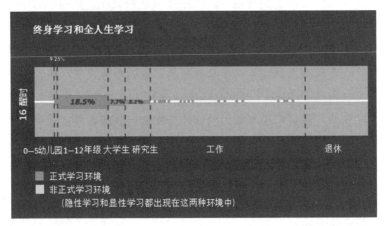

图5.3 整个生命周期中的正式和非正式学习时间。预估了花在学校和非正式环境中的时间。
注：这幅图显示了人们在一生醒着的时间内，在正式教育环境和其他活动中花费的时间相对百分比。这一计算是根据一整年的最佳可用统计数据得出的，基于人在整个生命周期中不同的点上，在正式的教学环境中花费了多少的时间。（经生命中心许可复制）（生命中心的终身和全人生图得到了 Creative Commons Attribution-Share Alike 3.0 United States License 的许可。）（LIFE Center: Stevens et al., 2005），生命中心（2005）。"生命中心的终身和全人生图。"这张图最初是由里德·史蒂文斯（Reed Stevens）和约翰·布兰斯福德（John Bransford）设想，提出了在正式和非正式环境中学习环境的范围（生命中心，http://life-slc.org）。平面设计、文档和计算是在里德·史蒂文斯在安妮·史蒂文斯（Anne Stevens）（平面设计）和内森·帕勒姆（Nathan Parham）（计算）的主要帮助下完成的。

以评价为中心

我们讨论了以知识、学习者和共同体为中心的学习，现在我们转向以评价为中心的学习。人们很容易认为，评价仅仅是对学生进行测试和评分。学习理论认为，评价的作用不仅仅是简单地编制测试和给予分数。

首先，教师需要询问他们在评价什么。这意味着评价标准、学生目标（以知识为中心的一部分）和学生在课堂上的"准备"（以学习者和共同体为中心）需要保持一致。评价记忆（如静脉和动脉的特性）不同于评价学生是否理解为什么静脉和动脉有不同的特性。同样，评价学生是否能回答有关生命周期的问题（例如青蛙），不同于评价他们在试图解决问题时是否会自发地获取这些信息。

在最普遍的层面上，评价什么的问题涉及学生需要知道什么和能够做什么，以便学生在毕业后有更加充实的生活。由于社会的迅速变化，这是一个经常需要重新考虑的问题。关于标准化考试的争论包括，他们可能会给学生一个适得其反的"诀窍"教学，因为老师的大部分时间花在教学生怎么应付考试上，而考试却没有评价在21世纪成功和富有成效的生活所需要的技能、知识和态度。

评价的不同种类和目的

在人是如何学习的框架中，以评价为中心的一个特别重要的方面是它强调为了不同目的的不同评价类型。当大多数人考虑评价时，他们考虑的是总结性评价。这些考试包括期末单元考试、年末的标准化考试以及课程结束时的期末考试。总结性评价有各种形式：多项选择测试、论文、学生陈述等。这些评价对于学校、教师和学生的问责机制非常重要。通常，它们透露了老师希望他们尽早看到的重要信息。这就是为什么形成性评价是重要的。这些是用来提高教学和学习的。他们会让学生在学习过程中看到自己的想法，并给予他们思考的反馈和提供修改的机会。

评价与迁移理论

同样重要的是，教师要理解评价实践与迁移理论联系的方法。以总结性评价为例，我们都希望确保这些指标能显示学生做一些事情的能力，而不是简单地"接受考试"。理想情况下，我们的评价可以预测学生离开课堂后在日常生活中的表现。

审视这个问题的方法是把测试看作预测学生从课堂到日常生活迁移能力的一种尝试。关于迁移的不同思维方式对思考评价有重要意义。传统迁移方法的核心是"直接应用"理论，以及布兰斯福德和施瓦茨（Bransford & Schwartz，1999）所称的占统治地位的"隔离问题解决"（Sequesterecl Problem Solving，SPS）方法论。正如陪审团经常被隔离，实验对象在迁移测试期间被隔离，以此保护他们不受"污染"信息的影响；在此期间，他们没有机会通过寻求其他资源的帮助，例如文本或同事，或通过尝试，接收反馈和获得机会修改等，来证明自己学习解决新问题的能力。伴随 SPS 范式的一种理论是，它将迁移描述为直接将以前的学习应用到新的情境或问题上的能力，我们称之为直接应用（Direct application，DA）迁移理论。有人认为，SPS 方法论和 DA 迁移理论对迁移证据的大部分悲观态度负有责任（Bransford & Schwartz，1999）。

另一种观点是，承认这些观点的有效性，因为它强调人们"为未来的学习做准备"（preparation for learn，PFL），这会拓宽迁移的概念。在这里，我们将重点转移到人们在知识丰富的环境中学习能力的评价。当组织雇佣新员工时，雇主并不期望新雇员已经学会了成功适应一切需要的能力。他们想要能学习的人，他们希望这些人能利用资源（如文本、计算机程序和同事）以促进这种学习。他们为将来的学习做的准备越充分，迁移效果就越好（在速度和/或新学习的质量方面）。布兰斯福德、施瓦兹（1998，1999）、斯皮罗（Spiro，1987）等人研究探讨了"学生为未来学习做好准备"方法的例子。

单独使用静态评价可能会掩盖许多学生的学习成果，也会掩盖各种教育经验所提供的学习优势（Bransford & Schwartz，1999）。将总结性评价与迁移理论联系起来，可以帮助我们克服许多现有测试的局限性。布兰斯福德和施瓦兹（1999）讨论了 SPS 与 PFL 学习评价与迁移的实例。

◇ 对评价改革的启示

上文已描述了两种不同的环境设计和评价方法。第一种方法是目标逆向作业，可以用来构建子目标系统和从初始状态到目标状态的学习进阶。第二种方法涉及突现目标，这些目标不是预先设定的，而是随着学习和思考的进行而形成的。关于逆向作业和突现方法的权衡问题，我们已经有过论述。在回顾了与21世纪技能相关的评价挑战之后，我们将根据所要开展的工作详细阐述所需的相关研究。在累加性模式中，"21世纪技能"课程被添加到传统课程中，尽管这样往往更符合融合技能和内容元素的同化努力，或者叠加二者的目标。但其带来的问题是，如果每一个21世纪的技能都被单独对待，那么现在的"一英里宽，一英寸深"的课程将会变得更宽更浅，传统技能课程的宝贵时间也会被21世纪技能课程挤压。变革模式的目标是将学科理解与 21 世纪技能进行更深层次的整合。在学科知识和 21 世纪技能并行推进这一节中阐述了其基本原理，如果对学科知识的深入理解是通过 21 世纪技能的运用来实现的，那么其结果将增进对学科领域的理解，以及 21 世纪技能的进步，这也是知识建构方法的指导原则。在"附录"中描述的知识建构分析框架，可以帮助那些希望进行这种转换的研究者进一步多方面考虑其进展。由于这些维度是一个复杂的交互系统，因此单独对待每一个维度不仅无助于整体研究可能还会受到各种挫折。幸运的是，这也意味着处理一个维度可能会导致几个方面的进展。评价的含义是我们必须预测和测量普遍化影响。我们详细阐述了设计实验的可能性，以便在具体的调查中整合逆向作业和突现模式。但我们首先必须讨论关于评价挑战与 21 世纪技能的一些更广泛的问题。

评价挑战与 21 世纪技能

探索基于证据的 21 世纪技能评价受到许多因素的阻碍。第一，在正式和非正式的学习环境中存在着巨大差异，这些环境中可能存在的评价类型也完全不同。第二，处理学科领域内使用媒体和技术的知识和技能需要与具体学科知识和技能区分开来（Bennett et al., 2007；Quellmalz & Kozma, 2003）。第三，设计 21 世纪的评价方法和记录它们的技术质量的方法并没有得到广泛的应用（Quellmalz & Haertel, 2008）。第四，评价需要在各级教育体系中保持一致（Quellmalz & Pellegrino, 2009；Pellegrino et al., 2001）；这种一致性必须从对 21 世纪技能和其组成部分的知识和技术的定义开始。此外，国际、国家、州和课堂层级的考试设计必须加以明确和一致，否则不同层次的评价不能平衡，对学生成绩的推断也将受到影响。

以证据为中心（Messick, 1994；Mislevy and Haertel, 2006）的设计将 21 世纪技能与任何特征、描述学生表现和发展的证据报告联系起来。在接下来的章节中，我们描述了以证据为中心的设计如何用于开发嵌入在学习环境中的形成性评价，并将这些形成性评价与大规模的总结性评价联系起来。

认知原则、以证据为中心的评价设计

如上所述，对许多学科领域的专业知识发展的研究表明，精通某个学科领域的人拥有大量有组织的相互关联的知识结构，并精通具体学科的问题解决策略（Bransford et al., 2000）。因此，评价的设计应该旨在测量学生的问题解决策略和日益增长的知识结构的广度与连通性（Pellegrino et al., 2001; Glaser, 1991）。例如，在科学领域，核心知识结构在科学家建立的世界模型中得以体现（Hestenes et al., 1992; Stewart & Golubitsky, 1992）。技术被视为支持模型推理的工具，它通过自动化和增强认知复杂任务的表现来实现。（Norman, 1993; Raizen, 1997; Raizen et al., 1995）。

美国国家研究委员会（NRC）在《了解学生所知》(*Knowing What Students Know*)的报告中提出了测量科学的进步，支持将认知研究结果整合到系统的测试设计框架中。简言之，以证据为中心的评价设计关涉到将学生模型中具体要评价的学习与具有特定任务性质的任务模型和能引起学习观察的问题建立联系，同时也要与学生表现具体化的证据模型和能够作为能力证据的分数建立联系（Messick, 1994; Mislevy et al., 2003; Pellegrino et al., 2001）。这些组成部分为设计21世纪技能的评价和对当前评价实践的状况进行评价提供了一个结构。以证据为中心的设计（Messick, 1994; Mislevy & Haertel, 2006）可用于设计形成性评价，并将其与大规模的总结性评价相联系。

学科领域知识的作用

大规模21世纪评价的一个关键问题是完成任务和技术项目所需的学科或专业领域中关于主题和情境知识的作用。对21世纪技能的大规模评价不能假设所有学生都将学到特定的学术内容。幸运的是，评价学习环境中的21世纪技能有助于识别置身于此的内容知识。在学科中，现在的问题解决和批判性思维技能的评价，如果直接进行评价和报告，通常是作为学科成就的组成部分进行报告的（即数学问题解决、科学探究），而不是作为确切的21世纪技能。此外，在核心的学校科目和非正式环境中，学生可以使用普通的或先进的技术，但是他们的技术熟练程度往往不会被测试或报告。因此，为了评价和报告21世纪技能进步情况与他们相关的学生成绩评价的设计，必须具体说明每项技能要测试和报告的知识与技能（见第二章），要么是横向过程，如问题解决或沟通，要么是他们在一系列学术和实际问题中使用技术的能力。知识建构环境的一个重要特征，以及其中的ICT技能评价，将不仅仅是测试使用简单和先进的ICT工具，而且还是学习者为了越来越复杂的任务使用一系列 ICT 工具来扩展、构建他们知识和策略的技能。此外，学习者的适应性专业知识，即将现有知识和策略迁移到新问题中的能力，需要包括对他们学习和应用新技术能力的直接评价。

在技术丰富环境中嵌入评价

评价的设计必须首先说明它们的目的和用途（美国教育研究协会，AERA/美国心理学协会，APA/国家教育测量委员会，NCME，1999）。这些规范与评价的有效性密切相关，例如"评价是否支持基于评价的推论和行动？"这在总结性评价和形成性评价的目的上是有区别的。如前所述，总结性评价是在干预结束时或者干预中的一个单元结束时判断目标的达成情况；而形成性评价是在干预的过程中进行的，目的在于给学习者和指导者提供反馈信息，使他们有时间调整错误。

美国国立学校校长理事会支持的"对学生与教师的形成性评价"（FAST）的最新定义是："形成性评价是教师和学生在教学中使用的过程，它能提供反馈以调整持续的教学和学习，促使学生达到预期教学效果。"根据这项定义，形成性评价不是一种工具，而是一种利用进阶信息朝目标改善学习的过程。形成性评价的重要特征是：有预期结果，并提前明确规定，精心计划评价方法，教师和学生可以使用学习证据，在教学中进行调整。有效的 FAST 形成性评价的属性包括：清晰阐述学习进阶；清晰确定并传达给学生学习目标和成功标准；以证据为基础的描述性反馈；自我评价和同伴评价；学生和老师在学习目标方面的合作。因此，21 世纪技能的形成性评价是 21 世纪结果和系统方法的具体化，可以用来监测进展和提供反馈，以及明确成功标准。21 世纪技能的形成性评价可以适用于所有学习环境中的所有 21 世纪技能。

21 世纪评价的形成性功能的 FAST 具体细则，与使用嵌入式评价有很大的不同，后者要么用来验证大规模评价结果，要么是为了增加可以在一次性的按需测试中收集到的证据。嵌入式评价的第三个功能是收集有关研究目的的过程和进展的详细信息，并开始形成更加一致的形成性和总结性评价的整合。

要寻求什么证据？

在以证据为中心的设计评价框架内，需要将广泛意义上的 21 世纪技能，如问题解决或沟通，进一步分解为评价的组成指标。数学中的问题解决目标可能包括计划解决策略或评价解决方案。在科学中，问题解决可能涉及诸如规划调查或可视化数据解释等目标（Quellmalz & Kozma, 2003）。在文学方面，问题解决可能涉及莎士比亚戏剧的分析，寻找与情节有关的反复出现的象征手法。在实际情况下评价问题解决的目标，可能包括选择绿色技术，例如风力涡轮机，并分析其潜在的环境影响。对21世纪问题解决能力的评价目标将会在更广泛的领域和情境中得到应用。问题解决的评价任务的结构化表征既需要已知解决方案问题，也需要多个解决方案的问题。在以学科领域为中心的学习环境中，评价任务将超越重复实验，更具有开放性特征，它允许使用一些适当的方法，以获得学习者在解决问题或达成目标方面的计划、执行和解释证据方面的证据。

以证据为中心的评价设计要求嵌入式评价，明确描述记录每个21世纪技能及其组成目标的成就的定性或定量信息。对于形成性评价，一个关键的特征是证据和标准可以被教师和学生理解与使用。例如，自我和同伴评价是有效的形成性评价的关键特征。我们熟悉的课堂活动有很多，例如让同伴复查作文草稿或者让同伴评论你的演示。在工作场所，同行评审是专业刊物的质量标志。

虽然常见的互联网和生产力工具通常在整个环境和学科中相互融合，但"交易工具"在人文、科学和社会科学等领域存在着差异，在高等教育环境、工作场所和职业之间也明显不同。在初级和中等正规教育中，常见的互联网和生产力工具通常在不同的环境与学科之间进行整合。再者，当知识和技能运用于不同的学习环境时，它们需要被具体化和进一步分解。成绩的证据也需要以能与学习者和老师分享的方式来具体化。因此，使用具体技术的嵌入式评价会因背景和学科领域的不同而不同。尽管如此，通过努力创建跨学科领域的、特定领域环境与更一般的环境联系起来的可用工具，新的评价可能性正在打开。

21世纪技能很难用定时的、按需的大规模测试来评价，在学习环境中，它们通常会随着时间的推移而得到更好的监控。例如，可以根据学习者超越学习活动中指定的内容来评价创造力和创新能力。与现有和虚拟同伴以及专家的协作，可以在团队形式、贡献整合和反馈的过程中进行监控，以反映团队过程的有效性和目标的实现。

引出21世纪技能证据的评价设计

对课堂中21世纪技能进行系统的、直接的评价是非常罕见的。尽管学生们可能被教导使用普通的和先进的工具,但教师既没有与21世纪技能相关的具体标准提供给学生,也没有测试方法来收集学生使用这些技术的证据。无论是在正式的还是非正式的学习环境中,教师通常都是自己决定如何将技术融入课程或非正式的学习活动中。将21世纪技能评价纳入到学习活动中的状态仍处于起步阶段。

评价必须被设计以引出与每个评价目标相关的学习证据。有效形成性评价的已有研究描述了正式和非正式学习观察的类型,从问题到学习者的问题到对正在进行的工作的检查以及对工作产品的评价。然而,这些观察应事先计划好,并确定好与学习者共享的成功标准。例如,将协作活动中小组的系统观察结构化,以记录互动的类型和质量,而小组和小组的每个成员都能对这些观测资料进行总结和回顾。

21世纪技能整合了学习者在学习环境中的各种情境和学科领域中使用的一系列技术。21世纪技能的核心是学习者在创新、沟通、协作、问题解决和公民身份等过程中,能够选择和使用适当的技术。技术为设计更丰富、更深入、更广泛的学习活动和评价提供了许多可能性。技术支持的学习环境和评价改革的可能性包括:

- 提供真实、丰富、动态的环境;
- 获取信息来源和专业知识;
- 使用正式和非正式的协作形式和社交网络;
- 演示在教室中难以或不可能观察和处理的现象;
- "行动中"的时间、因果和动态关系的例子;
- 允许刺激的多重表示及其同时的相互作用(如过程中生成的数据);
- 表征与符号的叠加使用;
- 学生操作或调查、多次试验;
- 学生控制步调、重复和修正;
- 使学生的思考和推理过程可见;
- 在活动中(如研究、设计、问题解决)捕捉学生的反应;
- 允许使用一系列模拟工具(基于互联网、生产力和领域的)。

下面,在评价和知识建构发展轨迹一节中,我们扩展了这个列表。但首先,我们要介绍评价方案的理念,并详细说明新环境和评价的潜在可能性,以明晰大规模评价内涵，同时又使大规模评价更加明智。

评价档案（Assessment Profile）

知识建构分析框架（见"附录"）的目的是，根据表5.2中定义的发展轨迹来确定教育环境向知识创造型事业转变的程度。这个框架背后的假设是，不仅要评价学生，教育环境也应该被评价。当然，必须分析学生的工作，为此，这些维度需要被转化为可测量的个人和团体表现。我们建议把这类工作作为不可或缺的研究计划。我们将提供六个维度的评价来支持运用各种评价方法测量21世纪技能，它们适用于所有课堂情境，以此来确保评价的质量和对教学实践的指导。

评价与21世纪技能的一致性。有些评价工具不能评价或支持一个或多个21世纪技能，因此，对于每个21世纪技能目的而言，这种一致性有助于确定它们是否具有完整性、局部性、没有一致性。

评价的目的和预期用途。评价数据、任务和项目可以作为：形成性评价，学生和教师就可以监控学习，并在教学过程中调整教学；教学成就的总结性证据；不与学生和教师共享的项目评价或研究。对于每一项21世纪技能来说，在每一个目标上都值得追踪它的目的。

结构表征（construct representation）。评价任务和项目有时只能产生目标结构、所需知识或技能的部分证据。例如，如果目标是系统知识，则可以测试的是知识内容或简单互动，而不是动态的突现性行为。或者，可以测试基本的事实或步骤，而不能测试高层次的综合知识和技能。当结构仅被部分测试时，重要的组成部分可能不会被完全地表示出来。对于每个21世纪的技能，应该确定现有证据是否能表征：结构、结构的一部分、不能表征。

融入学习活动。学习环境中的评价可能会或多或少地被整合到正在进行的活动中。综合的、持续的评价可以在整个活动中收集学习证据。与正在进行的活动直接联系较少的临时评价可作为一种周期性检查，或者放弃那些脱离情境的外部评价。因此，对于每一个21世纪技能，这种评价有助于确定任务和项目在多大程度上反映出：完全融入学习活动；事后被评价，与学习活动分开；未被评价。

可行性。学习环境中的评价也可能在其使用的可行性上有所不同。可行性意味着它们很容易被学习者和老师完成和理解，或者需要获得可以永久使用或者周期性可用的技术支持可完成。因此，需要确定评价是否：很容易使用，只需要最低限度支持或不需要支持；可以使用，但需要持续的支持；复杂的，需要专门的方法和支持。

技术质量。评价可能需要管理和评分的专业知识水平，这会超出许多教师培训的内容。技术质量的证据，不仅包括确认评价能为其在环境中的预期使用（例如形成性或总结性的目的）提供可信的信息，而且观察结果和证据解释对于教师与环境都是可靠的。因此，重要的是澄清技术质量是完全或仅部分建立了。

将学习环境和形成性评价与大规模测试联系起来

目前，评价 21 世纪技能有不同的方法，这些方法甚至是相互矛盾的。一种方法侧重于技术评价（assessment of technology），如在美国一些州的国际电脑使用执照（International Computer Driving License）和技术水平测试。这些测试测量的是操作普通互联网和生产力工具所需的事实与程序，其内容或学术或应用问题和背景则被有意地选择为熟悉的背景知识（Venezky & Davis, 2002; Crawford & Toyama, 2002）。问题解决、沟通、协作、创新和数字公民等 21 世纪技能的认知过程并不是技术操作测试的对象。

在第二种方法中，21 世纪技能强调通过展示测试问题和项目来运用技术进行学习（learning *with* technology），这种学习会通过精心设计与复杂学术和真实生活问题相关联的一系列任务，从技术工具的使用策略角度将技术操作测量整合到运用学科知识解决问题的过程中。

在第三种方法中，测试是通过技术实现的（implemented by technology）。技术评价只是简单地使用技术基础设施来交付任务和测试成绩，这些测试主要用来测量数学和阅读等学科领域的知识内容与技能。这种类型的测试设计旨在减少或消除技术需求，并将测试视为与技术无关的结构，其目的是将纸笔测试与基于技术的测试等同起来。在大规模的州、国家和国际测试中，以技术为基础的测试正在迅速增加，在这种测试中，技术被作为降低评价功能成本和物流的途径，例如测试交付、评分和报告。基于技术的测试通常假定支持测试的技术工具，如计算器或文字处理软件与所测试的内容结构无关，因此不应单独测量。由于这些类型的测试程序寻求纸笔测试和在线测试的可比性，所以测试倾向于呈现静态刺激，并使用传统的主观题和多项选择题的形式。在大多数情况下，这些传统的在线测试仍然局限于在纸上就能够很容易评价的那些知识和技能。因此，这种方法没有充分利用技术去测量更复杂的知识结构，也不能拓展探究和问题解决，这些都被21技能的教学与评价项目描述为21世纪ICT技能（Csapó, 2007; Quellmalz & Pellegrino, 2009）。简言之，传统学科的技术交付和记分测试不是对21世纪ICT技能的评价，也不应被视为一种评价。21世纪技能的评价不仅仅是使用技术来支持诸如交付和评分之类的评价功能，而是聚焦于测量使用技术时21世纪技能的运用。

21世纪技能的大规模评价可以提供嵌入学习环境中的评价模型，但目前的大规模测试并没有以促进知识建构型环境的方式来解决21世纪技能的范围问题。在美国，2012年新的国家教育进步评价技术素养框架列出了三个主要评价领域：技术和社会、设计和系统、信息通信技术（见 naeptech 2012.org）。该框架中的技术素养融合了技术对社会、21世纪技能和技术设计的影响的理解。2012年的评价将提供一系列长期和短期的基于场景的任务，旨在评价这三个领域的知识和技能。在美国，所有的八年级学生都需要对21世纪技能和技术素养进行评价。然而，州级考试或学校报告被认为足以满足这一要求，而学校报告可能基于教师报告，教师报告反过来又可以基于学生在ICT支持的项目中使用的问卷或量表。大多数教师无法获得对21世纪技能的课堂评价，也没有专业的发展机会来构建自己的测试。此外，很多文献都提到，教师设计和商业开发的课堂评价缺乏技术质量（Wilson & Sloane, 2000）。更严重的问题是，教师在如何监控学生发展21世纪技能的进步方面缺乏清晰的认识，不仅不能正确使用工具，也不清楚如何运用工具进行思考和推理。因此，为了实现这些目的，教师需要有形成性评价工具。

知识建构的同步、嵌入式和变革性评价

基于突现方法以及知识创造的必要性，我们需要不断超越当前的最佳实践，我们描述了课堂环境新的数据形式，这些数据使我们能够提供比传统测试更丰富、更全面、更容易获得的学生表现记录。它们需要新的、强大的知识建构型环境，就像上面讨论的那样。

在前面几节中，我们已经讨论了嵌入式、形成性和总结性评价，现在我们添加了同步和变革性评价的概念。同步评价意味着评价是即时可用的。这里的挑战是如何有效地设计反馈，以了解学习的高阶过程以及更直接的过程。变革意味着评价不仅仅是对过去表现的描述，它指向下一步行动，而且还提供了个人和团队解决更广泛问题的方式，并将他们的工作与校内外其他团队成员和团队工作建立关联。

当学生话语是共同体运行的中心，每个成员要为共享的公共知识空间做出贡献，并建构彼此的观点，新的评价形式可以进一步丰富共同体的工作，并使同步和变革性评价成为可能。要分析的话语既要包括在线互动，也要包含面对面的互动，这些话语通过视频或会议软件录制并转录。这些数据可以轻松地生成学生工作的轮廓，即使在研究早期阶段，当研究人员、教师和学生在课堂上对这些工具进行试点测试后，其结果也是非常令人振奋的，因为通过数据分析，教师和学生都很容易看到自己的优势，并及时提出改进思路。

数据是由学生的话语和作品自动生成的，如下面所示，这些工具可以用来识别模式并支持学生成就和学习实践的持续改进。推进同步、嵌入式和变革性评价面临的最大挑战是，在利用大量新机会的同时避免出现一些意想不到的困境。

贡献。贡献作为一个评价工具，可以用来测量注释创建数量、条目的性质（基于关键字、媒体类型等）、参与者参与的内容区域概述等。特定问题相关的贡献可以往回追溯，从而使调查个人和团队的问题解决成为可能。老师可以在每个会话期间或之后立即使用该工具来确定每个学生的生产力（例如读取、创建或修改了多少个注释），这样的信息有助于老师将注意力集中到那些可能需要更多支持或指导的学生身上，并帮助他们找出影响学生充分参与知识建构型共同体的障碍。如果教师允许他们访问，学生可以使用这些工具来查看每个人都在课堂中所做的贡献（没有显示名字）。

支持 21 世纪技能的"思维类型"或脚手架。脚手架可以建基于高级知识过程的理论描述基础上（见"支持新技能突现的素养"的章节）。计算机辅助的和可定制的脚手架（例如"我的问题解决方案""我的理论"）支持教师和学生灵活使用脚手架和注释，让学生根据思维类型添加他们的注释（Andrade, 2000; Chuy et al., 2009; Law & Wong, 2003; Lai & Law, 2006）。通过识别他们所从事的 21 世纪技能（问题解决、理论发展、研究、决策等），学生们更加了解这些技能。一旦文本被标记，通过支架进行搜索，学生和教师就可以很容易地找到、讨论和评价示例。形成性评价工具可以用来提供对使用模式的反馈，并帮助扩展学生的全部技能。

利用新媒体和多元素养。学生可以提供代表不同形式和媒介的笔记，例如文本、图像、数据表、图形、模型、视频、音频等。结果表明，文本和图形素养的增长是在媒介丰富的知识建构型环境中工作的一个重要副产品（Sun et al., 2008；Gan et al., 2007）。

词汇。词汇可以提供个人和团体档案，包括新单词使用的频率，从课程纲要（或从任何一组单词）中选择单词的使用等。与外部测量或基准相比（例如等级列表），使用这个工具也很容易查看词汇量的增长。因此，教师可以确定重要的概念是否进入学生的生产性词汇表，学生使用词汇的程度高于年级水平还是正好处在年级水平之上，以及学生对课程纲要中不同层次词汇量的掌握情况，等等。笔记质量与复杂性等信息，也可以引导老师在课堂中根据需要调整教学类型。非正式地使用这些词汇工具的初期尝试表明，学生喜欢看到他们词汇的增长，并开始尝试在课堂上被别人使用过的新单词。

写作。写作测量始于基本指标（例如单词总数和只出现一次的单词数量、平均句子长度）。人们已经开发了很多复杂工具，这些已经布置好的开放源将使人们越来越容易将话语和写作环境联系起来。

元观点。可以使用头脑风暴来培养学生对具体技能的元认知思维，并支持学生在创造力、领导力和协作方面的练习。也可以创建工具让学生将那些有疑问但没有答案的问题和没有证据的主张加上注释。一旦标记出来，可视化工具就把知识空间内需要额外引起关注的想法放在显著位置。

语义分析。这个工具使我们能够以多种灵活的方式使用话语的意义。语义重叠工具从用户选择的文本中提取关键字或短语，并显示重叠的术语。该工具的用途之一是检查参与者的话语与课程纲要或专家所产生的话语之间的重叠术语。其他的用途包括，检查两个参与者之间的文本，或者学生文本和指定阅读材料之间的重叠术语。语义场可视化通过使用潜在语义分析技术，提供了重叠术语的图形显示（Teplovs, 2008）。例如，可以确定一个基准（百科全书条目、课程纲要或标准等）。如图5.4所示，该工具可以显示学生话语和基准在连续几天之间的重叠。

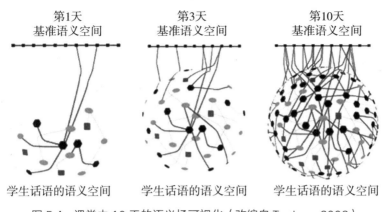

图 5.4　课堂中 10 天的语义场可视化（改编自 Teplovs，2008）

社会网络分析。社会网络分析工具基于行为模式展示参与者之间的社会关系（如谁在谁的笔记上读 / 引用 / 建立）。社会网络分析工具可以帮助教师更好地了解在知识构建的话语中，中心参与者是谁，并了解现有的社会关系是限制了还是积极影响了共同体的工作。这个工具把老师的注意力吸引到那些处于边缘的孩子身上，使这些孩子更有可能得到支持，使他们更能融入到班级的工作中去。

当学生对课堂工作的贡献体现在公共知识空间时，推进集体知识的责任水平就会提高。以下是从社交网络分析工具生成的图形，我们可以通过这个图形了解到，人们是如何发现与学生成绩进步有关的课堂实践，如果不使用公共话语空间，是不可能发现这些实践的。图 5.5（Zhang et al.，2007，2009）的研究报告来自一个四年级课堂，研究主题是光学。老师和学生共同努力，创造出有助于持续知识建构的课堂实践。社会网络分析和独立生成的定性分析被用来评价在线参与模式和知识进步，重点是集体认知责任的指标。

社会网络分析工具生成的社会网络图表明，促进学生知识发展的有效程序对应下列社会组织：(a) 第一年——固定的小组；(b) 第二年——一起参与知识工作的互动小组；(c) 第三年——机会性协作（opportunistic collaboration），小组在共同体成员的意志下形成和解散，他们基于小组工作过程中产生的突现性目标改进光学知识的共同最高目标。第三年的模式直接勾勒出了真实知识创造型组织中有组织的分布式社会结构。在三个设计中，机会性协作模式产生了最高水平的集体认知责任、知识进步和信息动态扩散。从社会网络分析工具的角度来看，三年的统计如下图所示（相关详细信息见 Zhang et al.，2009）。

在这些图中，一个节点代表一个小组成员。两个节点之间的一条线表示两个成员之间的注释连接关系，即一个成员的注释建立在另一个成员注释的基础上，或者被另一个成员引用，连接的方向和频率用箭头和线上的值表示。成员携带的信息流越多，他/她在网络中显示就越集中。就像上文提到的那些工具，它们可以使教师和学生通过新的方式使他们的工作可视化。这一工具适用于论述任何小组与个人层面的工作话题。重建知识空间具有无限的可能性将不同的问题和关注点带进这一视角，并随着时间的推移而产生各种变化。这项工作正处于起步阶段，网络2.0/3.0的发展将极大推进这一项工作的进程。

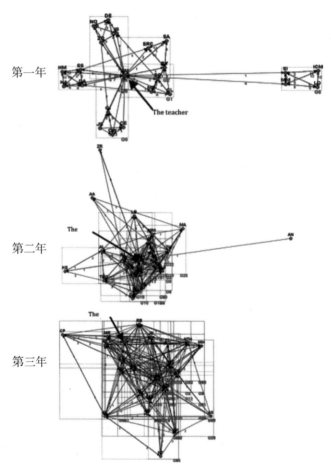

图5.5 跨越三年的知识建构的突现过程［从社会网络分析工具的角度来看，这个三年的统计在张建伟等人（2009）的研究中被详细地描述过。］

评价、开放知识资源和知识建构的发展

通过 21 世纪技能的教学和评价这个项目，我们可以看到发展框架、定义和模型对评价的必要性，这在框架讨论时表现得尤为明显（第二章），当然，这个项目也论证了确定学习进程的必要性，因为学习进阶可以描述学习者在掌握某一学科领域时可能遵循的路径（第三章），此外，还讨论了项目开发的问题（第四章）。我们希望通过确定以知识创造型组织的理论和实践为基础的发展进阶来进一步拓展这些工作。我们认为，所有公民都应该有机会参与到完全整合了 21 世纪技能的知识建构型环境中，并沿着表 5.2 所列的发展轨迹发展。我们上面描述的工具可以帮助我们完成这些任务，我们会使用新方式绘制发展进阶并解决设计原则问题。

知识建构型环境的设计原则包括：(a) 赋予用户权力，并向他们转移更高级的别的主体性和集体责任；(b) 视评价为发展知识和发现工作问题的组成部分；(c) 让用户能够自定义工具和请求更改，从而使环境强大到足以嵌入到组织的日常工作中；(d) 支持共同体进行严格的自我评价，以便有机会超越共同体工作，而不仅仅是满足外部评价员的要求；(e) 将标准和基准加入到过程中，使它们以数字化的形式进入公共工作空间，成为可以注释、构建、与正在进行的工作相关联的并可被超越的话语对象；(f) 支持包容性设计，所有参与者都有一种方式；这个挑战带来了特殊的技术挑战（Trevinarus, 1994, 2002）；(g) 提供公共设计空间，以支持所有媒体（图形、视频、音频、文本等）的讨论，并与所有知识丰富特定领域的学习环境相联系；(h) 鼓励知识工作开放。一旦满足这些要求，参与者就会在有意义的互动环境中与 ICT 接触，并在学校课程的所有领域都能参与部分表现性的阅读和撰写工作。然后，他们可以广泛使用在知识创造型组织中证明如此有用的支持形式，与其他坚定的知识工作者和世界级知识资源建立联系。

ICT 支持的话语环境和开放资源的结合，为在知识建构型环境的规划和发展方面取得突破奠定了基础。例如，学生的话语环境可以与强大的模拟、教程、智能辅导以及其他特殊领域的工具相联系（Quellmalz & Haertel 2008；Tucker 2009. http: //www.ascd.org/publications/educational_leadership/nov09/vol67/num03/The_Next_Generation_of_Testing.aspx；http: //oli.web.cmu.edu/openlearning/

initiative）。然后，可以将这些不同工具的优点结合起来，并促进这些工具在使用上的互动。正如卡内基梅隆大学开放学习计划所解释的那样，"有可能将评价纳入到每一项教学活动中，并利用这些嵌入式评价中的数据，为持续的评价和改进提供强有力的反馈循环"。源自教程、模拟、游戏的评价，可以作为开源软件和编程接口那一节所述内容的补充，并结合应用程序的互通性，使我们能够进一步打破历来被分离和断开的各种环境与评价之间的壁垒，实现多渠道信息搜索和汇编。开放的资源使我们能够收集关于学习季节、基准和学习模块的信息。Curriki 是一个网站的例子，在这里，有共同体分享和协作的免费开放课程（http://www.curriki.org/）。知识共享许可证进一步扩大了共享和构建信息渠道，从而扩大了知识产权的概念。

这些开放性资源，结合来自话语环境的数据，基于课堂作业和所有校内外使用的模拟、游戏等网络可访问信息，通过主题和应用程序，使建立学生个人成长档案成为可能（处理伦理问题提出了另一个重大挑战）。扩展的学生档案使我们能够在不同的、变化的发展基准上描绘学生的进步，以及通过形成性反馈来促进学生发展。例如，基于学生语义空间的"最近邻"（nearest neighbor）搜索，可以在同一类别或全局范围内识别其他人，也可以在本地或全局资源中使用类似内容进行搜索。而且，任何时候都可以建立连接，以满足老师和学生的需要。这种支持可以帮助整个班级作为一个 21 世纪的组织来运作，同时也支持学生的个人成就。

我们可以预见，世界范围的用户群（Katz et al., 2009）和开发人员会充分利用新数据挖掘可能性、智能网络应用程序、语义分析、机器学习、自然语言处理以及其他新的发展来推进教育领域的最新进展。

支持新素养突现的技术

近几年，有两本书深入探讨了新技术给 21 世纪的教育转变带来的影响。一本是《技术时代重新思考教育：数字革命与美国的学校教育》（*Rethinking Education in the Age of Technology: The Digital Revolution and Schooling in America*）（Collins & Halverson, 2009）。柯林斯（Collins）和霍尔沃森（Halverson）认为，新技术创造了挑战传统学校的学习机会。他们设想了这样一个未来：技术使各个年龄段的人都能以自己的方式学习。上面的图 5.3 表明，在整个生命周期中，人们更多的时间是在课外环境中度过的。如果这些都成为学习的主要背景，那么专为学校设计的任务将会因其对教育的影响而相形见绌。第二本书是邦克（Bonk，2009）的《世界是开放的：网络技术如何变革教育》(*The World Is Open: How Web Technology Is Revolutionzing Education*)。在这本书中，邦克详细解释了技术何以可能在任何地点向任何人打开教育世界之门。他讨论了网络搜索、开放式课件、实时移动性、门户网站等影响21世纪学习的趋势。这些技术并没有被设想成为一个"自助餐厅"，让学生继续前进并选择（不幸的是，这似乎是许多教学支持系统中的格式化概念）；相反，它们被设想为构成一个环境，这个环境可以支持更充分参与的学习者共同体、更开放的世界认知和情感财富。

这些观点与前文讨论的新素养突现和开放资源是一致的。与简单地从已有的目标或专家确定的目标中推断不同，新目标可能从学生在支持性环境中表现出来的能力中突现出来——例如，在例子引用过程中显示出的比例推理和理论构建能力。实际上，这两种实验方法都利用了计算机支持的知识建构型环境，这为创建公共知识提供了支持（Moss & Beatty, 2006; Messina & Reeve, 2006）。其中，为这些目的服务的技术支持包括上面描述的"思维类型"或脚手架，它们并不是为合成目的服务和创造高阶思维表征的注释，或简单用于创建多重表征和组织思想的图形背景（Scardamalia & Bereiter, 2006）。

在上面阐述的理论建构工作中，脚手架可以支持理论建构。"理论支持"包括以下几个短语："我的理论""我需要理解""我的理论证据""把我们的知识放在一起""一个更好的理论"。要使用这些脚手架，学生只需点击排列在他们写作空间左边的一个面板上的其中一个短语，一个包含该短语的文本输入框就会被复制到他们的文本中的适当位置。学生添加的文本会根据脚手架的名称自动标记。研究表明，这种简单的支持增加了这些短语在学生写作中的使用，并提高了它们所代表的高级知识过程。在知识论坛中使用的理论构建案例，脚手架是可定制的，因此这些话语支持可以很容易地改变，以适应任何21世纪的目标。（它们也可以在事后使用，用来标记已经写好的文本。）这些脚手架促进了元认知意识，因为学生用它们来表征他们的话语。脚手架支持也可作为搜索参数来进一步促进它们的用途，让学生和教师轻松搜索到他们的公共知识空间，以确定数据库中有哪些不同的理论、这些理论使用了什么证据来为自己辩护、那些被认为是对早期理论完善的理论本质是什么，如此等等。使用这些"思维类型"

来建构形成性评价是很容易促进学生发展的。例如,可以创建学生或小组活动档案,找出学生和班级是否生成了许多理论,尽管暂时没有提供证据——或者他们提供了证据,但不能把他们的观点整合起来生成一个更加完善的理论。模式的使用可以使我们能够发现未被充分表征的知识过程,使我们提前预示和推进这种工作。

技术的一个重要作用是支持个人对小组工作做出建设性的贡献。脚手架支持,在小组层面上的关键问题是:公共知识被小组共享吗——这些知识在多大程度上来自小组过程,而不仅仅是个体产品的聚合? Web 3.0 "语义网络"发展是对观点或意义的处理,而不是把简单的单词作为主要兴趣的单位。一些教育评价工具已经充分考虑到这些进展(Teplovs,2008),我们期待着强大的网络技术与知识创造文化中的教育需求能结合起来。我们在技术和方法论发展这一章中,已详细阐述了支持 21 世纪技能发展的观点。

虽然从突现方法得到的结果是有限的,但他们认为学生发展了广泛意义上的 21 世纪技能(Chuy et al.,2009;Gan et al.,2007;Sun et al.,2008,2010),而且突现的方法可能会为大规模评价提供真正的新发现。突现方法的另一个积极结果是,对 21 世纪的技能进行逐个界定和可操作性描述,虽然对测量目的很重要,但可能不是设计教育活动的最佳基础。

科技模糊了校内外环境的界限,知识成为开放世界中的一个社会产品,我们需要跨越教育情境的环境和形成性评价,需要支持"共同体知识"和群体或"集体智慧",这些在 21 世纪将变得越来越重要。

◇ 必要的研究

本节确定了与开发 21 世纪知识建构的新评价和环境总体目标有关的重要研究和发展领域。我们从研究和发展开始,以改善目前学习环境中的形成性评价,然后继续研究和推进形成性评价,很可能使学校变成一种知识创造型组织。

对当前学习环境中 21 世纪技能的分析

关于改革 21 世纪技能评价的研究项目,需要对当前学习环境中具有代表性的 21 世纪技能有更多了解。所选择的项目应该能代表各方面的学习环境,评价也应该着重关注21世纪技能的框架及其发展轨迹。我们预计,所有学习环境在应对21世纪技能上都将显示出一定的局限性,对这种局限性的分析可以为促进以证据为中心的测量提供重要信息。

研究的第二阶段将分析项目评价的技术质量以及在教学中提供的形成性证据的效用。我们假设,21世纪技能评价与用于发展这些技能的学习任务,以及教师和学生能用来理解技能发展的证据之间存在微弱联系。

这项研究的第三个阶段是建立以证据为中心的课堂评价系统,并将其中有代表性的项目用来解决全部或许多21世纪技能。我们将收集有关课堂形成性目的的可靠性和有效性技术质量数据。此外,21世纪形成性评价的设计将与所有ATC21S工作小组设计的21世纪大规模总结性评价的紧凑限制性设计联系起来。课堂形成性评价将被嵌入到学习活动中,提供与21世纪技能相关的正在进行的学习过程的证据,例如问题解决、协作和沟通。这种丰富、深入、频繁的证据数据流,可以供学习者和教师在学习活动中使用,以监督和支持他们的学习进步。例如,在以学科领域为中心的学习环境中,通过采集学生在具体学习活动中的学习过程数据,比如信息研究、模拟使用和网络分析等,从而使这种丰富的嵌入式形成性评价成为可能。该研究将考察评价的形成性效用和技术质量,验证它们为中期基准的总结性评价所增加的价值,或者更大范围的大规模州、国家和国际评价。研究21世纪技能的形成性评价设计,可以将其嵌入到不同学习环境的项目中,这些研究将成为改革和转变21世纪学习环境中形成性评价的基本模式。

包容性知识建构型社会的技术和社会创新

如前所述,目前正在推进的21世纪技能发展目标主要建基于专家和利益相关者的目标分析。在本节中,我们基于学生在从事知识创造工作时所表现出的能力、局限性和问题,采取自下而上的方法进行实验设计,以补充目标识别的自上而下的方法。研究的第一步是,确定或建立能够作为知识创造型组织的学校,就像拉费里埃和热维斯(Laferrière & Gervais,2008)认为的那样,就这一点而言,目前很难找到能够接受这种工作的学校。这项研究有双重目的:发现以前未被发现的技能目标;通过最小限度的侵入性工具来发展评价这些突现技能的方法。

愿意承担这样一项耗资巨大且任务艰巨的新研究的网络平台，在适当技术设备的支撑下，可以支持广泛的研究和开发工作，以解决与知识实践和成果有关的问题。在政策层面，我们将开始收集数据和证据来解决分化教育者的问题。例如，许多教育工作者喜欢那些定义明确、具有一步接一步线性特点的课程程序和流程——但是知识创造并不是一个线性过程。知识创造者需要充分发挥他们的想象力，进入他们能想到的任何地方。一方面，学生需要参与有思想的自主性和创造性工作；另一方面，教育者认为课程常规活动结构对教师、学生和课程覆盖面至关重要，我们该如何协调二者的关系？自组织作为知识创造的一个重要组成部分，它实际上是如何在过程层次上兼具思想和观念的发展？学生经常会产生大量观点，该如何从这些零散观点中整理出值得进一步发展的观点？如何避免"无知的汇聚"（pooling of ignorance）？

对于初学者，无知的汇聚是探讨开放性话语环境的一个突出问题。尽管"使思维清晰可见"是建构主义计算机环境所声称的优势之一，但它却增加了"无知汇聚"和"错误"思想传播的机会。因此，教师们总是习惯对学生公开的想法进行编辑控制；就学生而言，他们会觉得，权威观点比他们自己提出的观点更有利于学习。必要的研究需要首先确定"无知的汇聚"是真实的还是仅仅是想象中的问题，如果它确实是真的，需要进行设计研究以找到一种建设性的方式来解决这个困境。

同步、嵌入式和变革性的评价需要致力于解决旧问题的新方法。然后，我们可以共同验证这种理念：建立在共同体动态中的形成性评价，可以自我修正，并聚焦于大多数教育情境中前所未有的高阶目标。

与复杂性干预有关的挑战

布朗（Brown，1992）、弗雷德里克森与柯林斯（Frederiksen & Collins，1989）和柯林斯（Collins et al.，2004）讨论了创建复杂干预所面临的理论和方法上的挑战，以及狭隘测量的问题。他们强调，需要将设计实验作为形成性研究方法，用以验证和改进基于理论原则和源自先前研究的教育设计。这是一个"逐步求精的方法"。正如柯林斯等人（Collins et al.，2004）解释的设计实验：

（设计实验）包括把设计的第一个版本带进现实，看看它是如何工作的。然后，根据经验不断地修改设计……因为设计实验是在学习环境中设置的，有许多无法控制的变量。于是，设计研究人员应尽可能地优化设计，并仔细观察不同的要素是如何工作的。（p.18）

第三章提出了许多关于21世纪技能评价的方法论问题。这项研究可能有助于在这里提到的每一个问题的发展：（a）区分情境和基本认知结构的作用——这个实验将允许我们在不同国家和学科背景中找到该结构的例子；（b）由计算机和网络启用的新项目类型——我们建议通过网络实施新的设计并探索新项目类型的使用；（c）利用新技术和新思维方式从课堂中获得更多信息，而不会让课堂淹没在评价中——我们建议建立一个国际性的、多语言的、跨领域的中心网络来探索问题，并决定如何进行同步、嵌入式和变革的评价，以节省教师的时间；（d）群体智慧和传统有效性的正确组合——"群体智慧"和传统程序可以很容易地被结合在我们所提出的环境中；（e）信息和数据的可用性和有用性——我们可以直接探索将数据转化为反馈以推动知识进步的需要；（f）21世纪技能的评价是学生自主学习的催化剂——通过使用脚手架、适应性推荐系统、隐形评价、可视化等，我们可以探索促进学生自主学习的评价。

突现能力框架内的具体调查

我们认为，需要建立一个国际试点网络平台，不仅要与下文所述的设计研究进行多方面合作，还要与根据当地条件和需要创造与测试新设计的当地研究者合作。借助一个特定平台，所有或部分具体调查都可以进行合作，但无论如何，合作产生的数据必须能够用来解决网络中出现的所有研究问题。因此，以下内容只是建立了一个初步的具体细则，其内涵还需不断修改和扩充。

绘制21世纪技能发展路径。如前文所述，嵌入式评价和技术可以支持新技能突现，计算机脚手架可以支持21世纪技能的发展及其形成性评价。每项技能的研究项目都有助于我们确定，关于21世纪技能，不同年龄段的学生能做什么以及不能做什么，这些技能能够支持知识创造还是不能支持。然后，我们就可以选择一个最佳位置来详细阐述表5.2中所列的发展过程。

证明知识建构教学节省了教育时间，而不是在已经拥挤不堪的课程体系中添加额外的独立技能。目前，许多人认为学习基本技能和创造新知识在竞争教学时间。在知识建构环境中，学生们阅读、写作、制作各种交流形式、运用数学来解决问题——课程目标并不孤立，而是通过有意义的互动来增进学生对所有课程领域的理解。与其把素养作为知识工作的先决条件，不如将知识工作视为发展多元素养的首选媒介。已有研究结果表明，在学科学习、多元素养和广泛的21世纪技能等方面已经取得了一些研究成果，但这些成果需要被重复和拓展。

验证新技术、新方法和普遍化效应。国际试点网站将作为新工具和形成性评价的测试平台。根据威廉斯（Williams, 2009）的研究报告，与重复研究一样，有效协作加速了其他领域的发展。这种"普遍化效应"符合我们的主张：尽管对每一个21世纪技能进行可操作性界定，对于测量目的具有重要意义，但是对于复杂目标的全面协同工作理念，更有助于塑造教育活动。因此，我们建议研究目标领域工作之间的关系，然后扩展到未被定为目标的领域。例如，假如协作式问题解决是我们的目标技能，我们可以发展其测量方法，然后检查其与协作学习、沟通和其他21世纪技能的关系。同时，我们也会测量与目标技能学科相关的成就变量结果。因此，我们将验证与创造知识文化总体教育目标相关的普遍化效应。

创建知识建构的包容性设计。找到所有学生为共同体知识空间做出贡献的方法是重要的，而且还要描绘整个小组以及每个组员的发展情况。学生通过自己喜欢的媒介（文本、图形、视频、音频笔记）和基于他们自己的视角，将有助于他们参与对话。相关研究结果显示，在这样一种对话中，男孩和女孩都有进步，这一结果并不像传统研究结果所描述的那样，女孩的语言素养比男孩高。这也表明，男孩在传统的素养项目中总是落后于女生，因为他们很少参与对话，也得不到奖励，而我们的调查中，男孩既会参与也能得奖励。此外，支持残疾学生的新设计将是支持包容性知识建构型环境的重要补充。

探索多语种、多元素养、多元文化问题。我们的研究将吸引国际团队的参与，因此，我们可能会探索使用多语言空间和创造多元文化环境。更通俗地说，我们的研究将会使那些只能通过全球事业才能解决的知识建构型社会问题成为可能。

管理常见的测试和问卷。虽然目前有证据表明，表5.1中确定的知识创造型组织中的高级知识工作可以与学校教育相结合，并且不能晚于小学中期（Zhang et al., 2009），但需要数据来支持这样一种说法，即知识的建构可以跨越年龄段、学校环境和教师，而且学生在知识建构型环境中比传统环境更有动力进行知识建构。要从不同实验中最大限度地获取知识，有必要将评价工具、仪器和数据格式标准化。通过定向评价，我们可以确定知识建构的参数和实践（Law et al., 2002）。

识别可以整合到课堂中的实践，并且与知识创造型组织的实践保持一致。通过将知识创造型组织的实践嵌入到课堂中，我们可以开始确定学校作为知识创造型组织运作的必要条件，并设计促进这些实践的专业发展。课堂过程的数据也应该使我们能够完善表5.2中所列出的发展轨迹，并对个人、团体和环境层面的进展进行评价。

展示一个更广泛的系统观点如何能够预示大规模、按需的总结性评价。我们已经讨论了促进21世纪技能发展的"逆向作业"和"突现"方法之间的区别，以及它们与知识建构型环境、形成性评价和大规模评价之间的联系。在突现方法中，学生工作与形成性评价和总结性评价之间的联系可以通过许多重要路径加以补充。例如，如上所述，可以在环境中建构脚手架，以鼓励学生对"思考类型"做好注释。当明确了思考类型后，就可以使用分析工具来评价这些模式，并帮助预示后续步骤。当学生变得更有见识并有意与获得成果的评价建立关联后，他们在学习过程中会成为更积极的参与者。除了有意增加学生对各种学习进阶和基准的理解之外，他们还可以对这些问题进行评论并超越它们。就像在知识创造型组织中一样，参与者都了解要超越的标准。举个例子，一个单元的学习结束时，老师在学生的电子工作空间发布了相关的课程标准，这样学生就可以对这些标准进行评论，还能知道他们是如何基于这些标准学习的。学生们注意到他们的工作在很多方面都体现了这些标准，但他们也意识到自己取得了一些重要的进步，不过这些进步并没有在标准中体现出来。我们认为，在测试和测试设计之间进行富有成效的对话对双方都是有价值的。语义分析工具为突现框架影响大规模评价提供了更多的可能性，这些语义分析工具包括各种语料库，比如，"基准语料库"（由各种的课程或评价资料汇编成的语义场）、"学生语料库"（由学生生成的各种文本汇编的语义场，例如一个学科领域中学生作品的前三分之一与后三分之一）、"班级语料库"（来自班级所有成员的语义场，前三分之一对后三分之一）等。基于这些语料库，可以使用语义分析和其他数据挖掘技术跟踪和预示发展进阶，指出学生或基准语料库中未被充分表征的语义空间以及其随时间的变化。

以大量的电子档案形式获取的课堂话语，可以用来预测大规模总结性评价的表现，然后通过形成性反馈提高学生的表现。因此，结果可以与表现评价结合起来，并用以支持持续改进。教师、学生和家长都能从中受益，因为他们可以轻松快速地监控成长过程，并预示未来发展进阶。这些可能会导致问责与进阶的空前发展。

支持技能发展的技术和方法进展

技术发展特别是与 Web 2.0 和 Web 3.0 的发展相关的技术，提升了环境的互通性，为开发学科领域知识和支持这些领域中学生话语提供了许多新的机会。通过多媒体在线环境，可以将各种思想带到大家交流的中心，并支持同步、嵌入式和变革性的评价。如上所述，现在有可能建立广泛的形成性评价，从而极大地丰富课堂工作。

Web 2.0 的一个关键特征是，用户不再仅仅是信息的消费者，而是信息的主动创造者，而这些信息可以被其他人广泛使用。伴随而来的是诸如 MySpace、LinkedIn、Flickr 和 Facebook 等在线社区的出现，具有讽刺意味但不令人意外的是，人们关注的是个人及其在这些社区中的角色，例如通过计算"朋友"的数量来确定与他人的联通性。人们对表征社会网络的本质有相当大的兴趣，例如用社会网络分析来检测大型社区的社会互动模式。Web 3.0 的设计代表了编码语义信息的一个重大转变，这种方式使计算机能够推断出信息片段之间的关系。在 Web 3.0 世界中，思想之间的关系和动态至少与用户之间的关系和动态同样重要。作为理解这种关系的一种方法，我们可以开发一种类似于社会网络分析的——思想（idea）网络分析，这对于知识建构型环境尤其重要，其关注的重点是能够促进思想改善的社会互动（见 Teplovs，2008）。思想网络分析提供了一种描述思想之间关系的方法，就像社会网络分析描述参与者之间的关系一样。思想网络的可视化，以及网络密度等相关指标，将使我们能够随着时间的推移表征出社会模式和思想的变化。也正如此，对能够理解和支持导致知识进步的社会动态的概念研究提出了相关要求，也会面临诸多挑战。

为了整合对话环境、在知识资源和形成性与总结性评价，还需要其他一些设计工作。通过这种整合，我们可以大大拓展学习及其评价可能发生的地点和方式。通过跟踪参与者话语语义、在线课程材料、测试项目、领域专家的文本等,我们可以将一个语篇或语料库映射到另一个语料库,并跟踪思想的发展。在知识建构共同体的运作中,我们可以通过协作式在线对话,进一步强化形成性评价,从而鼓励参与者寻找新的学习机会和更多的领域专家。

有效设计的环境应该使同步发展沟通、协作(团队合作)、信息素养、批判性思维和信息通信技术素养等成为可能——反映在知识创造型组织中事物是如何工作的。

附录：知识建构分析框架

分析环境和评价的模板

1. 描述当前存在的环境和/或评价。（使用尽可能多的空间）

2. 举例说明这个例子是符合学校改革的一种加法模式还是变革模式。要明确是哪种评价，您只需要在1（绝对累加性）到10（绝对变革性）之间对评价进行记分，并提供一个简单的理由。注：分数=1（如果环境或评价的目的是为学校的工作增加一项任务或活动，而在整个结构中，除了通过增加这项新任务、项目、环境或评价之外，学校工作没有什么变化，那么这样的目标就是累加性的）；分数=10（如果环境或评价能以一种实质性的方式改变学校的教育条件，使学生们融入由知识建构型环境所支持的知识创造型组织的文化中，这个环境对共同体的运作来说是不可或缺的，那么这样的目标就是变革性的。）

分数 _____
得分的理由：（使用尽可能多的空间）。

3. 请使用下面的评价表格来评价当前形式中的环境和/或评价特征。

表5.3 评价当前形式中的环境

21世纪技能 （来自第二章）	知识创造组织的特征：映射了21世纪技能的连续体（continum） 1　　　　　5　　　　　10
创造与创新	分值1（内化给定信息；信念/行动建基于别人有答案或知道事实）到分值10（解决未解决的问题；生成理论和模型，承担风险等；追求有希望的想法和计划） 分数 _____ 得分的理由：（使用尽可能多的空间）。 在这个维度上，您是否看到了改善环境或评价的方法？如果有，请提供一个简短的说明，说明你是如何做到这一点的，或者本文中的想法是如何帮助你的。（使用尽可能多的空间）
沟通	分值1（社交性闲聊；对话旨在每个人都达到预定目标；同伴或扩展互动的限制性情境）到分值10（知识建构性/知识视角的对话，旨在推进学科领域的发展；对话更具包容性并包含更多高阶分析；开放的共同体知识空间鼓励同伴互动与延伸性互动） 分数 _____ 得分的理由：（使用尽可能多的空间）。 在这个维度上，您是否看到了改善环境或评价的方法？如果有，请提供一个简短的说明，说明你是如何做到这一点的，或者本文中的想法是如何帮助你的。（使用尽可能多的空间）

续表

21世纪技能（来自第二章）	知识创造组织的特征：映射了21世纪技能的连续体（continuum） 1　　　　　5　　　　　10
协作/团队合作	分值1（小组工作：分责任创造结果；整体等于而非大于部分之和）到分值10（源自许多人协作与竞争的集体或共享智慧，拓展了现有知识的社会条件。团队成员致力于实现生产性互动与使用ICT工作的重点与临界值。共同体知识的发展鼓励个人成功但又超越了个体成功，同时每个人都能为共同体知识发展贡献自己的力量） 分数_____ 得分的理由：（尽可能使用多的空间）。 在这个维度上，您是否看到了改善环境或评价的方法？如果有，请提供一个简短的说明，说明你是如何做到这一点的，或者本文中的想法是如何帮助你的。（尽可能使用多的空间）
信息素养/研究	分值1（探究：通过查找和收集信息来答问；变化的试验研究）到分值10（超越给定信息；建构性使用知识资源，并为知识资源增加做出贡献，由此确定并拓展思想改善的社会条件；推进知识资源与信息发展的整体性研究） 分数_____ 得分的理由：（尽可能使用多的空间）。 在这个维度上，您是否看到了改善环境或评价的方法？如果有，请提供一个简短的说明，说明你是如何做到这一点的，或者本文中的想法是如何帮助你的。（尽可能使用多的空间）
批判性思维、解决问题和决策	分值1（有意义的活动由管理者/教师/课程设计者设计；学习者按其他人设定的预定任务进行工作）到分值10（在真实的知识工作过程中锻炼高级思维能力；通过自发问题的发现和有希望观点的协调，不断提高成就标准；参与者从事复杂的问题和系统思考） 分数_____ 得分的理由：（尽可能使用多的空间）。 在这个维度上，您是否看到了改善环境或评价的方法？如果有，请提供一个简短的说明，说明你是如何做到这一点的，或者本文中的想法是如何帮助你的。（尽可能使用多的空间）

续表

21世纪技能（来自第二章）	知识创造组织的特征：映射了21世纪技能的连续体（continum） 1　　　　　5　　　　　10
本地和全球公民	分值1（支持组织和共同体行为规范；"尽最大努力"；个人权利）到分值10（公民觉得自己是知识创造的文明的一部分，并致力于为全球事业做出贡献；团队成员重视不同的观点，在正式和非正式的环境中构建共享的、相互关联的知识，行使领导力，并支持各种包容性的权利） 分数 _____ 得分的理由：（尽可能使用多的空间）。 在这个维度上，您是否看到了改善环境或评价的方法？如果有，请提供一个简短的说明，说明你是如何做到这一点的，或者本文中的想法是如何帮助你的。（尽可能使用多的空间）
信息通信技术（ICT）素养	分值1（熟悉并具备使用常用应用程序与网络资源和设施的能力）到分值10（ICT融入组织的日常工作中；由参与者构建并持续改进共享的共同体空间，并与世界各地的组织和资源建立联系） 分数 _____ 得分的理由：（尽可能使用多的空间）。 在这个维度上，您是否看到了改善环境或评价的方法？如果有，请提供一个简短的说明，说明你是如何做到这一点的，或者本文中的想法是如何帮助你的。（尽可能使用多的空间）
生活和职业技能	分值1（个人职业目标符合个人特点；现实评价实现职业目标的要求和可能性）到分值10（参与持续的、终生的、全生命的学习机会；不论生活环境或背景如何，认同自己是知识创造者） 分数 _____ 得分的理由：（尽可能使用多的空间）。 在这个维度上，您是否看到了改善环境或评价的方法？如果有，请提供一个简短的说明，说明你是如何做到这一点的，或者本文中的想法是如何帮助你的。（尽可能使用多的空间）

续表

21世纪技能（来自第二章）	知识创造组织的特征：映射了21世纪技能的连续体（continum） 1　　　　　5　　　　　10
学会学习/元认知	分值1（学生和工人为组织提供输入端，但高级流程由其他人控制）到分值10（学生和工人能够在最高管理层承担责任；评价是组织运作的一部分，需要社会和个人的元认知） 分数 _____ 得分的理由：（尽可能使用多的空间） 在这个维度上，您是否看到了改善环境或评价的方法？如果有，请提供一个简短的说明，说明你是如何做到这一点的，或者本文中的想法是如何帮助你的。（尽可能使用多的空间）
个人和社会责任—包括文化素养	分值1（个人责任；地方情境）到分值10（团队成员建构并提高整个共同体的知识资产，欣赏文化动态，允许使用和改进各种思想观点以服务和造福多文化、多语种和不断变化的社会） 分数 _____ 得分的理由：（尽可能使用多的空间）。 在这个维度上，您是否看到了改善环境或评价的方法？如果有，请提供一个简短的说明，说明你是如何做到这一点的，或者本文中的想法是如何帮助你的。（尽可能使用多的空间）

表5.4　环境和评价的评级

21世纪技能	ATC21S（N=7）				研究生（N=11）			
	平均值	标准差	最大值	最小值	平均值	标准差	最大值	最小值
创造	7.57	1.81	10	4	5.73	2.53	9	2
沟通	8.00	1.29	9	6	5.50	3.46	9	1
协作	7.86	1.35	9	5	5.59	3.23	9	1
信息素养	7.57	2.15	9	4	5.55	2.50	10	2
批判思维	7.14	1.86	9	4	6.27	3.07	10	2
公民身份	7.14	2.91	9	2	4.50	2.52	8	1
ICT素养	7.71	2.69	10	2	4.27	3.10	10	1

续表

21 世纪技能	ATC21S（N=7）				研究生（N=11）			
	平均值	标准差	最大值	最小值	平均值	标准差	最大值	最小值
生活/职业技能	7.57	2.51	9	3	5.86	2.79	10	1
元认知	8.00	2.00	10	4	4.32	1.95	7	1
责任	7.71	2.21	9	4	4.00	2.76	8	1

通过分析模板获得的结果

表 5.4 提供了环境和评价评级的描述性统计，调查来自 21 世纪技能的教学与评价项目（ATC21S）志愿者与研究生志愿者。

图 5.6 提供了环境和评价评级的图形表示，调查来自 21 世纪技能的教学与评价项目（ATC21S）志愿者与研究生志愿者（如表 5.4 所列）。

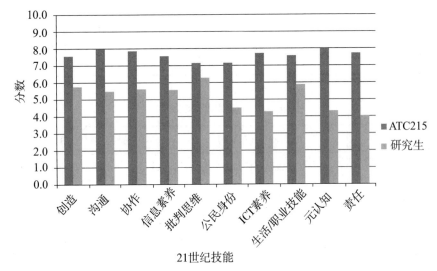

图 5.6 环境和评价的评级

参考文献

Ackoff, R. L. (1974). The systems revolution. *Long Range Planning, 7,* 2−20.

Alexopoulou, E., & Driver, R. (1996). Small group discussion in physics: Peerinteraction modesin pairs and fours. *Journal of Research in Science Teaching, 33* (10), 1099−1114.

American Educational Research Association, American Psychological Association, & NationalCouncil on Measurement in Education (AERA, APA, NCME). (1999).*Standards for educationaland psychological testing.* Washington, DC: AERA.

Anderson, C. (2006). *The long tail: Why the future of business is selling less of more.* New York: Hyperion.

Andrade, H. (2000). Using rubrics to promote thinking and learning. *Educational Leadership, 57* (5), 13−18.

Arvanitis, S. (2005). Computerization, workplace organization, skilled labour and firm productivity: Evidence for the Swiss business sector. *Economics of Innovation and New Technology, Taylorand Francis Journals, 14* (4), 225−249.

Askenazy, P., Caroli, E., & Marcus, V. (2001). *New organizational practices andworking conditions: Evidence from France in the 1990's.* CEPREMAP Working Papers 0106. Downloaded onOctober 4, 2009, fromhttp: //www.cepremap. cnrs.fr/couv_orange/co0106.pdf.

ATC21S − Assessment & Teaching of 21st century skills. (2009). *Transforming education: assessingand teaching 21st century skills* [Assessment Call to Action]. Retrieve fromhttp: //atc21s.org/wp-content/uploads/2011/04/Cisco-Intel-Microsoft-Assessment-Call-to-Action.pdf.

Autor, D., Levy, F., & Munane, R. (2003). *The skill content of recent technological change: Anempirical exploration. Quarterly Journal of Economics, 118* (4), 1279−1334.

Banks, J. A., Au, K. A., Ball, A. F., Bell, P., Gordon, E., Gutierrez, K. D., Brice Heath, S., Lee, C.D., Lee, Y., Mahiri, J., Suad Nasir, N., Valdes, G., & Zhou, M. (2007). Learning in and out ofschool in diverse environments: Life-long, life-wide, and life-deep. http: //www.life-slc.org/.

Barron, B. J. (2003). When smart groups fail. *The Journal of the Learning Sciences, 12* (3), 307−35.

Barth, P. (2009). What do we mean by 21st century skills? American School Board Journal. Retrieved on October 8, 2009, fromhttp: //www.asbj.com/MainMenuCategory/Archive/2009/October/What-Do-We-Mean-by-21st-Century-Skills.aspx.

Bateman, H. V., Goldman, S. R., Newbrough, J. R., & Bransford, J. D. (1998). Students' sense ofcommunity in constructivist/collaborative learning environments. *Proceedings of the TwentiethAnnual Meeting of the Cognitive Science Society* (pp. 126–131). Mahwah: Lawrence Erlbaum.

Bell, D. (1973). *The coming of post-industrial society: A venture in social forecasting.* New York: Basic Books.

Bell, P., Lewenstein, B., Shouse, A. W., & Feder, M. A. (Eds.). (2009). *Learning science in informalenvironments: People, places, and pursuits.* Washington, DC: National Academies Press.

Bennett, R. E., Persky, H., Weiss, A., & Jenkins, F. (2007). Problem solving in technology richenvironments: A report from the NAEP technology-based assessment project, Research andDevelopment Series (NCES 2007–466). U.S. Department of Education, National Center forEducational Statistics. Washington, DC: U.S. Government Printing Office.

Bereiter, C. (1984). How to keep thinking skills from going the way of all frills. *Educational Leadership, 42* (1), 75–77.

Bereiter, C. (2002). *Education and mind in the knowledge age.* Mahwah: Lawrence Erlbaum Associates.

Bereiter, C. (2009). Innovation in the absence of principled knowledge: The case of the Wright Brothers. *Creativity and Innovation Management, 18* (3), 234–241.

Bereiter, C., & Scardamalia, M. (1989). Intentional learning as a goal of instruction. In L. B. Resnick (Ed.), *Knowing, learning, and instruction: Essays in honor of Robert Glaser* (pp. 361–392). Hillsdale: Lawrence Erlbaum Associates.

Bereiter, C., & Scardamalia, M. (1993). *Surpassing ourselves: An inquiry into the nature andimplications of expertise.* Chicago and La Salle: Open Court.

Bereiter, C., & Scardamalia, M. (2006). Education for the knowledge age: Design-centred modelsof teaching and instruction. In P. A. Alexander & P. H. Winne (Eds.), *Handbook of educationalpsychology* (2nd ed., pp. 695–713). Mahwah: Lawrence Erlbaum Associates.

Bereiter, C., & Scardamalia, M. (2009). Teaching how science really works. *Education Canada,49* (1), 14-17.

Binkley, M., Erstad, O., Herman, J., Raizen, S., Ripley, M., & Rumble, M. (2009). Developing 21stcentury skills and assessments. White Paper from the Assessment and Learning of 21st CenturySkills Project.

Black, S. E., & Lynch, L. M. (2003). What's driving the new economy: The benefits of workplaceinnovation. *The Economic Journal, 114,* 97-116.

Bonk, C. J. (2009). *The world is open: How web technology is revolutionizing education.* SanFrancisco: Jossey-Bass.

Borghans, L., & ter Weel, B. (2001). *Computers, skills and wages.* Maastricht: MERIT.

Bransford, J. D., & Schwartz, D. (1999). Rethinking transfer: A simple proposal with multipleimplications. In A. Iran-Nejad & P. D. Pearson (Eds.), *Review of research in education* (Vol. 24, pp. 61-100). Washington, DC: American Educational Research Association.

Bransford, J. D., & Schwartz, D. (2009). It takes expertise to make expertise: Some thoughts abouthow and why. In K. A. Ericsson (Ed.), *Development of professional expertise: Toward measurement of expert performance and design of optimal learning environments* (pp. 432-448). New York: Cambridge University Press.

Bransford, J. D., Brown, A. L., & Cocking, R. R. (2000). *How people learn: Brain, mind, experience,and school.* Washington, DC: National Academy Press.

Bransford, J., Mosborg, S., Copland, M. A., Honig, M. A., Nelson, H. G. Gawel, D., Phillips, R. S., & Vye, N. (2009). Adaptive people and adaptive systems: Issues of learning and design. InA. Hargreaves, A. Lieberman, M. Fullan, & D. Hopkins (Eds.), *Second International Handbookof Educational Change. Springer International Handbooks of Education,* (Vol. 23, pp. 825-856). Dordrecht: Springer.

Brown, A. L. (1992). Design experiments: Theoretical and methodological challenges in creatingcomplex interventions. *Journal of the Learning Sciences, 2* (2), 141-178.

Brown, A. L., & Campione, J. C. (1996). Psychological theory and design of innovative learning environments: On procedures, principles, and systems. In L. Schauble & R. Glaser (Eds.), *Innovations in learning: New environments for education* (pp. 289-325). Mahwah:

Lawrence Erlbaum Associates.

Carey, S., & Smith, C. (1993). On understanding the nature of scientific knowledge. *Educational Psychologist, 28* (3), 235-251.

Carey, S., Evans, R., Honda, M., Jay, E., & Unger, C. (1989). An experiment is when You Try It and See if It works": A study of junior high school Students' understanding of the construction of scientific knowledge. *International Journal of Science Education, 11* (5), 514-529.

Chase, W. G., & Simon, H. A. (1973). Perception in chess. *Cognitive Psychology, 1,* 33-81.

Chi, M. T. H., Feltovich, P. J., & Glaser, R. (1981). Categorization and representation of physics problems by experts and novices. *Cognitive Science, 5,* 121-152.

Chuy, M., Scardamalia, M., & Bereiter, C. (2009, August). *Knowledge building and writing development.* Paper presented at the Association for Teacher Education in Europe Conference (ATEE), Palma de Mallorca, Spain.

Collins, A., & Halverson, R. (2009). *Rethinking education in the age of technology: The digital revolution and schooling in America.* New York: Teachers College Press.

Collins, A., Joseph, D., & Bielaczyc, K. (2004). Design research: Theoretical and methodological issues. *The Journal of the Learning Sciences, 13* (1), 15-42.

Confrey, J. (1990). A review of research on student conceptions in mathematics, science programming. *Review of Research in Education 16,* 3-55, C.B. Cazden, ed. Washington, DC: American Educational Research Association.

Council, L. (2007). Skills for the future. Brussels: Lisbon Council.

Crawford, M. B. (2006). Shop class as soulcraft. *The New Atlantis,* 13, 7-24. Retrieved on October 10, 2009, from http: //www.thenewatlantis.com/docLib/20090526_TNA13Crawford 2009.pdf.

Crawford, V. M., & Toyama, Y. (2002). *WorldWatcher looking at the environment curriculum: Final external evaluation report.* Menlo Park: SRI International.

Crespi, F., & Pianta, M. (2008). Demand and innovation in productivity growth. *International Review of Applied Economics, 22* (6), 655-672.

Csapó, B. (2007). Research into learning to learn through the assessment of quality and organization of learning outcomes. *The Curriculum Journal, 18* (2), 195-210.

Darling-Hammond, L. (1997). *The right to learn: A blueprint for creating schools that work.*

San Francisco: Jossey-Bass.

Darling-Hammond, L. (2000). Teacher quality and student achievement: A review of state policy evidence. *Education Policy Analysis Archives, 8* (1).

Darling-Hammond, L., Barron, B., Pearson, P. D., Schoenfeld, A. H., Stage, E. K., Zimmerman, T. D., Cervetti, G. N., & Tilson, J. L. (2008). *Powerful learning: What we know about teaching for understanding.* San Francisco: Jossey-Bass.

David, P. A., & Foray, D. (2003). Economic fundamentals of the knowledge society. *Policy Futures in Education, 1* (1), 20–49.

Dawkins, R. (1996). *The blind watchmaker* (Why the evidence of evolution reveals a universe without design). New York: W. W. Norton.

De Groot, A. D. (1965). Thought and choice in chess. New York: Basic Books.

Deci, E. L., & Ryan, R. M. (1985). *Intrinsic motivation and self-determination in human behaviour.* New York: Plenum.

Dickerson, A., & Green, F. (2004). The growth and valuation of generic skills. *Oxford Economic Papers, 56*, 371–406.

Drucker, P. F. (1968). *The age of discontinuity: Guidelines to our changing society.* New York: Harper & Row.

Drucker, P. (1985). *Innovation and entrepreneurship: Practice and principles.* New York: Harper and Row.

Drucker, P. F. (1994, November). The age of social transformation. *Atlantic Monthly*, pp. 53–80.

Drucker, P. F. (2003). A functioning society: Selection from sixty-fi ve years of writing on community,society, and polity. New Brunswick: Transaction Publishers.

Dweck, C. S. (1986). Motivational processes affecting learning. American Psychologist, 41, 1040–1048.

Earl, L. M. (2003). Assessment as learning. Using classroom assessment to maximize studentlearning. Thousand Oaks, CA: Corwin Press.

Earl, L. M., & Katz, S. (2006). Leading schools in a data-rich world: Harnessing data for schoolimprovement. Thousand Oaks: Corwin Press.

Engle, R. A., & Conant, F. R. (2002). Guiding principles for fostering productive disciplinaryengagement: Explaining an emergent argument in a community of learners classroom.Cognition and Instruction, 20 (4), 399−483.

Ericsson, K. A. (Ed.). (2009). Development of professional expertise. Toward measurement ofexpert performance and design of optimal learning environments. New York, NY: CambridgeUniversity Press.

Erstad, O. (2008). Trajectories of remixing—Digital literacies, media production and schooling. In C. Lankshear & M. Knobel (Eds.), Digital literacies. Concepts, policies and practices(pp. 177−202). New York: Peter Lang.

Fadel, C. (2008, Summer). Deep dives in 21st century curriculum (pp. 3−5). Retrieved onJune 10, 2010, fromhttp: //mascd.schoolwires.net/1731106417449990/lib/1731106417449990/Summer%202008/June%20Perspectives.Deep%20Dives.2008.pdf.

Fischer, K. W., & Bidell, T. R. (1997). Dynamic development of psychological structures in actionand thought. In R. M. Lerner (Ed.) & W. Damon (Series Ed.), Handbook of child psychology: Vol. 1. Theoretical models of human development (5th ed., pp. 467−561). New York: Wiley.

Frederiksen, J. R., & Collins, A. (1989). A system approach to educational testing. EducationalResearcher, 18 (9), 27−32.

Fujimura, J. (1992). Crafting science: Standardized packages, boundary objects, and translation. In A. Pickering (Ed.), Science as practice and culture. Chicago: University of ChicagoPress.

Gan, Y. C., Scardamalia, M., Hong, H.-Y., & Zhang, J. (2007). Making thinking visible: Growth ingraphical literacy, Grades 3 and 4. In C. Chinn, G. Erkens, & S. Puntambekar (Eds.), Proceedingsof the International Conference on Computer Supported Collaborative Learning 2007(pp. 206−208). Rutgers, The State University of New Jersey, Newark.

Gaskin, I. W. (2005). Success with struggling readers: The Benchmark School approach. New York: Guilford.

Gates, D. (2005). Boeing 787: Parts from around world will be swiftly integrated. The SeattleTimes, September 11, 2005.

Gera, S., & Gu, W. (2004). The effect of organizational innovation and information technology onfirm performance. International Productivity Monitor, 9, 37−51.

Gillmore, G. M. (1998, December). Importance of specific skills fi ve and ten years after graduation.OEA Research Report 98−11. Seattle: University of Washington Office of

EducationalAssessment. Retrieved May 12, 2004, from http: //www.washington.edu/oea/9811.htm.

Glaser, R. (1991). Expertise and assessment. In M. Wittrock & E. Baker (Eds.), Testing andcognition (pp. 17−30). Englewood Cliffs, NJ: Prentice-Hall.

Gloor, P. A. (2006). Swarm creativity: Competitive advantage through collaborative innovationnetworks. Oxford: Oxford University Press.

Goodwin, C., & Goodwin, M. H. (1996). Seeing as a situated activity: Formulating planes. InY. Engeström & D. Middleton (Eds.), Cognition and communication at work (pp. 61−95). Cambridge: Cambridge University Press.

Greeno, J. G. (1991). Number sense as situated knowing in a conceptual domain. Journal for Research in Mathematics Education, 22, 170−218.

Hall, R., & Stevens, R. (1995). Making space: A comparison of mathematical work in school andprofessional design practices. In S. L. Star (Ed.), The cultures of computing (pp. 118−145). London: Basil Blackwell.

Hatano, G., & Inagaki, K. (1986). Two courses of expertise. In H. Stevenson, J. Azuma, & K. Hakuta (Eds.), Child development and education in Japan (pp. 262−272). New York: W. H. Freeman.

Hatano, G., & Osuro, Y. (2003). Commentary: Reconceptualizing school learning using insightfrom expertise research. Educational Researcher, 32, 26−29.

Hearn, G., & Rooney, D. (Eds.). (2008). Knowledge policy. Challenges for the 21st century. Northampton: Edward Elgar Publishing, Inc.

Herrenkohl, L. R., & Guerra, M. R. (1998). Participant structures, scientific discourse, and studentengagement in fourth grade. *Cognition and Instruction, 16*, 433−475.

Hestenes, D., Wells, M., & Swackhamer, G. (1992). Force concept inventory. Physics Teacher, 30, 141−158.

Homer-Dixon, T. (2000). The ingenuity gap. New York: Knopf.

Honda, M. (1994). Linguistic inquiry in the science classroom: "It is science, but it's not like ascience problem in a book." Cambridge: MIT Working Papers in Linguistics.

Johnson, P. (2009). The 21st century skills movement. Educational Leadership, 67 (1), 11−11.

Katz, S., Earl, L. M., & Jaafar, S. B. (2009). Building and connecting learning communities: The power of networks for school improvement. Thousand Oaks: Corwin Press.

Kozma, R. B. (2003). Material and social affordances of multiple representations for scienceunderstanding. Learning Instruction, 13 (2), 205–226.

Kozma, R. B., Chin, E., Russell, J., & Marx, N. (2000). The role of representations and tools in thechemistry laboratory and their implications for chemistry learning. Journal of the LearningSciences, 9 (3), 105–144.

Kuhn, D., Schauble, L., & Garcia-Mila, M. (1992). Cross-domain development of scientificreasoning. Cognition and Instruction, 9, 285–327.

Laferrière, T. (2001). Collaborative teaching and education reform in a networked world. In M.Moll (Ed.), But it's only a tool! The politics of technology and education reform (pp. 65–88).Ottawa: Canadian Teachers Federation and Canadian Centre for Policy Alternative.

Laferrière, T., & Gervais, F. (2008). Communities of practice across learning institutions. In C.Kimble, P. Hildreth, & I. Bourdon (Eds.), Communities of Practice: Creating LearningEnvironments for Educators, Vol. 2 (pp. 179–197). Charlotte: Information Age Publishing Inc.

Lai, M., & Law, N. (2006). Peer Scaffolding of Knowledge Building through Collaboration ofGroups with Differential Learning Experiences. Journal of Educational Computing Research,35 (2), 121–142.

Lamon, M., Secules, T., Petrosino, A. J., Hackett, R., Bransford, J. D., & Goldman, S. R. (1996). Schools for thought: Overview of the project and lessons learned from one of the sites. In L.Schauble & R. Glaser (Eds.), Innovation in learning: New environments for education (pp. 243–288). Hillsdale: Lawrence Erlbaum.

Law, N. (2006). Leveraging technology for educational reform and pedagogical innovation: Policies and practices in Hong Kong and Singapore. Research and Practice in TechnologyEducation and Learning, 1 (2), 163–170.

Law, N., & Wong, E. (2003). Developmental trajectory in knowledge building: An investigation. In B. Wasson, S. Ludvigsen & U. Hoppe (Eds.), Designing for change in networked learningenvironments (pp. 57–66). Dordrecht: : Kluwer Academic Publishers.

Law, N., Lee, Y., & Chow, A. (2002). Practice characteristics that lead to "21st century learningoutcomes". Journal of Computer Assisted Learning, 18 (4), 415–426.

Lee, C. D. (1992). Literacy, cultural diversity, and instruction. Education and Urban Society, 24, 279-291.

Lee, E. Y. C., Chan, C. K. K., & van Aalst, J. (2006). Students assessing their own collaborativeknowledge building. International Journal of Computer-Supported Collaborative Learning, 1, 277-307.

Lehrer, R., Carpenter, S., Schauble, L., & Putz, A. (2000). Designing classrooms that supportinquiry. In R. Minstrell & E. Van Zee (Eds.), Inquiring into inquiry learning and teaching inscience (pp. 80-99). Reston: American Association for the Advancement of Science.

Leiponen, A. (2005). Organization of knowledge and innovation: The case of Finnish businessservices. Industry and Innovation, 12 (2), 185-203.

Leonard-Barton, D. (1995). Wellsprings of knowledge: Building and sustaining the sourcesof innovation. Boston: Harvard Business School Press.

Maurin, E., & Thesmar, D. (2004). Changes in the functional structure of firms and the demand forskill. Journal of Labour Economics, 22 (3), 639-644.

Messick, S. (1994). The interplay of evidence and consequences in the validation of performanceassessments. Educational Researcher, 32, 13-23.

Messina, R., & Reeve, R. (2006). Knowledge building in elementary science. In K. Leithwood,P. McAdie, N. Bascia, & A. Rodrigue (Eds.), Teaching for deep understanding: What everyeducator should know (pp. 110-115). Thousand Oaks: Corwin Press.

Mestre, J. P. (1994). Cognitive aspects of learning and teaching science. In S. J. Fitzsimmons, & L. C. Kerpelman (Eds.), Teacher enhancement for elementary and secondary science andmathematics: Status, issues, and problems.(pp. 3-1—3-53). NSF 94-80, Arlington: NationalScience Foundation.

Minstrell, J. (1989). Teaching science for understanding. In L. Resnick & L. Klopfer (Eds.), Toward the thinking curriculum: Current cognitive research. 1989 Yearbook of the Associationfor Supervision and Curriculum Development (pp. 129-149). Washington, DC: Association forSupervision and Curriculum Development.

Mislevy, R. J., & Haertel, G. D. (2006). Implications of evidence-centred design for educationaltesting. Educational Measurement: Issues and Practice, 25 (4), 6-20.

Mislevy, R. J., Chudowsky, N., Draney, K., Fried, R., Gaffney, T., Haertel, G., Hafter, A., Hamel, L., Kennedy, C., Long, K., Morrison, A. L., Murphy, R., Pena, P., Quellmalz, E., Rosenquist, A., Songer, N., Schank, P., Wenk, A., & Wilson, M. (2003). Design patterns for assessingscience inquiry (PADI Technical Report 1). Menlo Park: SRI International, Center forTechnology in Learning.

Moll, L. C. (1986a). Creating strategic learning environments for students: A community-basedapproach. Paper presented at the S. I. G. Language Development Invited Symposium Literacyand Schooling, Annual Meeting of the American Educational Research Association, SanFrancisco.

Moll, L. C. (1986b). Writing as a communication: Creating strategic learning environments forstudents. Theory into Practice, 25, 102–108.

Moses, R. P. (1994). The struggle for citizenship and math/sciences literacy. Journal ofMathematical Behaviour, 13, 107–111.

Moss, J. (2005). Pipes, tubes, and beakers: Teaching rational number. In J. Bransford & S. Donovan(Eds.), How children learn: History, science and mathematics in the classroom (pp. 309–350). Washington, DC: National Academies Press.

Moss, J., & Beatty, R. (2006). Knowledge building in mathematics: Supporting collaborativelearning in pattern problems. International Journal of Computer Supported CollaborativeLearning, 1 (4), 441–465.

Murphy, M. (2002). Organizational change and firm performance. OECD Working Papers. Downloaded on October 3, 2009 from http: //puck.sourceoecd.org/vl=18659355/cl=20/nw=1/rpsv/workingpapers/18151965/wp_5lgsjhvj7m41.htm.

National Research Council (2000). How people learn: Brain, mind, experience, and school. Expanded version; J. D. Bransford, A. L. Brown, & R. R. Cocking (Eds.). Washington, DC: National Academy Press.

Newell, A., & Simon, H. A. (1972). Human problem solving. Englewood Cliffs: Prentice-Hall.

Nonaka, I., & Takeuchi, H. (1995). The knowledge creating company: How Japanese companiescreate the dynamics of innovation. New York: Oxford University Press.

Norman, D. A. (1993). Things that make us smart. Reading: Addison-Wesley Publishing Company.

Nunes, C. A. A., Nunes, M. M. R., & Davis, C. (2003). Assessing the inaccessible: Metacognitionand attitudes. Assessment in Education, 10 (3), 375–388.

Ochs, E., Gonzales, P., & Jacoby, S. (1996). "When I come down I'm in the domain state": Grammar and graphic representation in the interpretive activity of physicists. In E. Ochs, E. A. Schegloff, & S. Thompson (Eds.), Interaction and grammar (pp. 328–369). New York: Cambridge University Press.

Paavola, S., & Hakkarainen, K. (2005). The knowledge creation metaphor—An emergent epistemologicalapproach to learning. Science and Education, 14, 535–557.

Panel on Educational Technology of the President's Committee of Advisors on Science andTechnology (1997, March). Report to the President on the use of technology to strengthen K-12education in the United States. Retrieved on December 1, 2009, from http://www.ostp.gov/PCAST/k-12ed.html.

Partnership for 21st Century Skills. (2009). Retrieved on October 1, 2009, from http://www.21stcenturyskills.org/.

Pellegrino, J., Chudowsky, N., & Glaser, R. (2001). Knowing what students know: The scienceand design of educational assessment. Washington, DC: National Academy Press.

Pilat, D. (2004). The economic impact of ICT: A European perspective. Paper presented at aconference on IT Innovation, Tokyo.

Quellmalz, E. S., & Haertel, G. D. (2008). Assessing new literacies in science and mathematics. In D. J. Leu Jr., J. Coiro, M. Knowbel, & C. Lankshear (Eds.), Handbook of research on newliteracies. Mahwah: Erlbaum.

Quellmalz, E. S., & Kozma, R. (2003). Designing assessments of learning with technology. Assessment in Education, 10 (3), 389–407.

Quellmalz, E. S., & Pellegrino, J. W. (2009). Technology and testing. Science, 323, 75–79.

Raizen, S. A. (1997). Making way for technology education. Journal of Science Education andTechnology, 6 (1), 59–70.

Raizen, S. A., Sellwood, P., Todd, R. D., & Vickers, M. (1995). Technology education in theclassroom: Understanding the designed world. San Francisco: Jossey-Bass.

Redish, E. F. (1996). Discipline-specific science education and educational research: The case ofphysics. Paper prepared for the Committee on Developments in the Science of Learning, for theSciences of Science Learning: an Interdisciplinary Discussion.

Reich, R. B. (1991). The work of nations: Preparing ourselves for 21st century capitalism. New York: A.A. Knopf.

Robinson, A. G., & Stern, S. (1997). Corporate creativity. How innovation and improvementactually happen. San Francisco: Berrett-Koehler Publishers, Inc.

Rotherham,A.J.(2008).21st-century skills are not a neweducationtrendbutcould be a fad.Retrieve October 8, 2009, from http: //www.usnews.com/articles/opinion/2008/12/15/21stcentury-skills-are-not-a-new-education-trend-but-could-be-a-fad.html.

Rotherham, A. J., & Willingham, D. (2009). 21st Century skills: The challenges ahead. EducationalLeadership, 67 (1), 16-21.

Saving the rainforest: REDD or dead? (2009). Retrieved on December 19, 2009, from http: // edition.cnn.com/2009/WORLD/europe/12/18/un.redd.program.rainforests/index.html.

Scardamalia, M. (2002). Collective cognitive responsibility for the advancement of knowledge. In B. Smith (Ed.), Liberal education in a knowledge society (pp. 67-98). Chicago: OpenCourt.

Scardamalia, M., & Bereiter, C. (2003). Knowledge building. In Encyclopedia of education (2nded., pp. 1370-1373). New York: Macmillan Reference.

Scardamalia, M., & Bereiter, C. (2006). Knowledge building: Theory, pedagogy, and technology. In K. Sawyer (Ed.), Cambridge handbook of the learning sciences (pp. 97-118). New York: Cambridge University Press.

Scardamalia, M., Bereiter, C., Brett, C., Burtis, P. J., Calhoun, C., & Smith Lea, N. (1992).Educational applications of a networked communal database. Interactive LearningEnvironments, 2 (1), 45-71.

Schauble, L., Glaser, R., Duschl, R. A., Shulze, S., & John, J. (1995). Students' understanding ofthe objectives and procedures of experimentation in the science classroom. Journal of theLearning Sciences, 4, 131-166.

Schwartz, D. L., & Bransford, J. D. (1998). A time for telling. Cognition and Instruction, 16 (4), 475-522.

Senge, P. M. (1990). The fifth discipline. London: Century Business.

Shutt, K., Phillips, R., Van Horne, K., Vye, N., & Bransford, J. B. (2009). Developing scienceinquiry skills with challenge-based, student-directed learning. Seattle: Presentation to the LIFE Center: Learning in Informal and Formal Environments, University of Washington.

Shutt, K., Vye, N., & Bransford, J. D. (2011, April). The role of agency and authenticity in argumentationduring science inquiry. Paper presented at the annual meeting of the NationalAssociation for Research in Science Teaching, Orlando, FL.

Simonton, D. K. (1999). Origins of genius: Darwinian perspectives on creativity. New York: Oxford University Press.

Smith, C. L., & Wenk, L. (2006). Relations among three aspects of first-year college Students'epistemologies of science. Journal of Research in Science Teaching, 43 (8), 747−785.

Smith, C. L., Maclin, D., Houghton, C., & Hennessey, M. G. (2000). Sixth-grade Students'epistemologies of science: The impact of school science experiences on epistemological development. Cognition and Instruction, 18 (3), 349−422.

Spiro, R. J., Vispoel, W. L., Schmitz, J., Samarapungavan, A., & Boeger, A. (1987). Knowledgeacquisition for application: Cognitive fl exibility and transfer in complex content domains. In B. C. Britton & S. Glynn (Eds.), Executive control processes in reading (pp. 177−199). Hillsdale: Lawrence Erlbaum Associates.

Spiro, R. J., Feltovich, P. L., Jackson, M. J., & Coulson, R. L. (1991). Cognitive flexibility,constructivism, and hypertext: Random access instruction for advanced knowledge acquisitionin ill-structured domains. Educational Technology, 31 (5), 24−33.

Stahl, G. (2006). Group cognition: Computer support for building collaborative knowledge. Cambridge: MIT Press.

Stewart, I., & Golubitsky, M. (1992). Fearful symmetry: Is God a geometer? Oxford: Blackwell Publishers.

Stipek, D. (2002). Motivation to learn: Integrating theory and practice (4th ed.). Needham Heights: Allyn and Bacon.

Stiroh, K. J. (2003). Growth and innovation in the new economy. In D. Jones (Ed.), New economyhandbook (pp. 723−751). San Diego/London: Elsevier/Academic Press.

Suchman, L. A., & Trigg, R. H. (1993). Artificial intelligence as craftwork. In S. Chaiklin & J.

Lave (Eds.), Understanding practice: Perspectives on activity and context (pp. 144-178). New York: Cambridge University Press.

Sun, Y., Zhang, J., & Scardamalia, M. (2008). Knowledge building and vocabulary growth overtwo years, Grades 3 and 4. Instructional Science. doi: 10.1007/s11251-008-9082-5.

Sun, Y., Zhang, J., & Scardamalia, M. (2010). Developing deep understanding and literacy whileaddressing a gender-based literacy gap. Canadian Journal of Learning and Technology 36 (1). Published online at http: //www.cjlt.ca/index.php/cjlt/article/view/576.

Svihla, V., Vye, N. J., Brown, M., Philips, R., Gawel, D., & Bransford, J. D. (2009). Interactivelearning assessments for the 21 st century. Education Canada, 49 (3), 44-47.

Tabak, I., & Baumgartner, E. (2004). The teacher as partner: Exploring participant structures,symmetry, and identity work in scaffolding. Cognition and Instruction, 22 (4), 393-429.

Teplovs, C. (2008). The knowledge space visualizer: A tool for visualizing online discourse. InG. Kanselaar, V. Jonker, P. A. Kirschner, & F. J. Prins (Eds.), Proceedings of the InternationalConference of the Learning Sciences 2008: Cre8 a learning world. Utrecht: InternationalSociety of the Learning.

The North American Council for Online Learning & the Partnership for 21st Century Skills. (2006). Virtual Schools and 21st Century Skills. Retrieved on October 8, 2009, from http: //www.inacol.org/research/docs/NACOL_21CenturySkills.pdf.

Toffler, A. (1990). Power shift. Knowledge, wealth, and violence at the edge of the 21st century. New York: Bantam Books.

Trevinarus, J. (1994). Virtual reality technologies and people with disabilities. Presence: Teleoperators and Virtual Environments, 3 (3), 201-207.

Trevinarus, J. (2002). Making yourself at home—Portable personal access preferences. InK. Miesenberger, J. Klaus, & W. Zagler (Eds.), Proceedings of the 8th International Conferenceon Computers Helping People with Special Needs (pp. 643-648). London: Springer.

Trilling, B., & Fadel, C. (2009). 21st Century skills: Learning for life in our times. San Francisco: Jossey-Bass.

Tucker, B. (2009). The Next Generation of Testing. Retrieved on December 10, 2009, from http://www.ascd.org/publications/educational_leadership/nov09/vol67/num03/The_Next_Generation_of_Testing.aspx.

Tzou, C., & Bell, P. (2010). Micros and me: Leveraging students' cultural repertoires of practicearound microbiology and health in the redesign of a commercially available science kit. Paperpresented at the meeting of the American Educational Research Association, Denver.

U.S. Department of Commerce, U.S. Department of Education, U.S. Department of Labour,National Institute of Literacy, and the Small Business Administration (1999). Report retrievedon October 8, 2009, from http://www.inpathways.net/_ACRNA/21stjobs.pdf.

UNESCO. (2005). Towards knowledge societies. Paris: United Nations Educational, Scientific, and Cultural Organization.

Venezky, R. L., & Davis, C. (2002). "Quo Vademus? The Transformation of Schooling in aNetworked World." Version 8c. OECD Centre for Educational Research and Innovation, Paris.http://www.oecd.org/dataoecd/48/20/2073054.pdf.

Vosniadou, S., & Brewer, W. F. (1989). The concept of the Earth's shape: A study of conceptualchange in childhood. Unpublished paper. Center for the Study of Reading, University ofIllinois, Champaign.

Vygotsky, L. S. (1962). Thought and language. (E. Hanfmann & G. Vakar,Trans.). Cambridge, MA: MIT Press (Original work published in 1934).

Wertime, R. (1979). Students' problems and "courage spans. In J. Lockhead & J. Clements (Eds.), Cognitive process instruction. Philadelphia: The Franklin Institute Press.

Wertsch, J. (1998). Mind as action. New York: Oxford University Press.

Wiggins, G. P., & McTighe, J. (1997). Understanding by Design. Alexandria: Association forSupervision and Curriculum Development.

Wiggins, G. P., & McTighe, J. (2006). Examining the teaching life. Educational Leadership, 63, 26–29.

Williams, S. M. (2009). The impact of collaborative, Scaffolded Learning in K-12 Schools: A Meta-Analysis. Report commissioned to The Metiri Group, by Cisco Systems.

Willingham, D. (2008, December 1). Education for the 21st century: Balancing content knowledgewith skills. Message posted tohttp: //www.britannica.com/blogs/2008/12/ schooling-for-the-21st-century-balancing-content-knowledge-with-skills/.

Wilson, B. G. (Ed.). (1996). Constructivist learning environments: Case studies in instructionaldesign. Englewood Cliffs, New Jersey: Educational Technology Publications, Inc.

Wilson, E. O. (1999). Consilience: The Unity of Knowledge. London: Vintage Books.

Wilson, M., & Sloane, K. (2000). From principles to practice: An embedded assessment system. Applied Measurement in Education, 13 (2), 181–208.

Wiske, M. S. (1998). What is teaching for understanding? In M. S. Wiske (Ed.), Teaching forunderstanding: Linking research with practice (pp. 61–86). San Francisco: Jossey-BassPublishers.

Zhang, J., Scardamalia, M., Lamon, M., Messina, R., & Reeve, R. (2007). Socio-cognitive dynamicsof knowledge building in the work of nine- and ten-year-olds. Educational Technology Researchand Development, 55 (2), 117–145.

Zhang, J., Scardamalia, M., Reeve, R., & Messina, R. (2009). Designs for collective cognitiveresponsibility in knowledge building communities. *The Journal of the Learning Sciences, 18*, 7–44.

Zohgi, C., Mohr, R., & Meyer, P. (2007). *Workplace organization and innovation* (Working Paper405). Washington, DC: Bureau of Labour Statistics.

第6章

新评价的政策框架

达琳-哈蒙德·琳达

[摘要]

世界上许多国家实施了大范围的课程、教学和评价改革，目的是为所有儿童准备好 21 世纪工作和生活所需要的更好教育。虽然有些国家的大规模测试系统依然强调通过多项选择题来评价学生对零散实施的记忆与识别，但是越来越多的国家正在采用更高级的方法来测量这些技能。这些方法不仅包括更多的分析性选答题，还包括开放性题目和课程嵌入式任务，这些题目和任务要求学生能够以书面和口头形式广泛分析与运用知识，并与他人交流。随着人们对项目式探究学习的日益关注，州和国家课程体系中校本课程的价值日益凸显，参与研究项目、科学调查、利用技术获取信息、解决真实问题、开发产品，并展示这些成果，都将成为这一学习模式的重要内容。

本章简要介绍澳大利亚、芬兰、新加坡和英国的评价系统的政策框架，尤其会关注这些案例：在可以向地方、州和国家提供信息的评价系统中，已经或可能包含发展 21 世纪技能的评价。

世界上许多国家已经实施了大范围的课程、教学和评价改革，目的是为所有儿童准备好 21 世纪工作和生活所需要的更好教育。课程指导和评价系统已经从不同程度上开始关注 21 世纪技能：查找和组织信息以解决问题的能力、设计并实施调查、分析和综合数据、将学习应用于新情境、自我监控、改善自己的学习和表现、多种形式沟通、团队合作、独立学习等。

PISA 评价对这些技能也表现出了越来越多的兴趣，它们确实涉及了许多 21

世纪技能，超出了许多当代标准化考试所提出的问题："学生们是否学到了我们教给他们的东西？""学生能用他们学到的东西做什么？"（Stage，2005）。PISA将数学、科学和阅读的素养定义为学生将他们所知道的应用于新问题和新情境的能力。

TIMSS 在四年级（60% 的题目）和八年级（65% 的题目）都测量了认知领域的应用和推理。国际教育协会对阅读的测试侧重于阅读理解的四个过程，在推断与整合观点和信息方面的权重更大。不仅国际评价，许多地方的国家评价系统也越来越强调这种高阶学习。虽然有些国家的大型测试系统依然关注通过多项选择题来评价学生对零散事实的记忆和识别，但是越来越多的国家正在采用更高级的方法来测量这些技能。这些方法不仅包括更多的分析性选答题，还包括开放性题目和课程嵌入式任务，这些题目和任务要求学生能够以书面和口头形式广泛分析与运用知识，并与他人交流。随着人们对项目式探究学习的日益关注，州和国家课程体系中校本课程的价值日益凸显，参与研究项目、科学调查、利用技术获取信息、解决真实问题、开发产品，并展示这些成果，都将成为这一学习模式的重要内容。对这些学习任务的评价通常与考试成绩连在一起，对日常教学和学习带来重要影响，以发展高阶技能和利用知识解决问题的能力为主要目的。

本章简要介绍澳大利亚、芬兰、新加坡和英国四个 21 世纪技能评价项目（ATC21S）的国家评价系统政策框架，尤其会关注那些在可以向地方、州和国家提供信息的评价系统中已经或可能包含发展 21 世纪技能评价的案例。确定 21 世纪技能在这些评价系统中的作用有两个目的：

第一，这一过程可进一步加深对不同国家的不同教育管理制度整合 21 世纪技能的不同方法的认识。

第二，它提供了评价系统在每个国家的政策领域范围内如何运行的信息，它通过教师教育和发展，以及课程、教学和评价的政策来确定学生的学习机会。为了确保学生有必要的技能，为当代社会做出有力的贡献，本章阐释了不同的教育体制在支持 21 世纪技能发展时可能会采纳的一些方式。

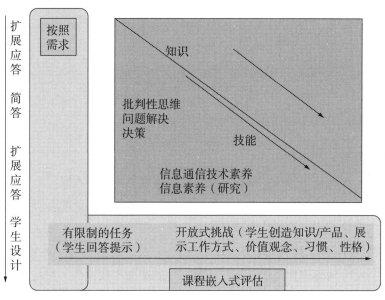

图 6.1 评价 21 世纪技能的情境

我们审查了这些国家评价系统的目标和要素,以及它们是如何在相对短暂的时间内进行按需测试,如何在较长时间中实施基于课堂的、课程嵌入式的评价,其中学生不仅回答问题或提示,还通过更复杂的表现来构建知识产品和证明技能。图 6.1 试图说明,在评价系统的环境中,人们可能期望评价各种能力。在第二章中提出的能力清单列出了 10 种能力,每一种能力都包含了知识、技能、态度或价值观的维度。这些能力包括:

思维方式:

1. 创造性与创新;

2. 批判性思维、问题解决与决策;

3. 学会学习与元认知。

工作方式:

1. 沟通;

2. 协作(团队合作)。

工作工具:

1. 信息素养(包括研究);

2. ICT 素养。

在世界生存：

1. 地方公民身份和全球公民；

2. 生活和职业；

3. 个人和社会责任——包括文化意识和素养。

正如图 6.1 所指出的，有些思维方式和工具使用可能至少部分通过相对较短的按需测试来评估，那些更有挑战性的问题解决方案、决策制定和文化素养的展示则需要更多的拓展性任务。

当一个人从知识向展示技能以及态度、价值观和特质转变时——更多地考虑创造性和创新，以及在世界工作和生活的方式——就会更加需要更多开放的扩展性机会来展示自己的能力。真实复杂的技能运用展示，如非结构化调查和问题解决、学会学习、创造性、沟通、协作、公民身份以及个人和社会责任，必须在一段时间处理大规模任务的情况下才能被考察和评价，在此期间，学生展示的是各种学习表现而不是按需测试所要求展示的那些结果。因此，基于课堂的课程嵌入式评价对于许多或全部 21 世纪技能的评价具有重要价值。(人们也可以想象，在课堂上，在实习或其他职业和生活环境中进行这种评价的情况。)

接下来，我们将讨论四个国家的评价系统如何评价 21 世纪技能。在这个过程中，我们注意到，虽然较小的国家通常有一个国家标准体系，有时还伴随着国家测试，但大型国家——如澳大利亚、加拿大、中国和美国——通常在州或省一级拥有标准和评价体系。在大型国家，管理评价不是全国性的，但是与学校联系相对紧密的州或省，通常是管理课程、教学、学习和评价综合体系的重要途径。这种方法可以让教师在评价过程中参与进来，并允许调整课程嵌入式评价以确保得分的一致性。较小的国家，规模与这些州或省份相同，由于它们的规模更易于管理，因此能够支持这样的一体化系统。

目前，管理布局正在朝两个不同的方向发生变化。一方面，澳大利亚和美国正在试图制定国家标准，并启动或修改国家测试，同时还要维护国家评价系统。另一方面，校本评价——在芬兰和澳大利亚的昆士兰州和维多利亚州都很常见——在评价系统中正变得越来越重要，比如新加坡、英国和中国香港地区。尽管这篇论文没有讨论香港的新评价体系，但值得注意的是，香港特区政府决定用新的香港中等教育文凭取代香港教育考试证书，这一决定更加强调了校本评价。正如在香港"学会学习"改革计划中所概述的，改革的目标是围绕批判性思维、问题解决、自我管理技能和协作来制定课程与教学。一个特别的关注点是元认知技能的发展，通过元认知，学生可以识别自己的优势和需要额外努力的领域（Education Bureau，September，2001；Chan et al.，2008）。香港教育考试局以这种方式解释增加使用校本评价（SBA）的理由：

> SBA 的基本原理是对那些在一次性公共考试中不能很容易评价的结果进行评价，从而提高评价的有效性……评价以学生在较长一段时间内的表现为基础……为每个学生提供更可信的评价……老师了解的 SBA 通常涉及学生活动，如作口头陈述、制定工作档案、进行实地考察、开展一项调查、做实际的实验室工作或完成一个设计项目，帮助学生获得重要的技能、知识和工作习惯，这些都是不能轻易通过纸笔测试进行评价或提升的。它们不仅是学科学习必不可少的结果，而且也是由高等院校和企业主重视的发展结果。而且，这些还是学生们觉得有意义和感到愉快的活动（HKEAA，2009）。

这里谈到的几个国家和地区的校本评价通常作为中央"按需"测试的补充，占最终考试成绩的 20% 至 60%。在课程理想或标准中描述了这些任务，并可以进行选择，因为它们代表了关键技能、主题和概念，这些都是在按需测试的几个小时内无法测量的。

这些任务可以根据一般细则和评价标准在地方进行设计和评分，也可以在外部设计或评分。无论是地方还是集中开发，这些任务的管理都在课堂层面进行，让学生完成那些可以充分发展 21 世纪技能的智力挑战性任务，同时允许教师获得丰富的立即可用的有关学习过程的信息，这些信息可以引导教学，这些都是传统的标准化考试不能做到的。

此外，当教师使用和评估这些任务时，他们不仅可以更加了解标准，还知道如何才能更好地教它们，并且也会更加了解学生的学习需求。因此，通过提高教和学的质量，这些形式的评价可能有助于发展学生的复杂能力，同样也可以测量他们的能力（这里所讨论的四个国家的评价系统特征呈现于表 6.1 中）。

表 6.1 评价系统的国际案例

国家/州	核心系统描述	使用什么样的评价？	谁对评价进行设计和评分？
澳大利亚	国家层面，三、五、七、九年级评价读写算能力。抽样评价科学、信息通信技术素养、公民和公民身份等素养。国家和地方管理自己的评价系统。	国家——多项选择、简答和拓展性书面答复。	国家——由课程公司设计、管理和评分，由各州教育机构提供问题和提示。
澳大利亚昆士兰州	所有附加评价是校本的，是教师基于国家课程纲要和国家教学大纲开发的。在可选的基础上，学校可以从新基础项目中抽取一堆"丰富任务"，这些任务适度地跨年级管理和在地方一级进行评分。	校本——开放式论文、项目和调查——种类繁多的任务都是复杂的跨学科任务，需要研究、写作和开发各种各样的产品。	校本——评价是由教师开发、管理和评分。评分由每个区域教师和专家工作小组来审核，他们要检查每所学校每个年级每一个分数点的学生工作档案。州专家小组也会对学校进行抽验检查。基于这些审核程序，学校会根据相应的指示来调整等级以进行比较。 ——丰富的任务由作为评价开发者的教师开发；他们通过评分标准和审核程序可以评价学生工作和评分质量。
澳大利亚维多利亚州	所有附加评价都是校本评价，一直到十一和十二年级，学生们才选择不同的学科领域参加考试，作为维多利亚教育证书（VCE）的一部分，这些校本评价可以用来向大学和雇主提供学生的相关信息。VCE考试既有外部的，也有校本的。整个学年的课堂作业和课堂评价占据整个考试分数的比例不能少于50%。	州 VCE——多选（25%）和开放式（75%）的书面、口头和表现。	维多利亚课程和评价局（VCAA）在大量的研究中都建立了课程，负责开发中小学老师和大学教授实施的外部考试，并确保VCE的校本评价内容的质量。教师对外部考试和设计中的开放题目进行评分，并根据课程指南对基于课堂的评价进行评分。网上阅卷已被引入一项考试，将来将被用于更多的考试。网上阅卷的引入是因为它不仅提高了阅读效率，还提高

续表

国家/州	核心系统描述	使用什么样的评价？	谁对评价进行设计和评分？
澳大利亚维多利亚州	学校可以在将来3到10年内为学生提供按需评价系统，其中包括计算机适应性读写能力和计算能力测试，这些可以根据全州范围内的标准来评分。所有学生要在刚入校、学期班结束和一两年完成英语的在线评价（英文在线访谈）。此外，小学阶段的按需测试由教师提供，主要指数学在线访谈，这可以提供大量关于学生学习的丰富诊断信息。教师可以针对学前班到二年级的学生选择性使用按需测试，大概有70%的学校将这种评价用于学前班。	校本——实验室实验、作文、研究论文以及报告。入学、预科到二年级——口语、语音意识、流利度、阅读、理解、写作、拼写。——数学在线访谈。	了阅卷质量。教师分配任务的质量、学生完成的工作，以及给学生的成绩和反馈的适当性，都经审查系统审核；学校会针对所有这些内容提供反馈。此外，VCAA会根据外部考试成绩进行统计调整，确保相同的评价标准适用于各个学校的学生。专门设计了学前班到二年级的英语在线访谈，以提供维多利亚基本学习标准（VELS）的学生表现指标。它由课堂教师通过一个互联网系统来管理和打分。
芬兰	芬兰教育部门在二年级和九年级结束时对学生表现进行抽样评价，为课程和学校投资提供预示。其他评价都基于国家课程进行地方设计和管理。大多数学生自愿参加大学入学考试，以便为大学了解自己提供更多信息。学生可以选择他们应考的科目（通常是至少四门），但母语测试是强制性的。	国家——问题和写作任务都要求学生运用他们的思维。校本——论文、研究任务和报告。测试主要使用开放式的问题来评价技能，包括问题解决、分析以及写作。	国家——由芬兰教育部的教师设计。由教师评阅。校本——教师根据国家核心课程中每个学科和年级建议的评价标准和基准来设计与评价任务。该考试由芬兰教育部指定的入学考试委员会管理、组织和评价。教师通过使用官方的指导方针，在当地对入学考试进行评分，考试委员会聘用的专业评分员再对这些考试成绩进行重新抽样审查。

续表

国家/州	核心系统描述	使用什么样的评价？	谁对评价进行设计和评分？
新加坡	小学（6个年级）数学、科学、英语和母语（马来语、汉语或泰米尔语）的期末考试中都有校外考试。结果用于指导中学课程安排。 所有其他的评价都是校本评价。 四年制中学后，学生参加GCE（普通教育证书）的N级或O级考试。学生选择他们想要被检查的选修课。考试包括校本评价，占最终成绩的20%。结果被用作高等教育入学的信息。GCEA级考试可在两年高等教育后进行。	国家——开放式的简答题和论述题。 校本——课程作业、研究项目、调查。 国家——开放式的简答题、论述题以及多项选择题。 校本——研究项目、实验室调查。	国家——新加坡教育评价委员会设计评价并管理评价系统。 校本——由任课教师根据教学大纲设计和评分。 国家——新加坡教育评价委员会负责管理评价系统。GCE考试是由剑桥国际考试小组开发。 校本——教师开发、实施和评价辅助外部考试的项目和其他产品。
英国	国家课程评价主要用于指导教师进行校本形成性评价和进阶评价。7岁和11岁的强制性评价包括外部开发的任务和教师运用的观察量表。教师在某些参数之内选择要使用哪些任务和考试及何时使用它们。小学评价由地方根据国家课程和学生进阶（APP）规划提供的指导来设计和管理。	国家——教师运用关于学生在特定任务中的工作和表现的观察量表；书面、口头和展示任务及测验。 校本——课程作业、考试、项目、作文。	国家——资格和课程局（QCA）管理和发展由教师执行和评分的国家评价。他们还为学校评价提供了一系列的指导和支持。 校本——教师根据国家课程和教学大纲对学生的表现与工作进行评价。通过评价学生进阶这个项目，为记录学生表现和进阶提供全面指导，也提供可以显示与国家标准关系的指标。地方当局支持针对评价的教师培训和校内的适度调整。

续表

国家/州	核心系统描述	使用什么样的评价？	谁对评价进行设计和评分？
英国	大多数学生在十一年级（16岁）都会进行一系列考试，以获得普通中等教育证书（GCSE）。如果他们选修了先修课程，他们以后可能会参加一个为大学提供信息的A级考试。学生根据自己的兴趣和专业领域选择考试。大约40%~75%的考试成绩是基于外部开发的测试，25%~60%是校本测试。	国家——作文和开放式问题、问题解决方案以及口语评价。校本——课程作业、测试、项目。	国家——外部考试是由服务不同学校的测试小组来设计和评分的（例如牛津剑桥、爱德思·英国国家职业学历与学术考试机构Ed Excel、评价与资格联盟）。校本——教师根据教学大纲开发和评价校本教学内容。

◇ 澳大利亚

澳大利亚联邦由六个州和两个地区组成。教育的首要责任归属于澳大利亚宪法规定的各州和地区。近年来，全国教育取向开始出现。目前，州和地区政府负责制定政策、提供服务、监督和审查学校表现、规范学校，努力实现与当地情况和优先事项相符的国家目标与成就。澳大利亚政府通过一般周期性、重要性和有针对性的计划、政策制定、对国家重大教育问题的研究和分析，为学校教育提供支持。政府的一个关键优先事项是通过重点学科领域的国家统一测试和一致性课程结果，为实现全国统一的学校制度提供领导。虽然州和地区政府为公立学校提供了大部分经常性资金，但澳大利亚政府是民办教育行业的主要资金来源。

认识到学生要为在21世纪工作和生活所需要的更好教育做好准备，在国家层面上，澳大利亚政府与州和地区政府合作，开始了一系列的国家教育改革。与21世纪技能教学与评价项目有关的这些改革的主要方面如下：

国家行动

评价

澳大利亚课程、评价和报告局（Australian Curriculum,Assessment and Reporting Authority，ACARA）的设立，使课程、评价和报告的管理第一次在国家层面汇集在一起。其目的在于帮助合理化和简化国家教育管理，反过来还能减少资源和成本，并提供一个中心机制，通过该机制澳大利亚政府可以推动国家在教育方面的优先事项。

由 ACARA 管理的一项新的国家评价计划（NAP）包括每年的国民读写和计算能力评价以及三年一次针对科学素养、公民和公民身份与 ICT 素养的国家抽样评价。澳大利亚参与国际评价（PISA、TIMSS 和 PIRLS）也包括在这套国家评价计划中，但是是分开管理的。作为其 2010 年工作计划的一部分，ACARA 将对国家评价计划的样本评价进行审查，这可能会提供一个合并 AT21CS 项目成果的机会。

阅读、语言习惯和计算能力的国家评价计划测试主要由多项选择题组成（约占 75%），其中有一些简短的、建构性问答题。写作测试需要花费较长时间来进行建构与创造，学生需要围绕指定的主题和体裁来写作。国家评价计划会在各州和各地区学校选择有代表性的样本进行抽样评价，包括六年级的科学素养测试（NAPSL）、六年级和十二年级的公民和公民身份等素养测试（NAPCC），以及六年级和十年级的 ICT 素养测试（NAPICTL）。这些评价每三年一次，滚动实施。如果没有对评价目的提出要求，学校可以从抽样测试中选择一些有针对性的项目来评价学生。

除了多项选择和简答题之外，科学素养考试还包括小组实践任务，每个学生都可以利用小组任务中的各种信息来回答问题；实践任务本身不会被记分，具体协作过程也不被评价。ICT 素养测试要求将学生使用电脑，特别是在线使用电脑作为评价过程的一部分。学生们需要使用模拟网络信息和文字处理程序、电子表格以及演示程序等特定计算机程序将各项工作组合成一个整体。

澳大利亚政府目前正在评估现有的 ICT 评价工具和资源对国家课程关键学习领域的有用性。此外，该项目提到，研究将记录基于信息通信技术的评价工具和资源,包括职业教育和培训、高等教育资源,以及国外一些国家的类似工具和资源。因此,该研究项目将为澳大利亚政府利用ICT工具和资源最大限度地发挥丰富教学和学习机会提供重要信息,预计该项目将会成为正在进行的21世纪技能教学与评价项目的一部分。

课　程

澳大利亚当前的教育状况是多样而复杂的;每个州和地区都基于当地地方特点的考虑来设置自己的课程、评价和报告。ACARA正在制定的国家课程,旨在使年轻的澳大利亚人具备未来在社会中成功工作、在全球化的世界中竞争、在信息丰富的工作场所中茁壮成长所需的技能、知识和能力。

ACARA认识到,并非所有的学习都局限于学校课程领域。[①]因此,国家课程中的10种一般能力跨越了学科界限,以发展21世纪技能为目的。这些能力包括:读写能力、计算能力、信息和通信技术(ICT)、思维能力、创造性、自我管理、团队合作、跨文化理解、道德行为和社会能力。

教　学

智慧学校提高教师素质国家伙伴协会(TQNP)[②]为吸引、培训、任命、发展和留住优秀教师与学校领导提供了资金支持,其改革举措包括实施基于标准的国家教学专业框架,为授予毕业生教师资格、教师职称晋升、高成就教师与专家型教师的认证提供全国统一要求和原则,同时也为教师和学校领导在职业生涯中的专业学习和业绩评估的提高提供全国统一要求与标准。该框架还将通过认证职前教育课程,来支持全国统一的教师注册和教师培训质量改善。此外,TQNP还包含了职业发展和支持举措等改革内容,这可以帮助校长更有效地管理学校,以满足学生的需要;并建立相关机制吸引高素质毕业生任教,通过奖励优秀教师和学校领导,提高教师劳动力数据质量等举措来提高教师留任率。

---

① See ACARA, The Shape of the Australian Curriculum. Available http://www.acara.edu.au/publications.html.

② Further information at www.deewr.gov.au/Schooling/Programs/SmarterSchools/Pages/default.aspx.

除了该框架外，澳大利亚州和地区教育部长已同意建立澳大利亚教学与学校领导研究院（Australian Institute for Teaching and Shool Leadership，AITSL）。AITSL 将通过以下方式促进教学和学校领导的卓越表现：

• 制定和监督一套关于教学和学校领导的国家标准，并根据这些标准实施国家教师资格认证制度；

• 促进国家领导的卓越教师和学校领导的专业发展。

AITSL 的优先事项是为世界领先的专业发展提供建议，并为其提供支持，给予校长更多的权力管理学校，以达到提高学生成绩的目的。

技　术

通过启动数字教育改革（DER），澳大利亚政府 6 年内提供了 22 亿美元用于改革，具体内容包括：

• 利用国家中学计算机基金，为 9—12 年级的所有中学生提供新的信息通信技术设备；

• 为澳大利亚学校的高速宽带连接提供支持；

• 与州、地区和教育院长合作来确保新老师能够利用信息通信技术进行培训，使他们能够丰富学生的学习；

• 提供支持国家课程和专业课程（如语言）的在线课程工具和资源；

• 允许父母通过在线学习和访问来参与他们孩子的教育；

• 建立支持机制，为学校在信息通信技术的部署方面提供重要援助。

州评价系统

在许多州，以 21 世纪技能为目标的校本表现性评价长期以来都是该评价制度的重要组成部分。在某些情况下，各州也开展能够体现表现性要素的集中评价。我们在这里描述的是跨越各州的一些方法，并会深入研究两个州的评价任务：昆士兰州和维多利亚州。其中，昆士兰州是一个有着高度发达的中央审核地方的表现性评价制度；而维多利亚州采用了集中式和校本评价相结合的混合模式，这两种模式都使用了审核式评分。

有些州制定的评价制度可为学生展示问题解决方法、观点建构与提供作品创作机会。同时，也有一些创新的方法来支持指向探究和创新的情感、态度和价值的发展，以及教学质量的提升。

例如，新南威尔士州中学基本科学评价（ESSA）项目（在八年级进行）是一个诊断性测试，该测试由几个拓展性问答任务和多项选择题构成，还包括一个不计分的"调查"，主要用来评价学生对科学和科学学习相关的态度与价值（此外，每年还进行教师调查和家长调查，作为评价项目的一个补充）。测试中已经开发好但尚未强制执行的一个重要内容是模拟科学探究的在线实践。当学生实施在线探究时，要完成多项选择题与简答题，还有一项拓展性任务。

教师对三个拓展性任务进行评分，也包括在线实践。通过新南威尔士州教育局的学校测量、评价和报告工具包（MARTS）向学校报告评价结果，这是一个功能强大的计算机组件，可以灵活地显示结果，并能够由学校对数据进行操作，还可以在网上为参与评价学校提供与测试项目相关的课程支持材料。

在西澳大利亚，科学、社会和环境等科目的外部评价会在五年级、七年级和九年级实施。此外，课程委员会还跨越学科界限制定了十一年级和十二年级的课程和考试，以此确保西澳大利亚州教育证书（WACE）的学校评价质量（在南澳大利亚州和维多利亚州也使用类似的系统）。外部考试与校本评价相结合，评价范围覆盖了实验、评论、研究报告、演示、示范、项目以及校本测试和检查等。州外部评价主要是书面考试，有些课程也有外部实践考试（如，口头语言、乐器独奏、视觉艺术的视觉日记、航空飞行模拟等）。在十一年级和十二年级，课程委员会会根据外部考试分数进行统计调整，以确保将相同的评价标准适用于各个学校的学生。

除了教学大纲作为教师开发教学和学习项目的参考之外，西澳大利亚教育部还提供了年级标准和学生作业范例来支持教师对学生成绩做出恰当的一致性判断，以及诊断性评价与报告工具。

大量的数据库被用来管理测试和记录数据。基于测试数据的在线互动项目有助于对学生、群体、学校和系统表现进行诊断性评价与调整。大量的扫描技术被用来支撑群体评价，包括用有复杂屏幕标记的书写脚本的全扫描。同样，在澳大利亚首都特区（ACT），校本评价是贯穿到十年级的主要评价途径，教师根据学校制定的评价标准和课程文件对任务进行设计和评级，主要以ACT课程框架中概述的发展阶段为指导，学生也会根据特定的标准来评价自己。对学生使用信息通信技术的评价贯穿于所有课程领域，这也是管理、评分、审核、分享评价信息和学生工作的重要组成部分。每个教师都可以利用"我的课堂"（My classes）在线资源共享评价任务。

在南澳大利亚，创造了许多可比较的以学校为基础的评价。一直到十年级，所有学生都通过由教师开发的校本评价进行评价，并对南澳大利亚课程、标准和问责制（SACSA）框架的结果做出判断。学校可以将结果数据输入到SACSA成就系统软件中。教育和儿童服务部的课程服务管理同行评议调解项目，以促进学校之间的一致性，并通过随机抽取学科领域的学校数据，为输入SAS的数据提供质量保证。该项目还计划扩大对SACSA基本能力（身份、相互依赖、思维、未来和沟通）的评价。许多学校都有评价计划，包括沟通、协作、批判性思维、公民身份、ICT素养和学会学习。

十一到十二年级时，南澳大利亚教育证书（SACE）的校本评价会使用各种评价工具来评价学生。所有第一阶段的学科评价均采用校本评价。外部评价部分，包括笔试、成绩和实践测试、研究、调查和口试，适用于某些第二阶段的学科。当新的SACE在2011年第二阶段推出的时候，所有学科都包括70%的校本评价和30%的外部评价。

这一评价方式旨在让获得南澳大利亚教育证书的学生拥有如下能力：

· 积极、自信地参与学习过程（信心）；

· 对自己的学习和训练负责；

· 应对挑战性的学习机会、追求卓越，并在不同的学习和训练环境中取得成就；

· 与校内外其他人共同工作和学习，以实现个人或团队目标（独立、协作、认同）；

· 对一系列问题和想法应用逻辑、批判和创新的思维（思想、进取、问题解决、未来）；

· 有效地运用语言来与他人的文化和思想交流（沟通、文化）；

· 选择、整合与应用数字和空间的概念与技术；

· 成为有能力的、有创造力的关键信息通信技术（信息技术）用户；

· 具备有效的本地和全球公民所需的技能和能力，包括对他人的关心（公民身份、相互依赖、对环境的责任、对他人的责任）；

· 对进一步的教育、培训、就业和终身学习（终生学习）有积极的态度。

随着新SACE的引入，五种能力（沟通、公民身份、个人发展、工作和学习）都被嵌入到所有科目中，并且明确规定，要评价这些能力，或全部评价，或评价部分指标。SACE的引入为使用技术（包括电子档案、电子评价、电子调解以及优化管理系统）提供新的机会。

在昆士兰州，校本评价已经常态化实施40年。一直到20世纪70年代初，中央考试制度依然控制着课程；在它被淘汰之后，所有评价都成为校本评价。这些评价是由教师按照国家课程指南和教学大纲（也由教师开发）制定、管理和评分的，并由其他学校的教师和高等教育系统的教授组成的专家小组主持。近期，又增加了集中开发的任务和一个十二年级测试。

要建立整个州使用的标准，中央机关召集教师和学科专家组成专家小组，制定不同层次的成就标准，并描述不同成就水平学生工作的特点。图6.2所示的昆士兰科学标准的摘录中，左栏描述了教师必须教授和评价的目标或"基本学习"。目标传达了每个标准所期望的知识或技能。右边的标准描述详细说明了预期的特性和工作质量。教师和专家也开发工作样本作为不同层次的范例。这些标准指导教师开发的评价和他们的评分。

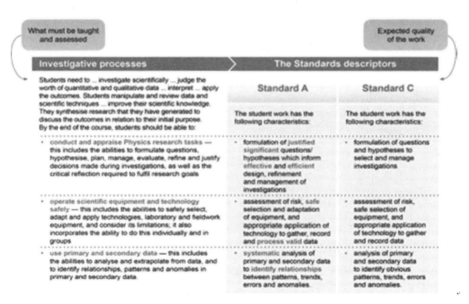

图6.2 摘自昆士兰科学标准

教学大纲致力于在"明智的教学指令"（informed prescription）和"明智的教学专业化"（informed professionalism）之间找到平衡。它们阐述了每个课程中需要学习的少量关键概念和技能，以及学生应该参与的项目或活动（包括最低评价要求）。每所学校都选择特定的文本和主题来设计它的程序，以满足学生的需要和经验。不过，所有学校都会根据课程目标和A、B、C、D、E分数的具体标准对学生的工作进行评价。

> 在昆士兰科学课程中，学生必须完成一项扩展性实验调查。
> 该任务的操作指南包括：
> 在这一范畴内，要开发工具来调查假设或回答实际研究问题，其重点是规划扩展性实验调查、解决问题和分析学生实验中生成的主要数据。实验可以在实验室，也可以在现场。一项扩展性实验调查可能会持续四个星期到整个工作单元的完成。扩展性实验研究结果是一份书面科学报告。三项标准中的每个方面都应该在调查中体现出来。为了监测，报告的讨论/结论/评价/建议应控制在1500至2000字之间。
> 要完成这样的调查，学生必须：
> · 制订行动计划；
> · 清楚地阐述假设或研究问题，为调查提供一份有目的的声明；
> · 提供实验说明；
> · 显示修改或学生设计的证据；
> · 提供收集和选择的主要数据与次要数据的证据；
> · 执行实验；
> · 分析数据；
> · 讨论实验结果；
> · 评价和证明结论；
> · 在一份科学报告中呈现相关信息。

图6.3　澳大利亚昆士兰州的科学评价

正如图6.3物理教学大纲标准所示，在知识和概念理解的范畴中，符合"A"标准的工作意味着对复杂概念、理论和原则的说明、比较和解释，而符合"E"标准的工作特点是复制孤立的事实和应用简单的、给定的算法。在这一特定课程中，目标还包括调查过程、评估和总结，并且每个指标都有详细的说明。对工作质量的期望是具有挑战性的，包括批判性思维、问题解决、决策、研究和沟通技能，如图中例子所示。

十二年级的一个例子展示了学生如何围绕"气穴"（The Air Pocket）这一主

题展开调查。评价从一张图片开始,如图6.4所示,从吸管中垂直喷射的气流,在水面上产生一个空腔(凹处)。

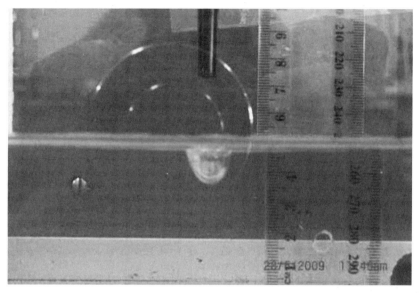

图 6.4 气穴问题图

学生调查了影响空腔体积的参数,准备了符合上述标准的一份32页的论文,其中包括从理论和实证的角度评价问题,通过表格和图表呈现数据,通过总结个别分析结果,开发一个回归来评价几个变量对空腔体积的综合影响,并通过评价结果,还列出了潜在的错误和进一步研究。总的来说,这篇文章更像是一个科学实验室的研究报告,而不是传统的高中物理测试。

实验结束后,学生做了如下总结:

通过初步的理论研究,确定了空腔体积的主要影响因素为空气速度、喷嘴/吸管的直径、喷嘴/吸管与水之间的距离。在测试改变单个参数对体积影响的时候,尝试了每一个可能的变化,最终得到一组完整的值。为了将不同的参数组合成一个方程,使用了多元回归;确定每个变量的常数因子和每一个变量的幂。结果 r^2 值为0.96,表明数据优良,平均百分比误差为1.59%,中位数百分比误差为6.71%。……在未来的实验中,建议在更大的范围内进行实验,因为这样可以消除表面张力的影响,同时减少模型中毫无根据的精确度。体积可以用立方厘米或立方米来测量，结果更切合实际，不需要不精确的数据。最后，建议试验吸管/喷嘴的不同方向的效果，因为倾斜时会产生完全不同形状的空腔（由于空气的弥散特性）。

于是，学生超越了他们自己的经验数据和结论，反思了他们调查结果的准确性，并提出了改善调查的手段。在所有学科领域都需要这种扩展性的回答，这是由学科的核心概念和调查模式所决定的。学生反思也是评价的一个共同要素。通过内部和外部不断调适，以及课程标准和规范对设置工作标准的明确指导，才使这项悦人心智的工作取得一致性评分成为可能。

给学生的指导：你的任务是设计一个空间来储存足够你们学校所有教职工和学生坐的折叠椅

你将：

按照一系列步骤设计合适的空间；

利用研究日志记录你的想法和大致的工作；

写一份关于过程和解决方案的报告。

问题：

1. 为一堆椅子的每个维度开发数学模型，其中椅子的数量是未知的。

2. 为了帮助你思考存储椅子的实用性，请使用你的数学模型来查找：

 a. 4米高的存储区域最多可以容纳多少椅子？

 b. 如果每一堆有10把椅子，那么在一个3.2米宽的区域的有多少堆椅子？

 c. 如果学校的所有椅子都放在一起，那么它的高度是多少？

3. 使用你在问题2中开发的存放椅子的实用性理解，来找到一个实际存储椅子的区域。

要回答这些问题，请通过以下页面中列出的步骤进行操作。当你工作的时候，把你所做的一切记录在你的研究日记中。

使用研究日记：

研究日记是你和你的团队所做的事情的记录。你的研究日记应包括：

你和你的小组在每堂课上做了什么；

想法；

问题；

计划；

面临的困难；

如何处理困难；

数据收集；

计算；

数学语言；

感谢你从朋友、老师或其他人那里得到的任何帮助。

你的研究日记应包含撰写报告所需的所有信息。它还将帮助你的老师决定你自己可以做什么，以及你作为小组的一部分可以做什么。

交流你的发现：

写下你的调查报告。你的报告应包括：

提供场景和问题的简要介绍；

你的解决方案、使用数学语言、数据、计算、图表、图形和短语或句子，应能提供足够的信息，让人们不需要阅读问题就知道你计算的内容。

结论，总结：

——你对你的方案实用性的反思；

——对你的答案做出任何假设或局限性的解释；

——改进调查或使用策略的建议。

图 6.5　昆士兰数学评价："折叠椅"

昆士兰研究局（QSA）集中开发、试验了四、六和九年级的英语、数学和科学的基础学习和标准（essential learnings and standards），建立了低年级昆士兰可比评价任务（QCATs），这些任务在评价库（Assessment bank）都可以获得，这些任务可以对学习进行真实的、表现性评价，教师在操作过程中对任务进行记分，由此提高报告结果的可比性。图 6.5 所示的九年级数学任务显示要评价的问题解决类型、批判性思维、协作、创造力和沟通。

在昆士兰的十一年级和十二年级的 98000 名学生中，所有学生都要根据国家标准、国家教学大纲，以及学校批准的工作计划，完成类似于上述能力发展的多种评价。在年底，教师整理每个学生的工作档案，包括具体的评价任务，并在 5 分记分表内对其进行评分。为了校准这些成绩，教师从每个等级中选出一个组合——5 个成绩级别（包括勉强合格的）中任意一个——并将其发送给区域小组进行审核。由 5 位教师组成的专家小组重新对这些档案进行记分，进一步确定这些分数的合理性，并对分数是否公布做出判断。国家审查小组也会对每个地区的学生工作进行抽样调查，以确保各学区都能实施这些标准。基于上述分析和一项名为昆士兰核心技能（QCS）测试的标准化全州考试，昆士兰当局确认了学校课程提出的十二年级的成就水平，如果不符合这些标准，昆士兰当局可能会对学校进行调整。

针对广泛应用的跨学科工作，昆士兰制定了以"丰富任务"为取向的标准和评价，并于 2003 年作为试点引入。作为"新基础"项目的一部分，这项工作创造了大量的多学科任务，这些任务尽管是集中开发的，但当教师确定了恰当的时间，他们就可以与地方课程进行结合，使这些任务地方化（昆士兰政府，2001）。这些都是"对学生真实生活有一定价值并经常会使用的特殊活动，通过这些活动，学生们能够展示他们对重要思想和技能的掌握和运用"。丰富任务被定义为：

> 最终的表现或展示或作品是有目的地塑造生活角色。它提出了大量要解决的真实问题，并让学习者参与到有真实生活价值的实际社会行动中。这些问题需要识别、分析和解决，并要求学生对世界进行分析、推理和理智参与。这些任务除了与教室之外的世界建立联系外，这些任务本身的应用也很丰富：它们代表着可证明的、具有重要理智价值和教育价值的教育成果。而且，要变成真正丰富，任务必须是跨学科的。跨学科学习利用各个学科的实践和技能，同时保留了各个学科的完整性。

图 6.6 总结了一项任务描述。这些任务库有不同的等级水平，同时还有评分规则和审核流程，通过这些可以对任务的质量、学生的工作和评分进行评价。研究发现，通过丰富的任务，学生在学校的参与度更高。在传统测试中，"新基础"学生的得分与传统课程的学生得分相同，而且他们在高阶思维的评价上得分更高。

学生必须识别、探索和判断生物技术过程中的伦理维度。学生们确定其使用的科学技术以及近期对该领域的重大贡献。他们还将研究伦理原则的框架，以便与已确定的伦理问题或疑问达成一致。利用这些信息，他们要为国际会议准备会前材料，并在各个领域挑选具有引领作用的重要人物来作主题报告。

为了做到这一点，学生必须选择和探索一个仍有伦理争论的生物技术领域，并进行实验室活动，帮助他们了解一些实验室实践。这使他能够：

对在这一领域使用或可能使用的一些技术的基本差异提供书面解释（包括在会前代表名单中的每个领域中的非专家）。

认真考虑与这一领域宗旨和行动相关的伦理问题、科学技术和原则，对每个伦理问题进行深入分析；这里会有一个针对伦理框架的辩论。

在现实生活中选择六位在这一领域中做出相关贡献的人，写一个150~200字的简要说明，说明他们每个人的贡献，并给每人写一封邀请函。

这种评价是在测量研究和分析技能；实验室实践；理解生物和化学结构和系统、命名法和符号；组织、整理、筛选和思想观念；使用正式的信件沟通；有目的地摘要写作；理解伦理问题和原则；时间管理；等等。

图6.6 丰富的任务："科学和伦理的协商"，澳大利亚昆士兰

维多利亚。与许多其他澳大利亚州一样，维多利亚采用的是集权和分权相结合的混合评价体制，将校本评价实践与由维多利亚基础学习标准（VELS）指导的国家考试结合起来。该州相当重视教师评价VELS的能力。这些标准定义了学生在每个发展水平上应该知道什么和能够做什么，以便使学习重点陈述中所描述的活动工作单元可以按预期标准进行评价。强调真实世界的任务支持学习迁移。每个领域都提供评价地图，以协助教师评价所有标准。这些是每个领域的学生工作样本的集合，每个样本都有注释，主要用来描述学生工作的属性及其与标准的具体要素之间的关系，并说明每个层次发展的进阶点。该评价体制对教师提出了如下建议：

根据标准评价学生成就需要一个混合式评价，总结性评价用来确定学生所取得的成就，形成性评价用来预示下一阶段的学习。这些都应该以真实的评价为基础，要求学生执行真实任务，展示基础知识和技能的应用。评价还必须以综合方式评价知识、技能和行为，而不是分开单独对待每一个标准。这不仅确保了更有效的学生评价方法，也避免了评价任务和后续报告的不必要重复，更清楚地反映了学生实际上是如何学习和如何发展深度理解的，通过深度理解，

学习者才能将学习迁移到新的不同情境（VCAA，2009）。

到了中学阶段，维多利亚教育证书（VCE）提供了在大学、职业技术与继续教育（TAFE）以及职场进一步学习的指导路径。一些学生会在 VCE 框架内参加校本学徒或培训项目。维多利亚课程和评价机构建立了广泛的研究课程开发外部考试，并确保 VCE 中校本评价的质量。

VCAA 将评价定义为"对学习的评价"（assessment of learning）、"为了学习的评价"（assessment for learning）和"作为学习的评价"(assessment as learning)。教师与学科领域中的大学教师一起开发评价。上一年度的所有评价都是公开的，旨在使测量标准和手段尽可能透明。在对学生进行外部考试之前，教师和学者们把自己当作学生，自己先坐下来参加考试。十一和十二年级的学科外部考试包括大约 25% 的机器评分题目，剩下的题目都是开放式的，由课堂老师打分。考试可能包括书面、口头和表现方面的内容。例如，语言考试包括按需口语测试，艺术考试要求有表现内容，如舞蹈和音乐表演。

VCE 考试往往需要评价问题解决情境中的知识运用，这些需要较高的创新思维。例如，设计和技术考试提出了一些设计方面的挑战，学生们必须综合考虑许多要素——材料、工程特性、安全、可靠性和美学——同时解决设计难题，并证明自己的决策是合理的。

英语考试的按需部分包括测试分析和沟通技巧方面的几篇文章，学生必须分析他们阅读的文献，运用自己的分析和观点对文本的批判性解释做出反应，在阅读了不同信息和观点的资料后，发展和解释他们对某个主题的思考。在这样一个任务中，学生被要求分析父母和政府法律是否对公民免受潜在伤害有"过度保护"（见图 6.7）。

第 1 部分

分析语言使用：完成以下任务。在一篇条理清晰的文章中，分析语言是如何在 14 和 15 页的两种观点中呈现的。

第 2 部分

陈述观点：完成下列任务之一。根据你认为合适的方式利用第 13—17 页所提供的材料。

你要在一个公共论坛上发言。你的主题是"我们被过度保护了吗？"写一篇演讲稿，表达你对这个话题的看法。

或者

报社正在进行征文比赛，主题是"我们被过度保护了吗？"请为这场比赛写一篇文章。

或者

你已经看过日报上的两篇文章了（第14和15页）。给报纸的编辑写封信，表达你对"我们是否被过度保护"的看法。

任务材料

父母教养方式在过去几年里发生了变化，关于养育孩子的最好方法已经写了很多。一些专家建议新手父母应该实施严格的控制和刚性的程序，以保护孩子的安全。另一些人则主张更宽容、更自由的育儿方式，以鼓励孩子们独立，并成为更有适应能力的成年人。这种模式持续到成年，法律可以防止他们对自己的行为承担个人责任。以下材料对这个问题提出了一系列观点。

（这些材料包括关于父母养育和社会规范的观点，以及关于儿童意外事故的新闻报道，这些意外事故中有些成人承担了警告和保护责任，而有些则没有。图表中也列出了各种伤害事故来源。）

图6.7　澳大利亚维多利亚高中英语试题

除了按需测试，总考试分数中至少有50%是由整个学年的课堂任务组成的。教师根据教学大纲的要求，设计所需要的评价任务——实验室试验、调查核心课题、研究论文和研究报告。这些课堂任务要能确保学生获得各种学习机会，可为随后进行的评价做好准备；任务还要使学生可以获得提高自己的反馈，他们不仅要为成功挑战这些测试做好准备，也要为成功适应大学学习和生活做好准备，事实上，无论是大学还是日常生活，学生必须以这种方式来运用知识。

图6.8显示了维多利亚生物学测试的一个例子。案例中描述了一种特殊的病毒，要求学生设计一种杀死病毒的药物，并解释药物是如何运作的，然后设计一个实验来测试它。

当科学家设计抗感染药物时，通常使用"设计药物"一词。

解释这个词的意思。

科学家的目标是研制一种药物来对付感染人类的病毒。病毒有蛋白质外壳，并且外壳的不同部分在感染周期中发挥不同的作用。有些位点协助病毒附着于宿主细胞，而其他一些则在宿主细胞释放中起重要作用。

结构图如下所示:

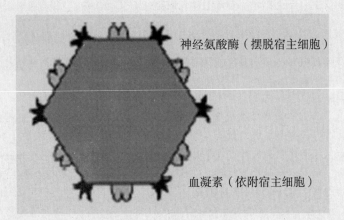

病毒通过将其自身附着到宿主细胞的表面并将其 DNA 注入宿主细胞来繁殖。然后,病毒 DNA 利用宿主细胞的成分复制其自身的成分,数以百计的新病毒便从宿主细胞中萌芽出来。最终宿主细胞死亡。

设计一种药物,可以有效地对抗病毒。在你的回答中概述你需要考虑的重要方面。概述你的药物如何防止病毒粒子繁殖循环的继续。在答案中使用图表。下一页提供了图表空间。

在药物用于人类之前,通常通过动物检测。在这种情况下,被调查的病毒也应感染老鼠。设计一个实验,使用小鼠测试你所设计的药物的有效性。

图 6.8 澳大利亚维多利亚州高中生物试题

为准备这项按需测试,在整个学年,学习生物学的学生将被评价六个方面的工作,其中包括教学大纲中的具体结果。例如,他们会做一些"实际的工作",如用显微镜来研究植物和动物细胞,通过准备细胞玻片、染色,并以不同的方式进行比较,从而产生一种带有视觉元素的书面作品。他们还将对酶和膜进行实际的工作,并维护动植物稳定的内部环境。最后,他们将完成并提交一份研究报告,说明病原体的特性和生物体能够抵御疾病的机制。这些任务作为期末考试分数的一部分,直接与学生在校外考试中的理想成绩联系在一起,但又远远超出了考试可以测量的那些如何运用知识的能力。

按教学大纲中规定的标准对任务进行评分。教师分配的任务质量、学生所做的工作、对学生的成绩和反馈的适当性,都通过检查系统进行审核,并且学校对所有这些要素给予反馈。此外,VCAA 使用统计调整来确保相同的评价标准可以适用于不同学校的学生。外部考试作为这一调节的基础，调整了每个学校对学生的评价的水平和分布，以使相同学生的集体成绩水平和分布与共同的外部测试分数相匹配。该系统支持为学生提供丰富的课程和有一定挑战性的评价，以比较的方法来检查学生的学习结果。

◇ 芬 兰

芬兰已被广泛研究，因为十多年来，不论是经济竞争力还是教育结果，芬兰都在国际排名中名列第一。2006 年，在 OECD 组织实施的 PISA 评价中，芬兰学生的数学、科学和阅读成绩都排名第一。芬兰的领导者将这些成果归功于他们对教师教育的集中投资，以及对课程和评价体系的重大改革（Laukkanen, 2008；Buchberger and Buchberger, 2004）。未来的教师从大学毕业生中竞争选拔，并获得完全免费和生活津贴的 3 年制研究生教师准备计划。芬兰的硕士学位课程提供了双重重点：探究式教学和满足多样化需求的教学——在与大学有联系的示范学校至少实习一年。入职前的准备阶段需要重点学习如何在学生学习中使用形成性表现评价。

政策制定者认为，如果要投资教学经验非常娴熟的教师，就应该允许地方学校有更多的自主权来决定教什么和怎样教——这反映了在高度集权体制下寻求彻底改革的决心。芬兰的国家核心课程是一个非常精简的文件，从数百页的高度具体指导减为每年对少数技能和核心概念的描述（例如，大约 10 页纸描述了所有等级的整个数学标准）。这种高度概括化的描述指导教师共同开发地方课程和评价，鼓励学生成为积极的学习者，让他们可以发现、分析和使用信息来解决新情境中的问题。

芬兰没有用于对学生或学校进行排名的标准化外部考试。芬兰的领导人指出，在课程中采用以校本的、以学生为中心的、开放式的任务，是国家在国际考试中取得非凡成就的一个重要原因（Lavonen, 2008；Finnish National Board of Education, 2007）。芬兰教育部门通常在二年级和九年级结束时定期抽样评价学校的学生表现，以确定接下来的课程和学校投资。所有其他评价都由地方设计和管理。国家核心课程为教师提供了每个科目具体表现的建议性评价标准，以及每年对学生学习进阶的总体最终评价（Finnish National Board of Education,

June，2008）。地方学校和教师则使用这些指导方针，在每所学校制定更详细的课程，以及评价课程基准的方法（Finnish National Board of Education，June，2008）。教师被视为"教学专家"，在课程和评价领域具有广泛的决策权威，就像在学校政策和管理的其他领域一样（Finnish National Board of Education，June，2008）。

根据芬兰国家教育委员会的观点（June，2008），评价学生的主要目的是引导和鼓励学生自我反思和自我评价。因此，老师的持续反馈非常重要，教师需要通过口头反馈和基于学生在课程目标方面的表现水平给学生以形成性和总结性的报告。所有的芬兰学校都采用4到10级的评分标准，其中5是"及格"，10是"优秀"。国家建议的评价标准是围绕8级或"良好"这一等级制定的。教师的报告必须基于多种形式的评价，而不仅仅是考试。学生在完成九年级以上综合中学和大学前的额外课程后，学校负责为其颁发基本教育证书（European Commission，2007/2008）。

大多数芬兰学生自愿参加大学入学考试，这些考试结果可提供学生解决问题、分析和写作等方面的能力信息，可为大学录取提供信息。大学和高中教师在由芬兰教育部任命的预科考试委员会的指导下，组织、管理和执行由开放式作文和问题解决方案组成的考试（The Finnish Matriculation Examination，2008）。董事会成员（大约40人）是由大学和国家教育委员会提名的学科领域的教师和课程专家。超过300名准会员——通常也是高中和大学教师——帮助开发和审查测试。高中教师使用官方的指导方针对当地的入学考试进行评分，并由董事会聘用的专业评分人员再次抽样复查（Kaftandjieva and Takala，2002）。

学生至少要参加四门考试，学生的母语考试（芬兰语、瑞典语或萨米语）是必修的：其中一项测试是文本技能，主要评价学生的分析技能和语言表达；此外，测试还包括撰写一篇评论性文章，聚焦于评价学生的思维、语言表达和连贯性。然后，学生可以从以下内容中再选择另外三项测试：第二国家语言测试、外语测试、数学测试，以及来自普通科学和人文科学的一个或多个测试（例如：宗教、伦理学、哲学、心理学、历史学、社会学、物理学、化学、生物学、地理学和健康教育）。测试还包括跨学科界限的问题。

芬兰的教育制度假定所有想要上大学的学生（占多数学生）至少会说两种语言，很多人会说三种语言。语言测试评价听力和阅读理解以及使用相关语言的写作。

除了可以选择哪些测试，学生可以选择在考试中回答哪些问题。普通情况下，通常会给出一组问题或提示，他们必须选择 6 或 8 个做出回应。在数学考试中，有 15 个左右的问题，他们必须选择 10 个回答。问题需要批判性思维和建模，以及直接解决问题。

例如，基础数学考试提出了这样一个问题：

现有 25% 浓度的盐水溶液，通过加水来获得稀释的溶液。为了得到 10% 的溶液，必须加多少水到一千克的原溶液中？为了得到 25% 的盐溶液，计算出需要添加的水量，并用图形表示。添加到一公斤原溶液中的水的量（千克）必须在水平轴上，新溶液的盐含量百分比必须在垂直轴上。

高等数学考试提出的问题：

在社会中，生活水平的提高与已经获得的生活水平成反比，即生活水平越高，进一步提高的意愿就越小。用微分方程模型描述生活水平并解决它。生活水平是否会永远提高？变化率是递增还是递减？生活水平接近了某种恒定水平吗？

芬兰通过提出复杂的问题和帮助学生解决这些问题来培养学生的主动学习能力。例如，在芬兰的教室里，很少看到老师站在教室前面，给学生讲 50 分钟的课。相反，教师们很可能是在指导那些经常自我管理、亲自实践的学生。一所芬兰学校的描述（Korpela，2004）说明了学生如何从事积极的、自主的学习，通过研讨会或收集信息、向老师提问，以及与其他学生一起工作。他们可能专注于完成独立或团体项目或为自己的杂志撰写文章。独立和主动学习的培养使学生能够专注于广泛的知识，重点是发展学生分析思维、解决问题和元认知的技能（Lavonen，2008）。

虽然不是强制性国家评价系统的一部分，但对 ATC21S 有潜在兴趣的一个评价项目——"学会学习"，在 20 世纪 90 年代中期就已经启动，该项目分别和芬兰国家教育委员会、赫尔辛基大学教育评价中心和赫尔辛基教育部门建立了伙伴关系。2002 年，该项目的一个研究报告描述了几个关于通过纸笔测试和态度调查来测量六、九年级和高中生的认知与情感的研究结论（Hautamaki et al., 2002；Hautamaki and Kupiainen，2002）。该项目为"学会学习"制定了一个详细的概念框架，在总结报告中将其定义为：

……适应性与自主性学习行为。在接受最初任务之后，学习行为被认为是通过情感和认知的自我调节来维持的。学会学习可以被定义为适应新任务的准备和意愿。它由一个复杂的认知能力系统以及与自我和情境相关的信仰组成。准备能力或认知能力，既指对相关事实的了解，也指对思维和推理的运用，比如，检索已学知识和应用一般程序以适应新情境。学会学习的认知成分也被称为熟练的推理。它与皮亚杰的反省抽象相关，各个指标的标度是掌握正规操作图式的参照标准。这与经典的智力测量方法不同，因为具体的和正式的操作可以被证明是可塑的，因此是可教的。学会学习的情感成分被认为是由几个相对独立的子系统组成的，包括与自我和情境相关的信念。其中包括学习动机、行动控制信念、与学校学科相关的信念、任务接受度、社会道德承诺、自我评价以及对重要他人的经验支持，这些都被认为是在学校层面评价学会学习的核心（Hautamaki and Kupiainen，2002，pp. 3-4）。

该报告指出了这一概念框架产生的兴趣（有关详细讨论，见 Hautamaki et al., 2002），以及对评价格式的一些关注，特别是在采集数据时使用了纸笔多项选择题。研究人员认为，在日后的生活中，"真实"学习情境并不是现成的纸笔形式（Hautamaki and Kupiainen，2002，p. 22），并建议如果能够克服成本方面的困难，进一步研究开放式提示和现实生活中的任务（接近工作样例的方法）将会更接近理想状态。

◇ 新加坡

在新加坡，更加强调整合到大型测试系统中的校本评价。在 1995 年、1999 年和 2003 年，新加坡的学生在数学和科学评价中首次占据领先地位（TIMSS），新加坡的教育体系一直是政策分析人士浓厚兴趣的源泉。这些排名是以全国学生的成绩为基础的，包括马来和泰米尔少数民族，这两类学生曾经与全国学生的巨大成绩差距正在快速缩小（Dixon, 2005）。新加坡约 90% 的学生在 TIMSS 测试中得分高于国际平均水平。取得这一成就更令人瞩目的是，新加坡只有不到一半的学生经常会在家里说英语（考试的语言），大多数人说的是该国的其他官方语言(普通话、马来语或泰米尔语)之一,有些人说的是几十种其他语言或方言中的一种。

30多年来的重大投入和改革,改变了新加坡的教育体系,不仅扩大了受教育渠道,也提高了教育公平,同时精心策划和组织了一个包括私人"自治"和公立学校在内的复杂体制,其中一些是从殖民时代继承下来的,所有这些都得到政府的补贴。这些学校在许多方面有意地多样化,因为当地的学校被要求进行创新,但有共同的教学期望和支持,并有一个共同的国家课程的核心科目。

自1997年总理提出"思维学校与学习国家"(thinking schools, learning nation)倡议以来,新加坡明确了课程、评价和教学改革重点,必须在学校发展创造性和批判性思维文化,并明确规定必须为学生提供这些技能的教学和评价——通过在教师中形成一种探究文化,支持他们对教学进行行动研究,并不断修改他们的教学策略以回应他们学到的东西。这一倡议与一项承诺紧密结合,将技术融入教育的各个方面——这一使命在十年内几乎完全实现了——并极大地开放了大学和大学的招生。

现在几乎每个新加坡人都可以接受高等教育。根据他们的兴趣、劳动力需求以及他们的成绩、等级考试成绩和其他成就,学生们在中学毕业后,可以追求以下三种途径中的任意一种:约25%的人入读初级学院(2年),然后读大学,这种选择引导的职业路径通常包括教学、科学、工程、医学、法律和公务员等;大约有60%的人进入了理工学院(3年),之后大约一半人上了大学,其余的人则进入了技术和工程领域工作;还有大约15%的学生参加了2年的技术教育学院,而且即使是这样,也有一些人继续上大学。实际上,几乎每个人都会走入其中一条途径。

从历史上看,这些学校实行的是一个改良过的英国体系。学生参加由新加坡考试和评价委员会(SEAB)管理的国家考试。在第6学年结束(12岁)时,学生参加小学毕业考试(PSLE),在四个核心科目:数学、科学、英语和一门"母语"中进行开放式的笔试和口试,由老师主持评分。英语和当地语言的考试包括四个组成部分——两篇至少150字的书面作文、听力理解、语言理解以及口试(要求学生在15分钟内就一套话题进行对话)。由两名考官监考,并对学生的口语水平进行评分。在数学测试中,学生必须展示解决问题的步骤。

学生在第10学年末(16岁)参加一般或普通水平的普通证书考试(GCE

N/O-Level）。N-级和O-级GCE考试是基于通用课程大纲，大纲概述了要教什么；学生需要在广泛的内容领域回答简答题和开放式论述题，还有撰写论文（essays），学生可以从中选择想要被审查的内容。虽然这些结果是用来指导高等教育入学的，而不是决定高中毕业的，但它们对高中的课程有着很大的影响。最近的改革正在改变课程和评价体系，使其更明确地专注于创造力和独立解决问题。许多课程包括应用测试这些内容，都要允许学生们在执行任务中展示他们是如何解决问题的。

例如，N级计算机应用课程的考试分数包括，纸笔测试部分（30%）、实践部分（35%）和一系列具体的嵌入在课程中的任务（35%），这些任务由教师使用通用标准来打分。实践考试部分测试学生在一系列任务中使用文字处理和电子表格软件的能力。课程嵌入式任务要求学生使用技术设计数据库、网站或产品。在O级测试中，计算机应用考试需要一个14周的学校项目（25%）。学生必须确定他们想要解决的问题，设计一个基于技术的解决方案，并实施方案，然后设计和实施一个测试策略来评价它，记录他们的策略和测试的结果，并评价整体解决方案的成功和局限性。这些考试内容是由教师使用内外可比的共同标准来测量的。

要进入初级学院的学生（11年级和12年级），在12年级（18岁）结束时要参加GCE高级水平（A级）考试。新加坡于2002引进了一个新的"A"级课程和考试制度。新的考试旨在鼓励多学科学习，要求学生"选择并汇集他们在不同学科领域学到的知识和技能，并应用它们来应对新的和不熟悉的领域或问题"（新加坡考试与评估委员会，2006：p.2）。

A级课程框架内，学生参与的课程和相关考试的核心领域包括：人文、数学、科学和语言；当然，该课程框架还包括生活技能（life skills）——强调领导力、充实性和服务他人——和认知技能（knowledge skills），通过通识论文（general paper）、项目工作以及认知和探究课程进行评价。A级水平的学生一般都需要评价三门必修科目——通识论文、项目工作和一门母语——和四门学科内容。

生活技能和认知技能的最新领域以发展高阶思维为目的，而这种技能被认为在传统的以学科内容为基础的课程和考试系统中是被忽略的；作为"思维学校与学习国家"倡议的一部分，高阶思维代表了1997年启动的改革目标，给教育系统带来了一系列的变化：

改变了教学大纲、考试和大学录取标准，更加强调鼓励学生的创新思维和冒险精神。学生在学校有更多的机会从事项目工作和解决高阶思维问题，以此激发学生的创造力，自主学习以及相互学习（Ng 2008，p.6）。

课程内容也在不断发展，除了精通学科内容，还包括更多的批判性思维、探究和调查内容。许多高中的内容测试都伴随着校本任务，如学生设计和实施的研究项目与实验。当前，每门科学课程都包含的一项内容被称为"校本科学实践评价"。根据考试委员会提供的具体细则，教师对这些校本课程进行管理和评分，它们最多可占考试成绩的20%。最终分数必须通过内部和外部调节后确定。其目标是让学生能够：

1. 遵循一套详细的指令或说明，安全有效地使用技术、设备和材料。
2. 精确、准确地制作和记录观察、测量、方法和技术。
3. 解释和评价观察数据和实验数据。
4. 确定一个问题、设计和计划调查、评价方法和技术，并提出可能的设计改进。

这些项目可以提交给大学，作为申请大学的部分内容，政府会鼓励大学审查学生成绩以外的发展证据。我们将在后续内容中详细介绍考试系统中的一些创新举措。

考试制度的创新特征

项目工作

项目工作（Project work，PW）是所有大学预科班学生必修的跨学科课程。有专门的课程时间让学生在较长的时间内完成他们的项目任务。作为一个跨学科课程，它打破了知识和技能的划分，把重点放在跨学科结果上，要求学生从不同的学科领域汲取知识和应用技能。这些学习经验的目标被嵌入到任务及其评价的要求中，并由新加坡考试和评价委员会集中制定。任务的设计范围非常广泛，可以让学生在满足任务要求的同时完成他们感兴趣的项目。这些任务的基本要求包括：

• 必须通过小组工作促进协作学习（collaborative learning）：教师随机组成

学习小组，学生们一起头脑风暴，评价彼此的想法，就小组将要承担的项目达成一致，并决定如何分配工作。

· 每个学生都必须做一个口头陈述：作为一个小组，每个学生都应在听众面前对他小组的项目进行口头陈述。

· 产品和过程都需要被评价，评价由三个部分组成：

1. 书面报告应作为显示小组项目产生、分析和评价能力的证据。

2. 每个小组成员的口头陈述都是根据他／她的演讲的流畅和清晰度、听众意识以及对问题的回答进行评价的。小组的整体表现效果也会被评价。

3. 小组项目文件中，每个成员需要提交与执行项目过程有关的三个文档"快照"——项目的初步想法；为选定的项目收集一份研究材料；对项目的洞察与思考。这些文件显示了学生的能力——生成、分析和评价。

在开展 PW 评价任务时，学生提出自己的主题、计划时间安排、分配各自的领域、与不同能力和个性的队友交流、收集和评价一手与二手研究资料，所有的工作目的是获得自主探究能力。PW 过程反映了生活技能和相关素养，如知识应用、协作、沟通和独立学习，这些都为未来的工作做好了准备。

新加坡每年约有 12000 名学生完成这项工作。评价是基于校本和标准参照。任务设置、条件、评价标准、成绩标准和评分过程由 SEAB 外部规定，PW 包含的三个部分由课堂教师评价，其基本依据是董事会提供的一套评价标准。所有学校都需要提供示例性材料来说明预期的评分标准。董事会为评价者和内部评价主持人提供培训。像所有其他评价一样，评价的最终得分必须是内部评价与外部评价相互调节的结果。

知识和探究

知识和探究属于人文学科范畴，旨在发展学生如下能力：

· 理解和建构知识的本质：学生们应该表明他们已经广泛阅读和理解的，并能够应用所涉及的概念。他们将被期待展示选择与评估任务相关的材料的技能。

· 批判性思维：学生应表现出批判性思维的技能。他们要能分析不同类型的论点和信息、识别和评价假设与观点、验证主张，并提供自己的合理支持性论点。

· 沟通能力：学生能够娴熟地运用英语清晰、流畅地沟通他们的想法和论点。他们应该组织他们的论点，并选择适当的表现形式来传达与问题相关的反应，并展示解决问题的能力。

评价由三部分组成：

· 论文（essay）：撰写的论文可为考生提供机会来展示他们运用在研究和建构知识本质时所学到的概念的能力，它涵盖了教学大纲确定的探索领域中的理论问题，所提出的问题将要求考生在学习下列关键问题时获得所需的知识：

· 为什么要问问题？
· 知识是什么？
· 知识是如何建构的？
· 什么使知识有效？
· 知识如何受到社会的影响？
· 知识应该如何使用？

· 批判性思维：论文要求学生对材料中不同类型的论点和信息进行批判性的分析、识别和评价假设与观点、验证论点，并提供合理的支持性论点。学生必须恰当有效地使用语言来表达清晰且结构良好的论点。

· 独立学习：独立学习允许学生展示他们对知识本质和知识建构的理解，因为这与学生所选择的研究领域密切相关，同时，要在具体情境中应用这些理解，选择合适的材料，并通过展示文献综述和运用他们已经阅读的东西来支持他们提出的论点，以此表明他们在研究过程中进行过相关阅读。学生必须恰当有效地使用语言来表达清晰且结构良好的论点。在6个月的独立研究学习结束时，他们需提交一篇2500～3000字的论文。

这种更具有智力挑战的校本评价不仅在高考中被鼓励，同样也被鼓励在低年级实施。在符合国家标准的课程和评价指南中，教师被鼓励在课堂上进行持续的评价，使用各种评价模式，如课堂观察、口头交流、书面作业和测试，以及实际调查任务。教育部已经为教师制定了一系列的课程和评价支持。例如，主动和独立学习策略（Strategies for Active and Independent Learning，SAIL）的目标是在课堂上支持更多以学习者为中心的项目工作，并提供评价标准来阐明学习期望。所有的学校都接受了使用这些工具的培训。

2004年，教育部颁布的小学和初中数学评价指南包含了资源、工具和理念，这些支架可以帮助教师将数学调查、写日记、课堂观察、自我评价和档案袋评价等策略纳入课堂。重点是评价问题解决和元认知能力，自我调节学习将使学生能够内化标准并成为独立的学习者（Kaur，2005）。教育研究院举办了各种研讨会，以支持学习新评价，并将新战略纳入教师发展计划中。

◇ 英 国

一个世纪以来，越来越多的校本评价在英国以不同的方式实施，这对世界英语国家的考试制度产生了一定的影响。评价通常是开放式论文和建构式反应测试，但在过去的 20 年中，任务的性质和管理形式已经发生了很大变化，评价采用了更多校本任务和项目。

英格兰

英格兰国家一级评价系统由"资格和课程委员会"（Qualifications and Curriculum Authority，QCA）管理。学校使用国家课程教学大纲组织教学和评价学生。教师对学生发展的评价具有连续性与持续性，在 7、11 和 14 岁（第 1、2、3 关键阶段）时，为国家数据系统的外部报告收集证据。这些证据建基于学生的课堂作业、课堂观察和课堂任务，并根据每个学科领域中学习进阶维度的表现指标来评价学生的学习结果。在第 1 个关键阶段（6 到 7 岁），学生的进步是基于课堂证据和来自集中开发的开放式测试以及英语和数学任务的结果。这些测试和任务由教师打分，并由学校和外部评价者进行审核。在 8 至 11 岁的第 2 个关键阶段，学生的进步是基于教师的总结判断和来自英语、数学和科学的开放式测试的结果。这些测试是外部打分的，结果在国家一级报告。在关键的第 3 阶段，英格兰最近取消了外部考试，学生学习情况的评价主要依赖教师对所有科目成绩的评价报告。当教师的判断被审核后，评价结果在国家一级报告。

QCA 是这样描述引导学生进阶评价这个项目的：

APP 是国家战略伙伴 QCA 开发的新型教师评价方法，这些方法使教师能够对学生的进步做出判断。可以帮助教师调整对学习者需求的理解，并对自己的教学与计划做出相应的调整，从而使他们能够：使用关于学生优缺点的诊断信息来改善教学和学习，提升学生学习进阶；利用各种证据做出与国家标准相关的可靠判断；跟踪学生的学习进阶。

教师使用的 APP 学科材料包括评价指南，该指南主要用来评价与国家课程标准相关的学生工作，它们可以为各种评价标准提供一种简单记录格式，比如学科的每个重点内容评价、体现不同层次国家标准的学生日常工作档案汇编等。教师可以以此为参照，对国家课程水平做出一致性的可靠判断（英国资格与课程委员会，2009，p.1）。

国家开发设计好的一些任务分配到学校，用以支持教师的评价。在第 2 个关键阶段（11 岁），教师必须采用这些任务和测试来评价学生，当然还需结合其他教师从课堂上收集的证据。在其他学年，可选择性使用国家开发的任务。正如 QCA 所描述的："这些任务是为了支持教师评价而设计的。它们可以用来表明学生能够做什么，并对未来的学习和教学策略提出建议。个别任务可以为教师和学生讨论所取得的成就和确定下一步步骤提供基础。因此，这些任务可以支持日常评价并生成评价结果，为定期和过渡评价（periodic and transitional assessment）提供大量证据基础。"

在第 4 个关键阶段（15 到 16 岁），国家资格框架（NQF）包括多种途径让学生获得相应资格，因此需要采取多种措施来测量学生的成就。学生可以根据毕业后的愿望，选择不同的发展路径：学徒制、文凭、普通中等教育证书（GCSE）和 A 级考试。有些学生会去继续教育学院接受职业教育课程，他们通常采用学徒制模式来取得国家职业资格证书。

大多数学生都会选择获得 GCSE，在为期两年的研究过程中，分别会在课程或单元进程中和结束时对学生进行评价。学生可以选择自己喜欢的单学科评价或者综合学科评价，选择任何一种评价都建基于他们自己的兴趣和专长。考试包括建构性问答题和结构化的拓展性课堂任务，这些评价占期末考试成绩的 25% 到 60%。英格兰目前正在试行 GCSE 新任务，这些任务将越来越强调问题解决、团队建设、沟通以及个人学习和跨学科思维能力等功能性技能（functional skills）。这些被称为"控制性评价"的新任务，要么由资格认证机构设计，教师评分；要么由教师设计，资格认证机构评分。无论哪种方式，教师都确定控制性评价的时间。

在有些学科，这些课堂评价占总成绩的 25%，比如商业研究、古典文明、英语文学、地理、历史、人文或统计等学科；但在有些学科领域，课堂评价会占总成绩的 60%，比如商业应用、音乐舞蹈、设计与技术、戏剧、工程、英语、英语语言、表现艺术、健康与社会关怀、家庭经济学、ICT、制造业、媒体研究和现代外语等。表6.2呈现了英语课堂评价案例，图6.9呈现了ICT的课堂任务案例。

表6.2 课堂评价任务，英语普通中等教育证书（GCSE）

单元测试和评价	任务
阅读文本的控制性评价（课程作业）40分	从任务和材料中选择三个文本进行回答，考生必须基于社会、文化、历史等情境来理解文本。
想象写作的控制性评价（课程作业）40分	选择文本开发或利用媒体撰写两篇具有一定联系的连续性文章。
口语和听力的控制性评价（课程作业）40分	三种活动：以戏剧为中心的活动、团体活动、个体拓展性贡献。其中必须有一项活动超越课堂，在真实情境中完成。
信息与思想的书面考查80分（每项内容40分）	非小说类文学作品和多媒体：回答隐含在文本段落之外的信息。 写作信息和思想：从两个选项中选择一个进行连续写作。

市议会试图通过引入拥堵收费来减少交通拥堵。第一年的收费设定为4英镑，然后每年增加2英镑。在最初的8年里，委员会记录了每天进入市中心的车辆的平均数。结果显示如下：

费用（英镑）x	4	6	8	10	12	14	16	18
平均每天车辆数（百万）y	2.4	2.5	2.2	2.3	2.2	1.8	1.7	1.5

1. 计算这些数据的积矩相关系数。
2. 解释为什么x是自变量。
3. 计算y在x上的线性回归方程。

4a. 使用你的方程来估计，当交通拥堵费提高到20磅时，每天进入市中心的车辆的平均数量。

4b. 评论你的估计的可靠性。

5. 该委员会希望估算交通拥堵费，将每天进入城市的车辆平均数减少到100万辆。假设推断可以得到可靠估计，请说明是否应该使用y在x上的线性回归方程或x在y上的线性回归方程。给出你的答案。

图6.9 英语A-level考试的概率统计检验

在关键阶段4，大多数学生要参加5个或更多的GCSE考试。他们的表现决定了他们获得文凭的水平，学生是否有机会进入大学继续深造，还需要参加A-level考试，通过考试才能获得大学入学资格。英格兰有45个区域进行A-level考试。考试问题都需要进行拓展性答案，旨在评价学生对知识的深度理解，以及将知识运用到真实生活问题的能力，就像图6.10展示的例子所阐述的那样。

Litchfield宣传活动与40多个乐队和艺术家合作，推广他们的音乐，并在英国演出。他们所拥有的乐队数量正在逐渐扩大。Litchfield的促销活动需要确保每一次演出都能赚到足够的钱来支付所有的人力成本和管理费用，还要从中获利。许多人需要得到报酬：乐队、录音师、照明技术人员。此外，租用场地也要交租金。Litchfield宣传需要创建ICT解决方案，以确保他们拥有所有必要的信息，并使这些信息保持最新状态。他们的解决方案将显示收入、支出和利润。

考生需要：（1）与其他人一起计划和进行研究，以调查类似公司是如何产生解决方案的。该公司不一定必须与乐队和艺术家合作或成为宣传公司。（2）清楚记录并展示你的发现。（3）推荐一个满足任务要求的解决方案。（4）制作一个包含时间范围、目的和目标受众的设计概要。

生成一个解决方案，确保以下问题得到解决：（1）方案可以随时修改，以便在各种情况下使用。（2）它有一个友好的用户界面。（3）适合于目标受众。（4）它已经经过了充分的测试。你需要：（1）包含一系列：软件功能、宏的运行、建模和验证检查——这些都使用得当。（2）获取用户反馈。（3）找出需要改进的地方，并有根据地提出改进建议。（4）将信息作为一个综合文档呈现。（5）评价自己和他人的工作。

图6.10　控制性评价任务，交互计算机技术GCSE

大多数考试都以作文题的形式进行。数学考试要求学生在答案后面展示他们的推理过程。外语考试要求口头陈述。英语文学的"A"-level考试也要求学生在四种文学类型中展示他们的技能和知识：诗歌、戏剧、散文和一般的文学作品，此外还要从文学作品的意义和阐释、文学手法和写作策略等方面分析他们阅读过的文学作品。课程作业占"A"-level分数的25%～30%。学生们还必须完成一个独立设计的拓展性研究项目，作为A-level评价的一部分。教师在评价过程中的记分由组织一系列考试的五个考试机构管理。

虽然英格兰已经在日益注重表现的评价体系中纳入了一些校本评价，但苏格兰、威尔士和北爱尔兰则进一步修订了评价方法。

苏格兰

苏格兰有一个独立于英国教育系统的管理机构，它使用了一套被称为"苏格兰成就调查"的评价体制，管理小学三年级、五年级和七年级以及中学的标准化课程与基准考试。小学课程和普通中学课程的评价任务由教师和讲师（teacher and lecture）设计并打分。学校对中级和高级中学课程使用外部评价。苏格兰学历管理委员会设计评价并进行记分，评价可能采用考试、项目工作或档案袋等形式进行（苏格兰学历管理委员会，2004年3月；苏格兰政府，2008）。

威尔士

威尔士脱离英格兰的教育系统，有了自己的教育管理机构（Archer，2006）。威尔士废除了14岁以下儿童的国家考试。和芬兰一样，在小学时期，威尔士学校有一个由教师创建、管理和评价的国家学校课程。在中学阶段，教师们创建并管理14岁学生的所有评价，并鼓励16岁及以上的学生参加由英国资格及课程管理局管理的相关的GCSE考试和A-level课程与考试（威尔士议会政府，2008a，b）。随着这些评价体系的改变，威尔士希望增加学生的参与度，让学生参与更多的创造性任务，并减少为了测试的教学（Archer，2006）。

北爱尔兰

北爱尔兰实施的是一种被称为"为了学习的评价"方法。这种方法强调地方开发、管理和记分，重点开展五项关键行动：

1. 共享学习目的，学生和老师在学习目的上达成一致，给予学生学习自主权。

2. 共享和协商成功标准，让学生和老师共同制定成功完成任务的标准，帮助学生自我评价。

3. 反馈，教师在形成性评价过程中提供持续反馈。

4. 有效质疑，教师们引入一些策略，如使用开放式问题和给予更多的思考时间，这样学生就会更自信地思考并解释他们的推理。

5. 学生如何反思自己的学习，教师为学生提供了思考他们所学知识的策略。

一直到14岁，北爱尔兰都不要求学校对学生进行外部评价；但是在第3阶段结束时，教师可以选择是否要通过北爱尔兰课程考试和评估委员会（CCEA）对学生进行外部评价，即便选择评价学生，也是针对推理、思考和解决问题等方面实施开放式评价。根据学生选择的发展路径来看，CCEA为阶段4提供了多种评价形式，包括参加英国的系统GCSE考试和A-level课程与考试（或为了进入大学学习或为了获得职业教育学位）（课程考试和评估委员会，2008a，b）。

◇ 结 论

将21世纪技能融入标准、课程、评价以及教学，各国都面临着诸多挑战。上述四个国家所实施的评价政策和实践表明，在按需测试和课程嵌入式评价中，有许多评价21世纪技能的潜在机会。人们越来越倾向于这样理解评价与学习的关系："对"学习的评价、"为了"学习的评价、"作为"学习评价，而不是把测试看作是教育事业的一个独立脱节要素，这种理解取向可能为加强21世纪技能的教学和学习提供了机会，同时也为其评价提供了机会。

校本表现性评价在许多国家变得越来越重要，这似乎强化了教师的教学，在教学过程中，教师通过参与学生工作的评审，可以更加深入地了解如何制定标准。这也可能增加课程的公平性，因为作为评价的一部分，所有学生都要参与更多的共同活动和教学支持。有些评价政策还设法通过考虑如何提供反馈和"前馈"（feedforward）信息来利用评价加强教学。这些政策向学生、老师和学校提供了丰富的反馈信息，可以使他们了解所学的内容，并通过为学生和老师提供支持学会学习的反思机会来影响学生的未来学习。针对这些工作的技术支持也日趋成熟，这为各州和国家共享信息与技术创造了机会。

鉴于这些举措对21世纪技能的教学和习得至关重要，ATC21S项目应促进各国努力制定最佳的政策战略，将能悦人心智的校本表现性评价与大规模评价结合起来，以越来越成熟的方式测量问题解决、批判性思维、协作和学会学习。

参考文献

Archer, J. (December 19th, 2006). Wales eliminates National Exams for many students.

Education Week. Retrieved on September 11th, 2008, from http: //www.edweek.org/ew/articles/2006/12/20/16wales.h26.html?qs=Wales.

Buchberger, F., & Buchberger, I. (2004). Problem solving capacity of a teacher education system as a condition of success? An analysis of the "Finnish case. In F. Buchberger & S. Berghammer (Eds.), *Education policy analysis in a comparative perspective* (pp. 222–237). Linz: Trauner.

Chan, J. K., Kennedy, K. J., Yu, F. W., & Fok, P. (2008). Assessment policy in Hong Kong: Implementation issues for new forms of assessment. *The Hong Kong Institute of Education.* Retrieved on September 12th, 2008, from http: //www.iaea.info/papers.aspx?id=68.

Council for Curriculum Examinations and Assessment. (2008a). *Curriculum, key stage 3, postprimary assessment.* Retrieved on September 12th, 2008, from http: //www.ccea.org.uk/.

Council for Curriculum Examinations and Assessment. (2008b). *Qualifications.* Retrieved on September 12th, 2008, from http: //www.ccea.org.uk/.

Dixon, Q. L. (2005). Bilingual Education Policy in Singapore: An analysis of its sociohistorical roots and current academic outcomes. *International Journal of Bilingual Education and Bilingualism,* 8 (1), 25–47.

Education Bureau. (2001). Domain on learing and teaching. Hong Kong: Education Department.

European Commission. (2007/2008). Eurybase, The Information Database on Education Systems in Europe, The Education System in Finland.

Finnish National Board of Education. (2007, November 12). *Background for Finnish PISA success.* Retrieved on September 8th, 2008, from http: //www.oph.fi/english/SubPage.asp?path=447,65535,77331.

Finnish National Board of Education. (2008a, April 30). *Teachers.* Retrieved on September 11th, 2008, from http: //www.oph.fi/english/page.asp?path=447,4699,84383.

Finnish National Board of Education. (2008b, June 10). *Basic education.* Retrieved on September 11th, 2008, from http: //www.oph.fi/english/page.asp?path=447,4699,4847.

Hautamäki, J., & Kupiainen, S. (2002, May 14). The Finnish Learning to Learn Assessment Project: A concise report with key results. Prepared for the Workshop on Learning-to-Learn Assessment, Brussels. Helsinki: Centre for Educational Assessment, Helsinki University.

Hautamäki, J., Arinen, P., Eronen, S., Hautamäki, A., Kupiainen, S., Lindblom, B., Niemivirta, M., Pakaslahti, L., Rantanen, P., & Scheinin, P. (2002). *Assessing learning-to-learn: A framework.* Helsinki: Centre for Educational Assessment, Helsinki University, and the National Board of Education in Finland.

HKEAA. (2009). School-based Assessment (SBA). Retrieved on August 10th, 2011, from http://www.hkeaa.edu.hk/en/sba.

Kaftandjieva, F., & Takala S. (2002). *Relating the Finnish Matriculation Examination English Test Results to the CEF Scales.* Paper presented at Helsinki Seminar on Linking Language Examinations to common European Framework of reference for Languages: Learning, Teaching Assessment.

Kaur, B. (2005). *Assessment of mathematics in Singapore schools—The present and future.* Singapore: National Institute of Education.

Korpela, S. (2004, December). *The Finnish school—A source of skills and well-being: A day at Stromberg Lower Comprehensive School.* Retrieved on September 11th, 2008, from http://virtual.finland.fi/netcomm/news/showarticle.asp?intNWSAID=30625.

Laukkanen, R. (2008). Finnish Strategy for High-Level Education for All. In N. C. Soguel, & P. Jaccard (Eds.), *Governance and performance of education systems.* Dordrecht: Springer.

Lavonen, J. (2008). *Reasons behind Finnish Students' Success in the PISA Scientific Literacy Assessment.* University of Helsinki, Finland. Retrieved on September 8th, 2008, from http://www.oph.fi/info/finlandinpisastudies/conference2008/science_results_and_reasons.pdf.

Ng, P. T. (2008). Educational reform in Singapore: from quantity to quality. *Education Research on Policy and Practice,* 7, 5−15.

Qualifications and Curriculum Authority (2009). Assessing pupils' progress: *Assessment at the heart of learning.* Retrieved on May 23, 2009, from http://www.qca.org.uk/libraryAssets/media/12707_Assessing_Pupils_Progress_leafl et_-_web.pdf.

Queensland Government. (2001). *New basics: The why, what, how and when of rich tasks.* Retrieved on September 12th, 2008, from http://education.qld.gov.au/corporate/newbasics/pdfs/richtasksbklet.pdf.

Scottish Qualifications Authority. (2004, March). S*cotland's national qualifications: Quick *guide*. Retrieved on September 11th, 2008, from http: //www.sqa.org.uk/files_ccc/NQQuickGuide.pdf.

Singapore Examinations and Assessment Board. (2006). *2006 A-Level Examination.* Singapore: Author.

Stage, E. K. (2005, Winter). Why do we need these assessments? *Natural Selection: Journal of the BSCS,* 11-13.

The Finnish Matriculation Examination. (2008). Retrieved on September 8th, 2008, from http: //www.ylioppilastutkinto.fi/en/index.html.

The Scottish Government. (2008). *Schools: Attainment.* Retrieved on September 11th, 2008, from http: //www.scotland.gov.uk/Topics/Education/Schools/curriculum/Attainment.

Victoria Curriculum and Assessment Authority. (2009). Planning for Assessment. http: //vels.vcaa.vic.edu.au/support/tla/assess_planning.html.

Welsh Assembly Government. (2008a). *Primary (3–11)*. Retrieved on September 12th, 2008, from http: //old.accac.org.uk/eng/content.php?cID=5.

Welsh Assembly Government. (2008b). *Secondary (11–16)*. Retrieved on September 12th, 2008, from http: //old.accac.org.uk/eng/content.php?cID=6.

译后记

相比 20 世纪，21 世纪最明显的特征是全球化与信息化，这一趋势将整个世界带入"地球村"时代。全球界限的不断消融与信息技术的无限蔓延，对人力资本结构提出了全新要求。会批判、会创新、会交往、会协作成为适应 21 世纪工作和生活的基本素养，教育必须为培养具有这些素养的人承担责任。《21 世纪技能的教学与评价》这本书诞生于这样一种时代背景，它深度阐释了何谓 21 世纪技能、如何评价 21 世纪技能、如何发展 21 世纪技能以及如何实施与此相关的教育政策等问题。尽管在翻译这本书之前，我已经陆续阅读过里面的一些文章，但再次系统细读，亦有诸多全新收获。

翻译永远是译者对作者思想的不彻底理解与猜想性对话，特别是翻译以论文集形式汇编而成的著作。由于每一篇文章一般由多个作者合作而成，这就意味其中任何一篇文章都包含了多个作者的思想和观点，这对整个翻译的连续性和完整性提出了一定挑战。也正如此，解构主义领袖雅克·德里达（Jacques Derrida）曾说，翻译既是必要的，又是不可能的。因为任何翻译都不可能完全忠实于作者原文，译者只能对作者的观点做出基于自己经验的解释。所以，翻译既是与作者对话的过程，也是自我对话过程，当然也是与读者对话的过程。

在这里要特别感谢华东师范大学杨向东教授，正是由于他的推荐，我有幸在翻译完这本书后，系统了解了始于 21 世纪初的国际教育改革的基本脉络，学习借鉴了其他国家关于 21 世纪技能改革的成功经验与实践困境，这对我思考如何将 21 世纪技能落实到我国的课程与教学实践具有重要意义。

本书的翻译是个合作与对话过程。各章译者如下：

前言、第一章、第二章、第三章：张紫屏（南通大学副教授）；第四章：郑燕（杭州市余杭区仓前中学教师）；第五章、第六章：宋岭（北京师范大学教育学部博士后）；最后由张紫屏统稿与校对，并由杨向东教授审校定稿。

图书在版编目（CIP）数据

21世纪技能的教学与评价/（澳）帕特里克·格里芬，（澳）巴里·麦克高，（澳）埃斯特·凯尔主编；张紫屏译．—上海：华东师范大学出版社，2020
（"核心素养与21世纪技能"译丛）
ISBN 978-7-5760-0704-6

Ⅰ.①2… Ⅱ.①帕… ②巴… ③埃… ④张… Ⅲ.①能力培养 Ⅳ.① G421

中国版本图书馆CIP数据核字（2020）第251058号

大夏书系·"核心素养与21世纪技能"译丛

21世纪技能的教学与评价

丛书主编	杨向东
本书主编	［澳］帕特里克·格里芬 巴里·麦克高 埃斯特·凯尔
译　　者	张紫屏
策划编辑	龚海燕 李永梅
责任编辑	万丽丽 任媛媛
责任校对	杨　坤
装帧设计	奇文云海·设计顾问
出版发行	华东师范大学出版社
社　　址	上海市中山北路3663号 邮编 200062
网　　址	www.ecnupress.com.cn
电　　话	021-60821666 行政传真 021-62572105
客服电话	021-62865537
邮购电话	021-62869887 地址 上海市中山北路3663号华东师范大学校内先锋路口
网　　店	http://hdsdcbs.tmall.com
印 刷 者	北京季蜂印刷有限公司
开　　本	700×1000 16开
插　　页	1
印　　张	24.5
字　　数	398千字
版　　次	2020年12月第一版
印　　次	2021年12月第二次
印　　数	4 001－6 000
书　　号	ISBN 978-7-5760-0704-6
定　　价	59.80元
出 版 人	王　焰

（如发现本版图书有印订质量问题，请寄回本社市场部调换或电话021-62865537联系）